Internationale betriebliche Vereinbarungen

Europäische Hochschulschriften
Publications Universitaires Européennes
European University Studies

**Reihe II**
**Rechtswissenschaft**

Série II Series II
Droit
Law

**Bd./Vol. 3966**

PETER LANG
Frankfurt am Main · Berlin · Bern · Bruxelles · New York · Oxford · Wien

Michael Horcher

# Internationale betriebliche Vereinbarungen

PETER LANG
Europäischer Verlag der Wissenschaften

**Bibliografische Information Der Deutschen Bibliothek**
Die Deutsche Bibliothek verzeichnet diese Publikation in der Deutschen Nationalbibliografie; detaillierte bibliografische Daten sind im Internet über <http://dnb.ddb.de> abrufbar.

Zugl.: Mainz, Univ., Diss., 2003

D 77
ISSN 0531-7312
ISBN 3-631-52511-7



www.peterlang.de

*Frauke, Philipp und meinen Eltern*

# *Inhaltsverzeichnis*

# *Literaturverzeichnis*

*Abele, Roland,*
Tarifrecht in Spanien, Diss., Trier 1996.

*Adomeit, Klaus,*
Betriebliche Einigungen, BB 1967, S. 1003 ff.

*Agel-Pahlke, Cornelia,*
Der Internationale Geltungsbereich des Betriebsverfassungsgesetzes, Diss., Europ. Hochschulschriften, Reihe 2, Bd. 712, Frankfurt a.M. 1988.

*Arnold, Christian,*
Die Stellung der Sozialpartner in der europäischen Sozialpolitik, NZA 2002, S. 1261 ff.

*Auffahrt, Fritz,*
Betriebsverfassung und Auslandsbeziehungen, in Festschrift für Marie Luise Hilger und Hermann Stumpf, Hrsg.: Dieterich, Thomas / Gamillscheg, Franz / Wiedemann, Herbert, München 1983, S. 31 ff.

*Avilés, Antonio Ojeda,*
Sind Europäische Tarifverträge „bloße Empfehlungen?", in Festschrift für Wolfgang Däubler zum 60. Geburtstag, Recht und soziale Arbeitswelt, Hrsg.: Klebe, Thomas / Wedde, Peter / Wolmerath, Martin, Fankfurt a.M. 1999, S. 519 ff.

*Avilés, Antonio Ojeda / Manuel Perez Perez,*
Gewerkschaftsrechte im Betrieb nach spanischem Recht, AiB 1989, S. 382 ff.

*Bachner, Michael,*
Die Rechtsetzungsmacht der Betriebsparteien durch Konzernbetriebsvereinbarung, NZA 1995, S. 256.

*ders.,*
Die Rechtsstellung des Europäischen Betriebsrats nach französischem und deutschem Arbeitsrecht im Spannungsverhältnis zwischen europäischer Normsetzung und nationaler Arbeitsrechtstradition, Diss., Bonn 1998.

*Bachner, Michael / Kunz, Olaf,*
Gesetz über Europäische Betriebsräte (EBRG) – der Entwurf zur Umsetzung der Europäischen Richtlinie, ArbuR 1996, S. 81 ff.

*Bachner, Michael / Nielebock, Helga,*
Ausgewählte Aspekte des Gesetzes über Europäische Betriebsräte (EBRG), ArbuR 1997, S. 129 ff.

*von Bar, Christian,*
Internationales Privatrecht, Bd. 1, München 1987.

*Barrow, Charles,*
Industrial Relations Law, London 1997.

*Basedow, Jürgen,*
Wirtschaftskollisionsrecht, RabelsZ 52 (1988), S. 8 ff.

*Baumann, Hans / Laux, Ernst-Ludwig / Schnepf, Myriam,*
Tarifverhandlungen im europäischen Baugewerbe – Entwicklung zu europäischen Tarifverhandlungen?, WSI-Mitteilungen 1997, S. 134 ff.

*Beckedahl, Erik,*
Der Europäische Betriebsrat, Diss., 1996.

*Bercusson, Brian,*
Die Vertretung der Arbeitnehmer im Konzern nach britischem Recht, ZIAS 1995, S. 489 ff.

*Biberacher, Hansjörg,*
Betriebliche Rechtsetzungsmacht, Diss., Frankfurt a.M. 1983.

*Bickel, Dietrich,*
Die normative Wirkung von Betriebsvereinbarungen, ZfA 1971, S. 181 ff.

*Biedenkopf, Kurt,*
Grenzen der Tarifautonomie, Karlsruhe 1964.

*Birk, Rolf,*
Auslandsbeziehungen und Betriebsverfassungsgesetz, in Festschrift für Ludwig Schnorr von Carolsfeld zum 70. Geburtstag, Köln, Berlin, Bonn, München 1973, S. 61 ff.

*ders.,*
Europäische Aktiengesellschaft und nationales Betriebsverfassungsrecht, ZfA 1974, S. 47 ff.

*ders.,*
Mitbestimmung und Kollisionsrecht, RIW/AWD 1975, S. 589 ff.

*ders.*,
Internationales Tarifvertragsrecht – eine kollisionsrechtliche Skizze, in Festschrift für Günther Beitzke zum 70. Geburtstag, Berlin New York 1979, S. 831 ff.

*ders.*,
Das Arbeitskollisionsrecht der Bundesrepublik Deutschland, RdA 1984, S. 129 ff.

*ders.*,
Innerbetriebliche Absprachen – Typen und Rechtswirkungen - , ZfA 1986, S. 73 ff.

*ders.*,
Betriebszugehörigkeit bei Auslandstätigkeit, in Festschrift für Karl Molitor zum 60. Geburtstag, Sozialpartnerschaft in der Bewährung, Hrsg.: Gamillscheg, Franz / Rüthers, Bernd / Stahlhacke, Eugen, München 1988, S. 19 ff.

*ders.*,
Betriebliche Regelungen im internationalem Arbeitsrecht, in Festschrift für Reinhold Trinkner zum 65. Geburtstag, Von den Sumerern bis zur Gegenwart, Hrsg.: Graf von Westphalen, Friedrich / Sandrock, Otto, Heidelberg 1995, S. 461 ff.

*ders.*,
Die Tarifautonomie in rechtsvergleichender Sicht, RdA 1995, S. 71 ff.

*ders.*,
Vereinbarungen der Sozialpartner im Rahmen des Sozialen Dialogs und ihre Durchführung, EuZW 1997, S. 453 ff.

*ders.*,
Arbeitsrecht und internationales Privatrecht, RdA 1999, S. 13 ff.

*ders.*,
Europäisches kollektives Arbeitsrecht – insbesondere der Europäische Betriebsrat -, in Grundmann, Stefan (Hrsg.), Systembildung und Systemlücken in Kerngebieten des Europäischen Privatrechts, Tübingen 2000, S. 387 ff., (abgek.: *Birk*, in Grundmann (Hrsg.), Systembildung, S....).

*ders.*,
Die Umsetzung der Richtlinie 94/45 über die Einsetzung eines Europäischen Betriebsrats in den Mitgliedstaaten der EG, in Festschrift für Otto Sandrock, Hrsg.: Berger, Klaus Peter / Ebke, Werner F. / Elsing, Siegfried / Großfeld, Bernhard / Kühne, Gunter, Heidelberg 2000, S. 65 ff.

*Birk, Rolf / Tietmeyer, Hans,*
Zur Problematik multinationaler Unternehmen, Rechts- und Staatswissenschaftliche Veröffentlichungen der Görres-Gesellschaft, Hrsg.: Hollerbach Alexander / Maier Hans / Mikat Paul, Heft 25, Paderborn 1976.

*Birkigt, K.,*
Corporate Identity: Grundlagen, Funktionen, Fallbeispiele, 6. Aufl., Landsberg / Lech 1993.

*Bispink, Reinhard / Lecher, Wolfgang (Hrsg.),*
Tarifpolitik und Tarifsysteme in Europa, Europahandbuch für Arbeitnehmer, Bd. 3, Köln 1993,
(zit.: *Bearbeiter* in Bispink / Lecher, Tarifpolitik, S. ...).

*Bispinck, Reinhard / Schulten, Thorsten,*
Globalisierung und das deutsche Kollektivvertragssystem, WSI-Mitteilungen 1998, S. 241 ff.

*Bittner, Claudia,*
Europäisches und internationales Betriebsrentenrecht, Jus Privatum 46, Tübingen 2000.

*Blanke, Thomas,*
Europäisches Betriebsräte-Gesetz, 1. Aufl., Baden-Baden, 1999,
(zit.: *Blanke*, EBRG §...Rz...).

*ders.,*
Recht und Praxis der Europäischen Betriebsräte, KJ 1999, S. 497.

*Blanpain, Roger (Hrsg.),*
International Encycopaedia for Labour Law and Industrial Relations, Kluwer. The Netherlands, Loseblattsammlung, Deventer 1984,
(zit.: *Bearbeiter*, in Blanpain (Hrsg.), Encyclopaedia, Volume..., S...).

*Blanpain, Roger / Engels, Chris,*
European Labour Law, 2508 CN The Hague, The Netherlands, 1998.

*Blanpain, Roger / Schmidt, Marlene / Schweibert, Ulrike,*
Europäisches Arbeitsrecht, 2. Aufl., Baden-Baden 1996.

*Bleckmann, Albert,*
Europarecht, 6. Aufl., Köln, Berlin, Bonn, München 1997,
(zit.: *Bearbeiter,* in Bleckmann, S. ...).

*Bödding, Benedikt,*
Die europarechtlichen Instrumentarien der Sozialpartner, Diss., Baden-Baden, 1996.

*Boemke, Burkhard,*
„Ausstrahlungen" des Betriebsverfassungsgesetzes ins Ausland, NZA 1992, S. 112 ff.

*Breinlinger, Axel / Kittner, Michael,*
Die operativen Rechte des Betriebsrats, BB 1982, S. 1933 ff.

*Brockhaus ,*
Enzyklopädie, Bd. 8, 20.Aufl., S. 634.

*Brune, Ulrike,*
Betriebsvereinbarung, in AR-Blattei SD 520, Hrsg.: Oehmann, Werner / Dietrich, Thomas / Neef, Klaus / Schwab, Brent, 54. Lfg., 1998.

*Buchner, Herbert,*
Die Sozialvorschriften des EG-Vertrages in der Fassung des Amsterdamer Vertrages, in Festschrift für Alfred Söllner, Hrsg.: Köbler, Gerhard / Heinze, Meinhard / Hromadka,Wolfgang, München 2000, S. 175 ff.

*Buttler, Andreas,*
Auslandsentsendung in der EU – Die Altersvorsorge muss stimmen, Der Arbeitgeber 1999, Heft 9, S. 22 ff.

*Callies,Christian / Ruffert, Matthias,*
Kommentar des Vertrages über die Europäiasche Union und des Vertrages zur Gründung der Europäischen Gemeinschaft – EUV/EGV -, Neuwied, Kriftel, 1999,
(zit.: *Bearbeiter,* in Callies / Ruffert, EUV/EGV, Art...Rz...).

*Cerny, Josef,*
Entgeltregelungen in Betriebsvereinbarungen, in Festschrift für Rudolf Strasser zum 60. Geburtstag, Möglichkeiten und Grenzen der Rechtsordnung, Hrsg.: Schwarz, Walter / Spielbüchler, Karl / Martinek, Oswin / Grillberger, Konrad / Jabornegg, Peter, Wien 1983, S. 487 ff.

*Coen, Martin,*
Europäische Gemeinschaft und Tarifautonomie, BB 1992, S. 2068 ff.

*Couturier, Gérard,*
Droit du travail, Bd. 2, Les relations collectives de travail, Paris 1991.

*ders.*,

Der Konzernbetriebsrat im französischen Recht, ZIAS 1995 S. 516 ff.

*Cremades, Javier,*

Arbeitsrecht in Spanien, München 1996.

*Däubler, Wolfgang,*

Mitbestimmung und Betriebsverfassung im internationalen Privatrecht, RabelsZ 39 (1975), S. 444 ff.

*ders.*,

Möglichkeit und Grenzen Europäischer Tarifverträge, in Das kollektive Arbeitsrecht in der Europäischen Gemeinschaft, Hrsg.: Heinemann, Herrmann, Berlin 1991, S. 16 ff.,
(zit.: *Däubler*, in Heinemann (Hrsg.), S...).

*ders,*

Europäische Tarifverträge nach Maastricht, EuZW 1992, S. 329 ff.

*ders.*,

Gläserne Belegschaften?, 3. Aufl., Köln, 1993.

*ders.*,

Tarifvertragsrecht, 3. Aufl., Baden-Baden 1993
(zit.: *Däubler*, Tarifvertragsrecht Rz...).

*ders.*,

Die Richtlinie über Europäische Betriebsräte, AuA 1995, S. 153 ff.

*ders.*,

Die Vereinbarung zur Errichtung eines Europäischen Betriebsrates, in Festschrift für Günter Schaub, Hrsg.: Schlachter, Monika / Ascheid, Reiner / Friedrich, Hans-Wolf, München 1998, S. 95 ff.

*ders.*,

Der Europäische Betriebsrat kraft Vereinbarung – Rechtliche Rahmenbedingungen, EuroAS 1998, S. 68 ff.

*ders.*,

Betriebsverfassung in globalisierter Wirtschaft, Eine Momentaufnahme, Schriften der Hans-Böckler-Stiftung, Bd. 38, Baden-Baden 1999.

*ders.*,

Die Übermittlung von Arbeitnehmerdaten ins Ausland, CR 1999, S. 49 ff.

*ders.*,

Anm. zu EuGH v. 23.11.1999, ZIP 1999, S. 2174 ff.

*Däubler, Wolfgang / Kittner, Michael / Klebe, Thomas,*
Betriebsverfassungsgesetz, Kommentar für die Praxis, 8. Aufl., Frankfurt a. M., 2002,
(zit.: *Bearbeiter* in D/K/K §...Rz...).

*Däubler, Wolfgang / Klebe Thomas / Wedde, Peter,*
Bundesdatenschutzgesetz, Köln, 1996.

*Däubler, Wolfgang / Lecher, Wolfgang,*
Die Gewerkschaften in den 12 EG-Ländern, Europahandbuch für Arbeitnehmer, Bd. 1, Köln 1991
(zit.: *Bearbeiter* in Däubler / Lecher, Gewerkschaften, S. ...).

*Deinert, Olaf,*
Arbeitnehmerentsendung im Rahmen der Erbringung von Dienstleistungen innerhalb der Europäischen Union, RdA 1996, S. 339 ff.

*ders.,*
Der europäische Kollektivvertrag, Diss., Rostocker Arbeiten zum Internationalen Recht, Bd. 2, Baden-Baden, 1999.

*Deppe, Joachim, (Hrsg.)*
Europäische Betriebsräte: Wege in ein soziales Europa?, Frankfurt a.M., New York 1997,
(zit.: *Bearbeiter*, in Deppe (Hrsg.), EBR, S. ...).

*Despax, Michel,*
La mesure de l'application de la loi sur les conventions collectives à la négociation d'entreprise: les accords en marge de la loi, Droit Social 1982, S. 672 ff.

*ders.,*
Négociations, conventions et accords collectifs, Droit du travail, tome 7, 2. Aufl., Paris 1989,
(abgek.: *Despax*, Négociations, S...).

*ders.,*
Le droit des salariés à la négociation collective principe générale du droit, Paris 1996,
(abgek.: *Despax*, Le droit des salariés, S...).

*Dietzler, Michael,*
Mitwirkung oder bald auch Mitbestimmung, AuA 2000, S. 22 ff.

*Diller, Martin / Powietzka, Arnim,*
Informationsrechte des Betriebsrats im (internationalen) Konzern, DB 2001, S. 1034 ff.

*Dingeldey, Irene,*
Britische Arbeitsbeziehungen, Diss., Wiesbaden 1997.

*Docksey, Christopher,*
Neuere Entwicklungen im britischen Arbeitsrecht, RIW 1991, S. 722 ff.

*Drobnig, Ulrich,*
Das Profil des Wirtschaftsrechts, RabelsZ 52, 1988, S. 1 ff.

*Due, Vesper / Steen Jorgen Madsen / Jensen Carsten Stroby,*
Die Arbeitsbeziehungen in Dänemark, ZIAS 1995, S. 80 ff.

*Ebenroth, Carsten / Sura, Achim,*
Transnationale Unternehmen und deutsches Mitbestimmungsgesetz, ZHR 144 (1980), S. 610 ff.

*Echterhölter, Rudolf,*
Zur Praxis der Arbeitsbeziehungen in Großbritannien, RdA 1982, S. 299 ff.

*Eckert, Dagmar Angelika,*
Artikel 13 der Richtlinie 94/45/EG des Europäischen Rates vom 22.September über die Einsetzung eines Europäischen Betriebsrates, Diss., Kassel 1997.

*Ellenbeck, Frank,*
Die Grundrechtsfähigkeit des Betriebsrats, Diss., Schriften zum öffentlichen Recht, Bd. 695, Berlin 1996.

*Emmerich, Volker / Sonnenschein, Jürgen,*
Konzernrecht, 6. Aufl., München 1997.

*Engels, Gerd / Müller, Christopher,*
Regierungsentwurf eines Gesetzes über Europäische Betriebsräte, DB 1996, S. 981 ff.

*Engels, Gerd / Trebinger, Yvonne / Löhr-Steinhaus, Wilfried,*
Regierungsentwurf eines Gesetzes zur Reform des Betriebsverfassungsgesetzes, DB 2001, S. 532 ff.

*Erfurter Kommentar zum Arbeitsrecht*
Hrsg.: Dieterich, Thomas / Hanau, Peter / Schaub, Günter / Müller-Glöge, Rudi / Preis, Ulrich, 3. Aufl., München 2003,
(zit.: ErfK/*Bearbeiter* §... Rz...).

*Erman,*

Handkommentar zum Bürgerlichen Gesetzbuch, Hrsg.: Westermann, Peter, Bd. II, 10. Aufl., Köln 2000,
(zit.: Erman/*Bearbeiter* §...Rz...).

*Eser, Gisbert,*

Arbeitsrecht im Multinationalen Unternehmen, Diss., Europäische Hochschulschriften Bd./Vol. 1467, Frankfurt am Main, Berlin, Bern, New York, Paris, Wien, 1994.

*Europäische Kommission (Hrsg.),*

Die Regelungen der Arbeitsbedingungen in den Mitgliedsstaaten der Europäischen Union, Bd. 2, Europäische Gemeinschaften 1998,
(zit.: *Bearbeiter,* in Europ. Komm. (Hrsg.), Bd. 2, Arbeitsbedingungen, S...).

*dies.,*

Arbeitsbeziehungen in Europa 2000, Belgien 2000,
(zit.: *Europäische Kommission (Hrsg.),* Arbeitsbeziehungen, S...).

*Europäische Stiftung/Europäische Kommission (Hrsg.),*

Verhandlungen zur Einsetzung Europäischer Betriebsräte – Eine Analyse der Vereinbarungen nach Art. 13, Luxemburg 1999,
(zit.: *Europ. Stiftung/Europ. Komm. (Hrsg.),* Verhandlungen, S...).

*European Foundation for the Improvement of Living and Working Conditions,*

bearbeitet von Mark Carley, Bargaining at European level? Joint Texts negotiated by European Works Councils, Ireland 2001,
(zit.: *European Foundation (Hrsg.),* Bargaining, S...).

*EWCB (European Works Councils Bulletin), keine Verfasserangabe,*

GM EWC reaches agreement on Opel restructuring, EWCB, Heft 36, 2001, S. 8 ff.

*dies.,*

European Parliament considers EWC reforms, EWCB, Heft 36, 2001, S. 13 ff.

*dies.,*

Air France EWC signs social and ethical charter, EWCB, Heft 35, 2001, S. 7 ff.

*dies.,*

GM deal highlights EWC's negotiating role, EWCB, Heft 33, 2001, S 7 ff.

*Fischer, Christian,*

Die tarifwidrigen Betriebsvereinbarungen, Diss., Schriften des Instituts für Arbeits- und Wirtschaftsrecht, Bd. 77, Konstanz 1996.

*Fischer, Ulrich,*
Betriebliche Mitbestimmung nach § 87 BetrVG im internationalen Konzern bei einheitlicher Entscheidungsvorgabe, BB 2000, S. 562 ff.

*ders.,*
Der internationale Betrieb – Prüf- oder Stolperstein für das Territorialitätsprinzip?, RdA 2002, S. 160 ff.

*Fitting,Karl / Kaiser, Heinrich / Heither, Friedrich / Engels,Gerd,*
Betriebsverfassungsgesetz, Handkommentar, 21. Aufl., München 2002, (zit.: *F/K/H/E* § ...Rz ...).

*Flessner, Axel,*
Interessenjurisprudenz im internationalen Privatrecht, Beiträge zum ausländischen und internationalen Privatrecht, Bd. 53, Tübingen 1990.

*Franzen, Martin,*
Internationales Arbeitsrecht, AR-Blattei, Hrsg.: Oehmann, Werner / Dieterich, Thomas / Neef, Klaus / Schwab, Brent, Systematische Darstellung, SD 920, 5. Lfg., 1993,
(zit.: *Franzen,* in AR-Blattei SD 920 Rz...).

*ders.,*
Der internationale Betriebsinhaberwechsel nach § 613a BGB, Diss., Schriften zum Wirtschafts-, Arbeits- und Sozialrecht, Bd. 58, Heidelberg 1994,

*ders.,*
Datenschutz im Arbeitsverhältnis, in Europäisches Arbeits- und Sozialrecht, Hrsg.: Oetker, Hartmut / Preis, Ulrich, Teil B, Systematische Darstellungen, B 5300, 28. Lfg., Juli 1997,
(zit.: *Franzen,* in EAS B 5300 Rz...).

*ders.,*
Arbeitskollisionsrecht und sekundäres Gemeinschaftsrecht: Die EG-Entsende-Richtlinie, ZEuP 1997, S. 1055 ff.

*Freyria, Charles,*
Les accords d'entreprise atypiques, Droit Social 1988, S. 43 ff.

*Fröhlich, Dieter / Krieger, Hubert,*
Einfluss von Arbeitnehmervertretern bei der Einführung neuer Informationstechnologie in Europa, WSI-Mitteilungen, 1989, S. 624 ff.

*Galperin, Hans / Löwisch, Manfred,*
Kommentar zum Betriebsverfassungsgesetz, Bd. 1, 5. Aufl., Heidelberg 1975, (zit.: *Galperin / Löwisch*, BetrVG, § ... Rz ...).

*Gamillscheg, Franz,*
Internationales Arbeitsrecht, Berlin 1959.

*ders.,*
Mitbestimmung der Arbeitnehmer (in Frankreich, Großbritannien, Schweden, Italien, den USA und der Bundesrepublik Deutschland), Frankfurt a.M. 1978, (zit.: *Gamillscheg*, Mitbestimmung, S....).

*ders.,*
ZVerglRW , Bd. 79 (1980), S. 83 ff.

*ders.,*
Ein Gesetz über das Internationale Arbeitsrecht, ZfA 1983, S. 307 ff.

*ders.,*
Kollektives Arbeitsrecht, Bd. 1, Nördlingen 1997.

*Gaul, Dieter,*
Gesamtbetriebsrat und Wirtschaftsausschuss bei Unternehmen mit Sitz im Ausland, AWD 1974, S. 471 ff.

*ders.,*
Betriebsverfassungsrechtliche Aspekte einer Entsendung von Arbeitnehmern ins Ausland, BB 1990, S. 697.

*Geiger, Rudolf,*
EG-Vertrag, 2. Aufl., München 1995.

*Geis, Ivo,*
Internet und Datenschutzrecht, NJW 1997, S. 288 ff.

*Gemeinschaftskommentar zum Betriebsverfassungsgesetz,*
von Fabricius, Fritz / Kraft, Alfons / Wiese, Günther / Kreutz, Peter / Oetker, Hartmut / Thiele, Wolfgang,
Bd. 1, §§ 1 – 73, 6. Aufl., Neuwied Kriftel Berlin 1997,
Bd. 2, §§ 74 – 132, 6. Aufl., Neuwied, Kriftel, Berlin 1998,
(zit.: GK-BetrVG / *Bearbeiter* § ...Rz ...; sofern nichts anderes angegeben ist, wurde die hier genannte Auflage verwendet).

*Gentz, Manfred,*
Das Arbeitskampfrecht in Deutschland und der internationale Wettbewerb, in Recht und soziale Arbeitswelt, Festschrift für Wolfgang Däubler zum 60.

Geburtstag, Hrsg.: Klebe, Thomas / Wedde, Peter / Wolmerath, Martin, Frankfurt a.M. 1999, S. 421 ff.

*ders.,*
Das Arbeitsrecht im internationalen Konzern, NZA 2000, S. 3 ff.

*Gester, Heinz / Koubek, Norbert / Wiedemeyer, Gerd R.,*
Unternehmensverfassung und Mitbestimmung in Europa, Wiesbaden 1991.

*Giesen, Richard,*
EU-Richtlinienvorschlag zur Information und Anhörung der Arbeitnehmer, RdA 2000, S. 298 ff.

*Gitter, Wolfgang / Heinze, Meinhard,*
Klausur Nr. 7, in Richardi, Reinhard (Hrsg.), Recht der Betriebs- und Unternehmensmitbestimmung, Bd. 2, Examinatorium, 2. Aufl., Heidelberg Karlsruhe 1997,
(zit.: *Gitter / Heinze*, in Richardi, Mitbestimmung, S...).

*Gohde, Hellmut,*
Starke Nachbarn – Arbeitnehmervertretung in den Niederlanden, AiB 2001, S. 478 ff.

*Goldmann, Henry / Unterweger, Josef,*
Österreichisches Arbeitsrecht, Wien 1991.

*Goos, Wolfgang,*
Kommt der Europäische Betriebsrat, NZA 1994, S. 776 ff.

*ders.,*
Der Europäische Betriebsrat in der Praxis – Die freiwillige Vereinbarung in der chemischen Industrie, EuroAS 1999, S. 98 ff.

*Grasmann, Günter,*
Internationale Probleme der Mitbestimmung, ZGR 1973, S. 317 ff.

*von der Groeben, Hans / Thiesing, Jochen / Ehlermann, Claus-Dieter,*
Kommentar zum EU-/EG-Vertrag, 5. Aufl., Bd. 3, Art. 102 a – 136 a EGV, Baden-Baden, 1999,
(zit.: *Bearbeiter,* in von der Groeben / Thiesing / Ehlermann, Eu-/EG-Vertrag, Art...Rz...).

*Haas, N.P.M.,*
Arbeitsrecht in den Niederlanden, 1. Aufl., München 1996.

*Hablitzel, Hans,*
Das Verhältnis von Tarif- und Betriebsautonomie im Lichte des Subsidiaritätsprinzips, NZA 2000, S. 467 ff.

*Hadding, Walther,*
Zum Erlangen der Rechtsfähigkeit nach deutschem Zivilrecht, in Festschrift für Alfons Kraft zum 70. Geburtstag, Hrsg.: Hönn, Günther / Konzen, Horst / Kreutz, Peter, Neuwied Kriftel 1998, S. 137 ff.

*Hakvoort, Renate / Mempel, Rainer,*
Stand der elektronischen Vernetzung zwischen betrieblichen Interessenvertretungen im europäischen und internationalen Raum, Düsseldorf, 1999.

*Hanau, Peter,*
Rechtswirkungen der Betriebsvereinbarung, RdA 1989, S. 207 ff.

*ders.,*
Nationale Regelungen für internationale (europäische) Betriebsräte, in Festschrift für Ralf Vieregge zum 70. Geburtstag, Hrsg.: Baur, Jürgen F. / Jacobs, Rainer / Lieb, Manfred / Müller-Graff, Peter-Christian, Berlin New York 1995, S. 319 ff.

*ders.,*
Die Reform der Betriebsverfassung, NJW 2001, S. 2513 ff.

*Hanau, Peter / Steinmeyer, Heinz-Dietrich / Wank, Rolf,*
Handbuch des europäischen Arbeits- und Sozialrechts, München 2002, (zit.: *Bearbeiter*, in Hanau / Steinmeyer / Wank (Hrsg.), Handbuch, S...).

*Handwörterbuch Arbeitsbeziehungen in der EG,*
Hrsg.: Breisig, Thomas / Hardes, Heinz-Dieter / Metz, Thomas / Scherer, Dietmar / Stengelhofen, Theo, Wiesbaden 1993,
(zit.: *Bearbeiter*, in Hdwbuch. Arbeitsbeziehungen, S. ...).

*Hauschka, Christop E. / Henssler, Martin,*
Ein „Billigarbeitsrecht“ für die deutsche Seeschifffahrt?, NZA 1988, S. 597 ff.

*Hebauf, Renate,*
Der Macher, Mitbestimmung, Heft 12, 2000, S. 45 ff.

*dies.,*
The Ford-Visteon Agreement, Breakthrough, Mitbestimmung, Heft 7, 2000, S. 54 f.

*Heilmann, Frank Sven,*
Das Arbeitsvertragsstatut, Diss., Konstanz 1991.

*Heinze, Meinhard,*
Regelungsabrede, Betriebsvereinbarung und Spruch der Einigungsstelle, NZA 1994, S. 580 ff.

*ders.,*
Der Europäische Betriebsrat, Die Richtlinie und ihre Alternativen, AG 1995, S. 385 ff.

*ders.,*
Die Rechtsgrundlagen des sozialen Dialogs auf Gemeinschaftsebene, ZfA 1997, S. 505 ff.

*Henssler, Martin,*
Der Arbeitsvertrag im Konzern, Berlin 1983.

*Hentzen, Matthias,*
Zur Anwendung fremden Eingriffsrecht seit der IPR-Reform, RIW 1988, S. 508 ff.

*Hergenröder, Curt Wolfgang,*
Internationales Tarifvertragsrecht, AR-Blattei, Hrsg.: Oehmann, Werner / Dieterich, Thomas / Neef, Klaus / Schwab, Brent, Systematische Darstellung, XV 1550.15, 50. Lfg., Februar 1998,
(zit.: *Hergenröder*, in AR-Blattei SD XV 1550.15 Rz...).

*ders.,*
Internationales Arbeitsrecht im Konzern, ZfA 1999, S. 1 ff.

*ders.,*
Europäische Aspekte des Arbeitskampfrechtes, in Europäisches Arbeits- und Sozialrecht, Hrsg.: Oetker, Hartmut / Preis, Ulrich, Teil B, Systematische Darstellungen, B 8400, 56. Lfg., Juli 2000,
(zit.: *Hergenröder*, in EAS B 8400 Rz...).

*Hess, Harald / Schlochauer, Ursula / Glaubitz, Werner,*
Kommentar zum Betriebsverfassungsgesetz, 4. Aufl., Neuwied Kriftel Berlin 1993,
(zit.: Bearbeiter, in H/S/G §...Rz...).

*Hirsch-Kreinsen, Hartmut,*
Internationalisierung der Produktion, WSI-Mitteilungen 1996, S. 11 ff.

*Höland, Armin,*

Partnerschaftliche Setzung und Durchführung von Recht in der Europäischen Gemeinschaft, ZIAS 1995, S. 425 ff.

*ders.,*

Mitbestimmung in Europa, Schriftenreihe der Hans- und Traute-Matthöfer-Stiftung, Hrsg.: Hauser, Richard / Kossibiel, Hugo / Meißner, Werner, Frankfurt/Main, 2000,
(zit.: *Höland*, Mitbestimmung, S...).

*Hönn, Günther,*

Kompensation gestörter Vertragsparität, München 1982.

*von Hoffmann, Bernd,*

Internationales Privatrecht, 6. Aufl., München 2000.

*von Hoyningen-Huene, Gerrick,*

Fehlerhafte Betriebsvereinbarungen und ihre Auswirkungen auf Arbeitnehmer, DB 1984, Sonderbeilage Nr. 1.

*ders.,*

Betriebsverfassungsrecht, 5. Aufl., München 2002,
(zit.: *von Hoyningen-Huene*, BetriebsVerfR, S...).

*Hromadka, Wolfgang,*

Mehr Flexibilität für die Betriebe - Ein Gesetzesvorschlag, NZA 1996, S. 1233 ff.

*ders.,*

Bündnisse für Arbeit – Angriff auf die Tarifautonomie?, DB 2003, S. 42 ff.

*Hromadka, Wolfgang / Maschmann, Frank,*

Arbeitsrecht Bd. 1 (Individualarbeitsrecht), 2. Aufl., Berlin, Heidelberg, New York 1998.

*dies.,*

Arbeitsrecht Bd. 2 (Kollektivarbeitsrecht), Berlin, Heidelberg, New York 1999.

*Hueck, Alfred / Nipperdey, Hans Carl,*

Lehrbuch des Arbeitsrechts, Kollektives Arbeitsrecht, Bd. II, 1. Halbband, 7. Aufl., Berlin Frankfurt 1967.

*dies.,*

Lehrbuch des Arbeitsrechts, Kollektives Arbeitsrecht, Bd. II, 2. Halbband., 7. Aufl., Berlin Frankfurt 1970.

*Hueck, Götz,*

Die Betriebsvereinbarung, Beiträge zum Handels-, Wirtschafts- und Steuerrecht, Heft 3, Münster Köln 1952.

*Ibán, Iván C.,*

Einführung in das spanische Recht, Baden-Baden 1995.

*Jabornegg, Peter,*

Absolut zwingendes Arbeitsverfassungsrecht, in Festschrift für Rudolf Strasser zum 60. Geburtstag, Möglichkeiten und Grenzen der Rechtsordnung, Hrsg.: Schwarz, Walter / Spielbüchler, Karl / Martinek, Oswin / Grillberger, Konrad / Jabornegg, Peter, Wien 1983, S. 367 ff.

*Jaeger, Georg,*

Der Auslandsbezug des Betriebsverfassungsgesetzes, Diss., Frankfurt, Bern, New York 1983.

*Jäger, Rolf,*

Euro-Betriebsräte und Entwicklung transnationaler Kommunikationsstrukturen, WSI-Mitteilungen 1996, S. 483 ff.

*Jahnke, Volker,*

Tarifautonomie und Mitbestimmung, München 1984.

*Jaletzke, Matthias,*

International operierende Unternehmen und deutsche Betriebsverfassung, Diss., Mannheim 1987.

*Jayme, Erik,*

Betrachtungen zur „dépecage" im internationalen Privatrecht, in: Festschrift für Gerhard Kegel zum 75. Geburtstag (II), Hrsg.: Musielak, Hans-Joachim / Schurig, Klaus, Stuttgart Berlin Köln Mainz 1987, S. 253 ff.

*Jeammaud, Antoine / Le Friant, Martine / Lyon-Caen, Antoine,*

Gewerkschaftsrechte im Betrieb nach französischem Recht, AiB 1989, S. 388 ff.

*Joerges, Christian,*

Vorüberlegungen zu einer Theorie des internationalen Wirtschaftsrechts, RabelsZ 43 (1979), S. 6 ff.

*Junker, Abbo,*

Die „zwingenden Bestimmungen" im neuen internationalen Arbeitsrecht, IPrax 1989, S. 69 ff.

*ders.*,

Anmerkung zu BAG v. 30.04.1987, SAE 1989, S. 328 ff.

*ders.*,

Internationales Arbeistrecht im Konzern, Jus Privatum Bd. 2, Tübingen 1992.

*ders.*,

Der „Europäische Betriebsrat“ in rechtsvergleichender Perspektive, JZ 1992, S. 1100 ff.

*ders.*,

Zwingendes ausländisches Recht und deutscher Tarifvertrag, IPrax 1994, S. 21 ff.

*ders.*,

Arbeitsrecht im grenzüberschreitenden Konzern, ZIAS 1995, S. 564 ff.

*ders.*,

Internationales Privatrecht, München 1998.

*ders.*,

Betriebsverfassung im europäischen Vergleich, ZfA 2001, S. 225 ff.

*ders.*,

Betriebsverfassung in Klein- und Mittelbetrieben – Ein europäischer Vergleich, NZA 2002, S. 131 ff.

*Junker, Abbo / Wichmann, Julia,*

Das Arbeitnehmerentsendegesetz – doch ein Verstoß gegen Europäisches Recht?, NZA 1997, S. 505 ff.

*Jura Europae,*

Droit du travail, Arbeitsrecht, Loseblattsammlung, Bd. I bis III, Stand 1995, München Paris,
(zit.: *Bearbeiter*, in Jura Europae, Bd..., Nummer, S...).

*Karthaus, Boris,*

Subsidiarität: Rechtsgrundlage europäischer Tarifverträge?, ArbuR 1997, S. 221 ff.

*Kegel, Gerhard,*

Vaterhaus und Traumhaus, in Festschrift für Günther Beitzke zum 70. Geburtstag, Hrsg.: Otto Sandrock, Berlin New York, 1979, S. 551 ff.

*Kegel Gerhard / Schurig, Klaus,*

Internationales Privatrecht, 8. Aufl., München 2000.

*Keim, Helmut,*

Grenzenlose Märkte – globales Management, Der Arbeitgeber, Heft 9, 1999, S. 10 ff.

*Keller, Berndt,*

Nach der Verabschiedung der Richtlinie zu Europäischen Betriebsräten, WSI-Mitteilungen 1996, S. 470 ff.

*ders.,*

Supranationale Regulierung von Arbeitsverhältnissen – Das Beispiel der EU, WSI-Mitteilungen 1999, S. 109 ff.

*Kempen, Ernst Otto,*

Diskussionsbeitrag zum Thema: Betriebsverfassung und Tarifvertrag, RdA 1994, S. 179 ff.

*ders.,*

Subsidiaritätsprinzip, europäisches Gemeinschaftsrecht und Tarifautonomie, KritV 1994, S. 13 ff.

*Kempen, Ernst Otto / Zachert Ulrich,*

Tarifvertragsgesetz, Kommentar für die Praxis, 3. Aufl., Köln 1997, (zit.: *Bearbeiter*, in Kempen / Zachert, TVG §...Rz...).

*Kirchner, Christian,*

Ökonomische Überlegungen zum Konzernrecht, ZGR 1985, S. 214 ff.

*Kissel, Otto Rudolf,*

Das Spannungsfeld zwischen Betriebsvereinbarung und Tarifvertrag, NZA 1986, S. 73 ff.

*Klebe, Thomas / Kunz, Olaf,*

Europäische Betriebsräte: Eine praktische und rechtliche Zwischenbilanz, Festschrift für Wolfgang Däubler zum 60. Geburtstag, Recht und soziale Arbeitswelt, Hrsg.: Klebe, Thomas / Wedde, Peter / Wolmerath, Martin, Fankfurt a.M. 1999, S. 823 ff.

*dies.,*

Europäische Betriebsräte – Erste Erfahrungen, in Jahrbuch des Arbeitsrechts 2001, Bd. 38, Hrsg.: Wißmann, Hellmut, Berlin 2001, S. 55 ff.

*Klebe, Thomas / Roth, Siegfried,*

Die Gewerkschaften auf dem Weg zu einer internationalen Strategie?, AiB 2000, S. 749 ff.

*Kleinert, Jörn / Schimmelpfennig, Axel / Schrader, Klaus / Stehn, Jürgen,*
Globalisierung, Strukturwandel und Beschäftigung, Kieler Studien, Bd. 308, Tübingen 2000.

*Klilian, Matthias,*
Die Umsetzung der Richtlinie 94/45/EG („Europäische Betriebsräte") im Vereinigten Königreich, RdA 2001, S. 166 ff.

*Klinkhammer, Heiner / Weslau, Dietmar,*
Mitbestimmung in Deutschland und Europa, Neuwied, Kriftel, Berlin, 1995.

*Klug, Christoph,*
Globaler Arbeitnehmerdatenschutz – Ausstrahlungswirkung der EG-Datenschutzrichtlinie auf Drittländer am Beispiel der USA, RDV 1999, S. 109 ff.

*Körtgen, André,*
Der Tarifvertrag im Recht der Europäischen Gemeinschaft, Diss., Düsseldorf, 1998.

*Kolvenbach, Walter,*
Europäische Betriebsräte – Neue Initiativen, DB 1991, S. 805 ff.

*ders.,*
Europäische Betriebsräte, NZA 2000, S. 518 ff.

*Konzen, Horst,*
Arbeitnehmerschutz im Konzern, RdA 1984, S. 65 ff.

*ders.,*
Privatrechtssystem und Betriebsverfassung, ZfA 1985, S. 469 ff.

*ders.,*
Der europäische Einfluss auf das deutsche Arbeitsrecht nach dem Vertrag über die Europäische Union, EuZW 1995, S. 39 ff.

*ders.,*
Die Tarifautonomie zwischen Akzeptanz und Kritik, NZA 1995, S. 913 ff.

*ders.,*
Der Regierungsentwurf des Betriebsverfassungsreformgesetzes, RdA 2001, S. 76 ff.

*Kort, Michael,*
Die Bedeutung der europarechtlichen Grundfreiheiten für die Arbeitnehmerentsendung und die Arbeitnehmerüberlassung, NZA 2002, S. 1248 ff.

*Kowanz, Rolf,*
Europäische Kollektivvertragsordnung: Bestandsaufnahme und Entwicklungsperspektiven, Rostocker Arbeiten zum internationalen Recht, Bd. 3, Diss., Baden-Baden 1999.

*Krause, Rüdiger,*
Der Europäische Betriebsrat – Baustein für europäisches Kollektivarbeitsrecht, JhbZRW 1997, S. 91 ff.

*Krebber, Sebastian,*
Die Anwendung des eigenen Arbeitsrechts auf vorübergehend aus einem anderen Mitgliedstaat entsandte Arbeitnehmer – Europa- und kollisionsrechtliche Gedanken, ZEuP 2001, S. 358 ff.

*Kreutz, Peter,*
Grenzen der Betriebsautonomie, München 1979.

*Krieger, Gabriel,*
Das französische Tarifvertragsrecht, Diss., Schriften zum Wirtschafts-, Arbeits-, und Sozialrecht, Bd. 47, Heidelberg 1991.

*Krimphove, Dieter,*
Europäisches Arbeitsrecht, 2. Aufl., München 2001.

*Kropholler, Jan,*
Internationales Privatrecht, 4. Aufl., Tübingen 2001.

*Kühne, Gunther,*
Die Parteiautonomie im internationalen Erbrecht, Diss., Bielefeld 1973.

*Lambrich, Thomas,*
Tarif- und Betriebsautonomie, Diss., Schriften zum Sozial- und Arbeitsrecht, Bd. 171, Berlin 1999.

*von Langen, Johannes Dieter,*
Von der Tarif- zur Betriebsautonomie, Diss., Frankfurt a.M. 1994.

*Langenbrink, Bernhard,*
Europäische Aspekte kollektiven Arbeitsrechts, DB 1998, S. 1081 ff.

*Lardy-Pélissier, Bernadette / Pélissier, Jean-Claude / Roset, Agnès / Tholy, Lysiane,*
Le code du travail annoté, 22. Aufl., Paris, 2002.

*Lecher, Wolfgang,*
Das französische Arbeitsbeziehungssystem – und was uns das angeht, WSI-Mitteilungen 1993, S. 421 ff.

*ders.*,
Auf dem Weg zu europäischen Arbeitsbeziehungen?, WSI-Mitteilungen 1998, S. 258 ff.

*Lecher, Wolfgang / Platzer, Hans-Wolfgang (Hrsg.),*
Europäische Union – Europäische Arbeitsbeziehungen?, Europahandbuch für Arbeitnehmer, Bd. 5, Köln 1994,
(zit.: *Bearbeiter* in Lecher / Platzer, Arbeitsbeziehungen, S. ...).

*Lecher, Wolfgang / Platzer, Hans-Wolfgang,*
Europäische Betriebsräte: Fundament und Instrument europäischer Arbeitsbeziehungen?, WSI-Mitteilungen 1996, 503 ff.

*Lecher, Wolfgang / Nagel, Bernhard / Platzer, Hans-Wolfgang,*
Die Konstituierung Europäischer Betriebsräte – Vom Informationsforum zum Akteur?, Hrsg.: Schriften der Hans-Böckler-Stiftung, Bd. 35, Baden-Baden 1998,
(zit.: *Lecher / Nagel / Platzer*, Konstituierung EBR, S...).

*Lecher, Wolfgang / Platzer, Hans-Wolfgang / Rüb, Stefan / Weiner, Klaus-Peter,*
Europäische Betriebsräte – Perspektiven ihrer Entwicklung und Vernetzung, Schriften der Hans-Böckler-Stiftung 40, Baden-Baden 1999,
(zit.: *Lecher / Paltzer / Rüb / Weiner*, EBR, S...).

*dies.*,
Mitbestimmung, Heft 12, 2000, S. 28 ff.

*dies.*,
Verhandelte Europäisierung, Hrsg.: Schriften der Hans-Böckler-Stiftung, Bd. 48, Baden-Baden 2001,
(zit.: *Lecher / Patzer / Rüb / Weiner*, Verhandelte Europäisierung, S...).

*de Leede, Leo,*
Neues in Betriebsverfassung und Mitbestimmung in den Niederlanden, RdA 1984, S. 351 ff.

*Lefebvre, Francis (Hrsg.),*
Travailler à l'étanger, Paris 1999,
(zit.: *Lefebvre*, S...).

*Lerche, Christop-Nikolaus,*
Der europäische Betriebsrat und der deutsche Wirtschaftsausschuss, Diss., Schriften zum Arbeits- und Wirtschaftsrecht, Bd. 1, Frankfurt a.M. 1997.

*Le Friant, Martine,*
Frankreichs erneuertes Arbeitsrecht, ArbuR 1984, S. 78 ff.

*Lenz, Carl Otto,*
EG-Vertrag: Kommentar zu dem Vertrag zur Gründung der Europäischen Gemeinschaft, 2. Aufl., Köln 1999,
(zit.: *Bearbeiter*, in Lenz, EGV, Art....,Rz...; ohne anderslautende Angabe ist stets die 2. Aufl. gemeint).

*Lieb, Manfred,*
Skandal oder Signal? Zur Problematik tarifwidriger Betriebsvereinbarungen, in Festschrift für Alfons Kraft zum 70. Geburtstag, Hrsg.: Hönn, Günther / Konzen, Horst / Kreutz, Peter, Neuwied, Kriftel 1998, S. 343 ff.

*Lörcher, Klaus,*
Anforderungen, Defizite und Durchsetzungsmöglichkeiten bei der Umsetzung der Euro-Betriebsräterichtlinie 94/45/EG in innerstaatliches Recht, ArbuR 1996, S. 297 ff.

*Löwisch, Manfred,*
Neuabgrenzung von Tarifvertragssystem und Betriebsverfassung, JZ 1996, S. 812 ff.

*ders.,*
Arbeitsrecht und wirtschaftlicher Wandel, RdA 1999, S. 69 ff.

*Lohmann, Rolf,*
Grenzüberschreitende Firmantarifverträge, Diss., Nomos Universitätsschriften: Recht, Bd. 105, Baden-Baden 1993.

*Lorenz, Egon,*
Zur Struktur des internationalen Privatrechts, Schriften zum internationalen Recht, Bd. 6, Berlin 1977,
(zit.: *E. Lorenz*, Struktur des IPR, S...).

*ders.,*
Anmerkung zu BAG v. 25.4.1978, SAE 1979, S. 223 ff.

*ders.,*
Die Rechtswahlfreiheit im internationalen Schuldvertragsrecht, RIW 1987, S. 569 ff.

*ders.*,

Die Grundzüge des deutschen und internationalen Betriebsverfassungsrechts, in Festschrift für Werner Lorenz zum 70. Geburtstag, Hrsg.: Pfister, Bernhard / Will, Michael, Tübingen 1991, S. 441 ff.

*Lorenz, Frank / Zumfelde, Meinhard,*

Der Europäische Betriebsrat und die Schließung des Renault-Werkes in Vilvoorde/Belgien, RdA 1998, S. 168 ff.

*Lüderitz, Alexander,*

Anknüpfung im Parteiinteresse, in: Internationales Privatrecht und Rechtsvergleichung im Ausgang des 20. Jahrhunderts: Bewahrung oder Wende?, Festschrift für Gerhard Kegel I, Hrsg.: Lüderitz, Alexander / Schröder, Jochen, Frankfurt a.M. 1977, S. 31 ff.

*ders.*,

Internationales Privatrecht, 2. Aufl., Neuwied, Kriftel, Berlin 1992.

*Lunk, Stefan / Nehl, Peter,*

„Export" deutschen Arbeitsschutzes?, DB 2001, S. 1934.

*Lyon-Caen, Gérard / Pélissier, Jaen / Supiot, Alain,*

Droit du travail, 18. Aufl., Paris 1996.

*Mahler, Gerhard,*

Die Grundsätze des Unternehmens- und Betriebsverfassungsrechts in Frankreich, Diss., Würzburg 1970.

*Martens, Klaus Peter,*

Die Einheit des Privatrechts und das Arbeitsrecht, Jus 1987, S. 337 ff.

*Mayer, Udo,*

Richtlinie Europäische Betriebsräte – Harmonisierungsprobleme bei der Umsetzung, BB 1995, S. 1794 ff.

*ders.*,

Betriebsverfassungs- und tarifvertragsrechtliche Fragen bei grenzüberschreitenden Personaleinsätzen, BB 1999, S. 842 ff.

*Mayer-Maly, Theo / Marhold, Franz,*

Österreichisches Arbeitsrecht, Bd. II, Kollektivarbeitsrecht, Wien 1991.

*Martiny, Dieter,*

Internationales Vertragsrecht im Schatten des Europäischen Gemeinschaftsrechts, ZEuP 1997, S. 308 ff.

*Mertens, Volker,*
Europaweite Kooperation von Betriebsräten multinationaler Konzerne - Das Beispiel VW, Diss., Wiesbaden 1994.

*Meyer-Cording, Ulrich,*
Die Rechtsnormen, Tübingen 1971.

*Michel, Bertram,*
Französisches Arbeitsrecht, AuA 1993, S. 366 ff.

*Minambres, César,*
Das Beteiligungsrecht der Arbeitnehmer im Betrieb, Diss., Göttingen 1980.

*Mozet, Peter,*
Beteiligung der Arbeitnehmer auf europäischer Ebene, ZEuP 1995, S. 553 ff.

*Mückenberger, Ulrich,*
Gesellschaftliche Verantwortung in der Sozialpolitik, in Festschrift für Wolfgang Gitter zum 65. Geburtstag, Hrsg.: Heinze, Meinhard / Schmitt, Jochen, Wiesbaden 1995, S. 689 ff.

*Müller, Christopher,*
Europäisches Betriebsräte-Gesetz, Kommentar, Stuttgart, Berlin, Köln 1997, (zit.: *Müller*, EBRG, §...Rz...).

*Münchener Handbuch zum Arbeitsrecht*
(Hrsg.: Richardi, Reinhard / Wlotzke, Otfried),
Bd. 1, 2. Aufl., München 2000,
Bd. 3, 2. Aufl., München 2000,
(zit.: MünchArbR / *Bearbeiter* § ...Rz ...).

*Münchener Kommentar zum Aktiengesetz*
Hrsg.: Kropff, Bruno / Semler, Johannes, Bd. 8, 2. Aufl., München 2000, (zit.: MünchKommAktG / *Bearbeiter* §...Rz....).

*Münchener Kommentar zum Bürgerlichen Gesetzbuch,*
Redakteur: Sonnenberger, Jürgen, Bd. 10, 3. Aufl., München 1998, (zit.: MünchKomm / *Bearbeiter* §...Rz...).

*Nagel, Bernhard,*
Der EG-Richtlinienentwurf zum Europäischen Betriebsrat, ArbuR 1991, S. 161 ff.

*ders.,*
Entwicklungsperspektiven von Euro-Betriebsräten und deutsche Mitbestimmung, WSI-Mitteilungen 1996, S. 494 ff.

*Namuth, Michaela,*
Druck oder Draht zur Spitze, Mitbestimmung, Heft 12, 2000, S. 18 ff.

*Navas, Nativitad Mendoza / Zachert, Ulrich,*
Spanisches Arbeitsrecht, AuA 1994, S. 77 ff.

*Nebel, Andreas,*
Die Normen des Betriebsverbandes am Beispiel der ablösenden Betriebsvereinbarung, Diss., Schriften zum Wirtschafts-, Arbeits-, und Sozialrecht, Bd. 44, Heidelberg 1989.

*Neto, José Francisco Siqueria,*
Arbeitnehmervertretungen am Arbeitsplatz – rechtsvergleichende Betrachtungen, in Festschrift für Wolfgang Däubler zum 60. Geburtstag, Recht und soziale Arbeitswelt, Hrsg.: Klebe, Thomas / Wedde, Peter / Wolmerath, Martin, Frankfurt a.M. 1999, S. 1018 ff.

*Neuhaus, Paul Heinrich,*
Die Grundbegriffe des internationalen Privatrechts, Berlin, Tübingen 1962.

*ders.,*
Abschied von Savigny?, RabelsZ 46 (1982), S. 4 ff.

*Niedenhoff, Horst-Udo,*
Mitbestimmung in den Staaten der Europäischen Union, 2. Aufl., Köln 1995.

*ders.,*
Der Europäische Betriebsrat aus Arbeitgebersicht, WSI-Mitteilungen 1996, S. 489 ff.

*Nikisch, Arthur,*
Die Regelungsabrede, DB 1964, S. 622 ff.

*Oetker, Hartmut,*
Europäischer Betriebsrat und Pressefreiheit, DB 1996, Beilage Nr. 10.

*ders.,*
Europäisches Betriebsverfassungsrecht, in Europäisches Arbeits- und Sozialrecht, Hrsg.: Oetker, Hartmut / Preis, Ulrich, Teil B, Systematische Darstellungen, B 8300, 45. Lfg., Juni 1999,
(zit.: *Oetker*, in EAS B 8300 Rz...).

*Palandt,*
Kurz-Kommentar zum Bürgerlichen Gesetzbuch, bearbeitet von Bassenge, Peter / Brudermüller, Gerd / Diederichsen, Uwe / Edenhofer, Wolfgang / Heinrichs, Helmut / Heldrich, Andreas / Putzo, Hans / Sprau, Hartwig /

Thomas, Heinz / Weidenkaff, Walter, 61. Aufl., München 2002, (zit.: Palandt/*Bearbeiter*, §...Rz...).

*Pélissier, Bernadette / Pélissier, Jean / Roset, Agnès / Tholy Lysiane,*
Le code de travail annoté, 22. Aufl., Paris 2002.

*Plander, Harro,*
Rechtliche Aspekte der unternehmens- und konzerninternen sowie der unternehmens- und konzernübergreifenden Zusammenarbeit von Betriebsräten, AiB 1997, S. 195 ff.

*Rademacher, Ulf,*
Die Richtlinie 94/45/EG des Rates vom 22.9.1994 und ihre Umsetzung in nationales Recht, Diss., Nomos Universitätsschriften Recht, Bd. 226, Baden-Baden 1996.

*Ranke, Fritz,*
Arbeitsrecht in Frankreich, München 1995.

*Rehbinder, Eckhard,*
Zur Politisierung des Internationalen Privatrechts, JZ 1973, S. 151 ff.

*Reichold, Hermann,*
Betriebsverfassung als Sozialprivatrecht, München 1995.

*Reiff, Peter,*
Anmerkung zu BAG v. 7.12.1989, SAE 1990, S. 251 ff.

*Reithmann, Christoph / Martiny, Dieter,*
Internationales Vertragsrecht, 5 . Aufl., Köln 1996.

*Reuter, Dieter,*
Betriebsverfassung und Tarifvertrag, RdA 1994, S. 152 ff.

*ders.,*
Das Verhältnis von Tarif- und Betriebsautonomie, in Festschrift für Günter Schaub, Hrsg.: Schlachter, Monika / Ascheid, Reiner / Friedrich, Hans-Wolf, München 1998, S. 605 ff.

*Richardi,*
Kollektivgewalt und Individualwille, Münchener Universitätsschriften, Bd. 6, München 1968.

*ders.,*
Die Repräsentation der Arbeitnehmer im Konzern durch den Konzernbetriebsrat nach deutschem Recht, ZIAS 1995, S. 607 ff.

*ders.*,

Betriebsverfassungsgesetz, Kommentar, 8. Aufl., München 2002, (zit.: *Bearbeiter*, in Richardi, BetrVG §...Rz...).

*Richardi, Reinhard / Annuß, Georg,*

Neues Betriebsverfassungsgesetz: Revolution oder strukturwahrende Reform?, DB 2001, S. 41 ff.

*Riemann, Thomas,*

Künftige Regelungen des grenzüberschreitenden Datenverkehrs, CR 1997, S. 762 ff.

*Rodemer, Horst / Dicke Hartmut,*

Globalisierung, Europäische Integration und internationaler Standortwettbewerb, 1. Aufl., Baden-Baden 2000.

*Röper, Erich,*

Europäischer Streik bei GM-Europa, EuroAS 2001, Heft 5, S. 87 ff.

*Roth, Wulf-Henning,*

Internationales Versicherungsvertragsrecht, Diss., Tübingen 1985.

*Rüb, Stefan,*

Wege zum Weltbetriebsrat, Mitbestimmung, 2000, Heft 12, S. 40 ff.

*Rüthers, Bernd,*

Rechtsprobleme betrieblicher Sondervertretungen für leitende Angestellte, BB 1972, S. 1105 ff.

*Runggaldier, Ulrich,*

Herausforderungen der Tarifautonomie: Das Beispiel Österreich, ZIAS 1997, S. 1 ff.

*Rudolph, Wolf-Dieter,*

Arbeitsrecht im Vereinigten Königreich, AuA 1996, S. 341 ff.

*Ruoff, Axel,*

Das Europäische Betriebsräte-Gesetz (EBRG), BB 1997, S. 2478 ff.

*Sadowski, Dieter,*

Zur Ökonomie von Unternehmensnetzwerken, ZIAS 1995, S. 612 ff.

*Säcker, Franz-Jürgen,*

Gruppenautonomie und Übermachtkontrolle im Arbeitsrecht, Schriften zum Sozial- und Arbeitsrecht, Bd. 8, Berlin 1972.

*Sandmann, Bernd,*
Die Euro-Betriebsrats-Richtlinie 94/45/EG, Diss, Schriften zum Wirtschafts-Arbeits- und Sozialrecht, Bd. 68, Heidelberg 1996.

*ders.,*
Das Gesetz über Europäische Betriebsräte, AR-Blattei Systematische Darstellung, 965, 43. Lfg.

*Savatier, Jean,*
Das französische Arbeitsrecht von 1981 bis 1985, RdA 1986, S. 34 ff.

*von Savigny, Friedrich Carl,*
System des heutigen Römischen Rechts, Bd. VIII, Berlin 1849.

*Schäfer, Martin,*
Eingriffsnormen im deutschen IPR – eine neverending story?, in Festschrift für Otto Sandrock zum 65. Geburtstag, Hrsg.: Stiefel, Ernst / Behr, Andreas / Jung, Martina / Klausing, Ellen / Nöcker, Thomas / Trinkner, Reinhold, Heidelberg 1995, S. 37 ff.

*Schaub, Günter,*
Globalisierung des Arbeitsrechts, in Festschrift für Alfred Söllner zum 70. Geburtstag, Europas universale rechtspolitische Aufgabe im Recht des dritten Jahrtausends, Hrsg.: Köbler, Gerhard / Heinze, Meinhard / Hromadka, Wolfgang, München 2000, S. 997 ff.

*ders.,*
Arbeitsrechtshandbuch, 10. Aufl., München 2002,
(zit.: *Schaub*, ArbR-Handbuch §...Ziff...).

*Schiek, Dagmar,*
Europäisches Arbeitsrecht, Baden-Baden 1997.

*dies.,*
Europäische Betriebsvereinbarungen, RdA 2001, S. 218 ff.

*Schier, Udo,*
Mitbestimmung und Internationales Privatrecht – dargestellt anhand deutsch-französischer Sachverhalte, Diss., Mannheim 1983.

*Schipprowski, Eckbert,*
Die Regelungsabrede, Diss., Europäische Hochschulschriften, Bd. 1806, Frankfurt a.M. 1995.

*Schlachter, Monika,*
Bewährung und Reformbedürftigkeit des Betriebsverfassungsrechts, RdA 1993, S. 324 ff.

*dies.*,
Grenzüberschreitende Dienstleistungen: Die Arbeitnehmerentsendung zwischen Dienstleistungsfreiheit und Verdrängungswettbewerb, NZA 2002, S. 1242 ff.

*Schlüpers-Oehmen, Reinhold,*
Betriebsverfassung bei Auslandstätigkeit, Diss., Köln, Berlin, Bonn, München 1984.

*Schneider, Folke,*
Die spanische Betriebsverfassung, Diss., Göttingen 1997.

*Schurig, Klaus,*
Zwingendes Recht, „Eingriffsnormen" und neues IPR, RabelsZ 54 (1990), S. 217 ff.

*Schwander, Ivo,*
Lois d'application immédiate. Sonderanknüpfung, IPR-Sachnormen und andere Ausnahmen von der gewöhnlichen Anknüpfung im internationalen Privatrecht, Schweizer Studien zum Internationalen Recht, Bd. 1, Zürich 1975.

*Schwarze, Roland,*
Sozialer Dialog im Gemeinschaftsrecht, in Europäisches Arbeits- und Sozialrecht, Hrsg.: Oetker, Hartmut / Preis, Ulrich, B 8100, Teil B, Heidelberg 2000,
(zit.: *Schwarze*, in EAS B 8100, Rz...).

*von Schwind, Fritz,*
Von der Zersplitterung des Privatrechts durch das internationale Privatrecht und ihrer Bekämpfung, RabelsZ 23 (1958), S. 449 ff.

*Sellier, Francois,*
La fonction de négociation dans la codécision „simple" en Allemagne Fédérale, Droit Social, 1972, S. 487 ff.

*Serick, Rolf,*
Die Sonderanknüpfung von Teilfragen im internationalen Privatrecht, RabelsZ 18 (1953), S. 633 ff.

*Simitis, Spiros,*
Über die Entscheidungsfindung im internationalen Privatrecht, StAZ 1976, S. 6 ff.

*ders.*,
Internationales Arbeitsrecht – Standort und Perspektiven, in Festschrift für Gerhard Kegel (I), Internationales Privatrecht und Rechtsvergleichung im Ausgang des 20. Jahrhunderts: Bewahrung oder Wende?, Hrsg.: Lüderitz, Alexander / Schröder, Jochen, Frankfurt a.M. 1977, S. 31 ff.

*ders.*,
Verarbeitung von Arbeitnehmerdaten, CR 1991, S. 161 ff.

*ders.*,
Diskussionsbeitrag zum Thema: Betriebsverfassung und Tarifvertrag, RdA 1994, S. 174 ff.

*Sodan, Helge,*
Verfassungsrechtliche Grenzen der Tarifautonomie, JZ 1998, S. 421 ff.

*Söllner, Alfred,*
Der verfassungsrechtliche Rahmen für Privatautonomie im Arbeitsrecht, RdA 1989, S. 144 ff.

*Soergel, Thomas,*
Kommentar zum BGB, Hrsg.: Siebert W. / Baur, Jürgen F., Bd. 10, Stuttgart Berlin Köln 1996,
(zit.: Soergel / *Bearbeiter* §...Rz...).

*Sonnenberger, Jürgen,*
Die Eingriffsnorm: ein internationalprivatrechtliches skandalon?, in Festschrift für Wolfgang Fikentscher zum 70. Geburtstag, Hrsg.: Großfeld, Bernhard / Sack, Rolf / Müllers, Thomas / Drexl, Josef / Heinemann, Andreas, Tübingen 1998, S. 283 ff.

*Stadler, Hubert,*
Die rechtlicher Bedeutung fehlerhafter Betriebsvereinbarungen, BB 1971, S. 709 ff.

*Staudacher, Paul Heribert,*
Internationale Betriebsverfassung – Ein Fall zwingenden Rechts im arbeitsrechtlichen Kollisionsrecht, Diss., Regensburg 1974.

*von Staudinger, Julius,*
Kommentar zum Bürgerlichen Gesetzbuch, Hrsg.: Beitzke, Günther, EGBGB/IPR, Internationales Sachenrecht, 13. Aufl., Berlin 1996,
(zit.: Staudinger / *Bearbeiter*, §...Rz...).

*Steinberg, Friedhelm,*
Der Europäische Tarifvertrag, RdA 1971, S, 18 ff.

*Steinmeyer, Heinz-Dietrich,*
Zum Mitbestimmungsrecht des Betriebsrats bei der Regelung von Arbeitsbedingungen auf Montagebaustellen in Betrieben im Ausland, DB 1980, S. 1541 ff.

*ders.,*
Harmonisierung des Arbeits- und Sozialrechts in der Europäischen Gemeinschaft – Eine Konsequenz aus der Schaffung eines einheitlichen Binnenmarktes?, ZIAS 1989, S. 208 ff.

*ders.,*
Tarifvertrag und betriebliche Altersversorgung, in Festschrift für Günter Schaub, Hrsg.: Schlachter, Monika / Ascheid, Reiner / Friedrich, Hans-Wolf, München 1998, S. 727 ff.

*Stiller, Klaus Peter,*
Europäische Tarifverträge als Instrument der sozialen Integration der Gemeinschaft, ZIAS 1991, S. 195 ff.

*Strasser, Rudolf,*
Die Betriebsvereinbarung nach österreichischen und deutschen Recht, Wien 1957.

*ders.,*
Die vom Regelungsgegenstand her unzulässige Betriebsvereinbarung, RdA 1989, S. 258 ff.

*Streinz, Rudolf,*
Europarecht, 4. Aufl., Heidelberg 1999.

*Sturm, Fritz,*
Parteiautonomie als bestimmender Faktor im internationalen Familien- und Erbrecht, in Recht und Rechtserkenntnis, Festschrift für Ernst Wolf, Hrsg.: Bickel Dietrich / Hadding, Walther / Jahnke, Volker / Lüke, Gerhard, Köln Berlin Bonn München 1985, S. 637 ff.

*Tap, Alexander,*
Das Gesetz über Europäische Betriebsräte (EBRG) unter besonderer Berücksichtigung gesetzesverdrängender Vereinbarungen nach Art. 1 § 41 EBRG, Diss., Düsseldorf 2000.

*Thelen, Kathleen,*

German Codetermination in Comparative Perspektive, Bielefeld 1997.

*Timmesfeld, Andrea,*

Arbeitnehmermitwirkung in transnationalen Unternehmen, BB 1992, S. 2505 ff.

*Tomandl, Theodor,*

Die Rechtswirkungen „freier Betriebsvereinbarungen", in Festschrift für Rudolf Strasser zum 60. Geburtstag, Möglichkeiten und Grenzen der Rechtsordnung, Hrsg. Schwarz, Walter / Spielbüchler, Karl / Martinek, Oswin / Grillberger, Konrad / Jabornegg, Peter, Wien 1983, S. 583 ff.

*ders.,*

Die Tarifautonomie im österreichischen Recht, RdA 1995, S. 76 ff.

*Travlos-Tzanetatos, Dimitris,*

Betriebliche Interessenvertretung nach griechischem Recht, AiB 1992, S. 19 ff.

*Trinkner, Reinhold,*

Anmerkung zu BAG v. 20.07.1967, BB 1967, S. 1290 ff.

*Unterhinninghofen, Hermann,*

Diskussionsbeitrag zum Thema: Betriebsverfassung und Tarifvertrag, RdA 1994. S. 175 ff.

*Uttlinger, Sigmund / Breier, Alfred / Kiefer, Karl-Heinz / Hoffmann, Horst / Dassau,Anette,*

Bundesangestelltentarifvertrag – BAT -, Kommentar, Bd. 2, 2001, (zit.: *Uttlinger / Breier / Kiefer / Hoffmann / Dassau*, BAT, Bd. 2, Nr..., S...).

*Vatinet, Raymonde,*

La négociation au sein du comité, Droit Social 1982, S. 675 ff.

*Veit, Barbara,*

Der Europäische Betriebsrat, JhbZRW 1992, S. 211 ff.

*Veit, Barbara / Waas, Bernd,*

Die Umdeutung einer kompetenzwidrigen Betriebsvereinbarung, BB 1991, S. 1329 ff.

*Verdier, Jean-Maurice / Coeuret, Alain / Souriac, Marie-Armelle,*

Droit du travail, 11. Aufl., Paris 1999.

*Waas, Bernd,*

Konzernarbeitsrecht in Grossbritannien, Diss., Studien zum ausländischen, vergleichenden und internationalem Recht, Bd. 1, Baden-Baden 1993.

*Walker, Wolf-Dietrich,*
Möglichkeiten und Grenzen einer flexibleren Gestaltung von Arbeitsbedingungen, ZfA 1996, S. 353 ff.

*Waltermann, Raimund,*
Rechtsetzung durch Betriebsvereinbarung zwischen Privatautonomie und Tarifautonomie, Jus privatum, Bd. 14, Tübingen 1996.

*Walz, Stefan,*
Multinationale Unternehmen und internationaler Tarifvertrag, Diss., Baden-Baden, 1980.

*Wank, Rolf,*
Empfiehlt es sich, die Regelungsbefugnisse der Tarifparteien im Verhältnis zu den Betriebspartnern neu zu ordnen?, NJW 1996, S. 2273 ff.

*Waschke, Hildegard,*
Mitbestimmungssysteme im Ausland, Köln 1982.

*Weber, Helmut,*
Das Zwingende an den zwingenden Vorschriften im neuen internationalen Arbeitsrecht, IPrax 1988, S. 82 ff.

*Wedde, Peter,*
Digitalisierung der Arbeitswelt und Telearbeit – keine Chance für das Arbeitsrecht?, RDV 1996, S. 5 ff.

*Weiss, Manfred,*
Europäische Betriebsräte und Konzern – 20 Thesen, ZIAS 1995, S. 633 ff.

*ders.,*
Die Umsetzung der Richtlinie über Europäische Betriebsräte, ArbuR 1995, S. 438 ff.

*ders.,*
Schnittstelle Europa und Mitbestimmung, GMH 1999, S. 183 ff.

*ders.,*
Arbeitnehmermitwirkung in Europa, NZA 2003, S. 177 ff.

*Wengler, Wilhelm,*
Die Anknüpfung des zwingenden Schuldrechts im internationalen Privatrecht, ZvglRW 54 (1941), S. 168 ff.

*Wenker, Harald,*
Arbeitnehmermitbestimung in Deutschland und Frankreich, Diss., Europäische Hochschulschriften, Bd./Vol 1655, Frankfurt a.M. 1995.

*Wetzling, Frank,*
Der Konzernbetriebsrat, Schriften zum Wirtschafts- und Arbeitsrecht, Bd. 1, Köln 1978.

*Wiedemann, Herbert,*
Tarifvertragsgesetz, 6. Aufl., München 1999,
(zit.: Wiedemann / *Bearbeiter*, TVG §...Rz...).

*Wiedemeyer, Gerd,*
Betriebliche Arbeitnehmervertreter in multinationalen Unternehmen, in Heinemann, Herrmann (Hrsg.), Das kollektive Arbeitsrecht in der Europäischen Gemeinschaft, Berlin 1991, S. 126 ff.,
(zit.: *Wiedemeyer*, in Heinemann, S...).

*Wiese, Günther,*
Zum Zweck des Betriebsverfassungsrechts im Rahmen der Entwicklung des Arbeitsrechts, in Festschrift für Otto Rudolf Kissel zum 65. Geburtstag, Arbeitsrecht in der Bewährung, Hrsg.: Heinze, Meinhard / Söllner, Alfred, München 1994, S. 1269 ff.

*Willemsen, Heinz Josef / Hohenstatt, Klaus-Stefan,*
Chancen und Risiken von Vereinbarungen gemäß Art. 13 der Euro-Betriebsrat-Richtlinie, NZA 1995, S. 399 ff.

*Wimmer, Norbert,*
Die Gestaltung internationaler Arbeitsverhältnisse durch kollektive Normenverträge, Diss., Arbeits- und Sozialrecht, Bd. 25, Baden-Baden 1992.

*Windbichler, Christine,*
Arbeitsrecht im Konzern, Schriften des Instituts für Arbeits- und Wirtschaftsrecht der Universität zu Köln, Bd. 56, München 1989.

*Wirmer, Anton,*
Die Richtlinie Europäischer Betriebsräte – Ein zentraler Baustein europäischer Sozialpolitik, DB 1994, S. 2134 ff.

*Wißmann, Hellmut,*
Buchbesprechung „Die Euro-Betriebsrats-Richtlinie 94/45/EG“ von Bernd Sandmann, ZTR 1997, S. 263 ff.

*Wohlgemuth, Hans H.,*
Datenschutz für Arbeitnehmer, 2. Aufl., Neuwied, 1988.

*Wolter, Achim,*
Globalisierung der Beschäftigung, Diss., Baden-Baden 1997.

*Wunsch-Semmler, Bettina,*
Entwicklungslinien einer europäischen Arbeitnehmermitwirkung, Diss., Nomos Universitätsschriften: Recht, Bd. 189, Baden-Baden 1995.

*Zachert, Ulrich,*
Tarifrecht, Tarifstrukturen und Tarifpraxis in Spanien, ZIAS 1992, S. 1 ff.

*ders.,*
Europäische Tarifverträge – von korporatistischer zur autonomen Rechtsetzung?, in Festschrift für Günter Schaub, Hrsg.: Schlachter, Monika / Ascheid, Reiner / Friedrich, Hans-Wolf, München 1998, S. 95 ff.

*Zöllner, Wolfgang / Loritz, Karl-Georg,*
Arbeitsrecht, 5. Aufl., München 1998.

*Zügel, Johannes,*
Mitwirkung der Arbeitnehmer nach der EU-Richtlinie über die Einsetzung eines Europäischen Betriebsrats, Diss., Studien zum europäischen und internationalen Wirtschaftsrecht, Bd. 3, Heidelberg, 1994.

*Zwanziger, Bertram,*
Zur Zuständigkeit der Europäischen Gemeinschaft auf dem Gebiet des Arbeitsrechts, ArbuR 1995, S. 430 ff.

*Zweigert, Konrad,*
Nichterfüllung auf Grund ausländischer Leistungsverbote, RabelsZ 14 (1942), S. 283 ff.

# *Abkürzungsverzeichnis*

| | |
|---|---|
| a.A. | anderer Ansicht |
| aaO. | am angegebenen Ort |
| Abl. EG | Amtsblatt der Europäischen Gemeinschaften |
| a.F. | alte Fassung |
| AiB | Arbeitsrecht im Betrieb |
| AktG | Aktiengesetz |
| AP | Arbeitsrechtliche Praxis, Nachschlagewerk des Bundesarbeitsgerichts |
| ArbG | Arbeitsgericht |
| ArbuR | Arbeit und Recht |
| ArbVG | Arbeitsverfassungsgesetz |
| AuA | Arbeit und Arbeitsrecht |
| AWD | Außenwirtschaftsdienst des Betriebsberaters |
| BAGE | Entscheidungen des Bundesarbeitsgerichts |
| BAT | Bundesangestellten-Tarifvertrag |
| BB | Betriebsberater |
| Bd. | Band |
| BetrVG | Betriebsverfassungsgesetz |
| BT-Drucks. | Drucksachen des Deutschen Bundestages |
| bzw. | beziehungsweise |
| C.trav. | Code du travail |
| DB | Der Betrieb |
| ders. | derselbe |
| DGB | Deutscher Gewerkschaftsbund |
| Dr. Soc. | Droit social |
| EAS | Europäisches Arbeits- und Sozialrecht |
| EBR | Europäischer Betriebsrat |
| EBRG | Gesetz über Europäische Betriebsräte |
| EG | Europäische Gemeinschaft |
| EGB | Europäischer Gewerkschaftsbund |
| EGV | EG-Vertrag |
| Einl. | Einleitung |
| EU | Europäische Union |
| EuroAS | Informationsdienst – Europäisches Arbeits- und Sozialrecht |
| EuZW | Europäische Zeitschrift für Wirtschaftsrecht |
| EVÜ | Europäisches Übereinkommen über das auf vertragliche Schuldverhältnisse anwendbare Recht |
| EWCB | European Works Councils Bulletin |

| | |
|---|---|
| FN | Fußnote |
| ff. | fortfolgende |
| FS | Festschrift |
| | |
| grds. | grundsätzlich |
| GMH | Gewerkschaftliche Monatshefte |
| GS | Großer Senat |
| | |
| Hrsg. | Herausgeber |
| h.M. | herrschende Meinung |
| | |
| i.d.R. | in der Regel |
| IPrax | Zeitschrift für internationales Privatrecht |
| | |
| JhrbArbR | Jahrbuch des Arbeitsrechts |
| JhrbZRW | Jahrbuch Junger Zivilrechtswissenschaftler |
| Jus | Juristische Schulung |
| JZ | Juristenzeitung |
| | |
| KOM | Kommission |
| KritV | Kritische Vierteljahresschrift für Gesetzgebung und Rechtswissenschaft |
| KSchG | Kündigungsschutzgesetz |
| | |
| LAG | Landesarbeitsgericht |
| LET | Ley sobre el Estatuto de los Trabajadores |
| Lit. | Literatur |
| | |
| m.a.W. | mit anderen Worten |
| MitbestG | Mitbestimmungsgesetz |
| m.w.N. | mit weiteren Nachweisen |
| | |
| NJW | Neue Juristische Wochenschrift |
| NZA | Neue Zeitschrift für Arbeitsrecht |
| | |
| RabelsZ | Zeitschrift für ausländisches und internationales Privatrecht |
| RdA | Recht der Arbeit |
| RiW/AWD | Recht der internationalen Wirtschaft, Außenwirtschaftsdienst des Betriebsberaters |
| RL | Richtlinie |
| Rz | Randzeichen |
| | |
| SAE | Sammlung arbeitsrechtlicher Entscheidungen |
| SE | Societas Europaea |

| | |
|---|---|
| SGB | Sozialgesetzbuch |
| StAZ | Zeitschrift für Standesamtwesen |
| TVG | Tarifvertragsgesetz |
| UNICE | Union of Industrial and Employers' Confederations of Europe |
| WOR | Wet op de ondernemingsraden |
| ZEuP | Zeitschrift für Europäisches Privatrecht |
| ZfA | Zeitschrift für Arbeitsrecht |
| ZGR | Zeitschrift für Unternehmens- und Gesellschaftsrecht |
| ZIAS | Zeitschrift für ausländisches und internationales Arbeits- und Sozialrecht |
| Ziff. | Ziffer |
| ZIP | Zeitschrift für Wirtschaftsrecht |
| z.T. | zum Teil |
| ZTR | Zeitschrift für Tarifrecht |
| ZVerglRWiss. | Zeitschrift für vergleichende Rechtswissenschaft |

Im Übrigen wird auf Kirchner, Hildebert, Abkürzungsverzeichnis der Rechtssprache, 4. Aufl., Berlin/New York 1993 verwiesen.

# § 1 Einleitung

## I. Gegenstand der Untersuchung und Problemstellung

### 1. Gestaltungsmöglichkeiten in grenzüberschreitenden Unternehmen

Vereinbarungen mit einer betrieblichen Arbeitnehmervertretung dienen der Gestaltung von Arbeitsbedingungen. Durch die Beteiligung eines solchen Gremiums bei der Umsetzung einer unternehmerischen Entscheidung wird gleichzeitig der Arbeitnehmerschutz verwirklicht. Aus deutscher Sicht ist zuerst an die Betriebsvereinbarung im Sinne von § 77 BetrVG zu denken. Das BetrVG kennt Betriebsvereinbarungen, die sich auf einen Betrieb, ein Unternehmen oder sogar auf einen Konzern beziehen. Eine Vereinbarung, die sich auf Betriebe eines Unternehmens oder eines Konzerns außerhalb der Bundesrepublik erstreckt, sieht das Gesetz dem Buchstabe nach nicht vor.
Demgegenüber gehören heute Unternehmen mit Arbeitnehmern in mehr als einem Land zum alltäglichen Bild des Wirtschaftslebens. Die verwendeten Begriffe sind vielfältig: Es ist die Rede von „multinationalen“[1], „grenzüberschreitenden“[2] und „transnationalen“[3] Unternehmen. All diese unterschiedlichen Begriffe bezeichnen dasselbe Phänomen: Moderne Unternehmen sind heute in ihrem Aktionsradius nicht mehr auf einen Nationalstaat und dessen Volkswirtschaft fixiert, sie sehen vielmehr ihren Wirkungskreis über mehrere Länder oder sogar Kontinente erstreckt. Um unternehmerisch erfolgreich zu sein, ist zumeist eine internationale Perspektive und eine länderübergreifende Strategie notwendig.
Angesichts dieses Befundes stellt sich die Frage, wie durch den Abschluss von Vereinbarungen in einem grenzüberschreitenden Unternehmen die Arbeitsbedingungen durch die Sozialpartner auf Unternehmens- bzw. Konzernebene gemeinsam gestaltet werden können. Gegenstand der vorliegenden Arbeit ist es, die Möglichkeiten und Grenzen solcher internationalen betrieblichen Vereinbarungen aufzuzeigen.

### 2. Internationalisierung der Unternehmen

Als Ursachen für das heutige Wirtschaftsverhalten der Unternehmen lassen sich aus europäischer Sicht zwei Entwicklungsstränge feststellen: Zum einen die fortschreitende Integration auf europäischer Ebene und zum anderen die Entwicklung, die weltweit als „Globalisierung“ bezeichnet wird.

---

[1] *Kleinert/Schimmelpfennig/Schrader/Stehn*, S. 37.
[2] *Junker*, Internationales Arbeitsrecht, S. 1.
[3] *Hergenröder*, in AR-Blattei SD 1550.15 Rz 5.

### a) Europäische Integration

Seit 1957 setzte in Europa ein stetig sich steigernder Prozess der sog. europäischen Integration ein.[4] Mit dem Fall von nationalen Zöllen und der Schaffung eines gemeinsamen Binnenmarktes entstand in Europa ein neuer Wirtschaftsraum. Wichtige Etappen waren die Verabschiedung der „Einheitlichen Europäischen Akte“ (EEA)[5], die Unterzeichnung des „Vertrages zur Gründung der Europäischen Union“[6] und zuletzt die Einführung der gemeinsamen Währung Euro[7]. Begünstigt durch die Grundfreiheiten der EG[8] sahen sich die deutschen Unternehmen einem direkten Wettbewerb mit anderen Herstellern aus Spanien, Schweden, Italien etc. ausgesetzt. Dies bot zum einen Risiken, denn Länder mit unternehmerfreundlicheren Steuergesetzen bzw. billigeren Arbeitskräften konnten Standortvorteile ausnutzen.[9] Umgekehrt war es leichter möglich, eine Niederlassung im Ausland zu gründen und somit neue Märkte zu erschließen.

### b) Globalisierung

Aber der fortschreitende Wettbewerb zwischen den einzelnen Nationalstaaten ist kein auf die EG beschränktes Phänomen. Das direkte Inkonkurrenztreten einzelner Unternehmen auf den Weltmärkten wird heute als Globalisierung bezeichnet.[10] Während der Begriff ursprünglich zur Beschreibung der Entstehung weltweiter Finanzmärkte für Kredite und Devisengeschäfte herangezogen wurde, hat er sich heute zu einem Modewort gewandelt, welches den internationalen Standortwettbewerb in all seinen Facetten erfasst.

Kennzeichnend für die fortschreitende Globalisierung ist der Einsatz von modernen Informations- und Kommunikationsmitteln.[11]

Eine wichtige Ursache für den Prozess der Globalisierung in Europa bildet ferner der Zusammenbruch des sozialistischen Systems in den ehemaligen Ostblockstaaten und der ehemaligen Sowjetunion. Die Anfang der 80er Jahre einsetzende Integration ehemals sozialistischer Staaten in die internationale Arbeitsteilung setzte die westliche Wirtschaft unter einen zusätzlichen Anpassungsdruck.[12] Das

---

4 Zur Geschichte der EU siehe *Bleckmann/Pieper*, in Bleckmann, S. 24 ff; *Bitterlich*, in Lenz, EGV, Einf. Rz 1 ff.

5 Am 01.07.1987 in Kraft getreten.

6 „Maastrichtvertrag“, am 07.02.1992 verabschiedet.

7 Ab dem 01.01.2002.

8 Hier sei besonders die Niederlassungsfreiheit, 43 EGV, sowie die Garantie des freien Warenverkehrs, Art. 23 EGV, hervorgehoben.

9 Daher wird auch ein „Anpassungsdruck nach unten“ befürchtet, *Steinmeyer*, ZIAS 1989, S. 208, 222 f.

10 *Brockhaus* Enzyklopädie, Bd. 8, 20. Aufl., S. 634.

11 Hierzu näher *Wolter*, S. 205 ff.; *Wedde*, RDV 1996, S. 5, 6.

12 *Schaub*, FS Söllner, S. 997.

üppige Angebot an qualifizierten, aber weitaus billigeren Arbeitskräften als im Westen machte den Osten zu einer für viele Unternehmen interessanten Standortalternative, zumal mit der Gründung eines Betriebes vor Ort der neue Markt wirksam erschlossen werden konnte[13].
Neben der Öffnung der ehemaligen Ostblockstaaten sorgte ein hochentwickelter, stetig wachsender Markt in Ostasien für eine globale Wettbewerbsverschärfung.

### c) Folgen für die Unternehmen

Das Verhalten der Unternehmen hat sich an die gewandelten ökonomischen Bedingungen angepasst. Einige Aussagen hierzu lassen sich zunächst relativ leicht treffen. So ist offensichtlich, dass zumindest größere Unternehmen danach streben, die nationalen Grenzen zu verlassen und europa- oder weltweit tätig zu werden.[14]
Dabei erleichtert es die weltweite Vernetzung, im Ausland eine Betriebsstätte zu unterhalten und mit dieser zusammenzuarbeiten. Als Stichwort mag an dieser Stelle der Hinweis auf die sich verbreitende Telearbeit, die an keine „räumlichen" Grenzen mehr gebunden ist, genügen.[15]
Neben dem verbesserten Austausch von Informationen und Daten ist ferner eine Verbesserung auf dem Gebiet des zwischenstaatlichen Transportwesens zu verzeichnen. Mit moderner Logistik können heute auch große Entfernungen mit verhältnismäßig geringen Kosten überbrückt werden, was zur Folge hat, dass sich die Suche nach günstigen Zulieferern auch auf das Ausland und z.T. weltweit erstreckt.[16] Ermöglicht werden auf diese Weise Just-in-time-Produktionsformen, die mit einem hohen Koordinationsaufwand unter Einbeziehung ausländischer Anlieferer ein internationales Produkt herstellen.[17]
Folgt der Handel auf dem Weltmarkt kapitalistischen Grundsätzen, so resultiert hieraus auch die Tendenz von Unternehmen, sich zu immer größeren und leistungsfähigeren Einheiten zu verbinden, die allein nach den Gesetzen des Marktes am Ende überlebensfähig sein sollen.[18] Die Verteilung der wirtschaftlichen Aktivität auf mehrere Standorte hat für sie den positiven Effekt, dass im Falle eines Scheiterns in einem bestimmten Branchenzweig oder einer Region das

---

13 Vergl. *Rodemer/Dicke*, S. 12 f.

14 *Wolter*, S. 212 ff.: Als Beispiel mag die Automobilindustrie gelten. Der VW-Konzern kann als Prototyp eines multinationalen Konzerns angesehen werden. Die internationale Struktur des Unternehmens veränderte sich grundlegend mit der Übernahme von SEAT 1986 und Skoda 1990; ein Überblick über das weltweite Wachstum des VW-Konzerns findet sich bei *Mertens*, S. 173 ff. und *Uhl/Lavon*, in Deppe (Hrsg.), EBR, S. 216, 217 ff.

15 *Däubler*, Globalisierte Wirtschaft, S. 11; *Wedde* spricht von „Digitalisierung der Arbeitswelt", RDV 1996, S. 5.

16 *Gentz*, in FS Däubler, S. 421.

17 *Sadowski*, ZIAS 1995, S. 612, 616.

18 *Emmerich/Sonnenschein*, S.12 f.

Unternehmen insgesamt nicht in Mitleidenschaft gezogen wird (Haftungssegmentierung)[19]. Der ständig hohe Kapitalbedarf für Neuinvestitionen lässt sich einfacher in größeren Unternehmenseinheiten realisieren. Schließlich zwingt der globale Wettbewerb zu der Ausschöpfung von Rationalisierungsreserven und Synergieeffekten,[20] die der Zusammenschluss von Unternehmen mit sich bringt.[21]
Kennzeichnend für das Marktverhalten multinationaler Unternehmen ist aber auch, dass diese eine einmal erlangte Struktur oftmals nicht lange bewahren, sondern sich ständig in einem Prozess der Umstrukturierung befinden.[22] Multinationale Unternehmen verstehen sich nicht mehr einem bestimmten Land zugehörig, sondern eher als flexible globale Netzwerke.[23] Unter einem Unternehmensnetzwerk versteht man die langfristigen, relativ stabilen Beziehungen zwischen rechtlich selbständigen, wirtschaftlich jedoch meist abhängigen Unternehmen.[24] Solche „losen" Zusammenschlüsse haben den Vorteil, schnell und flexibel Nischenprodukte anbieten und sich auf eine sich wandelnde Nachfrage der Konsumenten einstellen zu können. Insbesondere auch durch die Einführung der neuen gemeinsamen Währung steht zu erwarten, dass sich die Preistransparenz und somit der Anpassungsdruck der Unternehmen erhöht und es deshalb zu weiteren Umstrukturierungsprozessen kommt.[25]
Für die innere Konzernstruktur solcher multinationalen Unternehmen bieten sich zwei Strategien an: Eine zentralistische, auf Standardisierung ausgerichtete[26] und eine dezentrale, zurückhaltende Führung.[27] Letztere Organisationsform hat sich in den letzten Jahren verstärkt durchgesetzt.[28] Die dezentral ausgestaltete Führung ist dadurch gekennzeichnet, dass sie sich auf eine Rahmensteuerung beschränkt, die

---

[19] *Kirchner* ZGR 1985, 229 ff.; *Emmerich/Sonnenschein*, S. 13.

[20] Darunter versteht man diejenigen Vorteile, die sich aus dem Zusammenschluss mehrerer kleiner Einheiten zu einer größeren Einheit ergeben. Z.B. können Ergebnisse aus unternehmenseigener Forschung und Entwicklung, Marketing etc., für die nur eine Investition notwendig war, an mehreren Standorten genutzt werden. Vergl. zum Ganzen näher aus ökonomischer Sicht *Kleinert/Schimmelpfennig/Schrader/Stehn*, S. 42 ff.

[21] *Löwisch*, RdA 1999, S. 69, 72.

[22] *European Foundation* (Hrsg.), Bargaining, S. 4 ff.

[23] *Klebe/Kunz* in FS Däubler, S. 823: Die Welt wird für Siemens, Toyota etc. zum globalen Dorf! Der Wechsel von Mitarbeitern eines Konzerns innerhalb von Europa ist schon heute an der Tagesordnung, *Löwisch*, RdA 1999, S. 69, 72.

[24] *Sadowski*, ZIAS 1995, S. 612, 614.

[25] *European Foundation* (Hrsg.), Bargaining, S. 5.

[26] Im Idealfall mündet eine solche Strategie z.B. in der Produktion eines „Weltautos", das aus standardisierten Teilen bestehend in der ganzen Welt verkauft wird.

[27] *Hirsch-Kreinsen*, WSI-Mitteilungen 1996, S. 11, 12 f. Z.T. wird angenommen, der Konzern sei von Rechts wegen auf Vereinheitlichung aller unternehmerischen Binnenbereiche angelegt, so *Martens*, FS Herschel, S. 237, 243; die Gegenansicht geht von einem dezentralen Leitbild des Gesetzgebers aus, so *Konzen*, RdA 1984, S. 65, 66.

[28] Vergl. *Junker*, ZIAS 1995, S. 564, 572; sie steht damit in einem gewissen Widerspruch zu der europäischen Integration, die auf eine Vereinheitlichung angelegt ist.

Selbständigkeit der einzelnen Unternehmen betont und diese in einen offenen Standortwettbewerb treten lässt.[29] Die Konzernintegration wird meist über einen zahlenmäßig kleinen Managementapparat hergestellt. Beide Organisationsformen lassen sich natürlich auch variieren und können je nach Unternehmen unterschiedlich stark ausgeprägt sein. Sie lassen sich oft auch nicht scharf voneinander trennen. Nicht selten gibt es Prozesse „stillschweigender" Zentralisierung, bei der die Konzernspitze durch „Konsultationen" mit den einzelnen Töchtern und dem Erlass von Richtlinien über „uniform practices" für bestimmte Problemsituationen Einfluss ausübt.[30] Es gibt aber auch Unternehmen, die wieder verstärkt auf einen zentralistischeren Ansatz setzen.[31] Insoweit wird man nur die allgemeine Aussage treffen können, dass multinationale Unternehmen in einem Spannungsverhältnis zwischen zentraler und dezentraler Leitung stehen und dass sie je nach Unternehmensphilosophie, Branche und Marktlage dem einen oder anderen Ansatz zuneigen.

Als Zwischenbilanz ist festzuhalten, dass eine weitgehende wirtschaftliche Verflechtung von länderübergreifenden Unternehmen heute das Resultat der beiden oben genannten Ursachenketten ist. Während 1983 die Direktinvestitionen ins Ausland noch 5 Mrd. DM betrugen, haben sie sich bis zum Jahre 1997 auf ca. 58 Mrd. DM mehr als verelffacht.[32] Rund 40 % des Welthandels findet derzeit innerhalb multinationaler Unternehmen statt.[33] Ein Abschluss des weltweiten Integrationsprozesses ist bislang noch nicht in Sicht.[34]

### 3. Auswirkungen auf das Arbeitsrecht

Angesichts des oben skizzierten Standes der tatsächlichen wirtschaftlichen Verhältnisse überrascht es zunächst etwas, dass der Realität im Wirtschaftsleben nicht eine ausgeprägte arbeitsrechtliche Dogmatik gegenübersteht. Die Schutzbedürftigkeit des Arbeitnehmers in einem international tätigen Unternehmen nimmt aufgrund der tatsächlichen und rechtlichen „Reibungsverluste" nicht ab, sondern tendenziell zu.[35]

Die Internationalisierung des Rechts, wie sie etwa im Handels- und Gesellschaftsrecht weitgehend vollzogen wurde, hat das Arbeitsrecht nicht im

---

29 *Hirsch-Kreinsen*, WSI-Mitteilungen 1996, S. 11, 13.

30 *Walz*, S. 114 f.

31 So das Beispiel IBM, *Sadowski*, ZIAS 1995, S. 612, 614; *Nagel* spricht von einer Zunahme von Unternehmen mit einer „Gesamtkonzeption", WSI-Mitteilungen 1996, S. 494.

32 *Kleinert/Schimmelpfennig/Schrader/Stehn*, S. 54.

33 *Kleinert/Schimmelpfennig/Schrader/Stehn*, S. 37; nähere Angaben zum statistischen Wachstum multinationaler Unternehmen finden sich bei *Wolter*, S. 177 ff.

34 So die praktisch einhellige Meinung, vergl. *Schaub*, FS Söllner, S. 997, 1016; allerdings gibt es auch kritische Stimmen, z.B. *Rodemer/Dicke*, S.15 f., 54 m.w.N.

35 *Trittin*, in D/K/K vor § 54 Rz 98; näher unten § 4 I. 2. a).

gleichen Maße erfasst.[36] Während das Individualarbeitsrecht jedoch eine bereits beachtliche Aufmerksamkeit erfahren hat[37], muss das kollektive Arbeitsrecht noch als sich in der Entwicklung befindlich angesehen werden. Zwar gibt es bereits für den Bereich des Tarifvertrages[38] eingehende Darstellungen, gleiches gilt für die Betriebsverfassung,[39] doch beschäftigen sich diese nicht speziell mit der Frage nach Vereinbarungen mit dem Betriebsrat. Dies ist auf den ersten Blick erstaunlich, denn die Betriebsvereinbarung als das „Gesetz des Betriebes“[40] erscheint prima facie als ein durchaus geeignetes Instrument, den sich wandelnden Realitäten in der Wirtschaft auf rechtlicher Ebene Rechnung zu tragen. Agiert der Arbeitgeber aufgrund länderübergreifender Erwägungen, so liegt es nahe, ihm eine ebenfalls global agierende Arbeitnehmerinteressenvertretung gegenüber zu stellen. *Simitis* äußerte bereits 1977:[41] „Am Betriebsverfassungsrecht zeigt sich freilich auch der Nachteil einer Regelung, die sich strikt an die lex laboris hält. Der ökonomischen Internationalität des Arbeitsverhältnisses wird genau genommen nur partiell Rechnung getragen. Obgleich sämtliche Arbeitnehmer einem Unternehmen angehören, sind mit Rücksicht auf die verschiedenen Arbeitsstatute ihre Chance, Kontrollrechte geltend zu machen, sehr unterschiedlich. Die Anknüpfung an den Arbeitsort ermöglicht mithin nicht jene Lösung, die allein der ökonomischen Internationalität angemessen erscheint, die einheitliche Behandlung aller Arbeitnehmer.“

Auf den zweiten Blick wird jedoch offenbar, dass eine Betriebsvereinbarung mit grenzüberschreitender Wirkung auf diverse tatsächliche und rechtliche Schwierigkeiten stößt. Dabei geht es zum einen um die tatsächliche Frage, ob das Ausland überhaupt eine der deutschen Betriebsvereinbarung vergleichbare Rechtsfigur kennt,[42] zum anderen geht es vom Standpunkt des Kollisionsrechts aus betrachtet um die Tendenz, dass jeder Forumstaat seine eigene Rechtsordnung möglichst weitgehend verwirklicht wissen will.[43]

Bewegt man sich auf einer internationalen Ebene, so kommt man nicht umhin, die europarechtliche Dimension ins Auge zu fassen. Ausgangspunkt der weiteren

---

[36] *Lecher/Platzer*, WSI-Mitteilungen 1996, S. 503, 504, sprechen von einem „embryonalen Stadium“ der Europäisierung der Arbeitsbeziehungen.

[37] Vergl. z.B. die ausführliche Kommentierung in MünchArbR/*Birk* § 20.

[38] *Hergenröder*, in AR-Blattei SD 1550.15, Internationales Tarifrecht.

[39] Z.B. *Agel-Pahlke*, Der internationale Geltungsbereich des Betriebsverfassungsgesetzes; *Jaletzke*, International operierende Unternehmen und deutsche Betriebsverfassung, *Jaeger*, Der Auslandsbezug des Betriebsverfassungsgesetzes.

[40] *F/K/H/E* § 77 Rz 12.

[41] In FS Kegel, S. 153, 181.

[42] Hierzu unten § 3.

[43] Hierzu unten §§ 5 und 7.

Überlegungen ist insoweit die Richtlinie 94/45/EG und deren Umsetzung in nationales Recht in der Gestalt des Gesetzes über Europäische Betriebsräte (EBRG).

## 4. Internationale betriebliche Vereinbarungen

Im Mittelpunkt der Untersuchung sollen die Gestaltungsmöglichkeiten mit dem Betriebsrat als Abschlusspartner einer internationalen Vereinbarung stehen. Nicht hierher gehört der Abschluss von Kollektivverträgen, die mit einer Gewerkschaft zustande kommen.[44] Der Abschluss eines Kollektivvertrages mit einer Gewerkschaft führt nach deutschem Recht regelmäßig zu einem Tarifvertrag; auf diesen wird im folgenden nur insoweit eingegangen, als es für den Gesamtzusammenhang von Bedeutung ist.

Die Betriebsvereinbarung i.S.v. § 77 II BetrVG ist nur eine von mehreren Einigungsformen zwischen Betriebsrat und Arbeitgeber.[45] Neben der normativ wirkenden Betriebsvereinbarung kennt das BetrVG des weiteren lediglich schuldrechtlich wirkende Vereinbarungen, die als Regelungsabrede bezeichnet werden. Um einen möglichst breiten Ansatz zu wählen, sollen sämtliche Arten von Vereinbarungen, also auch solche rein schuldrechtlicher Natur, betrachtet werden. Der Terminus „betriebliche Vereinbarung" ist im folgenden in einem denkbar weiten Sinne zu verstehen.

„International" bedeutet schließlich, dass sich der auf betrieblicher Ebene abgeschlossene Vertrag auf einen „internationalen" oder „grenzüberschreitenden" Sachverhalt bezieht.[46] Das ist immer dann der Fall, wenn die jeweiligen Vertragspartner aus unterschiedlichen Ländern stammen. Jedoch kann sich der internationale Bezug auch daraus ergeben, dass die Vereinbarung zwischen Arbeitgeber und Arbeitnehmervertretung ausschließlich oder überwiegend einen internationalen Sachverhalt zum Gegenstand hat.[47] Beispielsweise ist hier an die Einführung eines einheitlichen Computersystems in mehreren Ländern oder an die Regelung der Arbeitsbedingungen für ins Ausland entsandte Arbeitnehmer zu denken.

---

[44] Zur Abgrenzung weiter unten, § 3 III. 3. b) und § 6 III.

[45] Vergl. auch *Richardi*, in Richardi, BetrVG § 77 Rz 224 ff.; *F/K/H/E* § 77 Rz 11; das BetrVG kennt als Oberbegriff einer betrieblichen Einigung den Terminus „Vereinbarungen", § 77 I BetrVG. Neben der formellen Betriebsvereinbarung i.S.v. § 77 II, IV BetrVG umfasst der Oberbegriff auch das Einvernehmen bei § 44 II BetrVG, die Einigung bei § 37 VI, § 95 I BetrVG, sowie den Interessenausgleich, § 112 I, 113 I BetrVG.

[46] Vergl. Art. 3 I S. 1 EGBGB. Ebenso gut könnte man einen Sachverhalt mit einer „Außenbeziehung" oder einem „zwischenstaatlichen Einschlag" verlangen; die Begrifflichkeiten sind letztlich austauschbar.

[47] Zu möglichen Anwendungsfällen internationaler betrieblicher Vereinbarungen siehe unter § 4.

Zusammenfassend lässt sich sagen, dass von internationalen betrieblichen Vereinbarungen stets dann gesprochen werden kann, wenn ein Vertrag auf betrieblicher Ebene unter Beteiligung einer betrieblichen Arbeitnehmervertretung zustande kommt und dieser Vertrag ein grenzüberschreitendes Moment inne hat.

## II. Gang der Darstellung

Die Arbeit setzt sich zum Ziel, Möglichkeiten und Grenzen des Abschlusses von betrieblichen Vereinbarungen mit einem internationalen Bezug zu untersuchen. Im ersten Teil der Untersuchung geht es um notwendige Vorarbeiten. Es wird gefragt, ob bereits Ansätze zum Abschluss von grenzüberschreitenden Abkommen existieren (§ 2). Rechtsvergleichend ist darauf einzugehen, inwieweit in anderen Ländern ebenfalls Einigungen mit gewählten betrieblichen Gremien zustande kommen (§ 3). Dies ist wichtig für die Frage der wechselseitigen Anerkennung von Vereinbarungen. Schließlich wird untersucht, welche Themen sich für eine transnationale Vereinbarung eignen (§ 4), es soll der Frage nachgegangen werden, ob es überhaupt ein Bedürfnis für den Abschluss solcher Abkommen gibt.
Im zweiten Teil werden die Prinzipien des Arbeitskollisionsrechts vorgestellt (§ 5), auf die später bei der Bildung einer Kollisionsnorm zurückgegriffen werden muss. In § 6 wird die Frage aufgeworfen, ob und inwieweit neben einem Tarifvertrag auf internationaler Ebene noch Raum verbleibt für den Abschluss einer internationalen betrieblichen Vereinbarung.
Der dritte Teil der Untersuchung beschäftigt sich mit der Frage der rechtlichen Einordnung einer internationalen Vereinbarung mit einem Betriebsrat. Zunächst wird der Stand der Diskussion zur Behandlung von internationalen betrieblichen Vereinbarungen im internationalen Privatrecht dargestellt (§ 7), um sodann einen eigenen Ansatz zu entwickeln (§ 8). In § 9 wird der Umfang des Statuts einer internationalen betrieblichen Vereinbarung erläutert. § 10 beschäftigt sich mit dem Problem der Geltung einer inländischen betrieblichen Vereinbarung im Ausland.
Ferner soll im vierten Teil aus europarechtlicher Perspektive gefragt werden, ob es „europäische betriebliche Vereinbarungen“ gibt. Ausgangspunkt der Überlegungen ist die Tatsache, dass es mit dem Europäischen Betriebsrat (EBR) nunmehr ein betriebliches Gremium gibt, welches als transnationale Interessenvertretung konzipiert wurde. Hier soll insbesondere untersucht werden, wie die Vereinbarung zur Errichtung des EBR zu qualifizieren ist und welchen Status Vereinbarungen mit dem EBR besitzen (§§ 13, 14).
Im fünften und letzten Teil der Arbeit werden die Ergebnisse der einzelnen Abschnitte thesenartig zusammengefasst (§ 15).

# *1. Teil: Faktische Rahmenbedingungen von internationalen betrieblichen Vereinbarungen*

## § 2 Ansätze zu Vereinbarungen in multinationalen Unternehmen

Ansätze zu Vereinbarungen innerhalb eines multinationalen Unternehmens traten in jüngster Zeit im Zusammenhang mit den Europäischen Betriebsräten (EBR) auf. Diese Entwicklung soll hier zunächst nachgezeichnet werden.

### I. Der Europäische Betriebsrat

#### 1. Geschichte

Die Idee, Arbeitnehmerbeteiligung auf europäischer Ebene auszugestalten, ist nicht neu. Bereits in den Art. 100 ff. des Entwurfs der Europäischen Kommission vom 30.06.1970 für das Statut einer Europäischen Aktiengesellschaft (SE)[1] waren Ansätze für eine europäische „betriebliche" Mitbestimmung enthalten. Vorgesehen waren echte Mitbestimmungsrechte eines „Europäischen Betriebsrats", etwa bei der Aufstellung von Grundsätzen für die berufliche Förderung und für die Entlohnung, bei Maßnahmen auf dem Gebiet der Arbeitssicherheit etc. Auch der Abschluss von Betriebsvereinbarungen war vorgesehen.[2] Der Vorschlag scheiterte jedoch. Insgesamt betrachtet führte die Sozialpolitik zunächst ein Schattendasein auf der Ebene der EG.

Neue Impulse im sozialpolitischen Bereich gingen von dem Pariser Gipfel von 1972 aus.[3] In den folgenden Jahren wurden mehrere Richtlinien verabschiedet, die Ausdruck des Willens des Europäischen Gesetzgebers waren, auch im Bereich der Sozialpolitik eine weitgehende Harmonisierung der Rechtskulturen der Mitgliedstaaten herbeizuführen.

Zu nennen sind hier etwa die Richtlinie 75/129/EWG vom 17.02.1975 zur Angleichung der Rechtsvorschriften über Massenentlassungen,[4] die Richtlinie 75/117/EWG vom 10.02.1975 zur Angleichung der Rechtsvorschriften der Mitgliedstaaten über die Anwendung des Grundsatzes des gleichen Entgelts für Männer und Frauen[5] sowie die Richtlinie 77/187/EWG vom 14.2.1977 zur

---

[1] Abl. EG Nr. C 124 v. 10.10.1970, S. 1.

[2] In Art. 127; hierzu *Wunsch-Semmler*, S. 54; *Birk*, ZfA 1970, S. 47 ff., 64.

[3] Zu der Geschichte der Richtlinie 94/45/EG ausführlich *Mozet*, ZEuP 1995, S. 552 ff.; *Heinze*, AG 1995, S. 385 ff.; *Beckedahl*, S. 46 ff.; *Wunsch-Semmler*, S. 62 ff.

[4] Abl. EG Nr. L 48 v. 22.02.1975, S. 29.

[5] Abl. EG Nr. L 45 v. 19.2.1975, S. 19; in diesen Kontext gehört auch noch die Richtlinie 76/207/EWG vom 9.02.1976 über die Gleichberechtigung in sonstigen arbeitsrechtlichen Fragen.

Angleichung der Rechtsvorschriften der Mitgliedstaaten über die Wahrung von Ansprüchen der Arbeitnehmer beim Übergang von Unternehmen, Betrieben oder Betriebsteilen.[6]
Im Jahre 1980 wurde mit dem Entwurf der „Vredeling-Richtlinie"[7] erneut der Versuch unternommen, Mitbestimmungsrechte auf europäischer Ebene einzurichten. Vorgesehen waren Anhörungs- und Informationsrechte sowie die Bildung eines zentralen Europäischen Betriebsrates. Allerdings scheiterte auch dieser Vorstoß an der Kritik der Arbeitgeberseite sowie an tiefgreifenden Meinungsunterschieden im Rat.[8]
Mit dem Vertrag von Maastricht wurde in dem dem Vertrag beigefügten Protokoll über die Sozialpolitik erstmals eine Kompetenz des Rates für Fragen der Unterrichtung und Anhörung der Arbeitnehmer geschaffen.[9] Gestützt auf Art. 100 EWGV wurde am 5.12.1990 von der EG-Kommission ein Vorschlag über eine Richtlinie des Rates zur Einsetzung Europäischer Betriebsräte beschlossen.[10] Nach heftiger Kritik vor allem seitens der Arbeitgeber und einigen Änderungen des ursprünglichen Entwurfes wurde die Richtlinie 94/45/EG schließlich am 22.09.1994 vom Rat verabschiedet.[11]

## 2. Das Kernproblem: Verbesserung der Informationsrechte der Arbeitnehmervertreter

Die Schwerpunktproblematik, die zum Erlass der Richtlinie führte, wird am deutlichsten, wenn man deren Präambel näher betrachtet. Darin heißt es unter der Nr. 9:
„Im Rahmen des Binnenmarktes findet ein Prozess der Unternehmenszusammenschlüsse, grenzüberschreitenden Fusionen, Übernahmen und Jointventures und damit einhergehend eine länderübergreifende Strukturierung von Unternehmen und Unternehmensgruppen statt. Wenn die wirtschaftlichen Aktivitäten sich in harmonischer Weise entwickeln sollen, so müssen Unternehmen und Unternehmensgruppen, die in mehreren Mitgliedstaaten tätig sind, die Vertreter der von den Unternehmensentscheidungen betroffenen Arbeitnehmer unterrichten und anhören." Unter der Nr. 10 heißt es weiter: „Die Verfahren zur Unterrichtung und Anhörung der Arbeitnehmer nach den Rechtsvorschriften und Gepflogenheiten der Mitgliedstaaten werden häufig nicht an die länderüber-

6 Abl. EG Nr. L 61 v. 5.03.1977, S. 26.
7 Abl. EG Nr. C 297 v. 15.11.1980, S. 3.
8 *Blanke*, EBRG, Einl. Rz 19 ff.
9 Abl. EG Nr. C 191 v. 29.7.1992, S. 91.
10 *Nagel*, ArbuR 1991, S. 161.
11 Abl. EG Nr. L 254 v. 30.09.1994, S. 64; auch abgedruckt bei *Blanke*, EBRG, S. 35 ff.

greifende Struktur der Unternehmen angepaßt, welche die Arbeitnehmer berührende Entscheidungen treffen.“
Damit kam die Richtlinie einer von den Gewerkschaften und dem Arbeitnehmerlager schon lange gestellten Forderung nach, die Ausgestaltung der Mitbestimmung an die veränderte Realität in den Unternehmen[12] anzupassen.
Der Hauptgrund für die Notwendigkeit der Schaffung des EBR liegt in der kollisionsrechtlichen Einordnung der Betriebsverfassungen der einzelnen Länder. Nach h.M. ist die Geltung des BetrVG streng auf das Gebiet der Bundesrepublik beschränkt[13], dies gilt ebenso für die Mitbestimmungsregeln in den sonstigen Mitgliedstaaten der EG. Die Möglichkeit etwa, Arbeitnehmervertreter aus einem französischen Betrieb, dessen Konzernspitze in Deutschland belegen ist, in einen deutschen Gesamt- oder Konzernbetriebsrat zu entsenden, wird überwiegend verneint.[14] Aus Sicht der französischen Arbeitnehmer entsteht daher ein Wissensdefizit, weil die sie mitbetreffenden Entscheidungen der Konzernspitze in Deutschland getroffen werden, ohne dass den französischen Arbeitnehmervertretern insoweit ein korrespondierender Informationsanspruch eingeräumt wird.[15] Die Mitbestimmungsrechte gegenüber der Leitung im französischen Betrieb helfen de facto nicht viel weiter, wenn die Grundsatzentscheidung in der Konzernspitze bereits gefallen ist und es nunmehr nur noch darum geht, diese in den jeweiligen Ländern auszuführen. Für die Arbeitnehmervertreter des französischen Betriebs fehlt es also an einem kompetenten Ansprechpartner.[16] Zum Teil wird formuliert, die Kooperation zwischen einer ausländischen Unternehmens- oder Konzernleitung mit einer deutschen betrieblichen Arbeitnehmervertretung hänge „weitgehend von deren guten Willen ab“.[17] Selbst auf öffentlichen Druck hin sei der eigentliche Entscheidungsträger im Ausland nicht bereit, sich zu Verhandlungen bereit zu erklären.[18]
Mehr Information sollte auch zu mehr Transparenz in der Behandlung von Arbeitnehmern in anderen Staaten durch die Unternehmensleitung führen. Es könne nach Ansicht der Gewerkschaften nicht sein, dass Arbeitnehmer wie im Fall

---

[12] Zu den Ursachen der Internationalisierung der Unternehmen siehe § 1 unter I. 2.
[13] Vergl. nur *Richardi*, in Richardi, BetrVG Einl. Rz 65 ff.; *Walz*, S. 51 ff; ausführlich hierzu unter § 7 II. 1.
[14] Zum Problem unten, § 4 I. 2. a) bb).
[15] BR-Drucks. 1994, Nr. 453, S. 44; *Kolvenbach*, DB 1991, S. 805; *Timmesfeld*, BB 1992, S. 2505.
[16] *Birk/Tietmeyer*, Multinationale Unternehmen, S. 50; *Eser*, S. 88; *Simitis*, in FS Kegel I, S. 153, 176 f.; *Zügel*, S. 250 ff.; *Klebe/Kunz*, in FS Däubler, S. 823, 824; *Däubler*, Globalisierte Wirtschaft, S. 12 f.
[17] *Birk/Tietmeyer*, Multinationale Unternehmen, S. 50.
[18] *Sandmann*, Die EBR-Richtlinie 94/45/EG, S. 25.

„Gillette“ unter Angabe von falschen Informationen (die Arbeitnehmer in dem anderen Land arbeiteten bereits angeblich am Wochenende) zu Samstags- und Sonntagsarbeit veranlasst würden.[19] Es müsse der Gefahr, Standorte gegeneinander auszuspielen, begegnet werden.[20]
Ferner wurde vereinzelt das Argument vorgebracht, dass das deutsche Betriebsverfassungsgesetz (und damit das Nebeneinander der unterschiedlichen nationalen Betriebsverfassungen) generell nicht mehr in der Lage sei, globale Problemstellungen zu erfassen. Ist es z.B. dem Arbeitgeber möglich, bei Verhandlungen mit dem Betriebsrat zu drohen, dass im Falle der Nichteinigung Arbeitsplätze ins Ausland verlagert würden, so kommt es zu einer Übergewichtigkeit der Arbeitgeberposition, die es bei rein inländischen Sachverhalten nicht geben würde. Auch hier führt ein grenzüberschreitender Informationsaustausch zu mehr Kontrolle (die Arbeitnehmervertreter können eher die Ernsthaftigkeit einer solchen Drohung nachprüfen) und somit zu einer Stärkung der Verhandlungsposition der Arbeitnehmerseite.
Letztlich sollte es die Richtlinie durch verbesserte Informationswege und grenzüberschreitenden Meinungsaustausch der Arbeitnehmervertreter ermöglichen, dass diese sich, etwa in nationalen Standortfragen, abstimmen und eventuell eine gemeinsame Gegenstrategie entwickeln können.[21]

### 3. Interessengegensätze

Wie die holprige Entstehungsgeschichte der Richtlinie schon andeutet, kann sie im Ergebnis als das Produkt eines zähen Ringens verschiedener Interessengruppierungen angesehen werden. Die wichtigsten Standpunkte sollen hier noch einmal in aller Kürze nachgezeichnet werden, denn die damals geführte Diskussion mag als exemplarisch angesehen werden für alle neuen, grenzüberschreitenden Formen von Mitbestimmung.
Ausgangspunkt war zunächst eine gemeinsame Stellungnahme von EGB (Europäischer Gewerkschaftsbund), UNICE (Union der Industrien der Europäischen Gemeinschaft) und CEEP (Europäische Zentrale der öffentlichen Wirtschaft).[22] Die genannten Organisationen stimmten im Grundsatz darin überein, dass angesichts des wirtschaftlichen und technologischen Wandels ein Bedürfnis bestehe, Mitbestimmung auf einer länderübergreifenden Ebene auszubauen.

---

[19] *Sandmann*, Die EBR-Richtlinie 94/45/EG, S. 25 f.

[20] Siehe die Nr. 10, S. 2 der Präambel zur Richtlinie 94/45/EG, *Heinze*, AG 1995, S. 385, 387; *Däubler*, Globalisierte Wirtschaft, S. 13; zur Frage der Gleichbehandlung näher weiter unten, § 4 I. 1. b).

[21] *Mayer*, BB 1999, S. 842, 847.

[22] Abgedruckt in BR-Drucks 1994 Nr. 453, S. 6.

Abgesehen von dem gemeinsamen Grundstandpunkt war allerdings in der konkreten Umsetzung dieses Gedankens vieles streitig.

### a) Ansicht der Arbeitgeber

Die Haltung der Arbeitgeber gegenüber der Einrichtung Europäischer Betriebsräte kann man als weitgehend ablehnend bezeichnen.[23] Vorgebracht wurde, dass die Richtlinie zu zentralistisch und bürokratisch sei.[24] Mitbestimmung solle „basisnah" dort ausgeübt werden, wo die Maßnahme sich eigentlich auswirke, nämlich in den jeweiligen Betrieben, nicht abstrakt „on top" des Konzerns.[25]
Ferner sei gar kein Bedürfnis für ein Mitbestimmungsgremium auf europäischer Ebene gegeben. Denn in vielen Betrieben würden im Rahmen von § 106 III Nr. 10 BetrVG bereits Informationen auch zu der Situation im Ausland gegeben, sofern sie im Zusammenhang mit einem Inlandssachverhalt von Bedeutung seien.[26] Zum Teil wurde auch darauf verwiesen, dass das Regelungsziel einfacher und besser mit freiwilligen Vereinbarungen zwischen den Sozialpartnern erreicht werden könne. Die Industrie sei auch durchaus bereit zur Errichtung freiwilliger Informationsgremien. Dies sei belegt durch die Beispiele von *VW*, *Bull* etc.[27] Des weiteren wurde kritisiert, dass kein Konfliktlösungsmodell vorgesehen sei, etwa für den Fall, dass der EBR Verhandlungen hinauszögere oder blockiere. Es wurden schließlich Standortnachteile gegenüber Unternehmen in Japan und den USA befürchtet, dies gelte insbesondere für die den Unternehmen aufgebürdeten Kosten.[28]

### b) Ansicht der Gewerkschaften

Aus Sicht der Gewerkschaften war die Verabschiedung der Richtlinie ein gewichtiger Etappensieg.

---

23 Vergl. die ausführliche Stellungnahme der Deutschen Arbeitgeberverbände und des Bundesverbandes der Deutschen Industrie, abgedruckt bei *Niedenhoff*, Mitbestimmung, S. 121 ff.; zusammenfassend *Niedenhoff*, WSI-Mitteilungen 1996, S. 489 ff.

24 *Nagel*, ArbuR 1991, S. 161, 164.

25 *Goos*, NZA 1994, S. 776, 779; *Niedenhoff*, in Deppe (Hrsg.), EBR, S. 44, 58 f.

26 *Timmesfeld*, BB 1992, S. 2505, 2506.

27 Bereits im Vorfeld der Richtlinie 94/45/EG wurden in einigen multinationalen Unternehmen durch eine freiwillige Vereinbarung Europäische Betriebsräte ins Leben gerufen; eine Übersicht über die betroffenen Unternehmen und die Inhalte der Vereinbarungen findet sich in *Europ. Stiftung/Europ. Komm. (Hrsg.)*, Verhandlungen, S. 1 ff., sowie *Eckert*, S. 164 ff.; zu den Nachteilen einer Vereinbarung gemäß § 41 EBRG siehe *Willemsen/Hohenstatt*, NZA 1995, S. 399, 400 ff.

28 Stellungnahme des BDA und des BDI, bei *Niedenhoff*, Mitbestimmung, S. 123, 124; an Kosten sind einzubeziehen Reisekosten; das Bereitstellen von Dolmetschern, Arbeitsausfall der Delegierten etc., vergl. BR-Drucks 1994 Nr. 453, S. 46.

Der Bundesvorstand des DGB gab gleich zwei Stellungnahmen zu dem Richtlinien-Entwurf ab,[29] auch der EGB äußerte sich hierzu.[30]
Insgesamt wurde der Richtlinienvorschlag begrüßt, im Einzelnen ginge er aber noch nicht weit genug. Die Anwendungsschwelle von 1000 Arbeitnehmern solle auf 500 verringert werden. Es wurde gefordert, den Aufgabenkatalog zu erweitern, da die bisherigen Rechte noch hinter denen zurückblieben, die dem deutschen Wirtschaftsausschuss nach § 106 BetrVG zustünden.[31] Auch müsse die Hinzuziehung von Sachverständigen und die Konkretisierung der Geheimhaltungsklausel geregelt werden. Bei Meinungsverschiedenheiten müsse der EBR die Möglichkeit haben, einen Aufschub der Entscheidung beim Arbeitgeber durchzusetzen.[32] Auf lange Sicht sei es denkbar, auf europäischer Ebene sogar Formen von echter Mitbestimmung einzurichten.[33]

## 4. Das Europäische Betriebsräte-Gesetz (EBRG)

In Deutschland wurde die Richtlinie durch das EBRG vom 28.10.1996 in nationales Recht umgesetzt. Zur Erreichung des avisierten Ziels, der Sicherung einer grenzübergreifenden Unterrichtung und Anhörung[34], stellt das Gesetz zwei Wege zur Verfügung. Gemäß den §§ 17, 18 EBRG (Art. 5 III, 6 I, II der Richtlinie) können die zentrale Leitung und das besondere Verhandlungsgremium[35] frei vereinbaren, wie die grenzüberschreitende Unterrichtung und Anhörung der Arbeitnehmer gestaltet wird. Nach näherer Vorgabe des § 18 EBRG kann ein Europäischer Betriebsrat gebildet werden, fakultativ ist es allerdings auch ausreichend, nach § 19 EBRG (Art. 6 III der Richtlinie) lediglich ein spezielles Verfahren zur Unterrichtung und Anhörung zu vereinbaren.[36] Wichtig ist noch, dass bereits vor Inkrafttreten des EBRG gebildete freiwillige Arbeitnehmergremien gemäß § 41 EBRG (Art. 13 der Richtlinie) fortbestehen können.
Kommt es in einem Unternehmen oder einer Unternehmensgruppe zu keinem freiwilligen Abschluss, wird nach Maßgabe der §§ 21 ff. EBRG (Art. 7 der Richtlinie) ein EBR kraft Gesetzes errichtet. Diesem stehen Unterrichtungs- und Anhörungsrechte vor allem über die in § 32 II Nr. 1 bis 10 EBRG aufgeführten Punkte zu. Es handelt sich dabei um wirtschaftliche Angelegenheiten mit

---

[29] Abgedruckt bei Deppe (Hrsg.), EBR, S. 223 ff.
[30] Stellungnahme vom 31.1.1991, abgedruckt bei Deppe (Hrsg.), EBR, S. 251 f.
[31] So im Wesentlichen die Haltung des DGB, siehe *Nagel* ArbuR 1991, S. 161, 163 f.
[32] *Nagel*, ArbuR 1991, S. 161, 164.
[33] *Sandmann*, Die EBR-Richtlinie 94/45/EG, S. 26.
[34] Siehe § 1 I EBRG.
[35] Die Bildung des besonderen Verhandlungsgremiums richtet sich nach § 9 EBRG.

transnationalen Bezügen. Echte Mitbestimmungsrechte in dem Sinne, dass eine Entscheidung der Unternehmensleitung nicht ohne ein Einvernehmen mit dem EBR wirksam umgesetzt werden könnte, ist dem Wortlaut nach im EBRG jedoch nicht vorgesehen.
Was unter Anhörung i.S.d. Gesetzes zu verstehen ist, wird deutlich in § 1 IV EBRG. Danach strebt das Gesetz mit der Statuierung einer Anhörungspflicht an, den „Meinungsaustausch und die Einrichtung eines Dialogs zwischen Arbeitnehmervertretern und der zentralen Leitung" zu etablieren. In der Terminologie des BetrVG entspricht dies einem Beratungs- und nicht nur einem Anhörungsrecht.[37] Der Gegenansicht, die ein bloßes Anhörungsrecht annehmen will, kann hier nicht gefolgt werden.[38] Der Verweis auf die Präambel der Richtlinie, die nur von „Gelegenheit zur Stellungnahme" spricht, kann den klaren Wortlaut des § 1 IV EBRG nicht entkräften. Es schadet auch nicht, dass in den subsidiären Vorschriften des EBRG der Begriff der Beratung nicht explizit auftaucht, da durch § 1 IV EBRG – sozusagen vor die Klammer gezogen – für alle Fälle eines Beteiligungsrechts definiert wurde, was darunter zu verstehen ist. Die Annahme eines bloßen Anhörungsrechts wäre mit dem Gesamtzusammenhang des Erlasses der Richtlinie, nämlich der Einführung von Mitwirkungsrechten als Ergebnis und weitere Ausgangsbasis des sozialen Dialogs, auch schwer vereinbar.[39]

### 5. Angleichung der Mitwirkungsrechte?

Seit längerer Zeit lag auf europäischer Ebene ein Richtlinienvorschlag vor,[40] der die Angleichung der Mitwirkungsrechte der Arbeitnehmer in den einzelnen Nationalstaaten auf ein einheitliches Niveau vorsieht. Am 11.03.2002 ist die Richtlinie 2002/14/EG nunmehr verabschiedet worden.[41]
Anders als die Richtlinie 94/45/EG greift sie direkt in die nationalen Arbeitsbeziehungen ein. Vorgesehen sind in Art. 4 der Richtlinie allerdings keine echten Mitbestimmungsrechte, sondern lediglich Informations- und Konsultationsrechte. Ab einer Mindestarbeitnehmerzahl von 50 muss der Arbeitgeber zwingend über die jüngste wirtschaftliche Entwicklung und die vorhersehbare Weiterentwicklung des Unternehmens informieren. Ferner ist ein Informations- und

---

[36] Die Einsetzung eines besonderen Unterrichtungsverfahrens hat sich in der Praxis nicht durchgesetzt, so dass hierauf im folgenden auch nicht näher eingegangen wird, *Blanke*, KJ 1999, S. 497, 500.

[37] *Engels/Müller*, DB 1996, S. 981; *F/K/H/E*, Übersicht EBRG Rz 3; *Krause*, JhrbZRW 1997, S. 91, 115; *Nagel*, WSI-Mitteilungen 1996, S. 494 f; *Ruoff*, BB 1997, S. 2478, 2483.

[38] *Hromadka*, DB 1995, S. 1125, 1130; *Goos*, NZA 1994, S. 776, 777.

[39] Ähnlich *Lerche*, S. 265.

[40] 98/0315 (SYN) vom 11.11.1998; *Giesen*, RdA 2000, S. 298 ff.; *Lecher/Platzer/Rüb/Weiner*, Verhandelte Europäisierung, S. 216 ff.

Anhörungsrecht zur Beschäftigungssituation, über die Beschäftigungsstruktur und die vorhersehbare Beschäftigungsentwicklung vorgesehen. Schließlich muss der Arbeitgeber die Arbeitnehmervertretung zu Entscheidungen anhören und informieren, die wesentliche Veränderungen der Arbeitsorganisation sowie der Arbeitsverträge mit sich bringen. Art. 7 der Richtlinie verpflichtet die Mitgliedstaaten, im Falle der Missachtung der Mitwirkungsrechte eine angemessene und abschreckende Strafe vorzusehen. Gemäß Art. 3 der Richtlinie steht es den Mitgliedstaaten frei, den Sozialpartnern auf Unternehmensebene eine Verhandlungsoption zu eröffnen, die gegenüber den gesetzlichen Bestimmungen Priorität genießt. Beachtenswert ist, dass ähnlich der Vorschrift des § 74 I S. 2 BetrVG die Betriebspartner „auf den Geist der Zusammenarbeit" verpflichtet werden.[42] Gemäß Art. 11 I der Richtlinie muss diese bis zum 23.03.2005 in den Mitgliedstaaten umgesetzt sein.

Eine ausdrückliche Rechtsgrundlage für den Abschluss von Vereinbarungen sieht die Richtlinie nicht vor. Da es sich um Mindestvorschriften[43] handelt, bleibt eine über diesen Rahmen hinausgehende Arbeitnehmerbeteiligung jedoch möglich.

## II. Der EBR als Verhandlungspartner

In der Praxis gibt es mittlerweile Ansätze, den EBR nicht nur als Träger von Informationsrechten zu sehen, sondern ihn auch als Partner von Vereinbarungen zu akzeptieren. Nach einer empirischen Untersuchung der Europäischen Stiftung zur Verbesserung der Lebens- und Arbeitsbedingungen und der Europäischen Kommission ist dem EBR in 2 % von 386 untersuchten Vereinbarungen, die nach § 41 EBRG (Art. 13 der Richtlinie) fortgelten, das Recht zugestanden worden, Verhandlungen zu bestimmten Fragen zu führen.[44] Dies entspricht immerhin Vereinbarungen in acht Unternehmen.[45]

Mehrere Stufen hin zu einer echten Vereinbarung lassen sich unterscheiden. Eine Annäherung der beiden Verhandlungsseiten kann sich zunächst relativ leicht in Bezug auf sog. „weiche" Themen ergeben, an denen auch die Arbeitgeberseite Interesse hat.[46] Ein weiteres „Annäherungsfeld" besteht in einer gemeinsamen Projektarbeit.

---

41 Hierzu *Weiss*, NZA 2003, S. 177, 180 ff.; *Fischer*, RdA 2002, S. 160, 161.

42 *Weiss*, NZA 2003, S. 177, 183.

43 *Giesen*, RdA 2000, S. 298, 304.

44 *Europ. Stiftung/Europ. Komm. (Hrsg.)*, Verhandlungen, S. 25 f.

45 Eine Liste der Unternehmen findet sich bei *European Foundation* (Hrsg.), Bargaining, S. 9.

46 Siehe auch hierzu die Einteilung der bestehenden Europäischen Betriebsräte von *Lecher/Platzer/Rüb/Weiner*, EBR, S. 70 ff. und 109 ff. Der sog. „beteiligungsorientierte" EBR strebe danach, über den vorgegebenen Rahmen der bloßen Mitwirkung hinauszugelangen; vergl. auch *dies.*, Mitbestimmung (12) 2000, S. 28 ff.

### 1. Vereinbarungen über „weiche Themen“ (Konsensthemen)

*Findeisen/Hermann*[47] gehen davon aus, dass es bei einer guten Entwicklung der Zusammenarbeit zwischen der Leitung der *Deutschen Bank* und dem EBR zu einem Export/Import von Vereinbarungen und gegebenenfalls daraus resultierenden Vorformen von konzernweiten Regelungen zu bestimmten Sachverhalten kommen könnte.
Ähnliche Überlegungen gibt es innerhalb des Energie- und Chemie-Konzerns *ENI*.[48] Das Konzernmanagement strebt an, zu europaweit einheitlichen Regelungen in dafür geeigneten Bereichen zu kommen. Dies seien vor allem die Bereiche Arbeitssicherheit, Gesundheitsschutz und berufliche Bildung. Zur technischen Umsetzung böte sich an, Rahmenabkommen mit dem EBR abzuschließen.
*Hohenstein*[49] berichtet über gemeinsame Aktivitäten der *Nestlé*-Führung und dessen freiwillig eingerichtetem EBR. Nachdem in Deutschland zunächst ein gemeinsames Papier von Gesamtbetriebsrat und Vorstand gegen Gewalt und Rechtsextremismus erarbeitet wurde, einigten sich auch der EBR und die *Nestlé*-AG dahingehend, dass ein solches Papier in weiteren europäischen Ländern, wo eine vergleichbare Lage herrsche, zum Gegenstand von Verhandlungen gemacht werden solle. Gemeinsame „Projekte“ beziehen sich z.B. aber auch auf die Gleichstellung von Frau und Mann, Aspekte der Frauenförderung usw.
*Uhl/Lavon*[50] berichten über den Abschluss einer Betriebsvereinbarung zwischen dem deutschen *VW*-Gesamtbetriebsrat und der Konzernleitung zu „Global- und Forward-Sourcing“[51] mit einem weitreichenden Informations- und Beratungssystem. Es wird in diesem Zusammenhang vorgeschlagen, diese Betriebsvereinbarung als Vorbild für Vereinbarungen zwischen ausländischen Arbeitnehmervertretungen und dem lokalen Werksmanagement zu nehmen. Dieses Vorgehen sei als Vorstufe zu konzernweiten Rahmenvereinbarungen zu betrachten.[52]

---

[47] In Deppe (Hrsg.), EBR, S. 180, 194.
[48] *Lecher/Nagel/Platzer*, Konstituierung EBR, S. 216.
[49] In Deppe (Hrsg.), EBR, S. 199, 207 f.
[50] In Deppe (Hrsg.), EBR, S. 216, 228.
[51] „Global- und Forward-Sourcing-Prozess“ bezeichnet eine weltweite, zukunftsorientierte Einkaufsstrategie. Ziel des „Forward-Sourcing Prozesses“ ist es, zu einem frühen Zeitpunkt im Produktentwicklungsprozess einen Entwicklungs- und Serienlieferanten für Neuteile festzulegen. Ziel des „Global-Sourcing Prozesses“ ist es, eine nachhaltige Verbesserung bei Qualität, Preis und Service zu erzielen (Unternehmensdefinition).
[52] *Uhl/Lavon,* in Deppe (Hrsg.), EBR, S. 216, 228.

### 2. Vereinbarungen über „harte Themen“

Teilweise gehen die Bemühungen jedoch noch weiter. 1997 wurde innerhalb des französischen EBR des Baukonzerns *Bouygues* ein Vorstoß in Richtung eines konzerninternen Mindestlohnes diskutiert.[53] Ferner wird berichtet, dass Abkommen zur Förderung der beruflichen Fortbildung getroffen sowie Verhandlungen über eine Vereinbarung zur Stärkung der Rechte der Arbeitnehmervertreter im Falle von betrieblichen Änderungen geführt wurden. Darin gehe es um eine Aus- und Weiterbildungsverpflichtung, Konsultationspflichten der Unternehmens- und Betriebsleitung sowie mögliche Freistellungen gewerkschaftlicher oder betrieblicher Arbeitnehmervertreter vor Ort im Falle der Schließung eines Standortes.[54]
Die Leitung der *Ed. Züblin AG* zog in Betracht, mit dem EBR eine europaweit geltende Vereinbarung über eine Reisekostenregelung zu treffen. Dass in der Richtlinie nicht auch der Status von solchen Vereinbarungen geregelt wurde, wertete sie als ein Defizit.[55]
Das britische Unternehmen *Glaxo Wellcome* hält ebenfalls Vereinbarungen mir dem EBR für möglich. Die Konzernleitung habe ein Interesse daran, das soziale Gefälle zu nivellieren, um die grenzüberschreitende Personalmobilität insbesondere in den Bereichen Forschung, Medizin und Marketing zu erleichtern. Bei dem insoweit schon bestehenden internen internationalen Arbeitsmarkt sei es von Vorteil, eine schnelle Angleichung der sozialen Standards zu erreichen.[56]
Der deutsche Metallkonzern *Schmalbach Lübeck* verhandelte mit einem Abnehmer eines Endprodukts in Spanien, der dieses Produkt in Eigenregie herstellen wollte. Nachdem sich der EBR eingeschaltet hatte, wurde dieser auch als Verhandlungspartner akzeptiert. Es wurde eine Art „Sozialplan“ vereinbart für diejenigen Arbeitnehmer, die bereit waren, ein Arbeitsverhältnis mit der geringer entlohnenden spanischen Gesellschaft einzugehen.[57]

### 3. Beispiele von Vereinbarungen

In Fortführung der soeben beschriebenen positiven Grundhaltung gegenüber Verträgen mit dem EBR ist es in einigen transnationalen Unternehmen bereits zu dem Abschluss von Vereinbarungen gekommen. Fünf dieser Abmachungen werden hier näher vorgestellt.

---

53 Davon berichten *Baumann/Laux/Schnepf*, WSI-Mitteilungen 1997, S. 134, 142.
54 *Lecher/Platzer/Rüb/Weiner*, EBR, S. 82.
55 *Lecher/Platzer/Rüb/Weiner*, Verhandelte Europäisierung, S. 135.
56 *Lecher/Platzer/Rüb/Weiner*, Verhandelte Europäisierung, S. 94.
57 *Lecher*, WSI-Mitteilungen 1998, S. 258, 262.

### a) Gemeinsame Erklärung bei der *Deutschen Bank*[58]

Von Anfang an strebte der EBR bei der *Deutschen Bank* danach, über die von Gesetzes wegen vorgegebene passive Rolle als bloßes Informationsgremium hinauszugehen. Seinem Selbstverständnis nach wollte er vielmehr neue Entwicklungslinien der Unternehmensführung mit beeinflussen. Nach Verhandlungen von über einem Jahr kam es im Frühjahr 1999 zu dem Abschluss einer gemeinsamen Erklärung, welche Prinzipien für das zukünftige Engagement der *Deutschen Bank* enthält. Darin bekannte sich die Unternehmensführung zu bestimmten Verhaltensregeln wie Respekt und Verantwortlichkeit gegenüber dem Personal; Fairness und Ehrlichkeit werden zu den Grundfesten lang angelegter Kooperation gezählt. Konkreter verpflichtete sich die Unternehmensleitung, in einen Dialog mit dem EBR einzutreten, der bestimmte Arbeitsbedingungen wie Sicherheit der Arbeitsplätze, Vorruhestand, Arbeitszeitverkürzung und Abfindungen zum Inhalt hat. Teil des Dialogs sollte ferner die Ausbildung und Qualifizierung in dem Unternehmen sein.

### b) Sozialcharter bei *Air France*

Am 25.06.2001 wurde eine „social charter and code of ethics“ zwischen der Unternehmensleitung der *Air France* und dem in dem Unternehmen ansässigen EBR vereinbart.[59] In dieser Charta bekannte sich Air France zu den fundamentalen Rechten und Prinzipien, wie sie in der UN-Deklaration über Menschenrechte und der EU-Charta der Grundrechte niedergelegt sind. Ferner bekannte sich *Air France* zu der von der ILO niedergelegten Erklärung über die Grundprinzipien und Rechte am Arbeitsplatz von 1998. Darin enthalten sind die Rechte auf freie Bildung einer Organisation und auf freien Beitritt zu einer Organisation. Die Unternehmensleitung bekannte sich über die von der ILO festgelegten Prinzipien auch zu dem Recht auf Verhandlung über Kollektivverträge sowie zur Abschaffung von Diskriminierung am Arbeitsplatz und von Kinderarbeit.[60]

### c) Die Visteon-Vereinbarung

Zu einer sehr weitreichenden Vereinbarung kam es am 25.01.2000 zwischen der Unternehmensleitung von *Ford* und dem bei *Ford* für Europa gebildeten EBR.[61] Visteon ist die Komponentensparte des *Ford*-Konzerns. In dieser Kompo-

---

[58] Hierzu *European Foundation* (Hrsg.), Bargaining, S. 35.

[59] EWCB (35) 2001, S. 7 ff.

[60] EWCB (35) 2001, S. 7, 8.

[61] Zu der Vereinbarung siehe www.igmetall.de/betriebsraete/eurobr/ford.html; abgerufen am 17.03.2003; *Klebe/Kunz*, in Wißmann (Hrsg.), JhrbArbR 2001, S. 55, 63 f.; *Hebauf*, Mitbestimmung (7), 2001, S. 54 f.; *Klebe/Roth*, AiB 2000, S. 749, 752 f.

nentensparte wurden 19.800 Arbeitnehmer in 26 europäischen und 3.966 Arbeitnehmer in 4 deutschen Standorten beschäftigt. Seit längerem hatte *Ford* die Absicht, Visteon aus dem Konzern auszugliedern und als selbständiges Unternehmen an die Börse zu bringen. Die Arbeitnehmerseite fürchtete Entlassungen bzw. Verschlechterungen der Arbeitsbedingungen. Der EBR beschloss daraufhin, eine weltweit einheitliche Position der Arbeitnehmer zu organisieren und suchte den Schulterschluss mit der amerikanischen Automobilarbeitergewerkschaft UAW. Die *Ford*-Zentrale lehnte es jedoch ab, mit nur einem Verhandlungspartner, der die Arbeitnehmer weltweit vertreten sollte, zu verhandeln. Nach einem Abkommen mit der UAW für Amerika schloss die *Ford*-Zentrale mit dem EBR ein Abkommen für die Standorte in Europa ab. Zuvor hatten alle nationalen Gremien in Europa, sei es Betriebsrat oder comité d'entreprise, beschlossen, den EBR zu beauftragen, eine Vereinbarung zu treffen, die ihnen die Zukunft bei Visteon sichern sollte.
Die Vereinbarung enthielt Regelungen, die einen Wechsel der Arbeitnehmer von *Ford* zu Visteon erleichtern und sozial verträglich gestaltete. Für alle Mitarbeiter, die zu Visteon wechselten, wurde eine Besitzstandsgarantie festgelegt, die das Niveau der Arbeitsbedingungen bei *Ford* einhielt. Zeiten der Betriebszugehörigkeit wurden angerechnet. Bestehende Betriebsvereinbarungen und andere Kollektivverträge wurden von Visteon übernommen. Eine umfassende und detaillierte Sourcing-Regelung garantierte die Produktion von Teilen von Visteon und enthielt eine Abnahmegarantie durch *Ford*. Ferner sollte bei Visteon selbst ein EBR eingerichtet werden.

### d) Allianz *GM-Fiat*

Die Zentrale von *General Motors (GM)* plante eine Allianz mit dem italienischen Automobilhersteller *Fiat*.[62] Die Allianz umfasste die Bereiche Antriebskomponenten und Einkauf und betraf 13.000 *GM*-Beschäftigte in Deutschland, Großbritannien, Österreich, Ungarn, Schweden und Brasilien sowie 14.000 *Fiat*-Beschäftigte.[63] Der EBR wurde zunächst nicht informiert, setzte sich dann aber dafür ein, dass die einzelnen Standorte nicht gegeneinander ausgespielt und dass Wechsel der Arbeitnehmer in Joint-ventures sozialverträglich gestaltet werden sollten. Am 6.07.2000 kam es zu einem europaweiten Rahmenvertrag, der im

---

62 Hierzu www.igmetall.de/betriebsraete/eurobr/gm_fiat.html, abgerufen am 17.03.2003; *Klebe/Kunz*, in Wißmann (Hrsg.), JhrbArbR 2001, S. 55, 65 f..; *Klebe/Roth*, AiB 2000, S. 749, 753 f.

63 Diese Arbeiter arbeiteten allein im Bereich Antriebskomponente; im Bereich Verkauf waren noch einmal insgesamt 2.200 Arbeiter betroffen.

Schwerpunkt ähnliche Regelungen enthielt wie die Visteon-Vereinbarung.[64] Es wurde darin festgelegt, dass die Repräsentation der Arbeitnehmervertreter so wie bisher erhalten blieb. Arbeitnehmer, die in ein Joint-Venture wechselten, wurden so behandelt, als ob sie noch immer bei dem *GM*-Unternehmen beschäftigt wären. Kollektivverträge sollten in Kraft bleiben. Falls die Allianz nicht erfolgreich verlief, sollten die Arbeitnehmer ein Rückkehrrecht zu ihrem früheren Arbeitgeber ausüben können.

#### e) Schließung des *GM*-Werkes in Luton

Die *GM*-Zentrale plante, das britische Vauxhall-Werk in Luton bei London zu schließen.[65] Dadurch wären bis Ende 2002 europaweit 6000 Arbeitsplätze gestrichen worden. Der EBR bei *GM* wehrte sich gegen die Werksschließung, weil er ihre Ursache vor allem in Fehlern des Management sah und weil sie gegen einen 1998 mit einer britischen Gewerkschaft geschlossenen Standortsicherungsvertrag verstoßen hätte. Es gelang ihm, eine internationale Solidarisierung unter den Beschäftigten bei *GM* zu organisieren, die in einem „Aktionstag" am 25.1.2001 gipfelte, an dem es zu mehreren Kundgebungen während der Arbeitszeit kam. Am 5.3.2001 erklärte sich die *GM*-Zentrale bereit, einen Rahmenvertrag mit dem EBR abzuschließen. Darin wurde niedergelegt, dass bis 2005 in Großbritannien keine betriebsbedingten Kündigungen ausgesprochen werden. Für Beschäftigte, die an andere Standorte wechselten, dürfe es keine Nachteile geben. Ferner wurde den britischen Werken Luton und Ellesmere Port ein Produktionszuwachs zugesichert.[66]

### 4. Versuch einer Systematisierung

Nach einer ersten Untersuchung über die mit dem EBR abgeschlossenen Vereinbarungen lassen sich einige allgemeine Gesichtspunkte feststellen:[67]

---

[64] Die Vereinbarung ist im Volltext abrufbar unter www.igmetall.de/betriebsraete/eurobr/gm_vereinbarung_fiat.html, abgerufen am 17.03.2003.

[65] Hierzu www.igmetall.de/nachrichten/betriebe/general_motors/index.html, abgerufen am 17.03.2003; EWCB (33) 2001, S.7 f.; *Röper*, EuroAS (5) 2001, S. 87 ff.; *Klebe/Kunz*, in Wißmann (Hrsg.), JhrbArbR 2001, S. 55, 67.

[66] Mittlerweile ist ein drittes Abkommen zwischen dem EBR und der GM-Leitung abgeschlossen worden. Ähnlich den beiden Vorgängervereinbarungen ging es auch hier um eine Umstrukturierungsmaßnahme; mit einem am 1.10.2001 unterzeichneten Abkommen wurden Grundsätze der zukünftigen Unternehmenspolitik und von Mitwirkungsrechten niedergelegt; hierzu EWCB (36) 2001, S. 8 ff.

[67] Hierzu *European Foundation* (Hrsg.), Bargaining, S. 1 ff. Die Untersuchung wurde von Mark Carley im Auftrag der European Foundation of Improvement of Living and Working Conditions (EFILWC) durchgeführt. Siehe hierzu auch die Zusammenfassung bei EWCB (33) 2001, S. 7, 8 ff.

Bislang sind 17 Arten von Vereinbarungen bzw. gemeinsamen Standpunkten[68] zwischen der Unternehmensleitung und dem EBR gezählt worden.[69] In 3 von den insgesamt 11 untersuchten Unternehmen war in der Gründungsvereinbarung zum EBR vorgesehen, dass der EBR als Verhandlungspartner akzeptiert wird, während in den 8 anderen Fällen keine „Rechtsgrundlage" in der EBR-Vereinbarung enthalten war.[70] Auf Seiten der Arbeitnehmer gibt es unterschiedliche Gremien/Vertreter, die eine Vereinbarung unterzeichneten. Teilweise schloss der EBR eine Vereinbarung alleine ab,[71] teilweise unterschrieb darüber hinaus ein Vertreter einer internationalen Gewerkschaft, einer nationalen Gewerkschaft oder sonstige Arbeitnehmervertreter.[72] Je nach Ausgestaltung der Vereinbarung kann man unterschiedliche Arten von Bindungswirkungen unterscheiden.[73] Es ist möglich, dass sich die Arbeitgeberseite einseitig bindet, indem etwa eine bestimmte Unternehmenspolitik schriftlich niedergelegt wird. Es kann jedoch auch sein, dass sich beide Seiten binden wollen.[74] Ferner ist es von der Ausgestaltung her möglich, dass in dem Abkommen nur ein Rahmen vorgegeben wird, der durch den Abschluss von nationalen Kollektivverträgen umgesetzt werden soll, wobei der Rahmen den nationalen Abschlusspartnern mehr oder weniger Freiheit in der Umsetzung belässt.[75] Von den Inhalten her besehen geht es zumeist um Felder, für die auch in der Richtlinie ein Informationsrecht vorgesehen ist. In der Reihenfolge der Häufigkeit des Auftretens sind zu nennen:[76] Informations- und Beratungsrechte oder allgemein die Mitwirkung von betrieblichen Arbeitnehmer- oder Gewerkschaftsvertretern; Ausbildung; Unternehmensrestrukturierung; Gewerkschaftsrechte; Chancengleichheit; Stand der Beschäftigung im Unternehmen und Beschäftigungspolitik; Kollektivverträge; Regeln über die Arbeitszeit. Über die in der Richtlinie vorgesehenen Themen hinaus ist die Niederlegung einer „Unternehmenscharta" über bestimmte generelle Verhaltensregeln zu nennen.[77]

---

[68] Z.T. wurden in einem Unternehmen mehrere Vereinbarungen geschlossen.

[69] Die Unternehmen reichen von *Danone* bis *Vivendi*; aus deutscher Sicht ist nur die *Deutsche Bank* zu nennen. Eine Übersicht der Unternehmen findet sich bei *European Foundation* (Hrsg.), Bargaining, S. 15, sowie EWCB (33) 2001, S. 7, 11.

[70] *European Foundation* (Hrsg.), Bargaining, S. 16 ff; EWCB (33) 2001, S. 7, 9.

[71] So z.B. bei der *Deutschen Bank*, *Vivendi*, *Suez Lyonnaise des Eaux*, *European Foundation* (Hrsg.), Bargaining, S. 18.

[72] *European Foundation* (Hrsg.), Bargaining, S. 9.

[73] *European Foundation* (Hrsg.), Bargaining, S. 21 ff.

[74] In einer Vereinbarung mit der Leitung von *ENI* wurde z.B. vereinbart, dass ein spezielles Gremium zur Überwachung der Arbeitssicherheit und der Gesundheit der Arbeitnehmer ins Leben gerufen wird, *European Foundation* (Hrsg.), Bargaining, S. 21.

[75] EWCB (33) 2001, S. 7, 9.

[76] *European Foundation* (Hrsg.), Bargaining, S. 25 ff.; EWCB (33) 2001, S. 7, 10.

[77] EWCB (33) 2001, S. 7, 10.

### III. Zusammenfassung

Die Akzeptanz des EBR als Partner einer Vereinbarung ist neu und in der Richtlinie nicht vorgesehen. Bemerkenswert an dieser Entwicklung ist, dass es in multinationalen Unternehmen anscheinend einen Bedarf gibt für den Abschluss eines Vertrages, der länderübergreifend, etwa „für den europäischen Teil des Unternehmens", gelten soll. Auffällig ist die Bandbreite der Abreden, die bisher bekannt geworden sind. Sie reicht von bloßen unternehmenspolitischen Absichtserklärungen hin zu konkreten Regelungen für nachgeordnete Unternehmen.[78] Sehr weitreichend ist es, wenn bereits Vereinbarungen mit dem Charakter von Standortsicherungsverträgen getroffen werden.[79] Die These, dass ein Bedarf für grenzübergreifende Vereinbarungen gerade in multinationalen Unternehmen besteht, wird ebenfalls gestützt durch eine Untersuchung von *Deinert*. Hier wurden Arbeitnehmer- und Arbeitgeberverbände sowie multinationale Unternehmen über die Vor- und Nachteile von europäischen Kollektivverträgen befragt. Der Zielsetzung nach ging es zwar um die Zweckmäßigkeit eines europäischen Tarifvertrages, insofern sind die Probleme z.T. besonders gelagert. Für den hier interessierenden Zusammenhang ist jedoch von Bedeutung, dass die drei befragten multinationalen Unternehmen durchweg ihre Zustimmung zu europäischen Kollektivregelungen bekundeten.[80]

Man wird insoweit sagen dürfen, dass gerade bei multinationalen Unternehmen, anders unter Umständen als bei den nationalen und europäischen Verbänden, ein besonderes Interesse an einer internationalen Problemlösung besteht.

---

78 *European Foundation* (Hrsg.), Bargaining, S. 21 ff.

79 Über den Abschluss einer ähnlichen Vereinbarung wird z.B. auch bei der *Hoechst-AG* nachgedacht, *Lecher/Nagel/Platzer*, Konstituierung EBR, S. 122.

80 *Deinert*, S. 504, 515.

# § 3 Betriebliche Vereinbarungen in Europa

## I. Allgemeines

Bevor man der Frage nachgehen kann, ob und wie eine länderübergreifende betriebliche Regelung realisiert werden kann, empfiehlt es sich, die betriebsverfassungsrechtlichen Strukturen in anderen Ländern näher zu beleuchten. In der Diskussion um die Mitbestimmung aus internationaler Sicht wird oftmals betont, dass sich die einzelnen Modelle in den Ländern Europas stark voneinander unterscheiden.[1] Ziel der nachfolgenden Untersuchung soll es sein, neben dem Herausarbeiten der bestehenden Unterschiede insbesondere einen Blick für die Gemeinsamkeiten zu entwickeln.[2] Exemplarisch sollen im Überblick 8 Mitgliedstaaten der EG vorgestellt werden.

Im Grundsatz lassen sich Differenzierungen in der Art von Arbeitnehmervertretungen in Europa nach drei Gesichtspunkten vornehmen:

Es gibt einerseits eine reine betriebliche Arbeitnehmervertretung, die sich aus Arbeitnehmervertretern ohne Gewerkschaftsangehörige zusammensetzt. Die Belegschaft wird hier einerseits durch das betriebliche Gremium und andererseits durch die Gewerkschaften vertreten (sog. „duales System“).[3] Auf der anderen Seite gibt es betriebliche Interessenvertretungen, die nicht trennscharf von den Gewerkschaften zu unterscheiden sind. Gibt es allein eine gewerkschaftliche Interessenvertretung, spricht man vom „monistischen Modell“.[4]

Eine weitere Differenzierung lässt sich danach vornehmen, ob der Arbeitgeber einen Sitz in der Arbeitnehmervertretung inne hat („Einheitsprinzip“). Ist das Gremium allein mit Arbeitnehmern besetzt, spricht man vom „Trennungssprinzip“.[5]

Schließlich kann danach unterschieden werden, ob die Arbeitnehmerbeteiligung auf einem Gesetz (sog. „legalistisches System“) oder auf Tarifverträgen beruht (sog. „korporatistisches System“).[6]

---

1 Diese Ansicht wurde vor allem mit Blick auf die Richtlinie 94/45/EG zur Einsetzung eines Europäischen Betriebsrats (EBR) vertreten, *Wiedemeyer*, in Heinemann (Hrsg.), S. 126, 132; *Niedenhoff*, in Deppe (Hrsg.), EBR, S. 44, 55; *Mayer*, BB 1995, S. 1794, 1797 f.; *Junker*, JZ 1992, S.1100, 1105; *Krause*, JhrbZRW 1997, S.91, 102; *Weiss*, GMH 1999, S. 183 f.; vergl. aber auch aus Sicht des IPR *Däubler*, RabelsZ 39 (1975), S. 444, 460; *Jaletzke*, S. 4.

2 Die Gemeinsamkeiten werden weitgehend nicht herausgestellt.

3 Zur Terminologie vergl. *Europ. Kommission* (Hrsg.), Arbeitsbeziehungen, S. 32; *Breinlinger/Kittner*, BB 1982, S. 1933; *Gamillscheg*, Mitbestimmung, S. 15.

4 Z.T. wird auch der Terminus „Einheitsvertretung“ gebraucht, *Neto*, in FS Däubler, S. 1018, 1020; *Junker* spricht in diesem Zusammenhang jedoch von „Identitäts“- und „Trennungsprinzip“, ZfA 2001, S. 225, 233.

5 *Birk*, RIW/AWD 1975, S. 589, 591; *ders.*, in Grundmann (Hrsg.), Systembildung, S. 387, 394.

6 *Junker*, ZfA 2001, S. 225, 232.

Im folgenden werden die in den einzelnen Ländern vorgesehenen betrieblichen Interessenvertretungen zunächst jeweils vorgestellt. Es ist auf die Frage einzugehen, für welche Angelegenheiten eine Kompetenz besteht. Für den hier interessierenden Zusammenhang ist des weiteren von Bedeutung, in welchem Verhältnis die betriebliche Interessenvertretung zu den Gewerkschaften steht. Schließlich muss herausgefunden werden, ob sie Abschlusspartner einer Vereinbarung mit dem Arbeitgeber sein kann und wie das Verhältnis solcher Abkommen zu dem Tarifvertrag gestaltet ist.

## II. Einzelne Länder

### 1. Deutschland

#### a) Betriebliche Arbeitnehmervertretung

Grundlage der betrieblichen Arbeitnehmervertretung ist das BetrVG von 1972 in der durch das Gesetz zur Reform des Betriebsverfassungsgesetzes vom 28.07.2001[7] modifizierten Fassung. In Betrieben mit in der Regel mindestens fünf Arbeitnehmern kann ein Betriebsrat gebildet werden. Seine Amtszeit beträgt 4 Jahre. Auf der Ebene des Unternehmens kann ein Gesamtbetriebsrat gebildet werden, § 47 BetrVG, auf der Ebene des Konzerns ein Konzernbetriebsrat, § 54 BetrVG. Daneben gibt es einen Wirtschaftsausschuss, der jedoch erst ab einer Größe von 100 Arbeitnehmern zu bilden ist.
Der Betriebsrat besteht ausschließlich aus Arbeitnehmervertretern.

#### b) Zuständigkeit

Das BetrVG weist dem Betriebsrat in einer abgestuften Form Mitbestimmungsrechte[8] zu.
Von einem „echten Mitbestimmungsrecht"[9] spricht man, wenn der Arbeitgeber seine Entscheidung nicht gegen den Willen des Betriebsrates durchsetzen kann. Dies ist vor allem bei § 87 BetrVG, also in sozialen Angelegenheiten, der Fall. Ein echtes Mitbestimmungsrecht besteht hinsichtlich der Einführung einer Arbeitsordnung, des Beginns und Ende der täglichen Arbeitszeit, der Aufstellung von Urlaubsgrundsätzen etc. Können sich die Betriebspartner nicht einigen, entscheidet die Einigungsstelle als betriebliches Schiedsgremium, § 76 BetrVG.

---

[7] Einen Überblick über die Neuerungen gibt z.B. *Hanau*, NJW 2001, S. 2513 ff.

[8] Im folgenden wird aus Gründen der Vereinfachung der Terminus „Mitbestimmung" als Oberbegriff gebraucht, der in die Bereiche „echte Mitbestimmung" und „Mitwirkungsrechte" untergliedert werden kann. Sofern es auf die Unterscheidung zwischen beiden Bereichen ankommt, wird dies sprachlich entsprechend deutlich gemacht.

[9] Siehe zur terminologischen Einteilung *Hromadka/Maschmann*, Arbeitsrecht, Bd. 2, S. 313 f.

Dem Betriebsrat sind ferner vielfältige Rechte im personellen Angelegenheiten zugewiesen. Dies gilt z.B. bei Versetzungen und Eingruppierungen, § 99 BetrVG.[10] Bloße „Mitwirkungsrechte“ bestehen in sonstigen personellen Angelegenheiten, insbesondere bei dem Anhörungserfordernis vor einer Kündigung, § 102 I BetrVG. In wirtschaftlichen Angelegenheiten kommt es dem Betriebsrat zu, über den Abschluss eines Sozialplans zu verhandeln. Für die Unterrichtung über die laufende wirtschaftliche Situation ist jedoch der Wirtschaftsausschuss zuständig, § 106 II BetrVG.

#### c) Verhältnis zur Gewerkschaft

Die Gewerkschaften spielen durch die gesetzlichen Vorgaben bei der Mitbestimmung nur eine untergeordnete Rolle. Im Wesentlichen existieren ein Zugangsrecht zum Betrieb, § 2 II BetrVG sowie gewisse Kontroll- und Informationsrechte, §§ 23 III, 43 IV, 46 II BetrVG.[11] Die Gewerkschaften sind hingegen zuständig für den Abschluss von Tarifverträgen.
Gemäß § 2 I S. 1 BetrVG arbeiten Arbeitgeber und Betriebsrat vertrauensvoll zusammen. Das Gesetz geht also von einer „Kooperation“ der beiden Arbeitnehmervertreter aus, nicht von einer „Konfrontation“. Die strikte Trennung zwischen Gewerkschaft und Betriebsrat deutet auf ein stark ausgeprägtes duales System hin.

#### d) Betriebliche Vereinbarungen

§ 77 BetrVG stellt die Rechtsgrundlage für den Abschluss von Betriebsvereinbarungen dar. Nach § 77 IV BetrVG gelten ihre Regelungen für die Arbeitnehmer unmittelbar und zwingend, d.h. normativ wie auch beim Tarifvertrag, § 4 I S. 1 TVG. Hinsichtlich der am Vertragsschluss Beteiligten entstehen allerdings rein schuldrechtliche Wirkungen. Den Betriebspartnern steht es frei, auch eine bloß schuldrechtlich wirkende Abrede zu treffen; dann spricht man von einer Regelungsabrede oder auch Betriebsabsprache.[12]

---

[10] § 99 BetrVG zählt mit zur echten Mitbestimmung, weil der Betriebsrat nur unter bestimmten Voraussetzungen seine Zustimmung verweigern kann.

[11] Hierzu *Richardi,* in Richardi, BetrVG § 2 Rz 86 ff.; *Schaub,* ArbR-Handbuch § 215 I 4.; *Breinlinger/Kittner*, BB 1982, S. 1933, 1934 f.; 1939 f.; *Gamillscheg*, Mitbestimmung, S. 16 f.

[12] *Richardi*, in Richardi, BetrVG § 77 Rz 226 ff.

#### e) Verhältnis zum Tarifvertrag

Auf den Konflikt zwischen Betriebs- und Tarifautonomie soll an dieser Stelle etwas ausführlicher eingegangen werden, da das Grundproblem der Abgrenzung beider Bereiche sich auch in den anderen Ländern stellt.

##### aa) Grundsatz

Der Anwendungsbereich des Tarifvertrages ist im Grundsatz weiter gefaßt als der einer Betriebsvereinbarung. Aus deutscher Sicht können die Tarifpartner gemäß § 1 I S. 1, 1. Alt. TVG Regelungen treffen über den Inhalt von Arbeitsverhältnissen (sog. Inhaltsnormen). Darunter fallen praktisch alle Rechte und Pflichten der Arbeitnehmer und des Arbeitgebers[13]; nach § 1 I S. 1, 4. und 5. Alt. TVG gilt das gleiche für betriebliche und betriebsverfassungsrechtliche Fragen. Zusammenfassend kann man sagen, dass abgesichert durch Art. 9 III GG den Gewerkschaften durch das TVG ein umfassendes Recht zugebilligt wird, die Arbeitsbedingungen durch Kollektivvertrag zu regeln.
Im Grundsatz anerkannt ist im deutschen Recht jedoch auch eine weit verstandene Regelungsbefugnis der Betriebspartner, die prinzipiell ebenso weit reicht wie die Gestaltungsmacht der Tarifpartner.[14] Den Betriebspartnern ist es unbenommen, Betriebsvereinbarungen über alle denkbaren Regelungsgegenstände abzuschließen, die einen hinreichenden Bezug zum Betrieb haben (prinzipiell unbeschränkte funktionale Zuständigkeit).[15] Sieht man § 77 III BetrVG nicht nur als Sperrklausel, sondern auch als gegenstandsabgrenzende Vorschrift[16] an, so ergibt sich der weite Regelungsbereich der Betriebspartner aus eben dieser Norm. Denn wenn darin niedergelegt ist, dass bestimmte Themen nicht Gegenstand der Betriebsvereinbarung sein können, so ist im Umkehrschluss davon auszugehen, dass für Themen außerhalb des § 77 III BetrVG keine solche Beschränkung gilt.[17] Vor allem eröffnet § 88 BetrVG wegen seines Wortlauts[18] eine Zuständigkeit des Betriebsrats, die nur durch Sinn und Zweck des Betriebsverfassungsgesetzes und höherrangiges Recht begrenzt wird. Die Annahme einer globalen Regelungskompetenz steht schließlich auch in Übereinstimmung mit den Gesetzes-

---

[13] *Schaub*, ArbR-Handbuch § 202 II 2; Wiedemann/*Wiedemann*, TVG § 1 Rz 314.

[14] BAG v. 19.05.1978 E 30, S. 298, 306; BAG GrS v. 7.11.1989 NZA 1990, S. 816, 818; BAG v. 1.12.1992, NZA 1993, S. 613, 614; GK-BetrVG/*Kreutz* § 77 Rz 70; *Richardi*, in Richardi, BetrVG § 88 Rz 6 f; *F/K/H/E* § 88 Rz 4; ErfK/*Hanau/Kania*, BetrVG § 77 Rz 3; GK-BetrVG/*Wiese* § 88 Rz 7; *von Hoyningen-Huene*, BetriebsVerfR, S. 222.

[15] *Richardi*, in Richardi, BetrVG § 77 Rz 66; freilich darf kein Eingriff in die Individualspähre der Arbeitnehmer erfolgen.

[16] BAG GrS v. 7.11.1989, NZA 1990, S. 816, 818; GK-BetrVG/*Kreutz* § 77 Rz 70.

[17] GK-BetrVG/*Kreutz* § 77 Rz 70.

[18] „...können *insbesondere* geregelt werden..."

materialien.[19] Den Betriebspartnern wird also durch das BetrVG eine weit zu verstehende Regelungsmacht zugeordnet. Diese Überlegungen gelten auch für die Regelungsabrede.

Die Macht der Betriebspartner „ragt" folglich in die der Tarifpartner „hinein". Deshalb ist eine Kompetenzabgrenzung zwischen Betriebs- und Tarifpartnern erforderlich. § 77 III BetrVG stellt einen Tarifvorbehalt zugunsten der Tarifvertragsparteien auf. Nach dieser Norm ist der Abschluss einer Betriebsvereinbarung unwirksam, sofern diese Regelungen eines bestehenden Tarifvertrages aufgreift; eine Sperrwirkung ergibt sich ferner dann, falls es sich nur um tarifübliche Themen handelt.

Die hinter dem Tarifvorbehalt stehende Überlegung ist klar: Die Gewerkschaften sollen vor einer konkurrierenden Regelungsbefugnis des Betriebsrats geschützt werden, dieser soll sich nicht als „beitragsfreie Ersatzgewerkschaft" aufschwingen dürfen und zur Schwächung der Gewerkschaften beitragen. [20] Die Rechtsprechung formuliert oftmals, § 77 III BetrVG bezwecke die Sicherung der ausgeübten und aktualisierten Tarifautonomie.[21]

**bb) „Aufweichung" des Tarifvorbehalts**

Beachtenswert ist indes, dass die starre durch § 77 III BetrVG gezogene Grenze vielfach abgeschwächt wurde.[22] Im Bereich der sozialen Angelegenheiten ist eine Betriebsvereinbarung auch dann zulässig, wenn es sich um eine Angelegenheit handelt, die lediglich als tarifüblich anzusehen ist, über die jedoch kein aktueller Tarifvertrag geschlossen wurde.[23] Ferner wird die Regelungsabrede vom Anwendungsbereich des Tarifvorbehalts ausgespart.[24] Begründet wird dies damit, dass § 77 III BetrVG nur bezweckt, die Tarifpartner vor konkurrierenden Regelungen mit normativer Kraft zu schützen. Dies ist insofern von Bedeutung, als dass durch eine mit dem Betriebsrat abgesprochene Gesamtzusage dieselben

---

19 BT-Drucks. VI/1786, S. 47.

20 BAG v. 5.3.1997, NZA 1997, S. 951, 953; *Zöllner/Loritz*, S. 539; *Gamillscheg*, Kollektives Arbeitsrecht, Bd. 1, S. 323; *von Hoyningen-Huene*, BetriebsVerfR, S. 227; *Veit/Waas*, BB 1991, S. 1329, 1330; *Berg*, in D/K/K § 77 Rz 62; *Hromadka/Maschmann*, Arbeitsrecht, Bd. 2, S. 319; *Lieb*, in FS Kraft, S. 343.

21 BAG v. 24.1.1996, NZA 1996, S. 948, 949; BAG v. 22.6.1994, NZA 1994, S. 184.

22 ErfK/*Hanau/Kania*, BetrVG § 77 Rz 64 ff.

23 So das BAG in ständiger Rechtsprechung, grundlegend BAG v. 24.02.1987 E 54, S. 191, 199 ff.; BAG (GS) 3.12.1991 E 69, S. 134, 145 ff.; BAG v. 5.03.1997, NZA 1997, S. 951, 954.

24 BAG v. 20.04.1999, NZA 1999, S. 887, 890; ArbG Marburg v. 7.08.1996, DB 1996, S. 1925, 1927; *F/K/H/E* § 77 Rz 190; GK-BetrVG/*Kreutz* § 77 Rz 76; *Reuter*, FS Schaub, S. 605, 623; *Fischer*, S. 217 ff.; ErfK/*Hanau/Kania*, BetrVG § 77 Rz 71; a.A. aber *Richardi*, in Richardi, BetrVG, § 77 Rz 230.

Wirkungen im Betrieb wie aufgrund eines Kollektivvertrages hervorgebracht werden können, obwohl ein Tarifvertrag existiert.
Ferner versuchen Lehre und Rechtsprechung seit jeher, die Rechtsfolge einer völligen Wirkungslosigkeit einer tarifwidrigen Betriebsvereinbarung zu vermeiden, denn dies wird überwiegend als eine nicht angemessene Sanktion angesehen. Den Arbeitnehmern sind durch die Betriebsvereinbarung unter Umständen schützenswerte Rechtspositionen zuerkannt worden und eine Rückabwicklung nach Bereicherungsrecht würde sich als schwierig erweisen.[25] Ob eine unter Verstoß des § 77 III BetrVG zustande gekommene Betriebsvereinbarung dennoch Rechtswirkungen entfaltet, ist nach h.M. von Fall zu Fall zu entscheiden.
Die Rechtsprechung verlangt mittlerweile für eine Umdeutung in eine vertragliche Einheitsregelung besondere Umstände, die die Annahme rechtfertigen, der Arbeitgeber habe sich unabhängig von der Regelung in der Betriebsvereinbarung verpflichten wollen, die Leistung an die Arbeitnehmer zu erbringen.[26] Prinzipiell möglich ist es jedoch auch, dass eine unwirksame Betriebsvereinbarung über den Umweg einer betrieblichen Übung[27] Ansprüche gewährt bzw. an eine Umdeutung in einen Vertrag zu Gunsten Dritter[28] gedacht wird. Darüber hinaus wird eine Analogie zu den Grundsätzen über das fehlerhafte Arbeitsverhältnis vorgeschlagen, sog. faktische Betriebsvereinbarung.[29]
Wann nun aber nach der h.M. von einem Willen des Arbeitgebers ausgegangen werden kann, sich in jedem Fall binden zu wollen, bleibt schwierig zu bestimmen. Sofern die unwirksame Betriebsvereinbarung freiwillig und nicht unter Druck zustande gekommen ist, wird man regelmäßig einen derartigen Willen des Arbeitgebers annehmen können.[30] Insgesamt betrachtet dürfte es in nur sehr wenigen Fällen sachgerecht sein, einen Anspruch des Arbeitnehmers aufgrund einer entgegen § 77 III BetrVG zustande gekommenen Betriebsvereinbarung abzulehnen.[31]

---

[25] Für eine solche Lösung aber *von Hoyningen-Huene*, DB 1984, Sonderbeilage Nr. 1, S. 11.

[26] BAG v. 5.03.1997, NZA 1997, S. 951, 954; BAG v. 24.01.1996, NZA 1996, S. 948, 949.

[27] *Veit/Waas*, BB 1991, S. 1329, 1336; *Kempen*, in Kempen/Zachert, TVG, Grundl. Rz 255; *von Hoyningen-Hune*, DB 1984, Beilage Nr. 1, S. 10.

[28] *Zöllner/Loritz*, S. 542; *Birk*, ZfA 1986, S. 73, 107, FN 203; ErfK/*Hanau/Kania*, BetrVG § 77 Rz 45; *Hablitzel*, NZA 2000, S. 467, 471.

[29] GK-BetrVG/*Kreutz* § 77 Rz 107; *Stadler*, BB 1971, S. 709, 712.

[30] BAG v. 23.08.1989, BB 1989, S. 2330; LAG Hamm v. 27.04.1988, DB 1988, S. 1706.

[31] *Gamillscheg*, Kollektives Arbeitsrecht, Bd. 1, S. 330 f. betont, dass eine Klage eines Arbeitnehmers – soweit ersichtlich – noch nie wegen § 77 III BetrVG abgewiesen wurde; vergl. auch *Hablitzel*, NZA 2000, S. 467, 471.

**cc) Die Grenzen des Tarifvorbehalts in der Diskussion**

Ohne in aller Tiefe in das Problem eindringen zu können, sei noch ein kurzer Hinweis auf die aktuelle Diskussion um die Ausweitung der Betriebs- gegenüber der Tarifautonomie gegeben. Das starre Prinzip „Vorrang des Tarifvertrages" wird in vielen Betrieben faktisch unterlaufen und steht deshalb auch im Mittelpunkt einer rechtspolitischen Debatte (Stichwort: Erosion des Tarifvertragssystems).[32] Der Verstoß gegen § 77 III BetrVG geschieht dabei teils bewusst, teils aus fehlender Sachkenntnis.[33] Einen Anhaltspunkt über das Ausmaß des Verstoßes gegen § 77 III BetrVG in der Praxis gibt eine von dem Bundesministerium für Arbeit und Sozialordnung bereits 1979 in Auftrag gegebene Studie.[34] Danach verstößt jede vierte von einem nicht tarifgebundenen Arbeitgeber[35] abgeschlossene Betriebsvereinbarung gegen den Tarifvorbehalt. Die Literatur spricht wegen der entgegen den Vorstellungen des Gesetzgebers sich entwickelten Praxis von „symbolischer Gesetzgebung"[36] bzw. fragt, ob § 77 III BetrVG nicht gewohnheitsrechtlich derogiert sei.[37] Die Feststellung, kaum eine andere Norm sei so oft und offen mißachtet worden wie § 77 III BetrVG[38], wird nicht vehement bestritten, sondern es besteht weitgehend eine Haltung der stillschweigenden Duldung.[39] Eine Öffnung des Tarifvertrages zugunsten der Betriebsautonomie war auch im Bundestagswahlkampf 2002 (erneut) ein Thema.[40]
In der Praxis kommt es zu der Einführung von verschlechternden Betriebsvereinbarungen, wenn das Unternehmen durch ein Festhalten an dem Tarifvertragsbedingungen in wirtschaftliche Schwierigkeiten gerät. Allerdings wird § 77 III BetrVG auch in umgekehrter Richtung verletzt, indem freiwillig günstigere Regelungen eingeführt werden. Aus Sicht der Belegschaft kann es sich sogar als eine „Pflicht" des Betriebsrats darstellen, zu versuchen, „noch etwas mehr" herauszuholen, als im Tarifvertrag festgesetzt, sofern sich der Arbeitgeber wegen einer günstigen wirtschaftlichen Situation grundsätzlich gesprächsbereit zeigt.[41]

---

32 Hierzu *Reuter* RdA 1994, S. 152 ff.; *Gamillscheg*, Kollektives Arbeitsrecht, Bd. 2, S. 326 ff, *Kempen*, in Kempen/Zachert, Grundl. Rz 269 ff; *Lieb*, in FS Kraft, S. 343 ff.

33 *Lambrich*, S. 57.

34 Hierzu *Fischer*, S. 14 ff..

35 Für diesen gilt nach h.M ebenfalls der Tarifvorbehalt, *Fischer*, S. 200.

36 *Birk*, ZfA 1986, S. 73, 105.

37 Hierzu *Veit/Waas*, BB 1991, S. 1329, 1331; *Hromadka/Maschmann*, Arbeitsrecht, Bd. 2, S. 323; *Walker*, ZfA 1996, S. 353, 356.

38 *Simitis*, RdA 1994, S. 174.

39 Zu Recht weist *Gamillscheg* darauf hin, dass es sich ein Gewerkschaft sehr wohl überlegen muss, gegen eine tarifwidrige Betriebsvereinbarung vorzugehen, will sie sich nicht den Unmut ihrer Mitglieder zuziehen, *Gamillscheg*, Kollektives Arbeitsrecht, Bd. 2, S. 328; ebenso *Simitis*, RdA 1994, S. 174, 175; *Lambrich*, S. 57.

40 Siehe *Hromadka*, DB 2003, S. 42 ff.

41 *Birk*, ZfA 1986, S. 73, 101.

Schließlich spielen Betriebsvereinbarungen dann eine Rolle, wenn der Tarifvertrag eine Öffnungsklausel vorsieht.[42]

Angesichts der Schwierigkeiten überrascht es nicht, wenn sich eine große Zahl von Meinungen und Vorschlägen für eine Gesetzesnovellierung findet. Vereinfacht gesagt lassen sich zwei Grundströmungen feststellen: Die eine Meinung plädiert für eine strikte Beibehaltung des Tarifvorbehaltes und betont hierbei, dass allein der Tarifvertrag eine wirklich frei ausgehandelte Regelung sei[43] bzw. die Aushöhlung eines für alle geltenden Mindeststandards vermeide.[44] Die Gegenmeinung ist für eine vorsichtige Öffnung hin zu einer Stärkung der Betriebsautonomie.[45] Die Betriebsvereinbarung biete eine den konkreten Bedürfnissen des Unternehmens angepaßte Regelung, sei flexibler, realitäts- und arbeitnehmernäher.[46]

Wie immer man rechtspolitisch zu einer Öffnung hin zu einem Mehr an Betriebsautonomie steht, eines bleibt festzuhalten: Durch den Abschluss von Betriebsvereinbarungen unter Verstoß von § 77 III BetrVG wird die Position der Betriebsräte gegenüber den Gewerkschaften faktisch gestärkt. Diese können zwar gegen eine solche Praxis klagen,[47] ob sie dies tun, ist jedoch höchst zweifelhaft. Falls sie es tun, behält die Betriebsvereinbarung in aller Regel mittelbar trotzdem Wirksamkeit, indem ihr Inhalt nach einer Umdeutung individualrechtlich fortgilt.

**dd) Firmentarifvertrag anstelle einer Betriebsvereinbarung?**

Auch der Firmentarifvertrag, der sich faktisch im bedeutenden Maß nicht durchgesetzt hat,[48] ist aus vielerlei Gründen keine echte Alternative zur Betriebsvereinbarung. Denn eine Einigung mit der Gewerkschaft kostet vor allem mehr Zeit[49] und eventuell muss mit einem Streik gerechnet werden. Auch kann die Bereitschaft auf Seiten der Gewerkschaft aus rechtspolitischen Gründen fehlen,

---

42 Deshalb kann es auch sein, dass selbst Löhne durch Betriebsvereinbarungen festgelegt werden, dazu *Wank*, NJW 1996, S. 2273, 2282.

43 *Kempen*, RdA 1994, S. 179.

44 *Unterhinninghofen*, RdA 1994, S. 175.

45 Der 61. Juristentag hat sich für eine Überarbeitung des § 77 III BetrVG ausgesprochen, dazu *Hromadka*, NZA 1996, S. 1233 ff. mit einem eigenem Gesetzesentwurf; z.T. wird vorgeschlagen, in einem „Notfall“ nach einer Arbeitnehmer-Abstimmung (Quorum bei 75 %)vom Tarifvertrag abweichen zu dürfen, so *Konzen*, NZA 1995, 913, 919; dieser Vorschlag findet sich auch im Wahlprogramm 2002 der FDP wieder, vergl. *Hromadka*, DB 2003, S. 42.

46 So die wesentlichen Gegenargumente, vergl. *Lieb*, FS Kraft, S. 343, 354 f.; *von Langen*, S. 41 ff.; *Löwisch* JZ 1996, S. 812, 818; sehr weitgehend *Sodan*, der dafür plädiert, die Betriebsautonomie als von Art. 9 III GG mitumfaßt anzusehen, JZ 1998, 421, 427 ff.; ebenfalls sehr weitgehend *Hablitzel*, der im Hinblick auf das Subsidiaritätsprinzip (Art. 5 II EGV) für eine enge Auslegung des § 77 III BetrVG plädiert, NZA 2000, S. 467, 468 ff.

47 BAG v. 20.4.1999, DB 1999, S. 1555, 1559.

48 *Simitis*, RdA 1994, S. 174.

49 *Hromadka*, NZA 1996, S. 1234, 1237.

anstelle eines Flächentarifvertrages einen Firmentarifvertrag abzuschließen. Aus Sicht des Arbeitgebers ist es schließlich von Bedeutung, dass die Betriebsvereinbarung alle Arbeitnehmer erfaßt, während der Firmentarifvertrag nur für die Gewerkschaftsmitglieder gilt.[50] Der Arbeitgeber ist gezwungen, seinem Betrieb eine einheitliche Ordnung zu geben,[51] dies kann er mit einem Tarifvertrag nur dann erreichen, wenn praktisch alle Arbeitnehmer Gewerkschaftsmitglieder sind.[52] Im Falle eines Arbeitskampfes steht der Arbeitgeber schließlich allein – ohne seinen Verband – der kämpfenden Gewerkschaft gegenüber.[53] Aus diesen Überlegungen heraus stellt sich der Abschluss einer Betriebsvereinbarung als vorteilhafter dar.

#### ee) Zusammenfassung

Der soeben skizzierte Rahmen beläßt den Betriebspartnern eine umfangreiche Gestaltungsfreiheit. Vereinbarungen auf betrieblicher Ebene führen kein Schattendasein neben dem Tarifvertrag, sondern erfüllen eine eigenständige Funktion. In erster Linie geht es um die Ausübung der Kompetenzen bei den Mitbestimmungstatbeständen, die dem Betriebsrat kraft Gesetzes eingeräumt sind, in zweiter Linie geht es um die Regelung sonstiger materieller Arbeitsbedingungen, sofern der Tarifvorbehalt nicht entgegen steht.

## 2. Österreich

### a) Betriebliche Arbeitnehmervertretung

Die Grundlage der betriebsverfassungsrechtlichen Ordnung in Österreich findet sich in dem Arbeitsverfassungsgesetz von 1974 (ArbVG). Ab einer Mindestzahl von fünf Arbeitnehmern kann ein Betriebsrat gebildet werden.[54] Seine Amtszeit beträgt 4 Jahre. Der Betriebsrat stellt das wichtigste Organ der Arbeitnehmervertretung dar. Es gibt jedoch auch Sondervertretungen für spezielle Belegschaften, z.B. für Theaterunternehmen und für Schiffs- oder Flugunternehmen. § 40 II Nr. 2 ArbVG sieht die Bildung eines Zentralbetriebsrats auf

---

50 *Kempen*, RdA 1994, S. 179. Dies kann gerade im internationalen Sektor bedeutsam werden. Geht es z.B. um einheitliche Grundsätze einer unternehmensweiten Personalplanung, so wäre ein grenzüberschreitender Tarifvertrag wenig effektiv, weil der von der Personalplanung betroffene Arbeitnehmerkreis typischerweise nicht in einer Gewerkschaft organisiert ist, vergl. *Junker*, ZIAS 1995, S. 564, 573 f.

51 *Biedenkopf*, S. 319.

52 In der Praxis behilft man sich freilich damit, dass Nichtorganisierten einzelvertraglich die tariflichen Bedingungen zugestanden werden.

53 *Wank*, NJW 1996, S. 2273, 2276; die Literatur zu einem internationalen Tarifvertrag rankt sich allerdings auch um die Frage eines Firmentarifvertrages, die Ebene des Unternehmens wird auch dort verstärkt als Ausgangsbasis genommen, siehe *Körtgen*, S. 73 f.

54 *Goldmann/Unterweger*, S. 107.

Unternehmensebene und § 40 IVa ArbVG die Einrichtung einer Konzernvertretung in einem Unterordnungskonzern (sog. Arbeitsgemeinschaft) vor.[55]
Der Betriebsrat besteht ausschließlich aus gewählten Arbeitnehmervertretern.

**b) Zuständigkeit**

Dem Betriebsrat stehen dem deutschen Betriebsverfassungsrecht vergleichbar weite Kompetenzen zu. Grob läßt sich eine Einteilung vornehmen in Mitwirkungsrechte im Bereich Soziales (§§ 94 – 97 ArbVG), Personelles (§§ 98 – 107 ArbVG) und Wirtschaftsangelegenheiten (§§ 108 – 112 ArbGV). Wie das deutsche Betriebsverfassungsrecht kennt auch das österreichische ArbVG ein System der abgestuften Mitbestimmung[56], d.h. je nach zugewiesener Aufgabe steht dem Betriebsrat ein bloßes Mitwirkungsrecht oder ein echtes Mitbestimmungsrecht zu
Echte Mitbestimmungsrechte hinsichtlich der sozialen Angelegenheiten sind z.B. im Bereich der Betriebsordnung, der Personalfragebögen, der Leistungslöhne, der Kontrollmaßnahmen und bei der Einführung von Personalinformationssystemen vorgesehen. In personellen Angelegenheiten sind Versetzungen mitbestimmungspflichtig.[57] Im Bereich der wirtschaftlichen Angelegenheiten besteht nach § 108 ArbVG ein Informationsrecht, unter bestimmten Voraussetzungen ist ein Sozialplan bei Betriebsänderungen abzuschließen.
Dem Zentralbetriebsrat ist, wie in Deutschland dem Gesamtbetriebsrat, eine Zuständigkeit dann eingeräumt, wenn es um Angelegenheiten geht, die das gesamte Unternehmen betreffen und nicht nur einen Betrieb.

**c) Verhältnis zur Gewerkschaft**

Ähnlich wie in Deutschland fällt den Gewerkschaften auf betrieblicher Ebene keine institutionalisierte Rolle zu. Die Gewerkschaften sind zuständig für den Abschluss von Kollektivverträgen, die Betriebsräte nehmen die Mitbestimmungskompetenzen wahr, so dass eine klare Aufgabenteilung herrscht. Da den Betriebsräten gestattet ist, eine normativ wirkende Regelung abzuschließen,[58] treten sie in ein Konkurrenzverhältnis zu den Gewerkschaften; doch wird dieses Problem entschärft, indem die Gewerkschaften eng mit den Betriebsräten zusammenarbeiten.[59]

---

55 *Junker*, NZA 2002, S. 131, 133.
56 *Mayer-Maly/Marhold*, S. 209 f.
57 In diesem Fall kann die fehlende Zustimmung des Betriebsrats aber ersetzt werden.
58 Hierzu sogleich unter II. 2. d).
59 *Mayer-Maly/Marhold*, S. 116 f.

#### d) Betriebliche Vereinbarungen

In den §§ 29 – 32 und 96, 96a und 97 ArbVG findet sich eine Rechtsgrundlage für den Abschluss einer Betriebsvereinbarung. Die Betriebsvereinbarung wird als das primäre Regelungsinstrument der Betriebspartner angesehen.[60] Auf Arbeitnehmerseite ist ein Abschluss mit dem Betriebsrat, dem Zentralbetriebsrat und auch der Arbeitsgemeinschaft der Betriebsräte auf Konzernebene möglich.
Auch in Österreich wird je nach Intensität des Mitwirkungsrechts unterschieden zwischen erzwingbaren und freiwilligen Betriebsvereinbarungen.[61] Anders als in Deutschland ist durch das ArbVG jedoch ein Katalog über mögliche Themen für Betriebsvereinbarungen vorgegeben. Einigen sich die Betriebspartner nicht, kann eine Schlichtungsstelle angerufen werden.
Wie im deutschen Recht wird unterschieden zwischen einem schuldrechtlichen und einem normativen Teil. Der normative Teil wirkt unmittelbar und zwingend auf die Arbeitsverhältnisse ein.[62] Eine Nachwirkung kommt – anders als im deutschen Recht – grds. nur bei fakultativen Betriebsvereinbarungen in Frage, bei erzwingbaren Betriebsvereinbarungen scheidet eine solche Wirkung aus, sofern der Beendigung eine Kündigung voranging.[63]
Möglich ist es aber auch, dass die Betriebspartner „freie Betriebsvereinbarungen"[64] über Themen abschließen, die nicht ausdrücklich zum Aufgabenkatalog des Betriebsrates gehören.[65] Solche Vereinbarungen treten in der Praxis - unter Duldung der Gewerkschaften - in einem nicht unerheblichen Maße auf und betreffen z.T. den Kern der materiellen Arbeitsbedingungen, indem betriebseigene Gehalts- und Lohntabellen vereinbart werden.[66] Einig ist man sich darüber, dass solche Vereinbarungen nicht von dem Anwendungsbereich des ArbVG erfasst werden. Im Vorfeld zu den Beratungen zum ArbVG war man sich des Problems bewusst und überließ alles weitere der Praxis mit dem Hinweis, dass solche Vereinbarungen jedenfalls (aufgrund einer anderen rechtlichen Konstruktion) nicht ausgeschlossen seien.[67] Nach der gefestigten Rechtsprechung des OGH sind solche freien

---

60 *Mayer-Maly/Marhold*, S. 270.
61 *Runggaldier*, in Europ. Komm. (Hrsg.), Arbeitsbedingungen, Bd. 2, S. 193; *Cerny*, in FS Strasser, S. 487, 493.
62 *Goldmann/Unterweger*, S. 105.
63 *Mayer-Maly/Marhold*, S. 288.
64 *Tomandl*, in FS Strasser, S. 583.
65 Zur Problematik *Tomandl*, in FS Strasser, S. 583 ff; *Strasser*, Betriebsvereinbarung, S. 114 ff.; *ders.*, RdA 1989, S. 258, 260 ff.; *Mayer/Marhold*, S. 289 ff; *Runggaldier*, in Europ. Komm. (Hrsg.), Arbeitsbedingungen, Bd. 2, S. 193; *ders.* ZIAS 1997, S. 1, 9 f; *Cerny*, in FS Strasser, S. 486, 494; *Gamillscheg*, Kollektives Arbeitsrecht, Bd. 1, S. 331; *Jabornegg*, in FS Strasser, S. 367, 373 f.
66 *Gamillscheg*, Kollektives Arbeitsrecht, Bd. 1, S. 331.
67 *Cerny*, in FS Strasser, S. 486, 494.

Betriebsvereinbarungen nicht rechtlich irrelevant. Die Rechtsprechung geht davon aus, dass der Inhalt der Vereinbarung als stillschweigende Ergänzung des Arbeitsvertrages anzusehen ist, § 863 ABGB[68], sofern Arbeitgeber und Arbeitnehmer zu erkennen geben, dass sie sich an die Bestimmungen der Vereinbarung halten wollen. Gewährt der Arbeitgeber aufgrund der Betriebsvereinbarung Leistungen, kommt auch ein Anspruch aus betrieblicher Übung in Frage.[69] Nach anderer Ansicht ist in der Betriebsvereinbarung zugleich ein schuldrechtlicher Vertrag zugunsten Dritter zu erblicken;[70] eine letzte Meinung will den Inhalt der Vereinbarung „retten", indem eine Umdeutung in einen schuldrechtlichen Vertrag mit den einzelnen Betriebsratsmitgliedern vorgenommen wird.[71] Die „freie Betriebsvereinbarung" ist also zusammengefasst keine Betriebsvereinbarung nach dem ArbVG, sie entfaltet aber dennoch Rechtswirkungen, und zwar auf arbeitsvertraglicher Ebene.[72]
Die Gründe, die zu einem solchen Abschluss führen, sind vielfältig. In der Praxis werden häufig nicht einzeln abtrennbare Themen verhandelt, sondern es geht um ein Themenpaket, welches Angelegenheiten umfaßt, für die dem Betriebsrat keine ausdrückliche Kompetenz zukommt. Aus Gründen der Praktikabilität wird daher die enumerative Aufzählung der Betriebsvereinbarungskompetenzen des ArbVG tatsächlich oft nicht beachtet.[73] Es wird aber auch davon berichtet, dass sogar die Gewerkschaften solche Vereinbarungen fördern, indem sie nach Abschluss der tariflichen Lohnrunde die Betriebsräte auffordern, in ertragsstarken Unternehmen „Nachforderungen zu stellen".[74]

#### e) Verhältnis zum Tarifvertrag

In Österreich gibt es anders als im deutschen Recht keine ausdrücklich angeordnete Sperrwirkung zu Gunsten des „Kollektivvertrags", [75] vergl. § 77 III BetrVG. Der Vorrang des Kollektivvertrages wird allerdings dadurch sichergestellt, dass die durch Kollektivvertrag üblicherweise geregelten Themen nicht im Katalogtatbestand des § 97 ArbVG auftauchen, so dass insoweit keine Kompetenz

---

[68] *Mayer-Maly/Marhold*, S. 289 ff. mit Nachweisen aus der Rechtsprechung.

[69] *Tomandl*, in FS Strasser, S. 583, 591.

[70] Siehe die Nachweise bei *Tomandl*, FS Strasser, S. 583, 588 f.

[71] *Tomandl*, in FS Strasser, S. 583, 592.

[72] Zum Zusammenspiel freier Betriebsvereinbarungen und Ergänzung des Arbeitsvertrages in verschiedenen Fallvarianten vergl. *Strasser*, RdA 1989, S. 258, 262 f.

[73] *Runggaldier* ZIAS 1997, S. 1, 9: Die Kasuistik der §§ 96, 97 ArbVG gehe völlig an der Realität vorbei; auf S. 11 meint der Autor sogar, das österreichische Regelungssystem, das den Tarifparteien einen Regelungsvorrang einräumen sollte, sei gescheitert.

[74] *Tomandl*, RdA 1995, S. 76, 77.

[75] Der „Kollektivvertrag" entspricht dem deutschen Tarifvertrag.

der Betriebspartner besteht.[76] Inhaltliche Überschneidungen sind somit praktisch ausgeschlossen.[77] Einzelne Überschneidungen können sich aber z.B. dann ergeben, wenn spezielle Lohnarten, wie etwa der Leistungslohn gemäß § 96 I ArbVG, mittels Betriebsvereinbarung geregelt werden.[78] Dann erfolgt eine Auflösung des Konflikts zum Kollektivvertrag mittels des Günstigkeitsprinzips.[79]

### 3. Großbritannien

#### a) Betriebliche Arbeitnehmervertretung

Zunächst muss man voranstellen, dass es in Großbritannien weitgehend an einer gesetzlichen Regelung der Betriebsverfassung fehlt.[80] Die Arbeitnehmervertretungen beruhen daher vor allem auf Tarifverträgen oder auf freiwilliger Grundlage.

Die Arbeitnehmervertretung auf betrieblicher Ebene wird durch die „shop-stewards" wahrgenommen. Diese erfüllen eine Doppelfunktion: Sie sind einerseits die Repräsentanten der Belegschaft, zum anderen aber auch Vertreter der Gewerkschaften, z.T. werden sie deshalb auch als gewerkschaftliche Vertrauensleute bezeichnet.[81] Sie werden von den im Betrieb tätigen Angehörigen ihrer Gewerkschaft gewählt.[82] Daneben gibt es Betriebsausschüsse (works committees, company councils, joint committees oder joint consultation committees genannt),[83] die in paritätischer Besetzung z.T. unabhängig von den Gewerkschaften gebildet werden und zu den shop stewards oftmals in Konkurrenz treten.[84] Überlappungen mit den im Betrieb vertretenen Gewerkschaften sind in dieser „Grauzone" allerdings vorprogrammiert.[85] 1990 wurden immerhin in 36 % der Betriebe, die

---

76 Umgekehrt dürfen die Tarifpartner nicht ohne weiteres betriebliche und betriebsverfassungsrechtliche Fragen regeln, *Runggaldier* ZIAS 1997, S. 1, 8.

77 *Strasser*, RdA 1989, S. 258, 260.

78 *Cerny*, in FS Strasser, S. 487, 508 ff.

79 *Runggaldier*, in Europ. Komm. (Hrsg.), Arbeitsbedingungen, Bd. 2, S. 193; *Mayer-Maly/Marhold*, S. 285.

80 *Europ. Kommission* (Hrsg.), Arbeitsbeziehungen, S. 33; die tarifvertragliche Ordnung (collective agreements) zusammen mit den „customs and practices" stellen die maßgeblichen Grundlagen des britischen „Betriebsverfassungsrechts" dar, *Rudolph*, AuA 1996, S. 341, 342; *Thelen*, S. 28.

81 *Hepple*, in Blanpain (Hrsg.), Encyclopaedia, vol. 3, Great Britain, S. 179.

82 *Echterhölter*, RdA 1982, S. 299, 304.

83 Vergl. *Waschke*, S. 159.

84 *Gamillscheg*, Mitbestimmung, S. 24; *ders.*, Kollektives Arbeitsrecht, Bd. 1, S. 331 FN 355 spricht von „gewerkschaftsfreien Betriebsräten".

85 Vergl. *Thelen*, S. 29: „There is no clear-cut distinction between collektive bargaining and the role which trade unions in other countries play outside the workplace and the joint consultation and employee-based systems of representation which take place inside the workplace".

eine solches Gremium bildeten, die Besetzung der committees durch die Gewerkschaften vorgenommen.[86]
Als Drittes gibt es sog. Sicherheitsausschüsse, deren Aufgaben sich auf die Themen Sicherheit und Gesundheit im Betrieb beschränken.
Das committee wird in der Regel von Arbeitnehmer- und Arbeitgebervertretern paritätisch besetzt.

**b) Zuständigkeit**

Mangels gesetzlicher Grundlage gibt es keinen fest umrissenen Aufgabenkatalog der shop stewards; deren Einfluss hängt weitgehend von der Verhandlungsstärke der im Betrieb vertretenen Gewerkschaft ab.[87] Gesetzlich vorgeschrieben ist infolge des Drucks des europäischen Gesetzgebers lediglich eine Informationspflicht des Arbeitgebers bei Massenentlassungen[88] und beim Betriebsübergang.[89] Ferner ist eine Informationspflicht des Arbeitgebers gegenüber einer von ihm anerkannten Gewerkschaft gegeben, die sich auf alle Informationen bezieht, die diese „billigerweise" zum Zwecke von Kollektivverhandlungen erwarten darf.[90] Schließlich besteht eine Art von Informationspflicht in Unternehmen mit mindestens 250 Arbeitnehmern dergestalt, dass die Unternehmensleitung jährlich einen Geschäftsbericht über vornehmlich wirtschaftliche Themen veröffentlichen muss (sog. director's report).[91] Als typische Aufgaben der shop stewards können darüber hinaus die Vermittlung zwischen der repräsentierten Arbeitnehmergruppe und der Gewerkschaft, die Vertretung der Arbeitnehmer gegenüber der Geschäftsleitung sowie das Vorbringen von Beschwerden angesehen werden.[92]
Den joint consultation committees kommt i.d.R. die Aufgabe zu, bei betrieblichen Einrichtungen mitzuberaten oder bei Fragen der Arbeitssicherheit.[93] Je nach Kooperationsbereitschaft des Arbeitgebers können aber auch sehr weitreichende, dem deutschen Modell angenäherte Mitwirkungsrechte vereinbart werden.[94] Echte

---

86 *Dingeldey*, S. 156.
87 *Gamillscheg*, Kollektives Arbeitsrecht, Bd. 1, S. 25.
88 Employment protection act 1974, Abschnitt IV als Umsetzung der Richtlinie RL 75/129 EWG.
89 Employment protection act 1981, S. 10, als Umsetzung der RL 77/187 EWG; *Barrow*, S. 230.
90 Trade Union and Labour Relations Act 1992 (TULR(C)A), Section 181 - 183; *Barrow*, S. 219; *Waas*, S. 122; *Fulbrook*, in Jura Europae, Bd. III, 90.50., S. 14.
91 *Barrow*, S. 218, FN 63; *Hepple*, in Europ. Komm. (Hrsg.), Arbeitsbedingungen, Bd. 2, S. 264.
92 *Klinkhammer/Weslau*, Mitbestimmung, S. 190.
93 *Sieber/Breisig*, in Hdwbuch. Arbeitsbeziehungen, S. 387. Falls eine Gewerkschaft vom Arbeitgeber nicht anerkannt wurde, muss dieses Forum auch die Informationsrechte bei Massenentlassungen und Betriebsübergängen wahrnehmen. Fehlt jedoch ein länger existierendes committee, muss zu dem Zwecke der Erfüllung jener Informationspflichten ein Ad-hoc-Arbeitnehmergremium gebildet werden, vergl. *Barrow*, S. 223 f., 232.
94 *Rudolph*, AuA 1996, S. 341, 343.

Mibestimmungsrechte, deren Verletzung vor Gericht gerügt werden könnte, gibt es jedoch nicht. Dies hängt damit zusammen, dass schon die Tarifverträge, also die Grundlage der Mitbestimmung, als nicht justitiabel angesehen werden.[95] Die Sozialpartner betrachten sie als „socially binding“ oder „binding in honour“.[96] Es bleibt nur der Weg über einen Arbeitskampf oder die Anrufung einer Schlichtungsstelle, soweit eine solche vorgesehen ist.[97] Die Inhalte des Tarifvertrages können jedoch Rechtsverbindlichkeit mittels einer Umsetzung in die Individualverträge erlangen,[98] dann besteht aber nur eine individualrechtliche Verpflichtung des Arbeitgebers.

### c) Verhältnis zur Gewerkschaft

Das englische System ist geprägt von einer starken Dominanz der Gewerkschaften. Eine genaue Trennung zwischen betrieblicher und gewerkschaftlicher Arbeitnehmervertretung ist in aller Regel nicht möglich, da zumindest die shop stewards stets zugleich auch Gewerkschaftsvertreter sind und ihnen insoweit eine Doppelfunktion zukommt.[99] Insbesondere aber in neuen Branchen wie der IT-Branche fassen die Gewerkschaften nur schwer Fuß.[100] Fehlt es an einer förmlichen Anerkennung, bleibt nur die Erfüllung der Informationspflichten über gewerkschaftsfreie Strukturen, wie etwa einem committee. Allgemein hat sich eine Vielzahl von weiteren Partizipationsmodellen herausgebildet, bei denen die Arbeitnehmer unter Ausschluss der Gewerkschaften informiert werden.[101]

---

[95] *Hepple*, in Europ. Komm. (Hrsg.), Arbeitsbedingungen, Bd. 2, S. 271.

[96] In dem Trade Union and Labour Relations Act 1992 (TULR(C)A) ist festgelegt, dass bei Kollektiverträgen eine Vermutung für die Unverbindlichkeit streite, es sei denn die Vereinbarung sei schriftlich und sähe ausdrücklich eine Rechtsverbindlichkeit vor, *Barrow*, S. 154, 159 f.

[97] *Junker* JZ 1992, S. 1100, 1105. Auch wenn es an einer gesetzlichen Betriebsverfassung fehlt, bedeutet dies aber nicht, dass sich die betriebliche Arbeitnehmervertretung faktisch als weniger effektiv darstellt, vergl. die Nachweise bei *Gester/Koubek/Wiedemeyer*, S. 154.

[98] *Barrow*, S. 162 ff.; dies kann sogar auch konkludent geschehen.

[99] *Rudolph*, AuA 1996, S. 341, 343; allerdings verstehen sich die shop stewards z.T. auch als eine Art von „Gegenspieler“ zu den Gewerkschaftsverbänden. So wurde beobachtet, dass es in einem Unternehmen der Metallverarbeitung „der Stolz der stewards und der Werksleitung“ war, den Gewerkschaftsfunktionär draußen vor der Tür zu lassen. Die Stellung des shop stewards hängt also maßgeblich von den jeweiligen Umständen ab, insbesondere der Stärke der Gewerkschaft, der Kooperationsbereitschaft des Arbeitgebers etc., siehe dazu *Gamillscheg*, Kollektives Arbeitsrecht, Bd. 1, S. 237.

[100] *Barrow*, S. 155.

[101] *Dingeldey*, S. 157; die meisten Unternehmen nutzen heute bereits regelmäßig „Briefing groups“, „Newsletters“, „Quality circels“ etc. Zum zurückgehenden Einfluss der Gewerkschaft im englischen System auch *Thelen*, S. 31.

Manche Arbeitgeber ziehen es auch generell vor, verstärkt mit einem solchen – gewerkschaftsfreien – Arbeitnehmergremium zusammenzuarbeiten.[102] Mit der Einsetzung eines committees kann der Arbeitgeber u.U. einer stärkeren Machtposition der Gewerkschaft im Betrieb entgegen steuern.[103]

**d) Betriebliche Vereinbarungen**

Eine ausdrückliche gesetzliche Grundlage für den Abschluss einer Betriebsvereinbarung findet sich nicht.

Die Aufgabe, Kollektivvereinbarungen abzuschließen, kommt in Großbritannien den Gewerkschaften zu. Dabei hat es sich eingebürgert, dass vor allem unternehmensbezogene Kollektivvereinbarungen mit den shop stewards abgeschlossen werden.[104] Der shop steward ist damit faktisch zum „Tarifpartner auf Betriebsebene geworden".[105] Daneben kommen Vereinbarungen zwischen den joint consultation committees und dem Arbeitgeber in Frage.[106] Möglich sind solche Vereinbarungen, weil es an Regeln für den Abschluss von Kollektivvereinbarungen weitgehend fehlt, insbesondere ist nirgends geregelt, welche Anforderungen an den Abschlusspartner seitens der Arbeitnehmerseite zu stellen sind (Stichwort: Tariffähigkeit).[107] Abkommen außerhalb der Mitwirkung der Gewerkschaft entsprechen jedoch weder der englischen Tradition noch der gesetzlichen Regel,[108] welches das Recht zu einer Kollektivvereinbarung von einer Anerkennung (recognition) einer im Betrieb vertretenen Gewerkschaft seitens des Arbeitgebers abhängig macht.[109] Kommen solche Vereinbarungen dennoch zustande, sind sie wie echte Tarifverträge jedenfalls auch nicht bindend. Ferner besitzen sie keine normative Wirkung. Denn schon Tarifverträge dienen in Großbritannien allenfalls als Vorlage zu einer Umsetzung in die einzelnen Arbeitsverträge, d.h. deren Regelungen müssen explizit oder implizit individualvertraglich umgesetzt werden, um Rechtsverbindlichkeit zu erlangen.[110]

---

102 *Gamillscheg*, Kollektives Arbeitsrecht, Bd. 1, S. 238; *Hepple*, in Europ. Komm. (Hrsg.), Arbeitsbedingungen, Bd. 2, S. 264.

103 *Lindheimer/Hardes*, in Hdwbuch Arbeitsbeziehungen, S. 238.

104 *Fulton*, in Lecher/Platzer, Arbeitsbeziehungen, S. 84, 86 f.; *Rudolph*, AuA 1996, S. 341, 343; *Barrow*, S. 148, 156.

105 *Waschke* S. 159.

106 *Hepple*, in Blanpain (Hrsg.), Encyclopaedia, vol. 3, Great Britain, S. 181; Gamillscheg, Kollektives Arbeitsrecht, Bd. 1, S. 331.

107 *Fulton*, in Lecher/Platzer, Arbeitsbeziehungen, S. 84, 86.

108 Industrial Relations Act 1971.

109 *Hepple*, in Blanpain (Hrsg.), Encyclopaedia, vol. 3, Great Britain, S. 181 f.; *Barrow*, S. 210; *Rudolph*, AuA 1996, S. 341, 343.

110 *Hepple*, in Europ. Komm. (Hrsg.), Arbeitsbedingungen, Bd. 2, S. 261, 270; *Docksey*, RIW 1991, S. 722f.; *Gamillscheg*, Mitbestimmung, S. 69; *Fulton*, in Lecher/Platzer, Arbeitsbeziehungen, S. 84, 85 f.

### e) Verhältnis zum Tarifvertrag

Problematisch ist das Verhältnis von Abreden des joint consultation committee zu den überbetrieblichen Tarifverträgen, wenn sich dieses Gremium allein aus gewerkschaftsfreien Arbeitnehmervertretern zusammensetzt.[111] Einen ausdrücklichen Tarifvorbehalt wie in § 77 III BetrVG gibt es nicht. Z.T. behilft sich die Praxis selbst und geht dazu über, dass von Seiten der Unternehmensleitung gezielt solche Themen nicht erörtert werden, die Gegenstand eines collective bargaining sind.[112]

## 4. Frankreich

### a) Betriebliche Arbeitnehmervertretung

Die gesetzliche Regelung für die Arbeitnehmervertretung auf betrieblicher Ebene findet sich im code du travail (C.trav.).[113] Zunächst gibt es die Belegschaftsdelegierten (délégués du personnel), die in Betrieben mit mehr als 10 Arbeitnehmern gewählt werden.[114] Daneben ist in art. L 435-1 ff C.trav. die Errichtung von Betriebsräten (comité d'entreprise) vorgesehen; diese werden in Betrieben ab einer Arbeitnehmerzahl von 50 von der Belegschaft gewählt.[115]
Man unterscheidet drei Ebenen der Einrichtung eines comité d'entreprise: Auf der untersten Ebene gibt es ein comité d'établissement, darüber ein comité central d'entreprise[116] und schließlich ein comité de groupe.[117]
Hiervon zu trennen ist die Gewerkschaftsvertretung im Betrieb (délégués syndicaux), art. L 412-1 ff. C.trav.[118] Seit 1968 ist vorgesehen, dass zwischen einem und fünf Gewerkschaftsdelegierten direkt im Betrieb eine institutionalisierte Rolle zufallen soll.[119] Gewerkschaftsdelegierte sind erst ab einer Anzahl von fünzig Arbeitnehmern zu bilden.[120] Daneben existiert schließlich noch ein Rat für

---

[111] *Gamillscheg*, Kollektives Arbeitsrecht, Bd. 1, S. 331.
[112] Vergl. *Gamillscheg*, Kollektives Arbeitsrecht, Bd. 1, S. 331, FN 355.
[113] Siehe umfassend zu den verschiedenen Vertretungsgremien *Lyon-Caen, Pélissier, Supiot*, S. 580 ff., *Verdier/Coeuret/Souriac*, S. 169 ff.
[114] *Thillet-Pretnar/Bonnechère*, in Jura Europae, Bd. I, 30.50, S. 8.
[115] *Verdier/Coeuret/Souriac*, S. 170.
[116] *Savatier*, RdA 1986, S. 34, 40.
[117] *Verdier/Coeuret/Souriac*, S. 170 ff.; das comité central d'entreprise entspricht in etwa dem deutschen Gesamtbetriebsrat, das comité de groupe dem Konzernbetriebsrat; zu letzterem umfassend *Couturier*, ZIAS 1995, S. 516 ff.
[118] *Lyon-Caen, Pélissier, Supiot*, S. 571, 576.
[119] *Thillet-Pretnar/Bonnechère*, in Jura Europae, Bd. I, 30.50, S. 27; die Gewerkschaftsdelegierten werden von einer Gewerkschaftssektion benannt; diese wiederum werden von jeweils einer im Betrieb repräsentativen Gewerkschaft eingerichtet.
[120] *Lecher*, WSI-Mitteilungen 1993, S. 421, 425.

gesundheitliche Sicherung und Arbeitsbedingungen (comité d'hygiène de sécurité et des conditions de travail) und eine Einrichtung für freie Meinungsäußerung (groupe d'expression directe), die aber keine überragende Bedeutung haben.[121] Anders als in Deutschland besteht das comité aus dem Arbeitgeber bzw. einem Vertreter und gewählten Belegschaftsvertretern.[122] Der Arbeitgeber ist stets der geborene Vorsitzende.[123]

**b) Zuständigkeit**

Den Belegschaftsdelegierten kommt die Aufgabe zu, Beschwerden der Arbeitnehmer entgegenzunehmen und an den Arbeitgeber weiterzuleiten.[124] Ferner arbeiten sie mit dem Betriebsrat zusammen, dabei können sie Empfehlungen in allen Fragen abgeben, die zum Zuständigkeitsbereich der comités gehören. Besteht in dem Betrieb kein comité, nehmen die Belegschaftsdelegierten z.T. dessen Aufgaben wahr, z.B. in wirtschaftlichen Angelegenheiten.[125] Ihnen fällt ferner die Aufgabe zu, die Einhaltung der Gesetze im Betrieb zu überwachen.

Das comité hat Kompetenzen sowohl in sozialen als auch in personellen und wirtschaftlichen Angelegenheiten; dabei kommt ihm je nach Ausgestaltung des Mitbestimmungsrechts ein echtes Mitbestimmungsrecht mit Initiativrecht, ein bloßes Informations – oder ein Konsultationsrecht zu.[126] Ein Beratungsrecht besteht über die allgemeine Lage des Betriebes;[127] hierzu gehören etwa die Arbeitszeit und die Beschäftigungs- und Arbeitsbedingungen. Eine Hauptaufgabe besteht darin, Sozialeinrichtungen zu verwalten, also z.B. Kantinen, sportliche und kulturelle Einrichtungen, Werkswohnungen etc.[128] Hier steht ihm ein echtes Mitbestimmungsrecht zu.[129] Sofern es um den Abschluss einer Betriebsordnung geht, existiert allerdings nur ein Beratungsrecht. Ein Informationsrecht ist vorgesehen bei der Einführung neuer Technologien, art. L 432-2 C.trav. und z.T. in personellen Angelegenheiten wie bei Fragen der Beschäftigung, art. L 432-1 C.trav.[130] In

---

[121] *Lecher*, WSI-Mitteilungen 1993, S. 421, 424 f.

[122] *Couturier*, Droit du travail, Bd. 2, S. 113 f.

[123] *Lyon-Caen, Pélissier, Supiot*, S. 584; *Couturier*, Droit du travail, Bd. 2, S. 113.

[124] *Savatier*, RdA 1986, S. 34, 39; *Michel*, AuA 1993, S. 366, 368.

[125] *Thillet-Pretnar/Bonnechère*, in Jura Europae, Bd. I, 30.50, S. 10 f; *Wenker* S. 86.

[126] *Mahler*, S. 80.

[127] *Lyon-Caen, Pélissier, Supiot*, S. 606 ff; „Dans l'ordre économique, le comité d'entreprise est obligatoirement informé et consulté sur les questions interéssant l'organisation, la gestion et la marche générale de l'entreprise et notamment sur les mesures de nature à affecter le volume ou la situation des effectifs, la durée du travail et de formation du personnel ", art. L 432-1 C.trav.

[128] Im Einzelnen *Wenker* S. 87 ff.

[129] *Junker*, JZ 1992, S. 1100, 1104.

[130] *Verdier/Coeuret/Souriac*, S. 191; *Wenker* S. 91.

wirtschaftlichen Angelegenheiten steht ihm ein Unterrichtungsrecht hinsichtlich einzelner Maßnahmen wie Massenentlassungen und Fusionen zu.
Das comité de groupe ist vor allem ein Informationsgremium;[131] ihn muss die Unternehmensleitung insbesondere über die wirtschaftliche Lage des Konzerns informieren, art. L 439-2 C.trav. Dazu erhalten seine Mitglieder Einblick in Geschäftsberichte und Bilanzen etc.
Den Gewerkschaftsdelegierten kommt die Aufgabe zu, den Kontakt zwischen Arbeitgeber und Gewerkschaft herzustellen und Tarifverträge abzuschließen.[132]

### c) Verhältnis zur Gewerkschaft

Die Gewerkschaftsdelegierten sind Vertreter ihrer Gewerkschaft. Sie verteilen im Betrieb gewerkschaftliche Flugblätter, ziehen die Beiträge ein etc.[133] Ihnen kommt jedoch neben der Vertretung ihrer Gewerkschaft auch die Aufgabe zu, die organisierten Arbeitnehmer im Betrieb gegenüber dem Arbeitgeber zu vertreten. Die Stellung der Gewerkschaft ist im betrieblichen Vertretungssystem rein rechtlich betrachtet relativ stark. Dies zeigt sich nicht nur an dem alleinigen Recht, Tarifverträge abzuschließen. Ihnen steht ferner grds. auch das Recht zu, bei der Wahl der Belegschaftsdelegierten und der comités die Kandidaten der Liste aufzustellen.[134] Nur wenn im ersten Wahlgang nicht genügend Stimmen auf die Kandidaten fallen, wird ein zweiten Wahlgang durchgeführt, bei dem auch gewerkschaftsunabhängige Kandidaten antreten können.[135] Ferner können die im Betrieb repräsentierten Gewerkschaften einen Gewerkschaftsdelegierten, der aber nur beratende Stimme hat,[136] in das betriebliche Gremium schicken.
In tatsächlicher Hinsicht ist die Stellung der Gewerkschaft im Betrieb in den letzten Jahren stark geschwächt worden. Die Gründe hierfür sollen unter dem Punkt „Betriebliche Vereinbarungen“ näher erörtert werden.
Das französische Modell kann aufgrund der Kombination der gewerkschaftlichen und rein betrieblichen Interessenvertretung als ein Mittelweg zwischen dem dualen System in Deutschland und dem Prinzip der Arbeitnehmervertretung allein durch die Gewerkschaften (monistisches System) verstanden werden.[137]

---

[131] *Couturier*, ZIAS 1995, S. 516, 519.
[132] *Savatier*, RdA 1986, S. 34, 38; *Lyon-Caen, Pélissier, Supiot*, S. 577.
[133] *Ranke* S. 123; vergl. auch *Jeammaud/Le Friant/Lyon-Caen*, AiB 1989, S. 388, 392.
[134] *Jeammaud/Le Friant/Lyon-Caen*, AiB 1989, S. 388, 389.
[135] *Couturier*, ZIAS 1995, S. 516, 518 f.; *Michel*, AuA 1993, S. 366, 367.
[136] *Verdier/Coeuret/Souriac*, S. 175; *Michel*, AuA 1993, S. 366, 368.
[137] *Michel*, AuA 1993, S. 366, 367.

**d) Betriebliche Vereinbarungen**

Der Abschluss von Kollektivverträgen ist nach der gesetzlichen Konzeption allein Sache der Gewerkschaftsdelegierten.[138] Dies stellt art. L 132-2 C.trav. klar, indem er bestimmt, dass auf Seiten der Arbeitnehmer Abschlusspartner eines Kollektivvertrages nur eine im Betrieb repräsentative Gewerkschaft sein kann.[139] Eine Ausnahme besteht bei der Vereinbarung über die Erfolgs- und Ergebnisbeteiligungen und der Unternehmenssparpläne, insoweit ist das comité abschlussbefugt.[140] Nach der gesetzlichen Konzeption ist der Arbeitgeber sogar verpflichtet, einmal im Jahr sich mit Gewerkschaftsdelegierten zu Tarifverhandlungen zu treffen; dabei wurden die comités bewußt ausgeschlossen.[141] Unproblematisch kann das comité aber Vereinbarungen in Bezug auf seine eigenen Angelegenheiten und seine Rechte gegenüber der Arbeitgeberseite treffen.[142]

In der Praxis werden jedoch schon seit langem Verhandlungen mit den comités und den Belegschaftsdelegierten geführt, obgleich diesen keine gesetzliche Befugnis zum Abschluss von Kollektivverträgen zukommen.[143] Man spricht insoweit von „accords atypiques".[144] Dabei handelt es sich weder um eine neue noch um eine singuläre Erscheinung. Im Jahre 1984 zählte das Arbeitsministerium anläßlich einer Überprüfung der Einhaltung der neuen gesetzlichen Bestimmungen über die Verhandlungspflicht mehr als zweitausend Firmen-„Tarifverträge", die nicht mit den Gewerkschaftsdelegierten, sondern mit anderen betrieblichen Gremien abgeschlossen wurden.[145] Im Jahre 1985 fanden in jedem zweiten Unternehmen, welches seiner Verhandlungspflicht nicht nachkam, außergesetzliche Verhandlungen statt.[146] Die meisten Vereinbarungen werden mit den comités geschlossen.[147] Die Gründe hierfür sind vielfältig: Hält man sich vor Augen, dass

---

[138] *Thillet-Pretnar/Bonnechère* in Jura Europae, Bd. I, 30.50, S. 33 f.; *Lyon-Caen*, in Europ. Komm. (Hrsg.), Arbeitsbedingungen, Bd. 2, S. 108.

[139] *Couturier*, Droit du travail, Bd. 2, S. 433 f.

[140] *Ranke*, S. 125.

[141] *Le Friant*, ArbuR 1984, S. 78, 80.

[142] *Vatinet*, Dr. Soc. 1982, S. 675, 676.

[143] Hierzu *Despax*, Négotiations, S. 560 ff.; *ders.*, Dr. Soc. 1982, S. 672 ff.; *Freyria*, Dr. Soc. 1988, S. 43 ff.; *Couturier*, Droit du travail, Bd. 2, S. 482 ff.; *Krieger*, S. 226 ff.; *Hidalgo*, in Lecher/Platzer, Arbeitsbeziehungen, S. 61 ff.; *Lyon-Caen*, in Europ. Komm. (Hrsg.), Arbeitsbedingungen, Bd. 2, S. 109; *Jeammaud/Le Friant/Lyon-Caen*, AiB 1989, S. 388, 394; *Lecher*, WSI-Mitteilungen 1993, S. 421, 423, 428 f.

[144] *Freyria*, Dr. Soc. 1988, S. 43; *Couturier*, Droit du travail, Bd. 2, S. 485; *Hidalgo*, in Lecher/Platzer, Arbeitsbeziehungen, S. 55, 61. Die Begrifflichkeiten variieren aber auch, z.T. ist die Rede von accords en marge de la loi, accords de fait, quasi-accords etc.

[145] *Krieger*, S. 228; *Lecher* spricht für 1988 gar von 4600 solcher Abkommen, WSI-Mitteilungen 1993, S. 421, 429.

[146] *Krieger*, S. 228.

[147] *Vatinet*, Dr. Soc. 1982, S. 675, 676 FN 5; Beispiel: Soc. 11.5.1964, Bull. 1964 IV, S. 327.

dem comité das Recht zukommt, z.B. in wirtschaftlichen Angelegenheiten in Beratungen mit der Unternehmensleitung einzutreten (Konsultation), so münden diese faktisch nicht selten in eine Verhandlung, deren Ergebnis von allen Beteiligten als ein Vertragsschluss angesehen wird.[148] Die gesetzliche Trennung in der Aufgabenteilung – Konsultation ja, Verhandlung aber nein – erscheint in der Praxis nicht klar durchführbar, so dass der Eintritt des comités in echte Verhandlungen mit der Arbeitgeberseite letztlich in dem französischen Arbeitsrechtssystem selbst angelegt ist.[149]
Ferner kann die Stellung der Gewerkschaft im Betrieb sehr schwach sein; z.T. wird die section syndical vom Arbeitgeber nicht anerkannt,[150] z.T. ist der Organisationsgrad unter den Arbeitnehmern geringläufig ausgebildet.[151] Nicht selten hat der Arbeitgeber Schwierigkeiten, alle im Betrieb vertretenen Gewerkschaften an einen Verhandlungstisch zu bekommen. Gelingt dies nicht, so ist es aus Gründen eines konkurrenzgewerkschaftlichen Profilierungsinteresses manchmal nicht gewährleistet, dass eine Vereinbarung längerfristig überhaupt eingehalten wird.[152] Die Verhandlungen zum Abschluss von Tarifverträgen werden oftmals als zu bürokratisch, formalisiert und unflexibel betrachtet.[153] Generell wird der Versuch unternommen, möglichst individuelle, betriebsnahe Lösungen zu finden.[154] Es kommt aber auch vor, dass die Gewerkschaft selbst zu ihrer schwachen Position beiträgt, in dem sie z.B. in Fragen der Arbeitszeitfestlegung eine „wohlwollende Neutralität" an den Tag legt. D.h., dass sie selbst zwar nicht Vereinbarungen abschließen will, andererseits aber Vereinbarungen zwischen

---

148 *Freyria*, Dr. Soc. 1988, S. 43, 45 und 47; *Couturier*, Droit du travail, Bd. 2, S. 485; *Dufour*, in Lecher/Platzer, Arbbeitsbeziehungen, S. 50.

149 *Vatinet*, Dr. Soc. 1982, S. 675: „En faisant en lui un organ de discussion et d'échanges de vues périodiques sur toute question intéressant la marche générale de l'entreprise, le législateur l'entraine implicitement mais naturellement dans la voie de négociations."

150 *Lecher*, WSI-Mitteilungen 1993, S. 421, 429.

151 *Wenker*, S. 151. Der Organisationsgrad im privatem Sektor lag 1993 bei unter 6 %; zur fortschreitenden Schwächung der Gewerkschaftsbewegung in Frankreich *Jeammaud/Le Friant/Lyon-Caen*, AiB 1989, S. 388, 390; *Dufour*, in Bispink/Lecher, Tarifpolitik, S. 108, 125 ff.; *Lecher*, WSI-Mitteilungen 1993, S. 421, 426 ff.

152 *Lecher/Platzer/Nagel*, Konstituierung EBR, S. 75.

153 *Lecher*, WSI-Mitteilungen 1993, S. 421, 426 ff.; in der Praxis stellt sich z.B. die Frage, ob der auf Seiten der Gewerkschaft abschließende Delegierte über ein entsprechendes Mandat seiner Gewerkschaft verfügt, ob eine ausreichende Repräsentativität im Unternehmen anzunehmen ist, ob andere Gewerkschaften bei den Verhandlungen zu beteiligen sind etc., vergl. *Freyria*, Dr. Soc. 1988, S. 43, 46.

154 *Couturier*, Droit du travail, Bd. 2, S. 485.

Arbeitgeber und comité duldet.[155] Ein großes Manko aus gewerkschaftlicher Sicht ist auch das geringe betriebliche Engagement; in nunmehr mehr als der Hälfte der französischen Unternehmen ist eine section syndical gar nicht mehr eingerichtet.[156] Obwohl „außerhalb“ des Gesetzes geschlossen, sind die „atypischen Vereinbarungen“ nach allgemeiner Meinung rechtswirksam.[157] Ihre Auswirkungen auf das französische Arbeitsrecht insgesamt sind letztlich aber noch nicht abschließend erforscht. Einigkeit besteht darüber, dass es sich nicht um Kollektivverträge im Sinne von art. 139-19 C.trav. handelt.[158] Die Rechtsprechung hat jedoch schon früh außerhalb des Tarifvertragssystems getroffene Vereinbarungen als gültig im Sinne eines schuldrechtlich wirkenden Vertrages angesehen.[159] Hinsichtlich der Arbeitnehmer kann eine Verpflichtung im Sinne eines Vertrages zugunsten Dritter in Frage kommen.[160] Später hat die Rechtsprechung den außergesetzlichen Abkommen Wirkung in dem Sinne zuerkannt, dass sie eine einseitige Verpflichtung des Arbeitgebers enthielten („engagement unilatéral“).[161] Möglich ist auch, dass ihnen Rechtsverbindlichkeit zugesprochen wird aufgrund einer gewohnheitsrechtlichen Übereinkunft, deren Bestimmung von den Arbeitnehmern akzeptiert wurde.[162]

Zwischenzeitlich ist die Praxis der atypischen Vereinbarungen wenigstens teilweise auf eine gesetzliche Grundlage gestellt worden.[163] Seit 1995 können die comités

---

155 *Wenker* S. 152; andererseits kommt es vor, dass eine Vereinbarung materiell durch das comité ausgehandelt wird und von der Gewerkschaftssektion nur noch formal abgezeichnet wird; in jedem Fall ist eine Verlagerung der französischen Arbeitsbeziehungen auf die Betriebsebene festzustellen, *Despax*, Négociations, S. 560; *Lecher/Naumann*, in Däubler/Lecher, Gewerkschaften, S. 38.

156 *Kolvenbach*, NZA 2000, S. 518, 522.

157 *Despax*, Négociations, S. 564; *Lyon-Caen*, in Europ. Komm. (Hrsg.), Arbeitsbedingungen, Bd. 2, S. 109; *Couturier*, Droit du travail, Bd. 2, S. 486; *Lyon-Caen/Pélissier/Supiot*, S. 694.

158 *Couturier*, Droit du travail, Bd. 2, S. 486.

159 Soc. 9.03.1957, Dr. Soc. 1957, S. 278 f.; *Pélissier/Pélissier/Roset/Tholy*, Code annoté, Art. L 132-19; *Krieger*, S. 230: Sog. „accords synallagmatiques immédiatement obligatoires dans les termes du droit commun“.

160 *Couturier*, Droit du travail, Bd. 2, S. 486.

161 Soc. 16.04.1985, Dr. Soc. 1988, S. 466; Soc. 7.01.1988, Dr. Soc. 1988, S. 466 f. *Freyria*, Dr. Soc. 1988, S. 43, 54.

162 Sog. „usage“, *Despax*, Dr. Soc. 1982, S. 672, 674; *Freyria*, Dr. Soc. 1988, S. 43, 55; *Lyon-Caen*, in Europ. Komm. (Hrsg.), Arbeitsbedingungen, Bd. 2, S. 109; dies dürfte der „betrieblichen Übung“ aus deutscher Sicht entsprechen.

163 Dies geschah durch den „Accord national interprofessionnel du 31 octobre 1995“ sowie „La Loi 96-985 du 12 novembre 1996“; der Text ist abgedruckt bei der Kommentierung *Pélissier/Pélissier/Roset/Tholy*, Code annoté, zu Art. L 132-19.

Kollektivvereinbarungen abschließen[164] unter den folgenden drei Bedingungen: Es darf in dem Betrieb keine Gewerkschaftsdelegierten geben, die Betriebspartner müssen in einem Branchentarifvertrag zu Kollektivverhandlungen ermächtigt sein und schließlich muss die Vereinbarung die Bestätigung einer paritätischen Kommission auf der Ebene des Branchentarifvertrages erhalten.[165] Eine auf diese Weise zustande gekommene Vereinbarung besitzt wie „normale" Tarifverträge normative Wirkung. Als weitere Möglichkeit der Verhandlungen auf Betriebsebene sieht das Gesetz vor, dass einzelne Arbeitnehmer in dem Betrieb hinsichtlich eines bestimmten Themas von den Gewerkschaften zu dem Abschluss eines Kollektivvertrages ermächtigt werden.

#### e) Verhältnis zum Tarifvertrag

Der Vorrang des Tarifvertrages wird dadurch sichergestellt, dass art. 132-2 C.trav. als Abschlusspartner eines Kollektivvertrages nur die Gewerkschaften vorsieht. Nach der neueren Rechtslage können zwar auch die comités Vereinbarungen abschließen, doch müssen die Gewerkschaften Verhandlungen auf betrieblicher Ebene ausdrücklich zustimmen.

### 5. Spanien

#### a) Betriebliche Arbeitnehmervertretung

Auch im spanischen Recht sind betriebliche Arbeitnehmervertretungen vorgesehen. Grundlage ist das Gesetz über das „Arbeitnehmerstatut" von 1980 (Ley sobre el Estatuto de los Trabajadores; LET). In Betrieben mit bis zu 50 Arbeitnehmern können ab einer Mindestanzahl von 6 Arbeitnehmern Personaldelegierte, ab einer Größe von 50 Arbeitnehmern sog. comités de empresa gebildet werden.[166] Gewählt wird jeweils für einen Zeitraum von 4 Jahren.[167] Die Kandidaten werden durch die Gewerkschaften vorgeschlagen.[168] Das Gesetz sieht auch die Bildung einer

---

[164] Motiv für die Aufweichung der Regelungsprärogative zugunsten der Gewerkschaften war, dass aus den oben dargelegten Gründen das Kollektivvertragssystem in Frankreich ernsthaft in Frage gestellt war. Um überhaupt den Abschluss von Kollektivverträgen zu erhalten, schien es dem Gesetzgeber sinnvoll, die Regelungsmacht probeweise mit auf die Betriebspartner zu delegieren; zur Geschichte des Gesetzes vergl. *Pélissier/Pélissier/Roset/Tholy*, Code annoté, Art. L 132-19; *Lecher/Nagel/Platzer*, Konstituierung EBR, S. 73 f.

[165] *Pélissier/Pélissier/Roset/Tholy*, Code annoté, Art. L 132-19; *Lyon-Caen/Pélissier/Supiot*, S. 694.

[166] *López/Vilalón*, in Europ. Komm. (Hrsg.), Arbeitsbedingungen, Bd. 2, S. 81; *Aviles/Perez*, AiB 1989, S. 382, 383; *Schneider*, S. 9 f.

[167] *Navas/Zachert*, AuA 1994, S. 77, 79.

[168] Art. 69 Nr. 3 LET, *Schneider*, S. 12.

betriebsübergreifenden Arbeitnehmervertretung vor (comité intercentros),[169] Voraussetzung ist allerdings, dass dieses Gremium durch einen Kollektivvertrag ins Leben gerufen wird, der gleichzeitig auch die Rechte des comités festschreibt.[170]
Daneben gibt es eine „secciòn sindical“ (Gewerkschaftssektion), die in kleineren Betrieben von den organisierten Arbeitnehmern eingerichtet werden kann. In Betrieben mit mehr als 250 Arbeitnehmern können für die repräsentativsten Gewerkschaften bzw. solche Gewerkschaftssektionen, die mehr als 10 % der comités stellen, ein oder zwei Gewerkschaftsdelegierte ernannt werden, welche besondere Rechte haben.[171]
Das comité ist ausschließlich mit Vertretern der Arbeitnehmerschaft besetzt.[172]

### b) Zuständigkeit

Das comité verfügt über einen detaillierten Katalog von Mitbestimmungsrechten. Im Bereich Soziales steht dem comité ein Beratungs- und Unterrichtungsrecht u.a. bei der Einführung neuer Vergütungssysteme, bei den Sicherheits- und Hygienebedingungen, bei dem Erlass einer Arbeitsordnung und der Einführung einer Gratifikation etc. zu.[173] Hinsichtlich der personellen Angelegenheiten muss das comité gehört werden bei der Gestaltung der beruflichen Ausbildung, vor Eingruppierungen und vor Kündigungen.[174] Ein Informationsrecht besteht in Bezug auf wirtschaftliche Angelegenheiten wie die allgemeine Produktionslage, Investitionen, Betriebsänderungen und die Beschäftigungssituation.[175] Im Verhältnis zwischen comité und dem Arbeitgeber gilt der Grundsatz der vertrauensvollen Zusammenarbeit.[176]
Die Gewerkschaftssektionen haben in erster Linie die Aufgabe, Kollektivverträge zu schließen.[177]

### c) Verhältnis zur Gewerkschaft

Die Gewerkschaftsdelegierten haben die Interessen der organisierten Arbeitnehmer im Betrieb zu vertreten, sie können auch Versammlungen abhalten, soweit der

---

[169] Dies dürfte dem deutschen Gesamtbetriebsrat entsprechen.

[170] *Abele*, S. 141 f.

[171] *López/Vilalón*, in Europ. Komm. (Hrsg.), Arbeitsbedingungen, Bd. 2, S. 86; eingehend auch *Aviles/Perez*, AiB 1989, S. 382, 384.

[172] *Europ. Kommission*, Arbeitsbeziehungen, S. 32.

[173] *Minambres*, S. 121 f.

[174] *Minambres*, S. 119, 123 f.; *Schneider*, S. 43.

[175] *Minambres*, S. 118 f.; *Klinkhammer/Welsau*, Mitbestimmung, S. 251.

[176] *Minambres*, S. 113.

[177] Diese entsprechen den deutschen „Tarifverträgen“; vergl. aber auch unten II. 5.

Betriebsablauf nicht gestört wird, und Informationsmaterial verteilen.[178] Mit den comités treten sie in eine Art von Konkurrenzverhältnis. Denn die Rolle der comités ist durch die Möglichkeit, Kollektivverträge abzuschließen[179], in der spanischen Arbeitsverfassung stark aufgewertet. Im Hinblick auf die ebenfalls eine wichtige Rolle spielenden Gewerkschaften kann man von einem echten Dualismus zwischen Gewerkschaft und betrieblicher Interessenvertretung sprechen.[180] Beide Institutionen stehen prinzipiell nebeneinander, werden jedoch im Hinblick auf die Rechtsetzungsbefugnisse gleich behandelt.

### d) Betriebliche Vereinbarungen

Das Gesetz sieht an bestimmten Stellen vor, dass sich die Betriebspartner verbindlich einigen können. Gemäß Art. 41 LET Nr. 4 müssen grundlegende kollektive Veränderungen durch eine Einigung mit dem comité umgesetzt werden, sofern diese Frage nicht durch Tarifvertrag geregelt ist.[181] Ebenfalls sieht das Gesetz den Abschluss von Verträgen vor bei der Ausführung von Versetzungen, Einstufungen, der Verteilung der jährlichen Arbeitszeit oder auch der Einführung von Überstunden.[182] Insofern sind „Betriebsvereinbarungen"[183] im spanischen Recht also explizit vorgesehen. Nach überwiegender Ansicht besitzen sie die gleiche normative Wirkung wie Kollektivverträge.[184]
Darüber hinaus sind gemäß Art. 87 Nr. 1 LET zu Kollektivvertragsverhandlungen neben den Gewerkschaftsvertretern auch die Personaldelegierten und die Belegschaftsvertreter legitimiert.[185] Das Gesetz verleiht den betrieblichen Interessenvertretungen also eine Art von „Tariffähigkeit". Dies bedeutet, dass die comités Kollektivvereinbarungen abschließen können, die normative Wirkung besitzen für alle Belegschaftsmitglieder des Betriebs.[186] Das „comité intercentros" vermag nur insoweit Kollektivverträge abzuschließen, als dass es diese Fähigkeit durch den Kollektivvertrag, durch welches es konstituiert wurde, verliehen

---

178 Grundlage ist das Gesetz über die Gewerkschaftsfreiheit 11/1985 LOLS, *Aviles/Perez*, AiB 1989, S. 382, 384; *López/Vilalón*, in Die Regelungen der Arbeitsbedingungen, Bd. 2, S. 86.
179 Dazu sogleich unter d).
180 *Klinkhammer/Weslau*, Mitbestimmung, S. 249.
181 *Schneider*, S. 49.
182 *Schneider*, S. 51 f.
183 Überwiegend werden sie als „acuerdos" bezeichnet.
184 *Schneider*, S. 65.
185 *Cremades*, S. 21; *Navas/Zachert*, AuA 1994, S. 77, 79; *Aviles/Perez*, AiB 1989, S. 382, 384; *Ibán*, S. 249; *Schneider*, S. 57.
186 *Abele*, S. 6; *López/Vilalón*, in Europ. Komm. (Hrsg.), Arbeitsbedingungen, Bd. 2, S. 88; Kollektivverträge, die von einer Gewerkschaft abgeschlossen werden, haben anders als im deutschen Recht (§ 3 TVG) eine erga-omnes-Wirkung, binden also alle Arbeitgeber und Arbeitnehmer im Geltungsbereich des Kollektivabkommens, *Zachert*, ZIAS 1992, S. 1, 16.

bekommen hat.[187] Die vertragsschließenden Parteien sind in der Gestaltung der Arbeitsbedingungen weitgehend frei. Inhaltlich geht es in den Kollektivverträgen zumeist um Aspekte des Lohns und der Arbeitszeit, aber auch um die Konkretisierung und Ausweitung der Rechte der betrieblichen Interessenvertretungen, z.T. auch um Regelungen über Kündigungen (z.B. Präzisierung der Kündigungsgründe), Sonderprämien, Versetzungen und Ruhestand.[188]
Die Tatsache, dass die betrieblichen Arbeitnehmervertretungen mit der gleichen Rechtssetzungsmacht wie die Gewerkschaften ausgestattet sind, versetzt beide Akteure der Arbeitnehmervertretung in ein Konkurrenzverhältnis. Da die Gewerkschaft um einen Unternehmenskollektivvertrag abschließen zu können bestimmte Voraussetzungen vorweisen muss,[189] ist ein Trend hin zu vermehrten Abschlüssen mit den betrieblichen Interessenvertretungen zu verzeichnen.[190] Dieser Trend wird dadurch verstärkt, dass in Branchentarifverträgen oftmals nur Mindestbedingungen ausgehandelt werden, die durch Unternehmensabkommen flexibel zu ergänzen sind.[191]
In der Wissenschaft und Rechtsprechung spielen in Spanien „außergesetzliche" oder „außerstatutarische" Kollektivverträge eine große Rolle.[192] Dabei handelt es sich um Kollektivverträge, die an einem gesetzlichen Mangel leiden, z.B. weil den Gewerkschaften die Beschlusslegitimation fehlt oder weil ein Form- oder Verfahrensfehler aufgetreten ist. Nach h.M. sind solche Verträge nicht nichtig, sondern binden zumindest die vertragsschließenden Parteien. Darüber hinausgehend werden regelmäßig aber auch die Arbeitnehmer von ihnen betroffen; die Begründung hierfür schwankt freilich. Z.T. ist die Rede davon, dass die Vorschriften des Kollektivvertrag in die Individualverträge „inkorporiert" werden, es wird ferner eine Vertragsänderung angenommen, sogar von einer normativen Wirkung der außerstatutarischen Kollekivverträge ist die Rede.[193]
Zusammenfassend ist festzuhalten, dass der Arbeitgeber mit den comités drei Arten von Verträgen schließen kann, nämlich Kollektivvereinbarungen (Art. 87 LET), „Betriebsvereinbarungen" und außerstatutatorische Vereinbarungen.

---

[187] *Abele*, S. 142.
[188] *Navas/Zachert*, AuA 1994, S. 77, 79; *Zachert*, ZIAS 1992, S. 1, 23 f.; *López/Vilalón*, in Europ. Komm. (Hrsg.), Arbeitsbedingungen, Bd. 2, S. 93.
[189] Um alle Arbeitnehmer des Betriebes zu binden, muss die vertragsschließende Gewerkschaft die Mehrheit der Mitglieder im Comité stellen, also repräsentativ sein, *Abele*, S. 143.
[190] *Zachert*, ZIAS 1992, S. 1, 4; *López/Vilalón*, in Europ. Komm. (Hrsg.), Arbeitsbedingungen, Bd. 2, S. 80.
[191] *López/Vilalón*, in Europ. Komm. (Hrsg.), Arbeitsbedingungen, Bd. 2, S. 93 f.
[192] *Ibán*, S. 248; *Zachert*, ZIAS 1992, S. 1, 16; ausführlich *Abele*, S. 166 ff.
[193] *Abele*, S. 176 ff.

#### e) Verhältnis zum Tarifvertrag

Existiert ein Kollektivvertrag über einen bestimmten Regelungsgegenstand, so ist eine „Betriebsvereinbarung" ausgeschlossen.[194]

Anders ist die Lage, sofern das comité ein Abkommen nach Art. 87 LET (Kollektivvertrag) abschließt. Da das spanische Recht die betrieblichen Interessenvertretungen mit einer „Tariffähigkeit" ausstattet, gibt es keinen prinzipiellen Vorrang eines mit der Gewerkschaft getroffenen Kollektivabkommens. Beide Arten von Kollektivverträgen stehen im Grundsatz gleichberechtigt nebeneinander. Konkurrenzkonflikte werden mit der Zeitkollisionsregel, dass eine ältere Norm durch eine jüngere ersetzt wird, dem Spezialitätsgrundsatz und dem Günstigkeitsprinzip aufgelöst.[195] Mittels eines betrieblichen Abkommens kann der Arbeitgeber in einer Krisenzeit im Zusammenspiel mit dem comité erreichen, dass ungünstigere Bedingungen eingeführt werden im Vergleich zum Branchentarifvertrag.[196]

Das Gesetz sieht aber vor, dass durch Kollektivabkommen auf nationaler oder branchenübergreifender Ebene Regeln über Verhandlungsstrukturen und Tarifkonkurrenzen aufgestellt werden können. Die unternehmensübergreifenden Sozialpartner können auch einzelne Sachthemen von Verhandlungen auf unterer Ebene ausschließen.[197] Sie können sich damit auf vertraglicher Basis einen Vorrang vor Abkommen mit den betrieblichen Interessenvertretungen einräumen.

### 6. Niederlande

#### a) Betriebliche Arbeitnehmervertretung

In den Niederlanden gibt es eine betriebliche Interessenvertretung (sog. „Ondernemingsraad"; übersetzt in etwa Betriebsrat), dessen Rechte im Gesetz über die Betriebsräte von 1950 (Wet op de Ondernemingsraden, WOR) kodifiziert sind. Ein Betriebsrat ist ab einer Betriebsgröße von 50 Arbeitnehmern obligatorisch zu bilden.[198] Ab einer Arbeitnehmerzahl von 10 Arbeitnehmern kann ein Betriebsrat auf Antrag der Mehrheit der im Betrieb Beschäftigten gebildet werden, § 2 WOR. Ähnlich dem deutschen Betriebsrat ist er mit weitgehenden Rechten ausgestattet und wichtigstes Vertretungsorgang der Arbeitnehmer. Er wird auf drei Jahre

---

194 *Schneider*, S. 65.

195 *Zachert*, ZIAS 1992, S. 1, 10.

196 Sog. „Lohnabkopplung", *López/Vilalón*, in Europ. Komm. (Hrsg.), Arbeitsbedingungen, Bd. 2, S. 94.

197 *Zachert*, ZIAS 1992, S. 1, 9; *Schneider*, S. 59; in jedem Fall bleiben als Verhandlungsgegenstände auf betrieblicher Ebene aber Themen wie Arbeitszeit, Schichtarbeit und Arbeits- und Leistungssysteme.

198 *Gohde*, AiB 2001, S. 478, 479; *Haas*, S. 73; *de Leede*, RdA 1982, S. 351.

gewählt, besondere Vertretungsorgane für leitende Angestellte oder Angestellte und Arbeitnehmer sind nicht vorgesehen.[199] Wie im deutschen Recht ist es möglich, einen zentralen Betriebsrat zu etablieren („Gemeenschappelijke Ondernemingsraad"), falls zu einem Unternehmen mehrere Betriebe gehören.[200] Der Betriebsrat ist ausschließlich mit Arbeitnehmervertretern besetzt.[201]

**b) Zuständigkeit**

Dem Betriebsrat stehen umfangreiche Auskunfts-, Beratungs- und Mitbestimmungsrechte zu.[202] Ein Auskunftsrecht besteht nach § 31 II WOR z.B. hinsichtlich der Rechtsform und Struktur des Unternehmens.[203] Ein besonderes Mitspracherecht besteht nach § 25 WOR in wirtschaftlichen Angelegenheiten.[204] Der Unternehmer muss bei der Vornahme bedeutender Investitionen, der Einstellung oder der Teileinstellung des Unternehmens, der Aufnahme eines bedeutenden Kredites usw. zunächst ein Gutachten des Betriebsrates einholen. Weicht der Unternehmer von der Stellungnahme im Gutachten ab, so steht dem Betriebsrat die Möglichkeit offen, gerichtlichen Rechtsschutz in Anspruch zu nehmen, wobei das Gericht die unternehmerische Entscheidung nur eingeschränkt inhaltlich überprüfen kann.[205] Die weitestgehende Beteiligung in Form eines echten Mitentscheidungsrechts findet sich in § 27 WOR. Mitbestimmungspflichtig sind die Änderung oder Aufhebung einer Arbeitszeitregelung, die Einführung eines Entlohnungs- und Funktionssystems, die Einführung einer Arbeitsordnung, Fragen der Personalbeurteilung, des Urlaubs, der Arbeitssicherheit sowie generelle Fragen der Einstellungs-, Entlassungs-, und Beförderungspolitik.[206] Seit 1998 wurde das Mitbestimmungsrecht auch auf den betrieblichen Datenschutz und die Zugangskontrollen ausgedehnt.[207] Weigert sich der Betriebsrat, einer Maßnahme des Arbeitgebers zuzustimmen, kann dieser die fehlende Zustimmung durch eine richterliche Genehmigung ersetzen lassen.[208]

---

199 *Klinkhammer/Weslau*, Mitbestimmung, S. 215.

200 *Junker*, NZA 2002, S. 131, 135; *Mielke/Rütters/Tudya*, in Däubler/Lecher, Gewerkschaften, S. 210.

201 Dies war nicht immer so. Bis in die 80er Jahre hinein führte der Arbeitgeber den Vorsitz in der bis zu diesem Zeitpunkt existierenden Arbeitnehmervertretung, *Slomp/Tudyka*, in Bispinck/Lecher, Tarifpolitik, S. 266.

202 Hierzu *Gohde*, AiB 2001, S. 478, 480.

203 *de Leede*, RdA 1982, S. 351, 353.

204 *Haas* S. 75; *Jacobs*, in Europ. Komm. (Hrsg.), Arbeitsbeziehungen, Bd. 2, S. 34.

205 *Jacobs*, in Europ. Komm. (Hrsg.), Arbeitsbedingungen, Bd. 2, S. 184; *de Leede*, RdA 1982, S. 351, 356.

206 *Klinkhammer/Weslau*, Mitbestimmung, S. 217; *Waschke* S. 102 f; *de Leede*, RdA 1982, S. 351, 354.

207 *Gohde*, AiB 2001, S. 478, 480.

208 *Haas*, S. 77.

Zwischen Betriebsrat und Arbeitgeber herrscht der Gedanke der Sozialpartnerschaft.[209]

### c) Verhältnis zur Gewerkschaft

Die Betriebsräte sind von den Gewerkschaften weitgehend unabhängig. Letztere spielen auf der betrieblichen Ebene eine untergeordnete Rolle, auf freiwilliger Basis existieren in einigen Unternehmen lediglich gewerkschaftliche Vertrauensleute-Ausschüsse.[210] Auf betrieblicher Ebene kommt ihnen eine Funktion in der Weise zu, dass sie zuständig sind für die Aufstellung der Kandidatenlisten für die Betriebsratswahlen.[211] Ansonsten stehen beide Arbeitnehmervertreter nebeneinander. Eine Zusammenarbeit zwischen Betriebsrat und Gewerkschaft ist nur schwach entwickelt.[212]

### d) Betriebliche Vereinbarungen

In den Niederlanden findet sich keine dem § 77 BetrVG vergleichbare Rechtsgrundlage für eine normativ wirkende Betriebsvereinbarung. Zuständig für den Abschluss von Kollektivvereinbarungen sind die Gewerkschaften, die mit dem Arbeitgeber oder einer Arbeitgebervereinigung Tarifverträge abschließen.[213] In den Fällen der notwendigen Mitbestimmung muss der Arbeitgeber jedoch mit dem Betriebsrat eine Einigung erzielen. Wurde eine Einigung erzielt, so kann der Arbeitgeber die bestehende Regelung nur dann ohne Zustimmung des Betriebsrats ändern oder aufheben, wenn dies durch einen Tarifvertrag ermöglicht wird.[214] Darüber hinaus gibt es wie in Frankreich und Österreich eine Tendenz, Abkommen außerhalb des Gesetzes auf betrieblicher Ebene mit der betrieblichen Arbeitnehmervertretung abzuschließen.[215] Im einzelnen ist der Status solcher Vereinbarungen allerdings noch weitgehend ungeklärt. Zu bedenken ist aber, dass der Betriebsrat seit jeher unproblematisch „Übereinkommen" mit dem Arbeitgeber über seine Tätigkeit, die Auswirkungen auf das Budget des Arbeitgebers hat,

---

[209] *Waschke* S. 102.

[210] *Niedenhoff*, Mitbestimmung, S. 51.

[211] Kandidaten, die nicht von der Gewerkschaft vorgeschlagen werden, müssen die Fürsprache von 1/3 der Arbeitnehmer haben, *Gohde*, AiB 2001, S. 478, 479.

[212] *Slomp/Tudyka*, in Bispinck/Lecher, Tarifpolitik, S. 266.

[213] *Veldkamp/van Loo*, in Jura Europae, Bd. II, 60.50, S. 17; *Gohde*, AiB 2001, S. 478, 481.

[214] *Gohde*, AiB 2001, S. 478, 480.

[215] *Jacobs*, in Europ. Komm. (Hrsg.), Arbeitsbedingungen, Bd. 2, S. 165; *Slomp/Tudyka*, in Bispinkt/Lecher, S. 256; *Lecher/Naumann*, in Däubler/Lecher, Gewerkschaften, S. 78 f. Die Basis hierfür bilden Kooperationsbestrebungen des Managements einerseits und die fehlende Durchsetzungskraft der Gewerkschaft andererseits.

treffen kann.[216] Verträge zwischen Betriebsrat und Arbeitgeber sind daher nicht völlig systemfremd.

### e) Verhältnis zum Tarifvertrag

Soweit ein Tarifvertrag die fragliche Maßnahme bereits regelt, ist die Mitbestimmung ausgeschlossen, Art. 27 III WOR.[217] Auch nach niederländischen Recht wird der Tarifautonomie der Vorrang eingeräumt.

## 7. Griechenland

### a) Betriebliche Arbeitnehmervertretung

Seit 1982 gibt es in Griechenland eine betriebliche Arbeitnehmervertretung (Betriebsrat), die neben die bis dahin bereits bestehenden Gewerkschaften trat. Mit dem Gesetz vom April 1988[218] wurden die Rechte des Betriebsrats gestärkt. Ein Betriebsrat wird in privatwirtschaftlichen Unternehmen mit mindestens 50 Arbeitnehmern gewählt. Die Amtszeit der Betriebsratsmitglieder beträgt 2 Jahre.[219] Gibt es in dem Unternehmen zwischen 20 und 49 Arbeitnehmern, so gilt dies nur, wenn nicht schon eine Betriebsgewerkschaft existiert.[220] Seit 1982 sind die Gewerkschaften als Gremium auf betrieblicher Ebene anerkannt[221] und bilden sog. Betriebsgewerkschaften. Die Mitglieder der Betriebsgewerkschaft werden von den gewerkschaftlich organisierten Arbeitnehmern eines Betriebes gewählt.

Einzelne Betriebsräte eines Konzernunternehmens können aus ihren Reihen gemeinsame Vertreter bestellen, welche die Aufgabe haben, in einem besonderen Ausschuss die gemeinsamen konzernbezogenen Belegschaftsprobleme koordiniert gegenüber der Konzernspitze zu vertreten.[222]

Daneben besteht als drittes Arbeitnehmergremium ein Ausschuss für Gesundheit und Sicherheit.

Der Betriebsrat setzt sich allein aus Arbeitnehmervertretern zusammen.[223]

---

216 *Veldkamp/van Loo,* in Jura Europae, Bd. II, 60.50, S. 15.

217 *Klinkhammer/Weslau*, Mitbestimmung, S. 218.

218 Gesetz über Betriebsräte und andere Bestimmungen auf dem Gebiet des Arbeitsrechts und zur Ratifizierung der ILO-Konvention, Gesetz Nr. 1767/88; *Travlos-Tzanetatos*, AiB 1992, S. 19, 21.

219 *Klinkhammer/Weslau*, Mitbestimmung, S. 184.

220 *Kravaritou*, in Europ. Komm. (Hrsg.), Arbeitsbedingungen, Bd. 2, S. 76.

221 Gesetz 1264/82; Gesetz zur Demokratisierung der Gewerkschaftsbewegung und Gewährleistung der Koalitionsfreiheit der Arbeitnehmer.

222 *Travlos-Tzanetatos*, AiB 1992, S. 19, 39.

223 Vergl. *Mielke/Rütters/Tudyka,* in Däubler/Lecher, Gewerkschaften, S. 175.

**b) Zuständigkeit**

In den sozialen Angelegenheiten steht dem Betriebsrat ein umfassendes Unterrichtungsrecht hinsichtlich der Einführung neuer Techniken[224] und von Kurz- oder Teilzeitarbeit zu. Echte Mitbestimmungsrechte bestehen z.B. bei der Arbeitsordnung sowie bei der Einrichtung von Informations- und Ausbildungsprogrammen. In wirtschaftlichen Angelegenheiten muss er über die Veränderung der Personalstruktur, sowie über die Verlegung oder Einschränkung des Betriebes und der Änderung der Rechtsform des Unternehmens unterrichtet werden.[225] Ihm fällt ferner die Aufgabe zu, bestimmte Aufgaben der Betriebsgewerkschaften wahrzunehmen, sofern im Betrieb eine solche nicht vorhanden ist.[226] Dazu gehören Fragen der Aus- und Fortbildung der Belegschaft, des Urlaubsplans sowie Anhörungsrechte bei Massenentlassungen und Betriebsübergängen.

Den Betriebsgewerkschaften steht das Recht zu, Tarifverhandlungen zu führen.

Dem Ausschuss für Gesundheit und Sicherheit stehen schließlich einige Überwachungsrechte in Bezug auf Gefahren am Arbeitsplatz sowie hinsichtlich der Weiterleitung von Beschwerden zu.[227]

**c) Verhältnis zur Gewerkschaft**

Die Betriebsgewerkschaften nehmen vor allem die Aufgabe wahr, Tarifverträge abzuschließen; daneben dürfen sie im Betrieb Mitgliederwerbung betreiben, Mitgliederbeiträge einziehen sowie die Belegschaft über alle in ihre Zuständigkeit fallenden Aufgaben informieren.[228] Sie begreifen sich sowohl als Vertretung der organisierten Belegschaft als auch der Gewerkschaft als solcher. Daneben besteht der Betriebsrat mit eigenen Kompetenzen, so dass von einer dualistischen Arbeitnehmervertretung gesprochen werden kann. Beide Vertretungen stehen in einer Art Konkurrenzverhältnis zueinander,[229] eine vertrauensvolle Zusammenarbeit hat sich noch nicht entwickelt.

**d) Betriebliche Vereinbarungen**

Einigen sich Betriebsrat und Arbeitgeber, kommt es zum Abschluss einer „Betriebsvereinbarung". Diese wird schriftlich niedergelegt und gilt unmittelbar

---

224 Darunter fallen auch EDV-gestützte Personalinformationssysteme bzw. Arbeitsberichtssysteme und Bildschirmanlagen.

225 *Klinkhammer/Weslau*, Mitbestimmung, S. 185; *Travlos-Tzanetatos*, AiB 1992, S. 19, 36 f. *Mielke/Rütters/Tudyka*, in Däubler/Lecher, Gewerkschaften, S. 175

226 Art. 14 des Gesetzes Nr. 1767/88.

227 *Niedenhoff*, Mitbestimmung, S. 37.

228 *Travlos-Tzanetatos*, AiB 1992, S. 19, 36 f.

229 *Klinkhammer/Weslau*, Mitbestimmung, S. 181 f.

und zwingend,[230] d.h. mit normativer Kraft. Bei Meinungsverschiedenheiten zwischen Arbeitgeber und Betriebsrat kann ein „Präfektur-Komitee“ (eine vom Betriebsrat und Arbeitgeber gebildete Einigungsstelle) angerufen werden.[231]
Der konzernbezogene Vertretungsausschuss ist zwar nicht mit einer normativen Abschlusskompetenz ausgestattet, er kann jedoch aufgrund seiner Konsultations- und Informationsrechte schuldrechtliche Vereinbarungen abschließen.[232]
Das noch relativ junge dualistische System der Arbeitnehmervertretung mittels Betriebsgewerkschaften und Betriebsräten stellte und stellt die Beteiligten vor einige Probleme. Einerseits wurden die Arbeitsbedingungen lange maßgeblich durch den Staat mitbestimmt, andererseits fehlt es den nunmehr geschaffenen Gremien an Erfahrung und eigener Tradition.[233] Aus diesen Gründen wird der den Betriebsräten rechtlich zustehende Rahmen oftmals nicht genutzt. Die zukünftige Entwicklung wird zeigen, inwieweit es zu einem vermehrten Abschluss von Vereinbarungen kommen wird. Es lassen sich derzeit z.T. Tendenzen erkennen, dass der Arbeitgeber dem Betriebsrat den Vorzug gibt.[234] Zu beachten ist dabei insbesondere, dass der Arbeitgeber in Betrieben mit weniger als 50 Arbeitnehmern keine Tariffähigkeit für den Abschluss eines Firmentarifvertrages besitzt. In diesen Betrieben kommt dem Betriebsrat damit faktisch ein Gestaltungsmonopol für betriebliche Regelungen zu.[235]

#### e) Verhältnis zum Tarifvertrag

Sofern bereits eine einschlägige Regelung in einem Tarifvertrag existiert oder aber eine Betriebsgewerkschaft gebildet wurde, ist der Abschluss einer Vereinbarung mit dem Betriebsrat unzulässig, Art. 12 II, IV des Gesetzes 1264/1982.[236] Allerdings wird man eine Zuständigkeit des Betriebsrats auch dann annehmen können, wenn zwar eine Betriebsgewerkschaft existiert, diese ihre Rechte aus irgendwelchen Gründen aber nicht ausüben möchte.[237] Im Verhältnis Tarifvertrag – betriebliche Vereinbarung gilt aber auch das Günstigkeitsprinzip:[238] Ein nachfolgender Tarifvertrag kann eine Vereinbarung mit dem Betriebsrat ablösen, sofern er günstigere Arbeitsbedingungen enthält.

---

[230] *Travlos-Tzanetatos*, AiB 1992, S. 19, 38.
[231] Art. 16 IV h des Gesetzes Nr. 1767/1988; *Niedenhoff*, Mitbestimmung, S. 37.
[232] *Travlos-Tzanetatos*, AiB 1992, S. 19, 39.
[233] *Kravaritou*, in Europ. Komm. (Hrsg.), Arbeitsbedingungen, Bd. 2, S. 76 f; zur Rolle des Staates siehe auch *Kouziz*, in Bispink/Lecher, Tarifpolitik, S. 144 f.
[234] *Kravaritou*, in Europ. Komm. (Hrsg.), Arbeitsbedingungen, Bd. 2, S. 77.
[235] *Travlos-Tzanetatos*, AiB 1992, S. 19, 39.
[236] *Travlos-Tzanetatos*, AiB 1992, S. 19, 21; *Klinkhammer/Weslau*, Mitbestimmung, S. 186.
[237] *Travlos-Tzanetatos*, AiB 1992, S. 19, 21.
[238] *Kravaritou*, in Europ. Komm. (Hrsg.), Arbeitsbedingungen, Bd. 2, S. 71.

## 8. Dänemark

### a) Betriebliche Arbeitnehmervertretung

Das Vertretungssystem der Arbeitnehmer in Dänemark ist gekennzeichnet durch eine starke Rolle der Tarifvertragspartner.[239] Eine gesetzliche Regelung hat lediglich die Einrichtung eines Ausschusses für Gesundheit und Sicherheit erfahren. Ein solcher ist allerdings erst ab einer Arbeitnehmerzahl von zwanzig vorgesehen; ab zehn Arbeitnehmern sind Sicherheitsbeauftragte aus den Reihen der Arbeitnehmer zu wählen.[240]
Aufgrund eines Tarifvertrages besteht jedoch auch in Dänemark eine betriebliche Arbeitnehmervertretung. Aufgrund des Mitbestimmungsabkommens von 1986 zwischen dem LO und dem DA[241] ist in Handwerks- oder Industriebetrieben mit mehr als 34 Arbeitnehmer vorgesehen, dass ein sog. „Kooperationsausschuss" (samarbejdsudvalg) gebildet wird.[242] Dessen Wahl durch die Belegschaft geschieht grds. sowohl auf Initiative der Arbeitnehmer- als auch der Arbeitgeberseite. Beschäftigt das Unternehmen weniger als 35 Arbeitnehmer, kann die Bildung eines Kooperationsausschusses auf freiwilliger Basis vereinbart werden.[243]
Die meisten Tarifverträge sehen darüber hinaus als drittes betriebliches Mitbestimmungsgremium sog. gewerkschaftlichen Vertrauensleute (tillidsmaend)vor.[244] Dessen Mitglieder werden von den organisierten Arbeitnehmern im Betrieb gewählt.
Der Kooperationsausschuss wird paritätisch von Arbeitnehmer- und Arbeitgeberseite besetzt; das bedeutet, dass der Arbeitgeber Mitglied des betrieblichen Interessenvertretungsgremiums ist.[245]

### b) Zuständigkeit

Aufgrund der Kooperationsvereinbarung stehen dem Kooperationsausschuss eine Vielzahl von Befugnissen in sozialen, personellen und wirtschaftlichen Angelegen-

---

[239] Diese Tradition geht zurück auf eine bereits im Jahre 1899 unterzeichnete „Grundsatzvereinbarung" zwischen den dänischen Spitzenverbänden, *Meinertz,* in Bispink/Lecher, Tarifpolitik, S. 82.

[240] *Nielsen,* in Europ. Komm. (Hrsg.), Arbeitsbedingungen, Bd. 2, S. 25.

[241] Der LO ist die Spitzenorganisation der Gewerkschaften in Dänemark, sie repräsentiert ca. eine Million Arbeitnehmer; der DA ist die Spitzenorganisation der Arbeitgeberseite. Diese Vereinbarung dient als Vorbild für ähnliche Tarifverträge, z.B. im öffentlichen Sektor.

[242] *Jacobsen,* in Jura Europae, Bd. III, 70.50., S. 16; *Due/Madsen/Jensen,* ZIAS 1995, S. 80, 88.

[243] *Klinkhammer/Weslau,* Mitbestimmung, S. 160.

[244] Hierzu *Due/Madsen/Jensen,* ZIAS 1995, S. 80, 87.

[245] *Europ. Kommission,* Arbeitsbeziehungen, S. 32.

heiten zu.[246] Der Arbeitgeber ist verpflichtet, den Ausschuss über die wirtschaftliche Lage des Unternehmens auf dem laufenden zu halten, er muss insbesondere über Änderungen in der Produktion des Unternehmens, der Einführung neuer Technologien etc. umfassend unterrichten.[247] Allgemein gehört es zu den Aufgaben des Kooperationsausschusses, mit der Leitung des Unternehmens über die Grundlagen der Arbeitsbedingungen und der Beschäftigungspolitik sowie über die Grundlagen der Arbeitnehmerdatenerfassung und der Arbeitnehmerschulung in ein Gespräch einzutreten. Sofern allgemeine Richtlinien formuliert werden sollen, wandelt sich die zunächst als Informationsrecht bestehende Mitwirkungsbefugnis hinsichtlich oben genannter Themen in ein echtes Mitbestimmungsrecht.[248] Der Arbeitgeber wird in dem Kooperationsabkommen verpflichtet, eine Einigung mit dem Kooperationsausschuss ernsthaft anzustreben.[249]

Die Vertrauensmänner verstehen sich sowohl als Vertreter der Belegschaft als auch der jeweiligen Gewerkschaft selbst.[250] Ihnen fällt die Aufgabe zu, die Beziehungen zwischen Arbeitgeber und Belegschaft zu fördern und Beschwerden entgegen zu nehmen. Als Vertreter der Gewerkschaft können sie auch an Tarifverhandlungen teilnehmen bzw. diese selbst führen.[251]

Die Rechte des Ausschusses für Gesundheit und Sicherheit beschränken sich auf Beratungs- und Überwachungsrechte in Fragen der Sicherheit und Gesundheit am Arbeitsplatz.

### c) Verhältnis zur Gewerkschaft

Im Gegensatz zu vielen anderen Ländern Europas besteht in Dänemark ein inhaltlich recht weitgehendes System der Arbeitnehmervertretung im Betrieb allein aufgrund von Tarifverträgen. Daher mag man versucht sein, das System als von den Gewerkschaften dominiert zu begreifen. Die starke Rolle der Gewerkschaft spiegelt sich immerhin auch darin wieder, dass sie maßgeblichen Einfluss bei der

---

[246] Charakteristisch ist die freiwillige Selbstbeschränkung der Leitungsmacht des Arbeitgebers, wie sie in § 4.1 des Hauptabkommens zwischen LO und DA zum Ausdruck kommt. Darin werden die Vorrechte der Geschäftsführung durch die Verpflichtung beschränkt, mit den Arbeitnehmern des Unternehmens gemäß den Kooperationsbestimmmungen zusammenzuarbeiten, vergl. *Jacobsen,* in Jura Europae, Bd. III, 70.50., S. 17.

[247] *Meinertz,* in Bispink/Lecher, Tarifpolitik, S. 101; *Sieber/Breisig,* Hdwbuch Arbeitsbeziehungen, S. 380.

[248] *Klinkhammer/Weslau,* Mitbestimmung, S. 162; *Due/Madsen/Jensen,* ZIAS 1995, S. 80, 88.

[249] *Nielsen,* in Europ. Komm. (Hrsg.), Arbeitsbedingungen, Bd. 2, S. 26.

[250] *Waschke* S. 61; *Sieber/Breisig,* in Hdwbuch. Arbeitsbeziehungen, S. 380..

[251] *Nielsen,* in Europ. Komm. (Hrsg.), Arbeitsbedingungen, Bd. 2, S. 25; in aller Regel beschränken sie sich auf ihre Funktion als Bindeglied zwischen Gewerkschaft und Betriebsleitung, *Waschke* S. 61.

Wahl der Ausschusskandidaten besitzt. Es können grds. nur organisierte Arbeitnehmer gewählt werden.[252]
Der Ausschuss selbst stellt jedoch eine reine Belegschaftsvertretung mit eigenen Rechten dar, er ist nicht zugleich auch Vertreter der Gewerkschaft. Von daher können auch die dänischen Arbeitsrechtsbeziehungen dem dualistischen System zugerechnet werden.

### d) Betriebliche Vereinbarungen

Die Kooperationsvereinbarung sieht auch den Abschluss von Verträgen über die genannten Themen der Mitwirkungsbefugnis vor. Möglich sind also generelle Regelungen über Arbeitsbedingungen im Allgemeinen und in Sicherheitsfragen.[253] Es gilt jeweils eine Zweimonatsfrist für die Kündigung des Vertrages. Einigen sich die Parteien nicht, so ist ein Schlichtungsverfahren vorgesehen.[254] Scheitert auch dies, so behält der Arbeitgeber allerdings das Alleinentscheidungsrecht. Über die Rechtsnatur der Vereinbarung herrscht in der Wissenschaft noch keine Einigkeit, doch geht man wohl überwiegend davon aus, dass es sich um einen Kollektivvertrag handelt, der zwischen Arbeitgeber und den in dem Kooperationsausschuss repräsentierten Arbeitnehmern direkt zustande kommt.[255] Sicher ist, dass die Vereinbarung keine Normativwirkung besitzt. Denn schon mit den Gewerkschaften geschlossene Tarifverträge entfalten keine unmittelbare Wirkung; allerdings wird vermutet, dass die Tarifklauseln in die Arbeitsverträge inkorporiert werden.[256]

### e) Verhältnis zum Tarifvertrag

In der Kooperationsvereinbarung ist ausdrücklich vorgesehen, dass dem Kooperationsausschuss keine Regelungskompetenz hinsichtlich des Abschlusses, der Erneuerung, der Beendigung und der Auslegung von Tarifverträgen zukommt. Mit anderen Worten besteht ein Tarifvorbehalt zugunsten der typischen Tarifvertragsregelungen, wie z.B. Lohn, Arbeitszeit etc.[257]

---

[252] *Jacobsen,* in Jura Europae, Bd. III, 70.50., S. 16.
[253] *Jacobsen,* in Blanpain (Hrsg.), Enyclopaedia of labour law, vol. 2, Denmark, S. 232.
[254] *Niedenhoff,* Mitbestimmung, S. 31; *Due/Madsen/Jensen,* ZIAS 1995, S. 80, 88.
[255] *Jacobsen,* in Blanpain (Hrsg.), Encyclopaedia, vol. 2, Denmark, S. 233.
[256] *Jacobsen,* in Jura Europae, Bd. III, 70.50., S. 27 f.
[257] *Jacobsen,* in Jura Europae, Bd. III, 70.50., S. 19.

### III. Auswertung

#### 1. Allgemeine Schlussfolgerungen

Der Blick über die Landesgrenzen hat zwei Erkenntnisse ergeben, die sich zunächst relativ leicht formulieren lassen: Es gibt auch in den europäischen Nachbarländern Verträge auf betrieblicher Ebene, diese sind aber in einen z.T. erheblich von der deutschen Rechtsordnung abweichenden Rahmen gebettet.

Die zweite Erkenntnis besteht darin, dass trotz aller Unterschiede eine länderübergreifende Tendenz hin zu einer Stärkung der Betriebsautonomie zu beobachten ist.[258] Obwohl dies in den untersuchten Ländern nicht immer explizit vorgesehen ist, geht die Praxis dazu über, verstärkt Verhandlungen und Verträge auf die Betriebsebene zu verlagern.

Ein wichtiger Grund hierfür ist sicherlich, dass die Gewerkschaften die ihr von der Rechtsordnung zugewiesene Rolle wegen eigener Probleme (geringe Mitgliederzahl, schwache Akzeptanz bei Arbeitnehmern und Arbeitgebern) nicht immer in dem erforderlichen Maße ausüben können. Umgekehrt kann die betriebliche Arbeitnehmervertretung vor allem in Großunternehmen, etwa auf Konzernebene, sehr mächtig ausgeprägt sein. Allgemeine Aussagen sind freilich fehl am Platz, vielmehr sind die jeweiligen Machtverhältnisse vor Ort entscheidend.[259]

In Ländern mit einer ohnehin stark ausgebildeten betrieblichen Vertretung wie Österreich, Frankreich und den Niederlanden kommt ferner hinzu, dass es angesichts vielfältiger starker Beteiligungsrechte von dem Prozess der Konsultation hin zu der Niederlegung von Abkommen oft nur ein kleiner Schritt ist.[260] Es darf aber auch nicht übersehen werden, dass die Verhandlung mit der betrieblichen Interessenvertretung auch Teil einer Strategie seitens des Arbeitgebers sein kann, den gewerkschaftlichen Einfluss im Betrieb zurückzudrängen. Mit dieser Frage geht das Problem einher, dass das betriebliche Gremium im Hinblick auf die nächsten Wahlen geneigt sein mag, auf die Wünsche der Belegschaft einzugehen und sich im Zweifel eher an betriebspraktischen Lösungen orientieren wird als an überbetrieblichen wirtschaftlichen und politischen Zielen, für welche die Gewerkschaften einstehen.[261] Insoweit können Verhandlungen mit dem Betriebsrat anstelle

---

[258] Siehe zu dem Trend in Richtung auf Dezentralisierung hin zur betrieblichen Ebene als europaweites Problem auch *Gamillscheg*, Kollektives Arbeitsrecht, Bd. 1, S. 236 ff.; *Birk*, RdA 1995, S. 71, 75; *Däubler*, EuZW 1992, S. 329, 334.

[259] Dies wird besonders deutlich in Frankreich und Großbritannien.

[260] Vergl. dazu auch oben II. 2. d) und II. 4. d).

[261] *Gamillscheg*, Kollektives Arbeitsrecht, Bd. 1, S. 236.

der Gewerkschaft zu schnelleren und betriebsnäheren Ergebnissen führen. Die unternehmensübergreifende Perspektive wird auf diesem Wege freilich vernachlässigt.[262]

## 2. Das Problem des Vergleichsmaßstabes

Wie bereits festgestellt, finden sich im Ausland Arbeitnehmervertretungsmodelle, die sich sowohl von der deutschen Lösung als auch untereinander unterscheiden. Insbesondere das in den einzelnen Ländern vorgesehene Zusammenspiel zwischen Gewerkschaften einerseits und gewählten betrieblichen Vertretern andererseits erschwert freilich eine Abgrenzung der Betriebsvereinbarung von dem Tarifvertrag. In diesem Zusammenhang sei auf eine Äußerung *Gamillschegs* hingewiesen,[263] der meint, dass die Trennung von Betriebsvereinbarungen und Tarifverträgen in vielen Ländern nicht wie in Deutschland vollzogen werde. Eine solch pauschale Stellungnahme setzt sich freilich nicht mit den bestehenden Gemeinsamkeiten der Vertretungsstrukturen in den einzelnen Ländern auseinander. Um eine fundierte Aussage zu der Frage der Vergleichbarkeit der Rahmenbedingungen für den Abschluss eines Vertrages auf betrieblicher Ebene treffen zu können, ist es erforderlich, sich über die Kriterien Gewissheit zu verschaffen, die für eine vergleichende Betrachtungsweise herangezogen werden. Je nachdem, welchen der Kriterien man eine überragende oder entscheidende Bedeutung beimisst, fällt das Ergebnis zu der Frage der Vergleichbarkeit anders aus. Würde man zum Beispiel von einer betrieblichen Vereinbarung nur dann sprechen, wenn das ausländische Rechtsinstitut eine normative Wirkung aufzuweisen hat, so müsste man bei der Frage der Vergleichbarkeit eher zu einem negativen Schluss gelangen.

## 3. Kriterien eines Vergleichs

Im Folgenden werden einzelne Kriterien, die für die Frage der Vergleichbarkeit von ausländischen Rechtsinstituten mit Vereinbarungen, die mit dem Betriebsrat geschlossen werden, von Bedeutung sind, vorgestellt und zugleich einer Bewertung unterzogen.

### a) Betriebliche Vereinbarungen und Arbeitskampf

Die aktuelle Ausprägung einer Arbeitnehmervertretung im Ausland muss vor dem Hintergrund ihrer Geschichte gesehen werden. In Ländern mit einer eher kämpferisch ausgestalteten Sozialordnung steht traditioneller Weise primär die

---

[262] Vergl. hierzu die rechtspolitische Debatte um eine Stärkung der Betriebsautonomie in Deutschland, oben unter II. 1. e) cc).

[263] *Gamillscheg*, Mitbestimmung, S. 11.

(sozialistisch geprägte) Gewerkschaft als Partner von Vereinbarungen mit dem Arbeitgeber zur Verfügung.[264] In diesem Fall ist im Grundsatz der Tarifvertrag, nicht aber die Betriebsvereinbarung als das maßgebliche Entscheidungsinstrument anzusehen. Demgegenüber stehen Länder mit einer vom Kooperationsgedanken geprägten Tradition. Diese sehen eine betriebliche Interessenvertretung als Teilhabeorgan und Betriebs-„Partner“ des Arbeitgebers an, wobei davon ausgegangen wird, dass der Nachteil der Einschränkung der Entscheidungsmacht des Arbeitgebers durch eine ernst genommene und dadurch motiviertere Belegschaft wettgemacht wird.[265] Eine klare Abgrenzung lässt sich nach dem Kriterium des Kooperationsgedanken freilich nicht vornehmen. So gibt es Länder, bei denen die Kooperation bestens auf der Ebene der Tarifpartner funktioniert, Kooperation also nicht primäre Angelegenheit der Betriebspartner ist.[266] Andererseits gibt es Länder, die trotz ausgeprägter klassenkämpferischer Tradition verstärkt auf eine einvernehmliche Verständigung auf betrieblicher Ebene setzen.[267] Mit den unterschiedlichen Traditionen hängen auch die in den einzelnen Ländern in verschiedener Weise vorherrschenden Vorstellungen über die Zulässigkeit von Arbeitskämpfen zusammen. Während der deutsche Gesetzgeber das Streikrecht auf die Koalitionen und inhaltlich auf die Erkämpfung von Tarifklauseln beschränkt, ist es aus internationaler Perspektive oftmals so, dass es als Individualrecht angesehen und nicht allein zur Durchsetzung tariflicher Ziele verstanden wird.[268] Wenn aber theoretisch jeder einzelne Arbeitnehmer zur Erkämpfung von Verbesserungen der Arbeitsbedingungen unabhängig von Tarifverhandlungen streiken darf, so bedeutet dies, dass aus der Perspektive des Auslands auch eine betriebliche Vereinbarung erstreikt werden könnte. Dies ist nach deutschen Maßstäben gemessen zwar „ungewöhnlich“, doch spricht an sich nichts dagegen, andere Einigungs- und Konfliktbewältigungsmechanismen außerhalb des deutschen Weges über die Einigungsstelle (§ 76 BetrVG) nicht auch anzuerkennen. Die deutsche Lösung ist nur eine von vielen. Besonders deutlich zeigt sich dies am Beispiel Spanien. Der spanische Gesetzgeber schuf einerseits ein System, welches durch einen starken

---

264 Z.B. Frankreich, Großbritannien, insbesondere aber auch Italien; siehe zur Geschichte der französischen Gewerkschaftsbewegung *Dufour*, in Bispink/Lecher, Tarifpolitik, S. 110 f, zum Beispiel Großbritannien, *Barrow*, S. 143 ff., zum Beispiel Italien *Gamillscheg*, Kollektives Arbeitsrecht, Bd. 1, S. 21 ff.

265 Z.B. in den Beneluxstaaten, insbesondere aber auch in Deutschland und Österreich.

266 So vor allem in den nördlichen Staaten wie Dänemark und Schweden; zu dem Beispiel Schweden vergl. *Klinkhammer/Weslau*, Mitbestimmung, S. 245.

267 Z.B. Frankreich, wo seit 1995 unter bestimmten Voraussetzungen comités „offiziell“ Vereinbarungen anstelle der Gewerkschaftsdelegierten treffen können.

268 So z.B. in Spanien, *Navas/Zachert*, AuA 1994, S. 77, 80; auch in Griechenland ist das Streikrecht nicht darauf beschränkt, den Abschluss eines Tarifvertrages vorzubereiten, *Travlos-Tzanetatos*, AiB 1992, S. 19, 34; rechtsvergleichend auch *Birk*, RdA 1995, S. 71, 75.

Dualismus und das Gebot der vertrauensvollen Zusammenarbeit geprägt ist, andererseits aber dem Arbeitskampf einen weiten Spielraum beläßt.
Es bleibt festzuhalten, dass aus einer internationalen Sicht ein Verbot des Arbeitskampfes nicht als konstitutives Kriterium herangezogen werden kann, um von einer betrieblichen Vereinbarung zu sprechen.

**b) Zusammensetzung der Arbeitnehmergremien**

Legt man deutsche Maßstäbe an, so erscheint es stark verwunderlich, dass z.B. das comité d'entreprise in Frankreich[269] nicht ein reines Arbeitnehmergremium ist, sondern der Arbeitgeber geborenes Mitglied ist und sogar den Vorsitz führt (Einheitsprinzip). Dass ein solchermaßen zusammengesetzes Gremium betriebliche Vereinbarungen soll abschließen können, erscheint prima facie als zweifelhaft.[270]
Zunächst ist es angezeigt, in Erinnerung zu rufen, dass auch das deutsche Recht Formen der Mitbestimmung kennt, bei denen Arbeitnehmer- und Arbeitgeberseite sich in einem Gremium vereinigen. Hauptbeispiel ist der Aufsichtsrat in der Unternehmensmitbestimmung, der paritätisch von Anteilseignern und Arbeitnehmern nach § 7 MitbestG zu besetzen ist.[271] Ferner gibt es eine Besetzung nach dem Einheitsprinzip in den Universitätsgremien.[272] Die Form der Mitbestimmung im Wege der Einheitslösung ist also nicht etwa eine schlechtere oder prinzipiell abzulehnende Mitbestimmungsvariante, sie ist bloß eine andere als im BetrVG oder etwa auch in dem österreichischen ArbVG vorgesehen.
Zweifel an der Anerkennung von Vereinbarungen mit Vertretungen nach dem Einheitsprinzip sind aber dann angezeigt, wenn die Arbeitgeberseite das Gremium faktisch dominieren könnte. Dann bestünde die Gefahr, dass das eigentlich als Arbeitnehmerschutzgremium gedachte Mitbestimmungsorgan seinen Zweck verfehlt.[273] Betrachtet man das französische Modell genauer, so stellt man jedoch fest, dass auch diese Befürchtung unbegründet ist. Denn der Arbeitgeber ist stets allein in dem Gremium,[274] eine paritätische oder so gestaltete Besetzung, dass die Arbeitnehmerseite überstimmt werden könnte, findet man nicht vor.[275] Die Tätigkeit des Arbeitgebers ist in vielen Fällen auf das formale Abarbeiten der

---

[269] Die Ausgangslage ist aber z.B. in Dänemark, Belgien und bei den joint committees in Großbritannien die gleiche.

[270] Ablehnend *Birk*, ZfA 1974, S. 47, 65 FN 69; kritisch auch *Däubler*, RabelsZ 39 (1975), S. 444, 465.

[271] MünchArbR/*Richardi* § 241 Rz 25; zu den Einzelheiten siehe ErfK/*Oetker*, MitbestG § 7 Rz 1 ff; *Hromadka/Maschmann*, Arbeitsrecht, Bd. 2, S. 200 ff.

[272] *Zöllner/Loritz*, S. 485.

[273] Vergl. *Kempen*, in Kempen/Zachert, TVG § 2 Rz 15; *Zöllner/Loritz*, S. 381 f.; *Berg*, in D/K/K § 2 Rz 18.

[274] *Couturier*, Droit du travail, Bd. 2, S. 113.

[275] *Schier*, S. 142; vergl. auch *Däubler*, RabelsZ 39 (1975), S. 444, 465.

Agenda beschränkt, so dass der Aspekt der Mischbesetzung nicht überinterpretiert werden darf.[276]

Gegen das Einheitsprinzip könnte auch der Grundsatz der Gegnerfreiheit ins Feld geführt werden.[277] Freilich gilt dieser Grundsatz - aus deutscher Sicht - nur für das Tarifrecht und gerade nicht für die Mitbestimmung, wie die verschiedenen Arten der Ausformung der Mitbestimmung zeigen. Ferner ist das Betriebsratsmitglied von vornherein in einem gewissen Umfang vom sozialen Gegenspieler abhängig, weil dieser stets sein Arbeitgeber ist.[278] Auch im Tarifrecht wird der Grundsatz der Gegnerfreiheit nicht strikt durchgehalten; es wird z.B. als unschädlich angesehen, wenn vereinzelt Arbeitgeber oder arbeitgeberähnliche Personen Mitglieder der Gewerkschaft sind.[279]

Bleibt schließlich die Frage, ob einer „Vereinbarungsbefugnis" des comité d'entreprise nicht der allgemeine Grundsatz entgegen gehalten werden kann, dass niemand mit sich selbst Verträge abschließen kann. Auch dieser Gedanke erweist sich im Ergebnis aber als unhaltbar. Denn das französische Recht sieht ausdrücklich vor, dass das comité d'entreprise Verträge abschließen kann, sofern es um die Verwaltung der Sozialeinrichtungen geht.[280] Es stattet das Gremium explizit mit einer eigenen Rechtsfähigkeit aus.[281] Diese Rechtsfähigkeit bezieht sich aber nicht nur auf die Verwaltung der Sozialeinrichtungen, sondern sie bezieht sich auch auf andere ihm zugewiesene Aufgaben.[282] Um in deutschen Kategorien zu denken: Der Fall kann nicht anders behandelt werden, als wenn ein Gesellschafter einer OHG mit derselben einen Vertrag abschließt. Obwohl auch hier eine teilweise Personenidentität auf beiden Seiten des Vertrages festzustellen ist, handelt es sich zweifellos um eine zulässige rechtliche Gestaltung. Entscheidendes Argument ist schließlich, dass die Rechtsprechung den „conventions atypiques" zumindest eine rechtliche Bindung im Sinne des allgemeinen Zivilrechts zusprach und somit das Problem der Rechtsfähigkeit an sich gelöst hat.[283]

Folglich kann festgehalten werden, dass die Zusammensetzung nach dem Einheitsprinzip zwar dem deutschen Recht ungewohnt und unzweckmäßig erscheinen mag; dies soll aber nicht hindern, den Blick auf das Wesentliche zu

---

276 Wie hier auch *Lecher/Nagel/Paltzer*, Konstituierung EBR, S. 74.

277 So *Schlüpers-Oehmen*, S. 183; allgemein hierzu MünchArbR/*Löwisch/Rieble* § 243 Rz 53 ff.

278 Das ist anders, falls mit einer Gewerkschaft verhandelt wird, die „außerhalb" des Betriebs steht.

279 *Kempen*, in Kempen/Zachert, TVG § 2 Rz 15.

280 *Pretnar/Bonnechère*, in Jura Europae, Bd. I, 30.50. S. 22.

281 Art. 431 Abs. 6 C.trav: „Le comité d'entreprise est doté de la personnalité juridique et gère son patrimoine"; *Lyon-Caen/Pélissier/Supiot*, S. 583 f.; *Verdier/Coeuret/Souriac*, S. 205.

282 *Couturier*, Droit du travail, Bd. 2, S. 123 ff.; *ders.*, ZIAS 1995, S. 516, 521; *Michel*, AuA 1993, S. 366, 367.

283 Das gleiche gilt für Österreich in Bezug auf die „freien Betriebsvereinbarungen".

richten. Auch insofern handelt es sich um eine betriebliche Arbeitnehmervertretung, die, wenn sie Verträge eingeht, Regelungen für die Belegschaft vereinbart.[284] Mit diesem Verständnis spricht nichts dagegen, Vereinbarungen mit einer auch vom Arbeitgeber besetzten Arbeitnehmervertretung anzuerkennen.

**c) Wirkungsweise der Vereinbarungen**

Abkommen mit dem Betriebsrat können normative oder bloß schuldrechtliche Wirkung haben.[285] Im europäischen Ausland finden sich beide Gestaltungsformen. In Deutschland, Österreich, Spanien und Griechenland entfaltet die zwischen dem Arbeitgeber und dem betrieblichen Interessenvertretungsorgan abgeschlossene Vereinbarung kraft Gesetzes normative Wirkung, gleiches gilt eingeschränkt für Frankreich.[286] Ansonsten gilt, dass die Vereinbarungen zunächst nur schuldrechtlich, d.h. unmittelbar zwischen den Abschlusspartnern gelten; gegenüber der Belegschaft erwachsen in aller Regel dennoch Ansprüche aufgrund zivilrechtlicher Konstruktionen.[287]

Länder, die eine normativ wirkende Betriebsvereinbarung nicht kennen, dürfen in Bezug auf den Arbeitnehmerschutz jedoch nicht vorschnell als weniger effektiv angesehen werden. In Großbritannien und Dänemark, wo es eine normative Wirkung von Kollektivverträgen nicht gibt, werden Vereinbarungen mit der betrieblichen Interessenvertretung erst relevant, wenn deren Regelungen durch „Inkorporation" Bestandteil des Einzelarbeitsvertrages geworden sind.[288] Ähnlich einer betrieblichen Übung muss das Kollektivabkommen also zunächst durch praktische Anwendung im Betrieb „umgesetzt" werden. Sofern eine solche „Umsetzung" jedoch erfolgt ist, erscheinen eine Betriebsvereinbarung und eine schuldrechtliche Vereinbarung, die sozusagen über einen Umweg Rechtswirkungen entfaltet, durchaus miteinander vergleichbar. Mit Blick auf die unterschiedlichen Wirkungsmechanismen eines Kollektivvertrages im Ausland wird auch für den

---

284 Wie hier auch *Schiek*, RdA 2001, S. 218, 225, FN 82.

285 Siehe oben, § 1 I. 4.

286 Siehe oben unter II. 4. d).

287 Vertrag zugunsten Dritter, stillschweigende Vertragsergänzung, betriebliche Übung etc.

288 Siehe oben, II. 3. d) und II. 8. d); ähnlich ist die Rechtslage in Italien, hierzu *Gamillscheg*, Kollektives Arbeitsrecht, Bd. 1, S. 716 f.; allerdings wird dort mittels des Instituts der Vertretung die Wirksamkeit der Vereinbarung zugunsten der Arbeitnehmerschaft konstruiert.

Tarifvertrag vertreten, dass auf der Ebene des internationalen Privatrechts die Normativwirkung keine konstitutive Voraussetzung sein kann.[289] Gleiches muss für die betrieblichen Vereinbarungen gelten.

### d) Durch Gesetz zugeordnete Mitbestimmungsrechte

Geht man von dem deutschen und österreichischen Modell aus, so ist es eine Selbstverständlichkeit, dass dem betrieblichen Arbeitnehmergremium durch Gesetz bestimmte Mitbestimmungsrechte zugewiesen werden. Dieser Aspekt erscheint als ein wesentliches Kriterium von betrieblicher Mitbestimmung und unterscheidet gerade auch das betriebliche Arbeitnehmergremium von der Gewerkschaft, die bei dem Abschluss eines Tarifvertrages aufgrund der weit gefassten Tarifautonmie im Prinzip keiner einengenden gesetzlichen Beschränkungen hinsichtlich des Gegenstandes der Vereinbarung unterliegt.
Die Rundschau im europäischen Ausland hat ergeben, dass es Länder gibt, die zwar ein betriebliches Arbeitnehmergremium kennen, dass diesem Mitbestimmungsrechte jedoch nicht durch ein Gesetz, sondern durch einen Tarifvertrag zugeordnet werden (korporatistisches System). Dies ist der Fall in Dänemark und Großbritannien. Insbesondere das Beispiel Dänemark zeigt, dass die überbetrieblichen Sozialpartner die Mitbestimmungsordnung in den Betrieben sinnvoll selbst zu regeln in der Lage waren. Dadurch wurde ein Einschreiten des Gesetzgebers überflüssig. Dieser flexiblen Lösung würde man nicht gerecht, wenn man diesen Weg nicht als den anderen Arbeitnehmervertretungsstrukturen vergleichbar betrachten würde. Im Ergebnis macht es keinen Unterschied, ob dem betrieblichen Arbeitnehmergremium Mitbestimmungsrechte aufgrund eines Tarifvertrages oder eines Gesetzes zugewiesen werden. Es ist folglich ausreichend, wenn eine Mitbestimmungsordnung durch einen Tarifvertrag festgelegt wird.

### e) Auf Dauer angelegtes betriebliches Arbeitnehmergremium

Die Interessenvertretung der Arbeitnehmer muss auf Dauer angelegt sein. Dies ist aus deutscher Sicht eine Selbstverständlichkeit, doch gibt es in anderen Ländern Formen der Mitbestimmung, die dieses Kriterium nicht erfüllen. In Ländern, die gar keine oder nur wenige Regeln für den Abschluss eines Vertrages auf betrieblicher Ebene vorsehen, kommt es vor, dass Abschlusspartner auf Arbeitnehmerseite nicht ein fest etabliertes Arbeitnehmergremium ist, sondern eine lose Gruppe von Arbeitnehmern, die sich speziell, oft spontan, zu dem Zweck der Verhandlung mit der Arbeitgeberseite zusammengefunden haben. Solche Arten der Kollektivverhandlungen finden sich insbesondere in Großbritannien, aber auch in

---

[289] *Junker*, Internationales Arbeitsrecht, S. 422; *Lohmann*, S. 62; für den „europäischen" Tarifvertrag ebenfalls *Avilés*, in FS Däubler, S. 519, 528 f.

Frankreich. In Frankreich hat der Gesetzgeber diese Form von Verhandlungen aufgegriffen und durch ein Gesetz festgeschrieben, dass einzelne Arbeitnehmer, die allerdings ein spezielles Mandat von der Gewerkschaft erhalten haben müssen, an Verhandlungen mit der Arbeitgeberseite teilnehmen dürfen.[290] Solche Ad-hoc-Verhandlungen sind einer Betriebsvereinbarung oder Regelungsabrede aber nicht vergleichbar. Der Betriebsrat ist als betrieblicher Gegenspieler des Arbeitgebers konzipiert, dem eine gewisse Bedeutung und Durchsetzungskraft gerade dadurch zukommt, dass ihm bestimmte Mitbestimmungsrechte zugewiesen sind und er auf Dauer diese Rechte wahrnehmen kann. Einzelne Angestellte, die keine kollektiven Rechte inne haben und nur ein Verhandlungsmandat für einen bestimmten Fall, können mit dem Betriebsrat nicht verglichen werden. Die mit ihnen geschlossenen Abkommen können daher nicht einer Betriebsvereinbarung oder Regelungsabrede gleich erachtet werden.

#### f) Demokratische Legitimation

In fast allen untersuchten Ländern gibt es in unterschiedlicher Form eine Koexistenz von betrieblichen Arbeitnehmervertretungen[291] und von gewerkschaftlichen Arbeitnehmervertretern. Kennzeichnend für ein betriebliches Arbeitnehmergremium ist es, dass es aus demokratischen Wahlen im Betrieb hervorgeht und daraus resultierend ein Mandat besitzt, die gesamte Belegschaft zu vertreten. Die Einrichtung von betrieblichen Arbeitnehmergremien bedeutet zugleich auch immer die Umsetzung von Demokratie in dem Betrieb; die demokratische Anbindung an den Willen der Belegschaft stellt sich als fundamentales Kriterium einer betrieblichen Mitbestimmung dar.[292]

Die Wahl durch die Belegschaft unterscheidet die Mitglieder eines betrieblichen Arbeitnehmergremiums insbesondere von den Gewerkschaftsdelegierten. In Ländern mit einem stark ausgeprägten Dualismus, wie etwa den Niederlanden, Österreich und Deutschland, sind Träger der Mitbestimmungsrechte im Betrieb nicht die Gewerkschaftsdelegierten, sondern die betrieblichen Arbeitnehmergremien. Die Gewerkschaft steht sozusagen „außerhalb des Betriebes". Anders ist das z.B. in den südlichen Ländern wie Frankreich und Griechenland, hier sind den Gewerkschaften Rechte „im Betrieb" zugeordnet. Allerdings ist die Legitimationsgrundlage eine andere. In Frankreich werden die Gewerkschaftsdelegierten von der jeweils repräsentativsten Gewerkschaft ernannt und

---

[290] Siehe oben unter II. 4. d).

[291] Speziell zum Vergleich der Beteiligungsmodelle in Deutschland und Frankreich siehe *Sellier*, Dr. Soc. 1972, S. 487 ff.

[292] Die demokratische Legitimation in Analogie zur parlamentarischen Demokratie wird bei betrieblichen Mitbestimmungsgremien - zumindest in Deutschland - stillschweigend vorausgesetzt, vergl. *Zöllner/Loritz*, S. 485; MünchArbR/*Richardi* § 241 Rz 20.

nicht demokratisch gewählt. In Spanien werden die Gewerkschaftsvertreter entweder von der Gewerkschaft ernannt oder von den organisierten Arbeitnehmern gewählt.[293] In Großbritannien werden die shop stewards (nur) von den organisierten Arbeitnehmern gewählt,[294] das gleiche Prinzip gilt in Dänemark und in Griechenland. In den Ländern, in denen die Gewerkschaftsvertreter ernannt werden, ist eine demokratische Legitimation nicht vorhanden. In den Ländern, in denen sie nur von den organisierten Arbeitnehmern gewählt werden, gibt es kein demokratisch begründbares Mandat zur Vertretung der Gesamtbelegschaft. In Frankreich vertreten deshalb die Gewerkschaftsdelegierten in erster Linie ihre Organisation und (nur) die organisierten Arbeitnehmer.[295]
Die demokratische Wahl des Abschlusspartners auf Arbeitnehmerseite durch die Gesamtbelegschaft ist zusammengefasst als ein wichtiges Kriterium anzusehen, um von einer betrieblichen Vereinbarung sprechen zu können.[296]

### g) Von der Gewerkschaft unterscheidbares Arbeitnehmergremium

Die Betriebsvereinbarung und Regelungsabrede setzen jeweils voraus, dass als maßgeblicher Abschlusspartner nicht eine Gewerkschaft beteiligt ist.[297] Schließt diese einen Vertrag mit dem Arbeitgeber, so kommt ein Haustarifvertrag zustande, der in den EU-Ländern als rechtliche Handlungsform auch überwiegend anerkannt ist.[298]
Ein wichtiges Unterscheidungsmerkmal zwischen betrieblichem Arbeitnehmergremium und Gewerkschaftsdelegierten besteht, wie soeben gesehen, in der demokratischen Legitimation, die Gesamtbelegschaft des Betriebes zu vertreten. Eine solche ist typischerweise und lückenlos nur bei ersterem anzunehmen.
Problematisch ist die Unterscheidung zwischen Vertretung der Belegschaft durch das betriebliche Arbeitnehmergremium und durch die Gewerkschaftsvertreter in den Fällen, in denen die Gewerkschaften auf die Arbeit des betrieblichen Arbeitnehmergremiums Einfluss nehmen können. In manchen Ländern ist vorgesehen, dass nur Gewerkschaften Bewerberlisten für einen Posten im

---

293 *Klinkhammer/Weslau*, Mitbestimmung, S. 252; *Schneider*, S. 33.
294 siehe oben unter II. 3. a).
295 So für Frankreich deutlich *Jeammaud/Le Friant/Lyon-Caen*, AiB 1989, S. 388, 393.
296 Auf das Kriterium der Wahl stellen auch maßgeblich ab *Däubler*, RabelsZ 39 (1975), S. 444 sowie 464; *Schier*, S. 143 f.; *Schlüpers-Oehmen*, S. 183; vergl. zu der Bedeutung der Wahl im Zusammenhang mit den europäischen Spitzenverbänden *Arnold*, NZA 2002, S. 1261, 1265 ff.
297 Vergl. oben § 1 I. 4.
298 Für die Niederlande siehe *Veldkamp/van Loo*, in Jura Europae, Bd. II, 60.50, S. 17; für Frankreich art. L 132-19 C.trav.; zum spanischen Recht *Abele*, S. 144; eine Ausnahme bildet insoweit aber Österreich, *Birk*, RdA 1995, S. 71, 74; zum Ganzen auch *Gamillscheg* Kollektives Arbeitsrecht, Bd. 1, S. 526 f.

betrieblichen Arbeitnehmergremium vorlegen können.[299] Eine solche „Vorabauswahl“ sichert den Gewerkschaften natürlich einen gewissen Einfluss auf die Arbeit des betrieblichen Arbeitnehmergremiums. Diese mittelbare Einflussnahme führt aber in der Praxis nicht zu einer Situation, in der die betriebliche Interessenvertretung nur noch als ein „verlängerter Arm“ der Gewerkschaft bezeichnet werden kann. Dies kann man am Beispiel Frankreich belegen. Dort wird die Gewerkschaft selbst oftmals gar nicht als Verhandlungspartner akzeptiert. Vor allem aber führt das comité insofern sein „Eigenleben“, als dass es – an sich den Gewerkschaftsdelegierten vorbehaltene – Kollektivverträge abschließt.[300]

Der Gewerkschaftseinfluss drückt sich in vielen Ländern ferner darin aus, dass die im Betrieb repräsentierten Gewerkschaften das Recht haben, einen Gewerkschaftsdelegierten in das betriebliche Gremium zu entsenden. Daraus dürfen jedoch keine voreiligen Schlüsse gezogen werden. In Frankreich z.B. ist vorgesehen, dass der Gewerkschaftsdelegierte bei Beschlüssen nicht mitabstimmen darf, die Rolle der Gewerkschaftsdelegierten ist also nur beratend zu verstehen und damit im Grunde nicht anders als in Deutschland.[301]

Zu bedenken ist generell, dass eine personelle Verflechtung von Gewerkschaftsangehörigen und Betriebsräten in fast allen Ländern in mehr oder minder ausgeprägter Form üblich ist. Selbst in Deutschland, wo den Gewerkschaften auf betrieblicher Ebene nach dem BetrVG nur eine untergeordnete Rolle zukommen soll, gibt es eine hohe Anzahl von ehrenamtlichen Gewerkschaftsfunktionären im Betriebsrat.[302] Bei den Betriebsratswahlen 1998 gehörten 61,9 % der Betriebsratsmitglieder dem DGB an, nur 33,3 % waren Nichtorganisierte.[303] Da sowohl die Gewerkschaft als auch der Betriebsrat Interessenvertreter der Arbeitnehmer sind und auf Zusammenarbeit untereinander angewiesen sind, ist hiergegen auch nichts einzuwenden, sondern als Faktum zur Kenntnis zu nehmen. Das Gesetz geht in § 74 III BetrVG im übrigen selbst davon aus, dass organisierte Arbeitnehmer ein Betriebsratsamt übernehmen. Aus einer personellen Verflechtung von Betriebsrat und Gewerkschaft darf deshalb nicht der Schluss gezogen werden, die betriebliche Interessenvertretung in Frankreich oder

[299] So die Lage in Frankreich, Dänemark und Spanien. In Frankreich scheitern die Gewerkschaften jedoch oftmals im ersten Wahlgang, so dass es im zweiten Wahlgang zu einer Wahl mit gewerkschaftsunabhängigen Listen kommt, vergl. *Lecher*, WSI-Mitteilungen 1993, S. 421, 426.

[300] Siehe oben II. 4. d).

[301] Ebenso die Rechtslage in Spanien, *López/Villalón*, in Europ. Komm. (Hrsg.), Arbeitsbedingungen, Bd. 2, S. 86.

[302] *Nagel*, WSI-Mitteilungen 1996, S. 494, 496; *Lecher*, in Lecher/Platzer, Arbeitsbeziehungen, S. 271; vergl. auch *Sellier*, Dr. Soc. 1972, S. 487, 488.

[303] *Hromadka/Maschmann*, Arbeitsrecht, Bd. 2, S. 247 f.

Dänemark könne nicht andere Vereinbarungen abschließen als Tarifverträge. Entscheidend ist vielmehr, dass der Abschlusspartner auf Arbeitnehmerseite nicht funktional als Repräsentant der Gewerkschaft handelt, sondern in Ausübung eigener betriebsverfassungsrechtlicher Kompetenzen. Diese Überlegungen werden gestützt durch die Behandlung der mit dem betrieblichen Arbeitnehmergremium getroffenen Vereinbarungen durch die Rechtsprechung und Wissenschaft. Trotz großer Einordnungsschwierigkeiten[304] etwa in Frankreich ist man sich darüber einig, dass zumindest kein Tarifvertrag im traditionell verstandenen Sinne vorliegt.[305]

Überdies zeigt die h.M. zu der Funktion des Gewerkschaftsdelegierten innerhalb des comité d'entreprise, dass auch im französischen Recht zwischen rein betrieblicher Arbeitnehmervertretung und Vertretung durch die Gewerkschaften zu trennen ist. So ist es anerkannt, dass das Amt des Gewerkschaftsdelegierten mit dem Amt des gewählten Arbeitnehmervertreters unvereinbar ist, dass sich der Kandidat also jeweils nur für die Ausübung eines Amtes entscheiden kann.[306] Die gewerkschaftlichen Wahlvorgänge dürfen nicht innerhalb des Betriebs stattfinden, sondern müssen außerhalb des Betriebs durchgeführt werden.[307] Ähnlich wird eine funktionale Trennung zwischen Mitgliedern des comités und dem Amt des Gewerkschaftsvertreters in Spanien vorgenommen.[308] Dort wird hinsichtlich der Freistellung von der Arbeitszeit streng zwischen der Tätigkeit als Gewerkschaftsvertreter und der als Mitglied im comité unterschieden.[309]

Eine Unterscheidung wird auch hinsichtlich der Art der Beteiligung getroffen. Nicht ausreichend ist es z.B., wenn in Frankreich vor dem Abschluss eines Kollektivvertrages der Gewerkschaftsvertreter mit den notwendigen Informationen versorgt wird. Vielmehr muss das comité spätestens vor der Unterzeichnung durch einen Gewerkschaftsdelegierten unterrichtet worden sein.[310]

Zusammenfassend lässt sich sagen, dass im Ausland trotz einer stärkeren Stellung der Gewerkschaften im Betrieb als in Deutschland juristisch zwischen der

---

304 Speziell zu den atypischen Vereinbarungen siehe unter III. 3. h).

305 Wechselseitige Abhängigkeiten tatsächlicher Art zwischen Gewerkschaft und betrieblichen Gremium können selbstverständlich jedoch verbleiben. Die betriebliche Interessenvertretung mag z.B. von dem juristischen Know-how der Gewerkschaft profitieren, die Gewerkschaft mag versuchen, das betriebliche Gremium in ihrem Sinne zu instrumentalisieren. Letztlich ist es eine Frage des Einzelfalls, insbesondere der Größe des Betriebsrats/Gesamtbetriebsrats, der Akzeptanz der Gewerkschaft, der Haltung des Arbeitgebers etc., ob und wie eine Kooperation zwischen betrieblicher Arbeitnehmervertretung und Gewerkschaft stattfindet, vergl. *Gamillscheg*, Kollektives Arbeitsrecht, Bd. 1, S. 243 f.

306 *Couturier*, Droit du travail, Bd. 2, S, 117.

307 *Jeammaud/Le Friant/Lyon-Caen*, AiB 1989, S. 388, 393.

308 *Perez/Aviles*, AiB 1989, S. 382, 386 f.

309 *Schneider*, S. 34; allgemein hierzu *Neto*, in FS Däubler, S. 1018, 1028.

310 *Verdier/Coeuret/Souriac*, S. 185.

Beteiligung der Gewerkschaft und der gewählten betrieblichen Interessenvertretung unterschieden wird. Unter dem Aspekt der Unterscheidbarkeit der Arbeitnehmervertretungen spricht nichts dagegen, eine mit dem comité geschlossene Vereinbarung einer deutschen Betriebsvereinbarung oder Regelungsabrede gleichzuachten.

### h) Vereinbarungsbefugnis des betrieblichen Arbeitnehmergremiums

Eine Befugnis zum Abschluss einer Vereinbarung kommt dem betrieblichen Arbeitnehmergremium dann unproblematisch zu, wenn dies im Gesetz ausdrücklich vorgesehen ist. Dies ist der Fall in Österreich, Deutschland, Griechenland, Dänemark (dort durch Tarifvertrag) und eingeschränkt auch in Frankreich.[311]

In den Niederlanden ist der Abschluss einer verbindlichen Einigung insoweit vorgesehen, als das Gesetz einen Katalog von echten Mitbestimmungsrechten bereit hält. Kommt auf dieser Basis eine (wenn auch mündliche) Einigung zustande, so ist der Arbeitgeber an diese gebunden.[312] Auch wenn terminologisch in diesen Fällen zwischen mitbestimmter Entscheidung des Arbeitgebers und einem Vertragsschluss unterschieden werden kann, kann der Arbeitgeber nicht von dem mit der Arbeitnehmervertretung hergestelltem Konsens abweichen. Die Unterscheidung zwischen echter Mitbestimmung und Verhandlung / Vereinbarung ist daher lediglich begrifflicher Natur.[313]

In Großbritannien ist eine Vereinbarungsbefugnis eines betrieblichen Gremiums deshalb nicht vorgesehen, weil die Rechtsordnung explizit schon nicht die Einrichtung einer Arbeitnehmervertretung neben den gewerschaftlichen shop stewards vorsieht. Denkbar ist jedoch auch hier eine betriebliche Vereinbarung, nämlich dann, wenn der Arbeitgeber eine Vereinbarung mit einem joint consultation committee abschließt und sich dieses ausschließlich aus gewählten Belegschaftsvertretern zusammensetzt.[314]

Nicht selten kommt es vor, dass Vereinbarungen zwischen einer betrieblichen Arbeitnehmervertretung und dem Arbeitgeber abgeschlossen werden, die entweder gar nicht in dem gesetzlichen System der Mitbestimmung oder zumindest nicht in dieser Form vorgesehen sind.[315] Es stellt sich dann die Frage, ob diese „wilden" oder „atypischen" Einigungen den von Seiten des Gesetzes explizit vorgesehenen Einigungen gleich geachtet werden können. Gegenüber den Arbeitnehmern

---

311 Siehe oben II. 4. d).

312 Siehe oben II. 6. d).

313 *Vatinet*, Dr. Soc. 1982, S. 675; *Sellier*, Dr. Soc. 1972, S. 487; vergl. auch *Despax*, Le droit des salariés, S. 637.

314 Vergl. *Hepple*, in Europ. Komm. (Hrsg.), Arbeitsbedingungen, Bd. 2, S.264.

315 So in Österreich, Frankreich, den Niederlanden und Spanien.

entfalten diese Abmachungen regelmäßig zumindest mittelbar Wirkung, indem sie als Vertrag zugunsten Dritter oder als betriebliche Übung rechtlich zu berücksichtigen sind. Aus deutscher Sicht ist man zwar geneigt, den Charakter einer rechtserheblichen betrieblichen Vereinbarung abzulehnen. Dabei wird jedoch verkannt, dass eine „nur" mittelbare Wirkung des Kollektivvertrages im angloschsischen Recht die Regel ist.[316] Aus einer internationalen Perspektive spricht nichts dagegen, einen den Arbeitgeber schuldrechtlich bindenden Vertrag, der die Rechte der Belegschaft regelt, als betrieblichen Kollektivvertrag anzuerkennen.

Hinzu kommt ein tatsächliches Argument. Wie gesehen, besteht für solche Vereinbarungen offensichtlich in der Praxis ein Bedürfnis, angesichts dessen die jeweiligen Rechtsordnungen solche Vereinbarungen auch nicht für unbeachtlich erklären, sondern ihnen rechtliche Wirkungen zusprechen. Dieser praktischen Sichtweise ist der Vorzug einzuräumen;[317] aus rechtsvergleichender Sicht sind keine strengeren Maßstäbe anzulegen als von dem jeweiligen Land angesetzt. Soweit man dieser Sichtweise aus rechtspolitischer Sicht entgegenhalten will, dass dadurch die Tarifautonomie der Tarifpartner in Gefahr gerät, ist zu sagen, dass die Tarifautonomie zwar als schützenswert erscheint, aber nicht um jeden Preis. Wie gerade das Beispiel Frankreich zeigt, sind Gewerkschaften trotz einer von Gesetzes wegen hervorgehobenen Stellung aus vielerlei Gründen oft nicht in der Lage, für eine ausreichende Deckung mit Kollektivverträgen zu sorgen. Sofern nun die Belegschaft vor der Alternative steht, entweder einen Schutz über einen Kollektivvertrag mit einem betrieblichen Gremium oder gar keinen zu erhalten, spricht vieles dafür, für die zuerst genannte Variante einzustehen.

Ferner darf der Zusammenhang mit dem Direktionsrecht des Arbeitgebers nicht außer Betracht gelassen werden. Schließt der Arbeitgeber freiwillig mit dem betrieblichen Interessenvertretungsgremium eine Vereinbarung über ein Thema ab, welches er auch einseitig als Maßnahme in dem Betrieb umsetzen könnte, so stellt sich die Einbindung der Arbeitnehmervertretung in die Entscheidungsfindung als ein freiwilliges Mehr an solidarischer Beteiligung dar; einer Maßnahme auf der Ebene des Arbeitsvertrages wird eine kollektive Dimension gegeben.[318] Ein solches Abkommen als unwirksam erklären zu wollen würde dem Arbeitnehmerschutz zuwiderlaufen.

Einen Sonderfall stellt schließlich die Situation in Spanien dar, wo den comités neben der Möglichkeit, „acuerdos" abzuschließen, auch eine Tariffähigkeit zuerkannt wird. Für unseren Zusammenhang stellt sich die Frage, ob die mit den comités abgeschlossenen „Tarifverträge" eher als betriebliche Vereinbarung oder

---

316 Siehe oben, III. 3. d).

317 Ebenso aus Sicht des französischen Rechts *Freyria*, Dr. Soc. 1988, S. 43, 56.

318 *Despax*, Le droit des salariés, S. 392.

als Tarifverträge im Sinne eines mit der Gewerkschaft vereinbarten Abkommens zu qualifizieren sind. Zwar kann nicht übersehen werden, dass der spanische Gesetzgeber zwischen den verschiedenen Handlungsformen eine bewusste Differenzierung vorgenommen hat. Nach dem obigen Ansatz[319] soll allerdings jede Vereinbarung zwischen Arbeitgeber und einer gewerkschaftsfreien, betrieblichen Arbeitnehmervertretung erfasst werden. Auch die Betriebsvereinbarung i.S.v. § 77 BetrVG lässt sich von ihrer Funktion und Wirkungsweise her als ein auf die Ebene des Betriebes projezierter Tarifvertrag verstehen.[320] Die Qualifikation einer solchen Vereinbarung hängt also weitgehend von dem gewählten Ansatzpunkt ab. Da in dieser Arbeit maßgeblich auf den Vertragspartner auf Arbeitnehmerseite abgestellt wird, müssen auch die mit dem comité abgeschlossenen Kollektivabkommen als betriebliche Vereinbarung eingestuft werden.[321]

### 4. Einteilung von betrieblichen Vereinbarungen

Aus einer internationalen Perspektive betrachtet kann man betriebliche Vereinbarungen in drei Kategorien einteilen. Zunächst gibt es Vereinbarungen zwischen Arbeitgebern und betrieblichen Interessenvertretungsgremien, welche sich allein auf das Verhältnis Arbeitgeber/Vertretungsorgan beziehen und somit zwingend rein schuldrechtliche Wirkung besitzen. Ferner kann man Vereinbarungen unterscheiden, die infolge eines echten Mitbestimmungsrechts zustande kommen. Schließlich gibt es Vereinbarungen, die außerhalb eines echten Mitbestimmungsrechts auf freiwilliger Basis geschlossen werden.

## IV. Zusammenfassung

Den untersuchten Ländern ist gemeinsam, dass eine Tendenz zu einer Dezentralisierung der Kollektivertragsverhandlungen und eine Stärkung der Betriebsautonomie feststellbar ist. Infolge einer Aufwertung der Betriebsebene als Verhandlungsort gibt es auf der Basis von unterschiedlichen Traditionen unterschiedliche Formen von Vereinbarungen zwischen Arbeitgeber- und Arbeitnehmerseite. Bei der Frage, ob ein im Ausland vorgefundener Vertrag mit einer deutschen Betriebsvereinbarung oder Regelungsabrede vergleichbar ist, ist eine Gewichtung derjenigen Kriterien vorzunehmen, die für eine betriebliche Vereinbarung von Bedeutung sind. Als nicht konstitutive Kriterien haben sich das Verbot eines Arbeitskampfes, die Beachtung des Trennungsprinzips sowie das Vorhandensein einer Normativwirkung erwiesen. Wesentliches Kriterium, um von

---

319 Vergl. oben unter § 1 I. 4.

320 Vergl. *Richardi*, Kollektivgewalt, S. 312.

321 Prinzipiell für eine Anerkennung solcher, dem Heimatrecht fremder Rechtsinstitute im Inland *Däubler*, Tarifvertragsrecht, Rz 1703.

einer vergleichbaren Regelung sprechen zu können, ist hingegen, dass Abschlusspartner auf Arbeitnehmerseite ein auf Dauer angelegtes betriebliches Arbeitnehmergremium ist, welches durch Gesetz (oder Tarifvertrag) bestimmte Mitbestimmungsrechte zugeordnet erhält. Es muss als wesentliches Merkmal durch demokratische Wahlen ein Mandat für die Vertretung der Gesamtbelegschaft inne haben und ferner von der Vertretung der Arbeitnehmer durch die Gewerkschaft funktional unterscheidbar und ausreichend unabhängig sein. Schließlich muss es eine Befugnis zum Abschluss eines Vertrages mit der Arbeitgeberseite besitzen, d.h., dass die jeweilige Rechtsordnung einen solchen Vertragsschluss entweder ausdrücklich vorsieht oder jedenfalls toleriert und ihm rechtliche Verbindlichkeit zuspricht.

An diesen Kriterien gemessen, finden sich betriebliche Vereinbarungen in allen untersuchten Länder.[322]

---

[322] Im Ergebnis ähnlich *Fischer*, RdA 2002, S. 160, 162; *Schiek*, RdA 2001, S. 218, 226.

# § 4 Bedürfnis für den Abschluss internationaler betrieblicher Vereinbarungen

Ziel dieser Arbeit ist es, transnationale Abkommen auf betrieblicher Ebene näher zu beleuchten. Der Frage nach der juristischen Umsetzbarkeit ist die Frage nach einem tatsächlichen Anwendungsbereich vorgeschaltet. Sofern es aus praktischer Sicht keinen Bedarf für den Abschluss einer internationalen betrieblichen Regelung gäbe, würde die juristische Erörterung rein theoretisch verbleiben. Im folgenden soll versucht werden, mögliche Inhalte solcher grenzüberschreitender Abkommen darzulegen.

## I. Die Zweckmäßigkeit von internationalen betrieblichen Vereinbarungen

### 1. Unterschiedliche Zielsetzungen von betrieblichen Vereinbarungen

Stellt man sich vorneweg die Frage, weshalb es in einem grenzüberschreitenden Unternehmen zweckmäßig sein kann, internationale Vereinbarungen abzuschließen, so kann man drei Hauptkategorien unterscheiden: Es gibt betriebliche Vereinbarungen, die auf eine Vereinheitlichung der Arbeitsbedingungen angelegt sind, ferner solche, die den Schutz der Arbeitnehmer sicherstellen sollen und schließlich solche, welche die betriebsverfassungrechtliche Ordnung in Fragen der Mitbestimmung ergänzen.

Bei einer solchen Differenzierung wird nicht verkannt, dass sich die mit einer Vereinbarung angestrebten Zwecke auch überschneiden können. Dennoch ist es möglich, nach der hauptsächlichen Zielsetzung zu unterscheiden.

Wie schon ein Blick auf § 88 BetrVG zeigt, ist es z.B. keinesfalls so, dass alle Betriebsvereinbarungen mühsam von Arbeitnehmerseite aus erkämpft werden müssen. Eine Vielzahl der Betriebsvereinbarungen kommt heute einvernehmlich zustande, die Initiative hierzu geht, je nach dem Gegenstand der angestrebten Regelung, von Arbeitgeber- oder von Arbeitnehmerseite aus.[1] Bietet z.B. der Arbeitgeber von sich aus eine Zusatzvergünstigung an, so tritt der Aspekt des Arbeitnehmerschutzes bei einer solchen Vereinbarung in den Hintergrund. Der Arbeitnehmerschutz wird in einem solchen Fall nur noch relevant bei dem „wie" der Regelung, nicht mehr bei dem „ob".

Oftmals wird der Arbeitgeber mit dem Abschluss einer Betriebsvereinbarung eine einheitliche Gestaltung der Arbeitsbedingungen im Betrieb anstreben. Zwingend ist

---

[1] Auf Konzernebene ist die Initiative des Arbeitgebers wohl der Regelfall, vergl. *Wetzling*, S. 121 ff, 128 ff.

dies aber nicht. Mittels Betriebsvereinbarung können gerade auch die Arbeitsbedingungen einer nur kleinen Arbeitnehmergruppe geregelt werden.[2]
Schließlich kann der Arbeitgeber mit dem Abschluss einer Betriebsvereinbarung bezwecken, Fragen der Zusammenarbeit mit dem Betriebsrat auf eine vertragliche Grundlage zu stellen. In einem solchen Fall geht es nicht um die Regelung materieller Arbeitsbedingungen der Belegschaft, sondern um Fragen der Verfassung des Betriebes.

## 2. Vereinheitlichung von Arbeitsbedingungen

### a) Gründe für eine Vereinheitlichung

Dem Arbeitgeber steht aufgrund seiner durch Art. 2 I GG geschützten Unternehmensfreiheit das Recht zu, sein Unternehmen nach seinen Vorstellungen organisatorisch zu gestalten. Geht es um die Ausgestaltung von Arbeitsbedingungen oder des arbeitsbegleitenden Verhaltens, spricht man auch von der Ausübung des arbeitgeberseitigen Direktionsrechts, § 315 BGB.
Auch auf Konzernebene besteht regelmäßig eine konzernrechtliche Leitungsmacht, die es dem herrschenden Unternehmen aufgrund gesellschaftsrechtlicher Mechanismen[3] erlaubt, den Konzern nach bestimmten Vorstellungen einzurichten.[4] Wie nun der Konzernverbund ausgestaltet wird und ob von einer solchen Rechtsmacht zur Angleichung von Arbeitsbedingungen Gebrauch gemacht wird, ist in erster Linie natürlich eine unternehmenspolitische Entscheidung, die je nach den Besonderheiten des Konzerns anders getroffen werden kann.[5]
Allgemein gesprochen bieten sich Grundsatzvereinbarungen an, die einen Rahmen vorgeben, der durch die einzelnen nationalen Betriebspartner unter Berücksichtigung der nationalen Besonderheiten ausgefüllt werden kann.[6]

#### aa) Transparenz im Konzern

Die gleichmäßige Behandlung der Arbeitnehmerschaft schafft aus Arbeitgebersicht ein hohes Maß an Transparenz und Vorhersehbarkeit. Dies ist angesichts komplexer Verknüpfungen gesellschafts- und arbeitsrechtlicher Art in einem

---

2 Voraussetzung ist freilich, dass eine Ausdehnung der Regelung nicht aus Gründen des Gleichheitssatzes erforderlich ist.

3 Möglich ist natürlich auch ein rein tatsächliches Abhängigkeitsverhältnis, sog. faktischer Konzern.

4 Vergl. §§ 17, 18, 308 I AktG; zu den einzelnen Arten von Konzernverbindungen vergl. *F/H/K/E* § 54 Rz 7 ff.; *Trittin*, in *D/K/K* BetrVG, vor § 54 Rz 69 ff.

5 Zu der tatsächlichen Entwicklung multinationaler Konzerne siehe oben § 1 I. 2.

6 Vergl. zur Personalpolitik *Konzen*, RdA 1984, S. 65, 69; *Gester/Koubek/Wiedemeyer*, S. 238 f.

Großkonzern von nicht zu unterschätzendem Wert. Die Leitung des Konzerns kann auf diesem Wege vereinfacht werden.
Der Arbeitgeber erhält durch die Standardisierung einzelner Bereiche der Arbeitsbedingungen die Möglichkeit, ein einheitliches Konzept zu verfolgen. Dadurch wächst die Vergleichbarkeit und die Bewertung der verschiedenen nationalen Standorte.[7] Nicht zuletzt wirkt sich mehr Transparenz auch zugunsten der Arbeitnehmer aus, welche die Arbeitsbedingungen ihrer ausländischen Kollegen mit den ihrigen vergleichen können.[8]

**bb) Personalpolitik**

Einen wichtigen Bereich, der einer Standardisierung zugänglich ist, bildet die Personalpolitik. Eine zentralistische Konzernleitung muss sich zwar nicht zwangsläufig auch in einer einheitlichen Personalplanung niederschlagen;[9] doch kommt es dem Einfluss der Muttergesellschaft natürlich zugute, wenn wichtige Entscheidung in der Personalpolitik zentral gesteuert werden.[10]
Speziell was die Behandlung von Führungskräften angeht, hat ein systematischer Vergleich der Arbeitsbedingungen in den verschiedenen Ländern bereits begonnen.[11] Angestellte, die sich als internationale Führungskräfte verstehen, haben keinen festen „Heimathafen" in einem Land mehr und erwarten eine dementsprechende internationale Behandlung bei der Entlohnung, wobei diese sich nicht mehr nur an einem Land ausrichtet, sondern auch im internationalen Vergleich angemessen und wettbewerbsfähig sein muss.
Möglich wäre es z.B., mittels betrieblicher Regelung die Arbeitsbedingungen von Führungskräften (Altersvorsorge, Prämien etc.) festzuschreiben.[12]
Um ein einheitliches Qualitätsniveau im grenzüberschreitenden Konzern zu sichern, können ferner einheitliche Standards für Einstellungen und Entlassungen

---

7 Der systematische Vergleich zwischen Standorten innerhalb eines Konzerns in Bezug auf Lohnnebenkosten, Produktivität, Tarifvertragswesen etc. hat mittlerweile längst begonnen, vergl. *European Foundation* (Hrsg.), Bargaining, S. 3.

8 Vergl. *Windbichler*, S. 47; allgemein *Däubler*, Globalisierte Wirtschaft, S. 13.

9 *Windbichler*, S. 379. Nach einer Studie aus dem Jahre 1984 für Großbritannien wird in der Muttergesellschaft in aller Regel über die Gesamtzahl der beschäftigten Arbeitnehmer entschieden; in immerhin ca. ein Drittel der Fällen traf die Muttergesellschaft auch die Entscheidung über die Einstellung leitender Angestellter, *Bercusson*, ZIAS 1995, S. 489, 490; *Diller/Powietzka*, DB 2001, S. 1034: Personalpolitik werde häufig zentral von ausländischer Konzernspitze bestimmt; vergl. auch *Walz*, S. 115.

10 Auch die Nachteile sollen hier nicht verschwiegen werden. So fördert eine dezentrale Führungsstruktur die Selbständigkeit der einzelnen Unternehmen, ferner wird die Konzernführung von Fehlermöglichkeiten entlastet, *Gester/Koubek/Wiedemeyer*, S. 239.

11 *Keim*, ArbG (9) 1999, S. 10, 13.

12 Vergl. *Gentz*, NZA 2000, S. 3, 4; *Junker*, ZIAS 1995, S. 564, 565; *Birk*, FS Trinkner, S. 461, 468.

festgelegt werden sowie Grundsätze für die Durchführung der Berufsbildung einheitlich ausgestaltet werden.[13]
Denkbar ist es auch, dass konzernweite und grenzüberschreitende Entlohnungsgrundsätze aufgestellt oder neue Entlohnungsmethoden eingeführt werden. Insoweit enthielt der Vorschlag für eine europäische Aktiengesellschaft von 1970[14] bereits eine entsprechende Kompetenzzuweisung an ein Arbeitnehmergremium, welches ebenfalls als EBR bezeichnet wurde.
Nicht zuletzt stellt ein konzernweiter Mitarbeiteraustausch einen wichtigen Bestandteil moderner Personalpolitik dar.[15] Ist das Unternehmen wirklich „global" tätig, so ist es auf Mobilität und Flexibilität angelegt. Zur Förderung der Sprachkenntnisse und des Einblicks in fremde Ökonomien und Kulturen pflegen viele Unternehmen daher einen regen Mitarbeiteraustausch.[16] Auf diesem Weg wird eine Strategie der Förderung eines weltweit einsetzbaren Typus von Arbeitnehmer verfolgt. In diesem Zusammenhang kann durch eine betriebliche Regelung z.B. allgemein festgelegt werden, dass Arbeitnehmer, die in ein anderes Unternehmen des Konzerns ins Ausland wechseln, eine Abschlussgratifikation erhalten.[17]

**cc) Kosteneinsparungen**

Auch außerhalb der Personalpolitik können zentralistische Führungsstrukturen angezeigt sein. Eine zentrale Unternehmenssteuerung kann z.B. Kostenersparnisse mit sich bringen. So ist das konzerninterne Sozialwesen vielfach durch eine Zentralisierung gekennzeichnet,[18] denn der Verwaltungsaufwand fällt in diesem Falle nur einmal an. Wo sich dies technisch und örtlich anbietet, kann eine Sozialeinrichtung auch Leistungen für ausländische Arbeitnehmer erbringen. Dies ist heutzutage nichts Ungewöhnliches mehr. Nur kurzzeitig entsandte Arbeitnehmern verbleiben häufig im Versorgungswerk des inländischen Betriebs integriert. Der Arbeitsvertrag zum inländischen Arbeitgeber wird entweder beibehalten und entsprechend angepasst; oder der ursprüngliche Arbeitsvertrag wird auf

---

13 *Birk*, FS Trinkner, S. 461, 468; *Keim*, ArbG 1999 (9), S. 10, 13; vergl. auch *Wunsch-Semmler*, S. 54.

14 Kom 16.5.1991 – SYN 218 (91) endg; hierzu auch *Wunsch-Semmler*, S. 54.

15 *Keim*, ArbG 1999 (9), S. 10, 13.

16 *Junker*, ZIAS 1995, S. 564, 574. Näher zu den ökonomischen Hintergründen von Versetzungen über den internen Arbeitsmarkt von Multis *Wolter*, S. 126; neben der Vermittlung von Kenntnissen kann bei einer Versetzung je nach Einzelfall auch die Reaktion auf einen kurzfristigen Nachfrageschock im Ausland im Vordergrund stehen.

17 Weiteres Beispiel wäre etwa eine Regelung über die Anrechnung von Beschäftigungszeiten in einem ausländischen Unternehmen für den Kündigungsschutz nach deutschem Recht, vergl. *Winbichler*, S. 383 f.

18 *Henssler*, Arbeitsvertrag, S. 20.

einen „Rumpfarbeitsvertrag" reduziert und ein neuer Arbeitsvertrag mit dem aufnehmenden Unternehmen vereinbart.[19]

### dd) Unternehmensphilosophie

Nicht unterschätzt werden darf auch der Aspekt der Unternehmensphilosophie. Viele Unternehmen sind stolz auf bestimmte individuelle Merkmale, die sie von ihren Konkurrenten unterscheiden sollen (sog. „corporate identity")[20]. In der Systemgastronomie kommt es z.B. vor, dass Mitarbeiter weltweit die gleichen Uniformen tragen, gleiches gilt für Fluggesellschaften etc.[21] Mitbestimmungsrechtlich ist damit der Bereich von Arbeitsordnungen angesprochen. Das äußere Auftreten wird hier zu einem wichtigen Teil der Unternehmenspräsentation nach außen. Wichtig ist eine einheitliche Unternehmensphilosophie gerade auch dann, wenn es darum geht, die Mitarbeiter eines ausländischen Unternehmens nach einer Fusion in das Gesamtunternehmen zu integrieren.[22]

Teil der „corporate identity" sind auch unternehmensspezifische Mitarbeitervergünstigungen. Mit z.B. einer besonders guten Altersversorgung oder mit Belegschaftsaktien verschafft sich das Unternehmen nach außen hin und gegenüber den Mitarbeitern ein positives Image.[23] Dies kann gerade bei der Eroberung eines neuen Marktes von Bedeutung sein.

### ee) Gleiche Problemstellung in unterschiedlichen Ländern

Eine einheitliche Behandlung der Arbeitnehmer in Europa macht dann Sinn, wenn der Arbeitgeber eine Maßnahme in mehreren Betrieben in unterschiedlichen Ländern einführen will. Dies kann z.B. dann der Fall sein, wenn er eine EU-Richtlinie (z.B. Bildschirmrichtlinie) umsetzen muss.[24]

Aber auch bei der konzernweiten Einführung neuer Technologien kann man eine allgemeine Regelung in Betracht ziehen. Wenn in einem ausländischen Standort z.B. ein volldigitalisiertes, von dort aus betriebenes Einsatzplanungssystem

---

19 *Buttler*, ArG 1999 (9); S. 22; *Junker*, ZIAS 1995, S. 564, 576 f.

20 *Lecher/Platzer/Rüb/Weiner*, Europäisierung, S. 110.

21 *Fischer*, BB 2000, S. 562.

22 Oftmals stehen sich Mitarbeiter aus völlig unterschiedlichen sozialen und kulturellen Verhältnissen gegenüber; die Entwicklung einer einheitlichen Personalstrategie kann dabei zu einer komplizierten Arbeit werden. Deutlich wurde dies etwa bei der Fusion zwischen Chrysler und Daimler-Benz, *Keim*, ArG 1999 (9), S. 10, 13 f.

23 Vergl. *Hromadka/Maschmann*, Arbeitsrecht, Bd. 1, S. 75; *Birkigt*, S. 20, 23.

24 *Lecher/Platzer/Rüb/Weiner*, Europäisierung, S. 110.

errichtet wird und auch Arbeiter im Inland erfasst,[25] so drängt sich eine über die Landesgrenzen wirkende Vereinbarung geradezu auf.[26]

### ff) „Weiche Themen"

Generell bietet sich der Abschluss eines internationalen Abkommens bei den sog. „weichen Themen" an.[27] Dazu zählt etwa der Bereich der betrieblichen Umweltpolitik; der deutsche Gesetzgeber hat eine entsprechende Kompetenz nun ausdrücklich gesetzlich geregelt in § 88 Nr. 1a BetrVG.[28] Hierbei handelt es sich um ein Problem, welches nicht an Landesgrenzen Halt macht, sondern bei dem im Gegenteil ein umfassender Ansatz die größtmögliche Wirkung verspricht.[29] Denkbar erscheint es, zusätzliche Informationsrechte der betrieblichen Interessenvertretung einzurichten, Umweltausschüsse einzurichten oder die Voraussetzungen zu regeln, unter denen die Arbeitnehmer im multinationalen Konzern einheitlich das Recht haben sollen, sich wegen besonderer Umweltbelastung an die Behörden zu wenden.[30]

### gg) Grenzüberschreitende Zusammenarbeit

Auch materielle Arbeitsbedingungen eignen sich teilweise für grenzüberschreitende Regelungen. Denkbar erscheint eine Arbeitszeitregelung etwa dann, wenn das Unternehmen an einem internationalen Projekt unter Beteiligung mehrerer nationaler Standorte arbeitet.[31] Die enge Verbindung der Standorte ergibt sich dann daraus, dass die Betriebe über das Internet verbunden praktisch „wie ein Betrieb" arbeiten. Durch das Internet wird es z.B. ermöglicht, zentral Arbeitszeiten in unterschiedlichen Ländern zu koordinieren[32] und Just-in-time-Produkte herzustellen.

---

25 *Wedde*, RDV 1996, S. 5, 7.

26 Vergl. auch den Fall des ArbG München v. 29.8.1991, in dem die Unternehmensleitung ein grenzüberschreitendes EDV-System für die Standorte in Deutschland und Österreich einführen wollte, in DB 1991, S. 2295 (nur Leitsatz).

27 *Lecher/Nagel/Platzer*, Konstituierung EBR, S. 225, 229; siehe hierzu oben, § 2 II. 1.

28 *F/K/H/E* § 88 Rz 12; GK-BetrVG/*Wiese* § 88 Rz 12.

29 Zu dem allgemeinen Trend, dass sich arbeitsrechtliche Fragestellungen mehr und mehr dem Umweltschutz zuwenden, siehe aus tarifrechtlicher Sicht *Kempen*, in Kempen/Zachert § 1 Rz 258; *Deinert*, S. 72 ff.; *Stiller* ZIAS 1991, S. 194, 212; im Hinblick auf den EBR auch *Nagel*, WSI-Mitteilungen 1996, S. 494, 502; *Lecher/Nagel/Platzer*, Konstituierung EBR, S. 225, 229.

30 *Mückenbeger*, in FS Gitter, S. 689, 698; *Kempen*, in Kempen/Zachert § 1 Rz 258.

31 Vergl. *Däubler*, Globalisierte Wirtschaft, S. 11, 13; *Gaul*, AWD 1074, S. 471, 475.

32 *Fischer*, BB 2000, 562 f.; die Frage lautet dann, wie eine Regelung nach § 87 I Nr. 2 BetrVG aussehen könnte.

**b) Pflicht zur einheitlichen Behandlung der Arbeitnehmer?**

Die Frage nach der Vereinheitlichung von Arbeitsbedingungen wirft die Frage auf, inwiefern der Arbeitgeber nach dem arbeitsrechtlichen Gleichbehandlungsgrundsatz zur Gleichbehandlung verpflichtet ist.

Ob der Arbeitgeber - rein national betrachtet - unternehmens- bzw. konzernweit zur Gleichbehandlung verpflichtet ist, war lange Zeit umstritten. In einer jüngeren Entscheidung bejahte das BAG die Geltung des Gleichbehandlungsgrundsatzes im Unternehmen.[33] Dabei stellte es fest, dass das Hauptargument für die Geltung des Gleichbehandlungsgrundsatzes nicht in dem zwischen Arbeitgeber und Arbeitnehmerschaft angeblich bestehenden „Betriebsverhältnis" gesehen werden kann, vielmehr stehe der Aspekt der kompetenzbezogenen Verteilungsgerechtigkeit im Vordergrund. Der Gleichbehandlungsgrundsatz reiche so weit, wie eine Regelungskompetenz bestünde. Ist dem so, so erscheint es aber nur konsequent, den Gleichbehandlungsgrundsatz auch dann für anwendbar zu erklären, falls die Konzernspitze Leistungen aus dem „Konzernvermögen" gewährt.[34] Diese Auffassung wird in der Literatur bereits weitgehend vertreten.[35]

Auf der Ebene des Unternehmens sowie auf Konzernebene stellt sich, wenn man denn den Gleichbehandlungsgrundsatz für anwendbar hält, unmittelbar anschließend die Frage, wann ein sachlicher Differenzierungsgrund bejaht werden kann. Bei grenzüberschreitenden Unternehmen spitzt sich die Frage dahingehend zu, ob allein in der Belegenheit in einem anderen Land ein zulässiges Differenzierungsmerkmal gesehen werden kann.[36]

Dass an die unterschiedlichen Staatsangehörigkeiten nicht angeküpft werden darf, ergibt sich bereits auf europarechtlicher Ebene aus Art. 12 EGV, Art. 39 II EGV sowie in Entgeltfragen aus Art. 141 EGV. Darüber hinaus ist Art. 3 III GG und einfachgesetzlich §§ 75 I, 80 I Nr. 7 BetrVG zu nennen.

Unbestritten ist freilich, dass Differenzierungsgründe grds. in der unterschiedlichen Ausgestaltung der Betriebe zu sehen sein können.[37] Die Belegenheit des Betriebes oder Unternehmens in einem anderen Land ist für sich genommen aber noch kein Differenzierungsmerkmal. Eine andere Deutung wäre mit Art 39 II EGV nur

---

33 BAG v. 17.11.1998, SAE 2000, S. 129 ff.; nunmehr auch *Hromadka/Maschmann*, Arbeitsrecht, Bd. 1, S. 257.

34 Problematisch ist freilich, dass es ein „Konzernvermögen" im eigentlichen Sinne nicht gibt; angeküpft werden muss daher an das Vermögen der Muttergesellschaft

35 Siehe *Konzen*, RdA 1984, S. 65, 87 f; *Kittner*, in D/K/K vor § 54 Rz 107; kritisch *Windbichler*, S. 420 ff; a.A. die früher h.L., z.B. *Zöllner/Loritz*, S. 217.

36 Diese Frage stellt sich freilich nur dann, wenn deutsches Recht auf den in Rede stehenden Sachverhalt auch anwendbar ist, etwa nach einer Rechtswahl für den Arbeitsvertrag gemäß Art. 30, 27 EGBGB, oder wenn der Arbeitgeber auch durch das ausländische Recht zur Gleichbehandlung verpflichtet wird.

37 Vergl. BAG vom 30.11.1982, AP Nr. 54 zu § 242 BGB Gleichbehandlung.

schwer vereinbar. In den meisten Fällen werden sich jedoch aufgrund der Einbindung in eine verschiedenartige Wirtschaftsverfassung und Rechtsordnung Ansatzpunkte für eine Differenzierungsmöglichkeit ergeben. Die Frage nach einer grenzüberschreitenden Gleichbehandlungspflicht verbleibt daher letztlich weitgehend im Bereich des Theoretischen.[38]
Dennoch ist an dieser Stelle festzuhalten, dass bei gleichgelagerten Fällen der Arbeitgeber stets sorgfältig abwägen muss, ob ein zulässiger Differenzierungsgrund im Einzelfall ausgemacht werden kann. Sind die äußeren Rahmenbedingungen vergleichbar, so riskiert er eine unzufriedene Belegschaft und den Missmut der Gewerkschaften, wenn er z.B. im Nachbarland in einem ähnlichen Fall von betriebsbedingten Gründen absieht oder ein weniger großzügiges Prämiensystem einführen will. Dadurch entsteht zumindest ein mittelbarer Druck im Hinblick auf eine sachlich angemessene Gleichbehandlung.[39]

### 3. Schutz der Arbeitnehmerinteressen

#### a) Betriebliche Vereinbarungen und Arbeitnehmerschutz

Die Mitbestimmungstatbestände bezwecken, den Arbeitnehmern durch die obligatorische Beteiligung einer Arbeitnehmervertretung bei der Umsetzung von Arbeitgebermaßnahmen einen gewissen Schutz einzuräumen. Internationale betriebliche Vereinbarungen können zu diesem Schutz auf internationaler Ebene beitragen.[40] Durch eine Beteiligung bei der Umsetzung von Maßnahmen, die in gleicher Form mehrere Länder betreffen, kann der Gedanke der Verteilungsgerechtigkeit stärker berücksichtigt werden, was dem Arbeitnehmerschutz zugute kommt.
Fest steht jedenfalls, dass neben den Gefahren, welche die Abhängigkeit von einer Unternehmensführung im Ausland mit sich bringen, auch die jederzeit auftretenden Schwierigkeiten, die durch die Abhängigkeit eines Tochterunternehmens von dem herrschenden Mutterunternehmen entstehen, mit ins Auge gefasst werden müssen.[41]

---

[38] Ebenso im Prinzip auch *Junker*, Internationales Arbeitsrecht, S. 240 f.: Ausland ist nicht Inland.

[39] Siehe dazu auch *Däubler*, Globalisierte Wirtschaft, S. 13.

[40] Zu der Schutzfunktion der Betriebsvereinbarung vergl. *Kreutz*, Betriebsautonomie, S. 154 ff.; *Hönn*, S. 207.

[41] *Schaub*, in FS Söllner, S. 997, 1014; zu der Zulässigkeit internationaler Unternehmensverträge siehe MünchKommAktG/*Altmeppen* Einl. §§ 291 ff Rz 47 m.w.N.; *Emmerich/Sonnenschein*, S. 139.

**aa) Problematik des Arbeitnehmers im Konzern**

Hierzu zählt zuvorderst die Möglichkeit, dass die Muttergesellschaft einzelne Tochterunternehmen durch eine konzernweite Planung in eine negative wirtschaftliche Lage versetzt, indem z.B. Aufträge verlagert und wirtschaftliche Aktivitäten auf andere Unternehmen verteilt werden.[42] Konzernweit betrachtet treten die Arbeitnehmer des Konzerns in den jeweiligen Produktionsländer sodann in ein Konkurrenzverhältnis.[43] Das damit einhergehende Arbeitsplatzrisiko ruft die Frage nach dem Schutz der Arbeitnehmer in wirtschaftlichen Angelegenheiten (Sozialplan) hervor. Dabei wird man sagen können, dass die Bereitschaft der Konzernspitze, ein Unternehmen stillegen zu lassen, eher wächst, wenn dieses sich im Ausland befindet. Denn abgesehen von der räumlichen Distanz muss die Muttergesellschaft im Inland nicht mit einer schlechten Presse und Widerstand bei der inländischen Gewerkschaft rechnen, die Stillegung kann somit aus ihrer Sicht reibungsloser vollzogen werden.[44]

Generell problematisch ist beim Konzernarbeitsverhältnis auch die Frage, wer überhaupt als Arbeitgeber – sowohl individualrechtlich als auch betriebsverfassungsrechtlich – anzusehen ist und ob im Falle einer Insolvenz des Arbeitgebervertragspartners ein „Durchgriff" auf die Muttergesellschaft möglich ist. Dies ist schon im nationalen Recht zu verneinen,[45] erst recht bei einem multinationalen Konzern.[46] Im Gegensatz hierzu wird von der Rechtsprechung eine „konzerndimensionale" Betrachtungsweise an den Tag gelegt, sofern es um die Frage einer Anpassung der Betriebsrenten nach § 16 BetrAVG geht. Hier stellte das BAG unter bestimmten Voraussetzungen[47] auf die Leistungsfähigkeit der Konzernobergesellschaft ab, ohne dabei zu problematisieren, dass sich diese im Ausland befand.[48] Ohne weiteres ging das BAG damit davon aus, dass der transnationale Konzern – zumindest unter diesem speziellen Aspekt betrachtet – als eine Einheit anzusehen ist.

---

[42] *Windbichler*, S. 42, *Konzen*, RdA 1984, S. 65, 66.

[43] Vergl. *Mertens*, S. 185 f: Die Arbeitnehmer bei Skoda konkurrieren mit den Arbeitnehmern bei SEAT.

[44] Vergl. *Walz*, S. 120.

[45] *Windbichler*, S. 68 ff.

[46] *Eser*, S. 29.

[47] Es muss entweder der Abschluss eines Beherrschungs- und Gewinnabführungsvertrages oder ein sog. qualifiziert faktischer Konzern vorliegen.

[48] BAG v. 28.04.1992, NZA 1993, S. 72 ff.; vergl. auch BAG v.14.12.1993, NZA 1994, S. 551 ff.

Ferner besteht die Gefahr einer Aushöhlung der Mitbestimmungsrechte im Konzern.[49] Der deutsche Gesetzgeber hat das Problem erkannt und schaffte mit dem Konzernbetriebsrat (§§ 54 ff. BetrVG) die Möglichkeit, Mitbestimmung dort auszuüben, wo die für den Konzern wesentlichen Entscheidungen fallen. Dabei ist die Ausübung der Mitbestimmung allerdings schon bei rein innerstaatlichen Sachverhalten nicht ohne Probleme. Denn noch immer nicht geklärt ist die Frage, ob eine mit der Konzernspitze abgeschlossene Konzernbetriebsvereinbarung auch gegenüber nicht am Abschluss beteiligten Unternehmen gilt. Der Gesetzgeber hat in den §§ 54 ff. BetrVG nicht explizit geregelt, welche Wirkung eine Konzernbetriebsvereinbarung haben soll. Die eine Meinung stützt sich auf die rechtliche Unabhängigkeit der einzelnen Konzernunternehmen (Vorrang des Gesellschaftsrechts),[50] während die Gegenposition betont, die §§ 54 ff BetrVG liefen bei Verneinung einer Wirkung für und wider den Konzernunternehmen leer.[51] Für unseren Zusammenhang ist die Feststellung ausreichend, dass die überwiegende Ansicht zu einer Geltung auch in den nicht unmittelbar am Abschluss beteiligten Unternehmen gelangt.[52]

**bb) Problematik des Arbeitnehmers in einem transnationalen Konzern**

Auf internationaler Ebene kommt hinzu, dass die für den Arbeitnehmer wesentlichen Entscheidungen nicht bloß in einem anderen Unternehmen, sondern sogar in einem anderem Land getroffen werden. Da die Reichweite des BetrVG nach h.M. auf das Gebiet der BRD beschränkt ist,[53] laufen die betriebsverfassungsrechtlichen Rechte in diesem Fall sozusagen „doppelt leer".[54]
Da die territoriale Beschränkung der Betriebsverfassung oftmals als unbefriedigend angesehen wird, beschäftigt sich die Wissenschaft mitunter mit dem Entsendungsrecht von Arbeitnehmervertretern eines ausländischen Betriebes in einen bei dem deutschen Mutterunternehmen gebildeten Konzernbetriebsrat. Die

---

49 *Trittin*, in D/K/K BetrVG, vor § 54 Rz 98; *Bispinck/Schulten*, WSI Mitteilungen 1998, S. 241, 243; dieses Problem existiert parallel in den Nachbarstaaten, siehe *Wenker* S. 151 für die Sicht französischer Arbeitnehmer.

50 *Richardi/Annuß*, in Richardi, BetrVG § 58 Rz 42 f; *Windbichler*, S. 364, will danach differenzieren, ob es sich um eine die Arbeitnehmer belastende Regelung handelt; ebenso *Glaubitz*, in H/S/G § 58 Rz 2: Die Leitung des Konzerns könne sich gegenüber dem Konzernbetriebsrat nur verpflichten, ihren Einfluss für einen bestimmten Zweck einzusetzen.

51 GK-BetrVG/*Kreutz* § 58 Rz Rz 10 ff.; *F/K/H/E* § 58 Rz 34; *Bachner*, NZA 1995, S. 256, 258 ff.

52 ErfK/*Eisemann*, BetrVG § 58 Rz 2; GK-BetrVG/*Kreutz* § 58 Rz 15 m.w.N.; *F/K/H/E* § 58 Rz 34; differenzierend danach, ob ein Vertragskonzern oder ein faktischer Konzern vorliegt: *Wetzling*, S. 198 ff.; *Richardi*, ZIAS 1995, S. 607, 611; *Konzen*, RdA 1984, S. 65, 76.

53 Hierzu unten § 6 II. 1.

54 Vergl. hierzu auch die Ausführungen im Zusammenhang mit dem EBR, § 1 I. 2.

Frage lautet hier, ob ausländische Arbeitnehmer nicht wenigstens informell bei Entscheidungen der maßgeblichen Konzernspitze beteiligt werden können.[55]
Ferner ist umstritten, ob im Inland ein Konzernbetriebsrat gebildet werden kann, falls das herrschende Unternehmen im Ausland liegt, im Inland aber mehrere Unternehmen und Gesamtbetriebsräte bestehen.[56] Es besteht dann die Gefahr, dass zwar unter Umständen ein Konzernbetriebsrat im Inland gebildet wurde, dieser mangels Ansprechpartners im Inland faktisch seine Mitwirkungsrechte aber nicht ausüben kann, also insbesondere auch keine Konzernbetriebsvereinbarungen abschließen kann.[57]

### b) Insbesondere der Datenschutz

Ein signifikantes Beispiel für die Schutzbedürftigkeit des Arbeitnehmers in einem internationalen Konzern ist der Datenverkehr.[58]
Der Transfer von Daten in einem grenzüberschreitenden Unternehmen nahm in der Vergangenheit ständig zu. Durch die zentrale Verarbeitung, die in der Regel bei der Konzernmutter stattfindet, können Kosten gespart werden. Darüber hinaus kann sich die Zentrale aber zugleich einen umfassenden Überblick über die personellen Gegebenheiten in den einzelnen Standorten verschaffen und so zu einer umfassenden Mitarbeiterplanung und besseren Unternehmenssteuerung gelangen.[59]
Neben der zentralen Verwaltung von Arbeitnehmerdaten muss die neue Dimension gesehen werden, die durch die Vernetzung der Arbeitsplätze mit dem Internet entstanden ist. Besitzt ein Unternehmen einen eigenen Server und sind daran sämtliche Computer der Arbeitsplätze angeschlossen, so ergeben sich aus dem Betreiben des Servers zahlreiche Überwachungsmöglichkeiten der Arbeitnehmer.[60]
Liegt der Server im Ausland, gehen aber dennoch die Rechner der deutschen Mitarbeiter über diesen Server in das Internet, so stellt sich die Frage der

---

[55] Dafür z.B. *Grasmann,* ZGR 1973, 317, 325; *Däubler*, RabelsZ 39 (1975), 444, 462 ff.; *ders.*, Globalisierte Wirtschaft, S. 57 ff.; *Birk*, RIW/AWD 1975, S. 589, 593; *Reithmann/Martiny*, Internationales Vertragsrecht, S. 1127; dagegen die (wohl) h.M. *F/K/H/E* § 54 Rz 36; GK-BetrVG/*Kreutz* § 54 Rz 37; *Junker*, ZIAS 1995, S. 564, 571.

[56] Diese Möglichkeit wird bejaht von *Richardi/Annuß*, in Richardi, BetrVG § 54 Rz 35; *Grasmann*, ZGR 1973, 317, 323; a.A. z.B. *F/K/H/E* § 54 Rz 34.

[57] Insoweit wird erörtert, ob eine Pflicht der ausländischen Konzernspitze hergeleitet werden kann, einen entsprechenden Ansprechpartner im Inland einzurichten. Dies wird überwiegend verneint, vergl. *Gaul*, AWD 1974, S. 471, 474 ff.; *Birk*, RIW/AWD 1975, S. 589, 591 f.

[58] Zu den damit einhergehenden Gefahren *Franzen,* in EAS, B 5300, Rz 5. Hauptsächlich geht es darum, die Gefahr der Erstellung umfassender Persönlichkeitsprofile, die den Menschen mit allen Stärken und Schwächen abbilden („gläserner Mensch“), zu unterbinden. Andererseits ist freilich zu beachten, dass ein Unternehmen ohne umfangreiche Datenverarbeitungssysteme seinen Auskunfts- und Verwaltungspflichten nicht mehr nachkommen könnte.

[59] *Klug*, RDV 1999, S. 109, 110.

[60] *Klebe,* in D/K/K § 87 Rz 125, 163.

Sicherstellung eines einheitlichen Schutzniveaus. Die Regelung einer grenzüberschreitenden Vereinbarung über die Behandlung von Arbeitnehmerdaten soll deshalb Gegenstand einer näheren Untersuchung sein.
Werden in einem international verzweigten Unternehmen persönliche Daten von Arbeitnehmern ausgetauscht, etwa zur Planung einer unternehmensweiten Personalstrategie in die Zentrale ins Ausland übermittelt,[61] so ist nach deutschem Recht der Mitbestimmungstatbestand des § 87 I Nr. 6 BetrVG berührt.[62] Dies bedeutet, dass der Betriebsrat einer entsprechenden Regelung, die einen Datentransfer ermöglicht, zustimmen muss. Der Betriebsrat muss dabei die Rechte der Arbeitnehmer auf informationelle Selbstbestimmung, Art. 2 I GG, gebührend berücksichtigen, § 80 I Nr. 1 BetrVG, er ist also insbesondere gehalten, darüber zu wachen, dass die Grundsätze des BDSG nicht unterlaufen werden.[63] Im Ergebnis bedeutet dies, dass eine mitbestimmungspflichtige Vereinbarung nur dann zustande kommen kann, wenn in ihr sichergestellt wird, dass das datenschutzrechliche Niveau in Deutschland bei der Verwendung und Speicherung von Daten im Ausland nicht verloren geht. Dass dieser Standard letztlich nicht unterlaufen werden darf, darüber herrscht noch Einigkeit.
Nach einer Ansicht ist ein Datentransfer aber generell nur in solche Länder zulässig, die ein dem deutschen Recht entsprechendes datenschutzrechtliches Niveau aufweisen.[64]
Eine beachtliche Meinung will weitergehend einen Datentransfer zulassen. Wenn der ausländische Staat entweder gar keinen Datenschutz vorsieht oder diesen im geringeren Umfang garantiere, solle eine Datenübermittlung dennoch möglich sein, wenn das datenschutzrechtliche Niveau des entsendenden Staates mittels einer Vereinbarung garantiert werde (sog. Vertragslösung).[65] Für diese Ansicht sprechen vor allem Praktikabilitätsgesichtspunkte. Liegt das Mutterunternehmen etwa in den USA, erweist es sich wegen des durch Richterrecht und die verschiedene Landesgesetzgebungen geprägten Datenschutzrechts als praktisch aussichtslos, ein

---

[61] Möglich ist auch, dass das Verhalten von Mitarbeitern bei Just-in-time-Konzepten ständig digital überwacht wird, insbesondere der jeweilige Aufenthaltsort von Service-Technikern, siehe *Wedde*, RDV 1996, S. 5, 8.

[62] Datenschutzrechtlich ist das Mutterunternehmen nicht zugleich Arbeitgeber des Tochterunternehmens. Etwas anderes kann sich aber dann ergeben, wenn es sich um ein von vornherein konzernbezogenes Arbeitsverhältnis handelt, *Franzen*, EAS, B 5300, Rz 56.

[63] Jedoch konnte nach h.M. mittels einer Betriebsvereinbarung auch zuungunsten der Arbeitnehmer von dem BDSG abgewichen werden, BAG v. 27.5.1986 AP Nr. 15 zu § 87 BetrVG Überwachung; ErfK/*Wank* BDSG § 4 Rz 2.

[64] *Simitis*, CR 1991, S. 161, 175; *Wohlgemuth*, Rz 460 ff.

[65] *Riemann*, CR 1997, S. 762 m.w.N.; *Geis*, NJW 1997, S. 288, 292; *Klebe*, in D/K/K § 87 Rz 163; *Däubler*, in CR 1999, S. 49, *ders*, Gläserne Belegschaften, 1993, S. 163 f; *Däubler/Klebe/Wedde*, BDSG, Einl. Rz 200; ähnlich auch *Weiss*, ArbuR 1995, 438, 441.

einheitliches Schutzniveau festzustellen.[66] Die Alternative lautet dann, entweder eine „Vertragslösung" zuzulassen oder ganz auf eine Sicherung des Datenschutzes zu verzichten.

Diese Rechtslage wurde durch die am 24.10.1995 verabschiedete Richtlinie 94/46/EG[67] zum Teil modifiziert. Mit ihr ist innerhalb der EG eine gemeinsame Grundbasis geschaffen worden. Diese ermöglicht die Übermittlung von personenbezogenen Daten innerhalb der EG, ohne dass es einer speziellen Zusatzvereinbarung bedarf.[68] In Drittländer, die ein der EU gleichwertiges Datenschutzniveau besitzen, ist eine Übermittlung gemäß Art. 25 I der Richtlinie möglich. Probleme bereitet allerdings die Frage, wie die Angemessenheit eines ausländischen Datenschutzniveaus zu bestimmen ist.[69] Zwar schlägt die Richtlinie selbst insoweit einen Lösungsweg in Art. 25 III – VI vor, doch steht zu befürchten, dass ein Einschreiten der Kommission langwierig und politisch äußerst brisant sein kann.[70] Auch hier brächte eine „Vertragslösung" den Vorteil der Rechtssicherheit mit sich.

Der Abschluss eines grenzüberschreitenden Vertrages kommt darüber hinaus dann in Betracht, wenn der Konzern über das durch die Richtlinie festgelegte datenschutzrechtliche Niveau hinausgehen will. Dies könnte gerade einen Sinn in spezifischen Bereichen machen,[71] in denen traditionell ein großes Maß an Vorsicht im Umgang mit Daten erforderlich ist. Als von der Richtlinie abweichende Regelung kommt prinzipiell auch eine Betriebsvereinbarung in Betracht.[72]

Besteht in dem Drittland kein der EU vergleichbarers Schutzniveau, so ist in Art. 26 II der Richtlinie selbst eine „Vertragslösung" vorgesehen. Wie eine solche Vertragslösung auszusehen hat, sagt das Gesetz freilich nicht.

Möglich ist es, dass sich der inländische Übermittler und der ausländische Empfänger verpflichten, zugunsten der Arbeitnehmer die Daten nach dem Stand des EG-Datenschutzrechts zu schützen. Das Niveau des Datenschutzes wird aber unter anderem auch dadurch bestimmt, dass eine Arbeitnehmervertretung im Ausland die zentrale Leitung bezüglich der Einhaltung des deutschen Datenschutzniveaus überwachen kann.[73] Konsequenterweise müsste der im Ausland ansässigen Arbeitnehmervertretung zumindest ein dem § 80 I Nr. 1, II BetrVG vergleichbares Recht eingeräumt werden. Der Betriebsrat in Deutschland wäre auf der anderen Seite nach § 87 I Nr. 6 BetrVG zu beteiligen, sofern es um die

---

66 *Riemann*, CR 1997, S. 762, 763.
67 Abgedruckt in EAS A 3480.
68 *Geis*, NJW 1997, S. 288, 293.
69 *Däubler*, CR 1999, S. 49, 56.
70 *Geis*, NJW 1997, S. 288, 290.
71 Siehe den Erwägungsgrund 22 der Richtlinie 94/46/EG.
72 *Franzen*, EAS, B 5300, Rz 25.
73 *Simitis*, CR 1991, S. 161, 176.

Verarbeitung (Speicherung, Verknüpfung) der Arbeitnehmerdaten geht. Will sich die ausländische Konzernmutter gar gezielt ein Bild machen über die Fähigkeiten und Leistungsprofile ihrer Mitarbeiter, so wäre darüber hinaus das Mitbestimmungsrecht nach § 94 I BetrVG zu beachten.[74]
Bei der technischen Umsetzung einer Regelung erscheint es möglich, zunächst einen Vertrag zwischen Übermittler- und Empfängerarbeitgeber abzuschließen, um dann gesondert die Arbeitnehmervertretungen zu beteiligen. Sinnvoller ist es dann aber, die Arbeitnehmervertretungen möglichst frühzeitig zu beteiligen. Denn gegen den Willen des deutschen Betriebsrats kann eine Datenübermittlung ins Ausland ohnehin nicht durchgesetzt werden.[75]
Ist ein Unternehmen sowohl im EG-Inland als auch z.B. in Südamerika oder den USA vertreten, würde es sich anbieten, mittels einer internationalen betrieblichen Vereinbarung unter Einbeziehung der Arbeitnehmervertretungen unternehmens- oder konzernweit zu regeln, wessen Daten zu welchem Zweck wie lange gespeichert und übermittelt werden dürfen, welche Kontrollrechte bestehen etc.[76]

### c) Schutzbedürfnis des entsandten Arbeitnehmers

Neben dem Datenverkehr erscheinen die Arbeitnehmer besonders schutzwürdig im Falle der Entsendung ins Ausland.[77] Wird ein deutscher Arbeitnehmer ins Ausland entsendet, so geht damit in aller Regel einher, dass er im Ausland ein nicht so weit entwickeltes mitbestimmungsrechtliches Niveau vorfindet.[78]
Es besteht für den entsandten Arbeitnehmer regelmäßig darüber hinausgehend die Gefahr, dass er durch den Auslandseinsatz materielle Nachteile gegenüber der Rechtsstellung der nicht Entsendeten hinnehmen muss. Probleme treten vor allem im Zusammenhang mit der betrieblichen Altersvorsorge auf, z.B. muss sichergestellt werden, dass die Zeiten im Ausland mitberücksichtigt werden, dass keine Anwartschaften verlorengehen, es muss geregelt werden, ob eine gesetzliche

---

[74] *Richardi*, in Richardi, BetrVG, § 94 Rz 5; *Franzen* in EAS B 5300 Rz 83; gleiches gilt, wenn der Arbeitgeber an alle Arbeitnehmer mit der Frage herantritt, ob sie mit einer Weiterleitung ihrer persönlichen Daten einverstanden seien, *Däubler*, CR 1999, S. 49, 52.

[75] *Simitis*, CR 1991, S. 161, 168.

[76] Von einer Regelung durch Betriebsvereinbarung spricht auch *Klebe*, in D/K/K § 87 Rz 163; *Däubler*, Gläserne Belegschaften, S. 163 f; *Däubler/Klebe/Wedde*, BDSG, Einl. Rz 200. Nach Art. 26 II der Richtlinie wäre bei einer Datenübermittlung in einen Drittstaat ferner eine Genehmigung des Mitgliedstaates einzuholen. Ziel dieses Erfordernisses ist es, ein einheitliches Niveau der Übermittlungspraxis von Daten aus EU-Ländern zu erreichen. Diese obligatorische Beteiligung des Staates hindert aber nicht, die Vereinbarung als privatrechtlichen Vertrag aufzufassen. Eine öffentlich-rechtliche Genehmigung macht den Vertrag nicht etwa zu einem Akt der öffentlichen Gewalt.

[77] Zu den Fällen der Ausstrahlung unten, § 10.

[78] Zu Beispielen einer Betriebsvereinbarung mit einem solchen Gegenstand siehe unten, § 7 II. 1. a).

Rentenversicherung bei der Gesamtversorgung des Arbeitnehmers mitzuberücksichtigen ist usw.[79]

### d) Entzerrung des Standortwettbewerbs

Unter dem Aspekt des Arbeitnehmerschutzes kommen schließlich ganz generell vereinheitlichende Regelungen in Frage. Wäre in einer internationalen Regelung z.B. ein Mindestniveau im Arbeitszeitschutz oder der Arbeitssicherheit (aus Arbeitnehmersicht im Idealfall eine Art von Beschäftigungssicherungspaket)[80] festgelegt, so würde dadurch der Wettbewerb zwischen den einzelnen Standorten untereinander[81] deutlich entschärft.
Von Seiten der Arbeitnehmer wird ferner in letzter Zeit verstärkt der Ruf nach der Einführung sog. codes of conducts laut. Dabei soll durch eine Selbstbindung der Arbeitgeber dazu veranlasst werden, die von der ILO anerkannten Grundprinzipien wie das Verbot von Zwangs- und Kinderarbeit, Koalitionsfreiheit, Verbot von Diskriminierung der Beschäftigten wegen unterschiedlicher Rasse, Religion oder des Geschlechts europa- und weltweit zu beachten.[82]

## 4. Koordinierung und Sicherung von Mitbestimmung

Die Feststellung, dass es in multinationalen Unternehmen und Konzernen zu Defiziten bei der Ausübung von Mitbestimmung kommen kann, wirft die Frage auf, ob die Mitbestimmungsrechte der einzelnen Länder nicht aufeinander abgestimmt werden können. Ferner ist zu fragen, ob Mitbestimmung dort, wo sie gesetzlich nicht zwingend vorgeschrieben ist, auf freiwilliger Basis eingerichtet werden kann.

### a) Unzufriedenheit der Arbeitnehmer

Mitbestimmungsrechte werden den Arbeitnehmervertretern in Gesetzen zugewiesen.[83] Solche Gesetze sind stets von hoher sozialpolitischer Brisanz und oftmals das Ergebnis eines zähen Ringens beider Seiten. Daher ist es im Grundsatz unwahrscheinlich, dass von dieser hart umkämpften Kompromisslösung der Arbeitgeber und die betriebliche Arbeitnehmerinteressenvertretung durch eine vertragliche Abmachung abweichen wollen.

---

[79] *Buttler*, ArG 1999 (9), S. 22, 25.

[80] Vergl. in diesem Zusammenhang die Vereinbarung über die Schließung des GM-Werkes in Luton, oben unter § 2 II. 3. e).

[81] Zu dem Problem siehe oben unter I. 3. a) aa).

[82] *Klebe/Roth*, AiB 2000, S. 749, 758; siehe hierzu das Beispiel der Dt. Bank, § 2 II. 3. a).

[83] Eine Ausnahme besteht freilich für Dänemark und Großbritannien, wo der Tarifvertrag die Grundlage von Mitbestimmungsrechten darstellt; hierzu näher oben, § 2 III. 3. d).

Aus deutscher Sicht ist rechtlich zumindest gegen eine Erweiterung der Beteiligungsrechte nichts einzuwenden.[84]
Das Zugestehen von gewissen Mitwirkungs- oder Mitbestimmungsrechten ist jedoch dann denkbar, falls eine Seite (in der Regel die Arbeitnehmerseite) mit dem derzeitigen Regelungssystem so unzufrieden ist, dass dadurch der soziale Friede im Betrieb und Unternehmen gefährdet wird. Als Beispiel können die in einigen europäischen Großunternehmen vor 1994 abgeschlossenen Vereinbarungen über die Einräumung von Informationsrechten angesehen werden. Noch bevor die Richtlinie 94/45/EG am 22.9.1994 verabschiedet wurde, kam es in einigen multinationalen Unternehmen auf Druck der Arbeitnehmerseite zu Vereinbarungen, die als Vorläufer der Vereinbarungen zur Errichtung eines EBR gelten können.[85]
Einige Unternehmen kamen schon relativ früh zu der Einsicht, dass es auch für die Unternehmensleitung lohnend sein kann, wenn durch das Zugestehen von Informationsrechten eine positive Haltung auf Seiten der Arbeitnehmer und der Gewerkschaften „erkauft" werden kann. Dies gilt umso mehr, als es auf internationaler Ebene grds. nicht darum geht, echte Mitbestimmung einzuräumen, sondern lediglich Informations- und Konsultationsrechte zu schaffen oder effizient zu gestalten. Dadurch verbleibt die Entscheidungsmacht in der Sache beim Arbeitgeber. Dieser erklärt sich durch eine solche Abrede allenfalls bereit, ein Gremium der Arbeitnehmer auf einem Niveau zu informieren, dass auch der eigenen Handlungsweise entspricht, nämlich auf einem länderübergreifenden Niveau.

### b) Profit der Unternehmensleitung durch mehr Mitbestimmung

Eine solche Denkweise mag durchaus als fortschrittliches Management angesehen werden.[86] Qualifizierte Arbeitskräfte können durch ein hohes Sozialniveau angezogen werden, was sich direkt auf die Qualität der Arbeit auswirkt.[87]

---

[84] BAG v. 10.2.1988, AP Nr. 53 zu § 99 BetrVG 1972; ErfK/*Eisemann* § 1 BetrVG Rz 19; *F/K/H/E* § 1 Rz 245 ff.

[85] Insgesamt waren mindestens 30 multinationale Konzerne, wie z.B. *Bayer*, *Renault*, *Volkswagen*, *Hoechst* und *Nestlé*, betroffen, *Blanke*, EBRG, Einl. Rz 37.

[86] *Wirmer*, DB 1994, S. 2134; *Däubler*, EuZW 1992, S. 329, 335; *Lecher/Nagel/Platzer*, Konstituierung EBR, S. 224. Interessant ist in diesem Zusammenhang eine empirische Studie aus dem Jahre 1989 des Dubliner Instituts zur Verbesserung der Lebens- und Arbeitsbedingungen, hierzu *Fröhlich/Krieger*, WSI-Mitteilungen, S. 624 ff. Gegenstand der Untersuchung war das Mitbestimmungsniveau bei der Einführung von neuen Technologien. Insgesamt begrüßte die Arbeitgeberseite, die Arbeitnehmer bei der Einführung neuer Technologien stärker zu beteiligen. Auch eine weitere interessante Konsequenz ist aus der Studie ableitbar: Gerade Dänemark und Deutschland, also Länder mit einem hohen Produktivitätsniveau, sahen eine weitgehende Beteiligung sowohl bei der Planung als auch bei der Umsetzung vor. Partizipation kann daher durchaus auch als „Produktionskraft" angesehen werden.

Ferner wird mit der. Einbindung der nationalen Arbeitnehmervertretungen in schwierige Entscheidungen die Akzeptanz von Maßnahmen des Arbeitgebers bei den Belegschaften erhöht.[88] Dies gilt z.B. für so heikle Themen wie grenzüberschreitende Umstrukturierungen.[89] Nicht zuletzt wird durch das Zugestehen gewisser Mitwirkungsrechte das Image des Unternehmens positiv beeinflusst.[90] Das Unternehmen kann sich auf diesem Wege als weltoffenes, „europäisches“ Unternehmen in der Öffentlichkeit präsentieren.[91] Ein Interesse an der Einsetzung eines länderübergreifenden Gremiums der Mitbestimmung kann aus Arbeitgebersicht auch dann bestehen, wenn mit der Einrichtung des Gremiums zugleich die guten nationalen Erfahrungen mit kooperativen Arbeitsbeziehungen auf ein europäisches Niveau gehoben werden (Stichwort: Kooperation anstatt Konfrontation). Dies könnte Signalwirkung auch für die Zusammenarbeit in den Nationalstaaten haben.[92]

### c) Anwendungsbereich außerhalb des EBR

Auf europäischer Ebene gibt es mit dem EBRG (und den parallel erlassenen Ausführungsgesetzen in den Nachbarländern) jedoch schon ein Gesetz, dass eine Arbeitnehmermitbestimmung regelt. Die Frage nach einer freiwilligen Vereinbarung über Mitwirkungsrechte stellt sich also im Grundsatz nur außerhalb des Anwendungsbereichs des EBRG.

Es muss sich also um Unternehmen handeln, welche die Voraussetzungen des § 3 I EBRG nicht erfüllen: Es dürfen also nicht mindestens 1000 Arbeitnehmer in den Mitgliedstaaten und davon jeweils mindestens 150 Arbeitnehmer in mindestens zwei Mitgliedsstaaten beschäftigt werden.[93] Wird die Schwelle von 1000 Arbeitnehmern etwa knapp unterschritten, so dürfte aus Arbeitnehmersicht ein nicht minder anerkennenswürdiges Bedürfnis nach einer Institutionalisierung von überstaatlichen Anhörungs- oder Konsultationsrechten bestehen. Das Kernproblem,

---

87 *Steinmeyer*, ZIAS 1995, S. 208, 223.

88 *Schlachter*, RdA 1993, S. 324, 327.

89 *Lecher/Nagel/Platzer*, Konstituierung EBR, S. 225; *Kolvenbach*, NZA 2000, S. 518, 526; *Uhl/Lavon*, in Deppe (Hrsg.), EBR, S. 216, 228 für das Beispiel VW.

90 *Heinze*, AG 1995, S. 385, 395.

91 *Däubler*, EuZW 1992, S. 329, 336; *Keller*, WSI-Mitteilungen 1996, S. 470, 479.

92 *Lecher/Nagel/Platzer*, Konstituierung EBR, S. 225; *Krimphove*, S. 270; *Uhl/Lavon*, in Deppe (Hrsg.), EBR, S. 222.

93 Für Unternehmensgruppen gilt nach § 3 II EBRG Analoges: Sie muss mindestens zwei Unternehmen in zwei verschiedenen Mitgliedsstaaten haben; die Arbeitnehmervertretung wird dann gemäß § 7 bei dem herrschenden Unternehmen eingerichtet.

nämlich das Treffen der wichtigen Unternehmensentscheidungen über die Köpfe der nationalen Arbeitnehmervertretungen hinweg, ist hier das gleiche.[94]
Ebenso käme eine autonome Vereinbarung über Mitwirkungsrechte in Betracht, falls ein Konzern Tochterunternehmen nur in einem Land der EG und sonst nur in Ländern außerhalb des Anwendungsbereichs der Richtlinie 94/45/EG hat.
Interessant ist in diesem Zusammenhang auch, dass multinationale Unternehmen in Großbritannien bereits zu einem Zeitpunkt rege die Institutionalisierung von Mitbestimmung auf europäischer Ebene vorangetrieben haben, als die Richtlinie für sie noch gar nicht verbindlich war.[95] Zum Teil werden in der Vereinbarung zur Errichtung des EBR auch schon freiwillig Länder einbezogen, für welche die Richtlinie geographisch gar nicht gilt.[96] Dies läßt den Schluss auf die Feststellung zu, dass das Interesse an kooperativen Arbeitsbeziehungen in multinationalen Unternehmen offenbar weiter verbreitet ist als bisher angenommen.[97] Dieser Gedanke wird bestätigt durch die freiwilligen Abkommen in der letzten Zeit zwischen EBR und zentraler Leitung (hierzu § 2 II.).

### d) Koordinierung internationaler Zusammenarbeit

Eine Vereinbarung ist auch sinnvoll, sofern es um die Koordinierung von Treffen von nationalen Arbeitnehmervertretern unterhalb der Ebene des EBR geht. Auch hierzu gibt es erste Ansätze.[98] In dem Unternehmen *Tenovis* trafen sich Betriebsräte aus Frankfurt und Stuttgart im Januar 2001 erstmals zu einer einer Betriebsratssitzung ähnlichen Zusammenkunft mit französischen Arbeitnehmervertretern.[99] Es fand ein Informationsaustausch statt über Themen wie die Unternehmensbilanz, zukünftige Aufgaben der Fertigung und der Entwicklung u.ä. Auf diesem Wege werden Ansätze zu einer grenzübergreifenden Arbeitnehmerstrategie ersichtlich. Aus einem dieser Treffen ging bereits eine Resolution und ein gemeinsam verfasster Forderungskatalog hervor. Rechtlich problematisch ist hier, ob die Arbeitnehmervertreter zu solchen Treffen ins Ausland fahren dürfen und ob sie die Kosten von dem Arbeitgeber ersetzt verlangen können,

---

[94] In der Diskussion um die Revision der Richtlinie 94/45/EG wird u.a. gefordert, den Grenzwert von 1000 Arbeitnehmern auf 500 Arbeitnehmern herabzusetzen, hierzu EWCB (36) 2001, S. 13 f.

[95] Für Großbritannien galt die Richtlinie erst seit dem 15.12.1997. Zusammen mit Nordirland hatte Großbritannien zunächst von der Möglichkeit des „opt-out" nach dem EG-Vertrag in Fragen der Sozialpolitik Gebrauch gemacht. Mit der Richtlinie des Rates 97/74/EG wurde der Geltungsbereich der Richtlinie 94/45/EG auch auf Großbritannien und Nordirland erstreckt.

[96] In 19 % aller Abkommen wurde z.B. die Schweiz gleich mit aufgenommen, *Blanke*, EBRG, Einl. Rz 44.

[97] *Blanke*, EBRG, Einl. Rz 44.

[98] Vergl. die Studie der *European Foundation* (Hrsg.), Bargaining, S. 3 f.; *Mertens*, S. 377.

[99] Vergl. www.igmetall.de/betriebsraete/eurobr/tenovis.html, abgerufen am 17.03.2003.

§ 40 BetrVG. Die Rechtsprechung ist hier z.T. recht großzügig,[100] doch bleiben Unsicherheiten bestehen. Hilfreich wäre, wenn in einer Vereinbarung solche Treffen auf eine vertragliche Grundlage gestellt würden (mit oder ohne direkter Einbeziehung der ausländischen Arbeitgeber).[101]
Ähnliche Treffen gab es bei dem Unternehmen *Bosch*.[102] Dort wurde eine „Kontaktgruppe" gegründet, um eine gemeinsame Stellungnahme der in den Niederlanden ansässigen Betriebsräte gegenüber dem bei *Bosch* gebildeten EBR zu formulieren. Die Unternehmensleitung erklärte sich bereit, diese „Kontaktgruppe" auf eine vertragliche Grundlage zu stellen. In einem unternehmensweiten Vertrag könnte z.B. auch geregelt werden, dass jede betriebliche Arbeitnehmervertretung einen Computer und ein e-mail-Programm zur Verfügung gestellt bekommt.[103]
Möglich ist es auch, dass mittels Vereinbarung zwischen der Unternehmensleitung in Deutschland und ausländischen Arbeitnehmervertretungen letzteren erlaubt wird, zu informativen Zwecken an Gesamtbetriebsratssitzungen teilzunehmen, wobei dann die Kosten der Anfahrt etc. von der Unternehmensleitung ersetzt würden. Regelungsbedürftig scheint auch die Frage zu sein, wer die Dolmetscherkosten für grenzüberschreitende Treffen von Arbeitnehmervertretern trägt.
Besonders deutlich wird der Trend hin zu Treffen von Arbeitnehmervertretern in dem zunehmenden Entstehen von sog. „Weltbetriebsräten".[104] Teils in Erweiterung von schon bestehenden Europäischen Betriebsräten, teils unabhängig davon wurde die jahrelange Praxis von Treffen von Arbeitnehmervertretern aus allen Standorten der Welt in multinationalen Konzernen auf eine vertragliche Grundlage gestellt. 1999 wurde bei *VW* eine „Weltkonzernbetriebsratsvereinbarung" getroffen, die das

---

[100] Vergl. Arb München BB 1991, S. 2375; ebenso *F/K/H/E* § 37 Rz 30; *Plander*, AiB 1997, S. 195 ff.; *Däubler*, Globalisierte Wirtschaft, S. 79; *Wedde*, in D/K/K § 40 Rz 20; a.A. *Schaub*, ArbR-Handbuch § 221 II 1. a); MünchArbR/*Joost* § 308 Rz 8.

[101] Im Falle einer vorherigen Vereinbarung bestehen keine Bedenken, dass die Reisekosten der Betriebsratsmitglieder zu ersetzen sind, vergl. *Wedde*, in D/K/K § 40 Rz 21; im Grundsatz auch ErfK/*Eisemann* § 40 BetrVG Rz 8; vergl. auch die Entscheidung des LAG Niedersachsen v. 10.6.1992, BB 1993, 291; dort wurde den nationalen Betriebsräten gestattet, zur Wahrnehmung des durch Art. 18 IV der Verordnung EWG Nr. 4064/89 eingeräumten Anhörungsrechts ins Ausland zu reisen.

[102] Hierzu www.igmetall.de/betriebsraete/eurobr/erfahrung_bosch.html, abgerufen am 17.03.2003.

[103] Das Internet ist mittlerweile die Kommunikationsplattform Nr. 1, soweit es um die Abstimmung zwischen Arbeitnehmergremien aus unterschiedlichen Ländern geht. Das Zuverfügungstellen eines Intenetzugangs ermöglicht oftmals erst eine grenzüberschreitende Kontaktaufnahme. Das Niveau an Ausstattung mit elektronischer Hilfe ist jedoch innerhalb von Europa z.T. noch recht unterschiedlich. In dem Unternehmen *Ericsson* besitzen z.B. die deutschen Betriebsräte einen Internetzugang, während einige EBR-Mitglieder aus südlichen Ländern noch nicht einmal über einen PC verfügen, zum Ganzen siehe *Hakvoort/Mempel*, Elektronische Vernetzung, S. 22 ff.

[104] *Rüb*, Mitbestimmung 2000, (12), S. 40, 41.

daneben bestehende Gremium des EBR unberührt lässt. Ähnliche Vereinbarungen bestehen bei dem schwedischen Metallkonzern *SKF* und bei dem französischen Lebensmittelkonzern *Danone*.[105]

## II. Zusammenfassung

Für eine internationale betriebliche Vereinbarung besteht ein Bedürfnis in mehrfacher Hinsicht. Mittels einer transnationalen Vereinbarung könnte eine Vereinheitlichung der Arbeitsbedingungen in einem multinationalen Unternehmen vorangetrieben werden. Ferner wäre es möglich, der Schutzbedürftigkeit eines Arbeitnehmers in einem multinationalen Unternehmen angemessen Rechnung zu tragen (z.B. beim Datenschutz). Schließlich erfordert die Abstimmung und Erweiterung von Mitbestimmung den Abschluss von Verträgen, die zwischen den Betriebspartnern geschlossen werden könnten.

## III. Ergebnis 1. Teil

In § 3 wurde erörtert, dass das europäische Ausland ähnliche betriebliche Vereinbarungen kennt wie die deutsche Betriebsvereinbarung oder die Regelungsabrede. Betriebliche Verträge mit einer demokratisch gewählten Arbeitnehmervertretung sind europaweit betrachtet keine Besonderheit. In § 2 wurde anhand des EBR nachgewiesen, dass in Unternehmen ein praktisches Interesse bestehen kann, grenzübergreifende Verträge zu schließen. Als Ausgangspunkt für grenzüberschreitende Verhandlungen gewinnt das multinationale Unternehmen an Bedeutung. In § 4 wurden einige Gegenstände benannt, die sich für den Abschluss eines internationalen Abkommens innerhalb eines Unternehmens eignen würden. Damit können die tatsächlichen Rahmenbedingungen bejaht, die für den Abschluss internationaler betrieblicher Vereinbarungen erforderlich sind.

Im 2. Teil sollen nun die rechtlichen Grundlagen für den Abschluss eines transnationalen Abkommens auf Betriebsebene näher untersucht werden. Zunächst wird versucht, in § 5 den gegenwärtigen Stand des Arbeitskollisionsrechts zu skizzieren. Auf diese Prinzipien muss später im Zusammenhang mit dem Problem der Anknüpfung einer betrieblichen Vereinbarung zurückgegriffen werden. In § 6 soll auf das Verhältnis zwischen einer internationalen betrieblichen Vereinbarung und einem internationalen Tarifvertrag eingegangen werden.

---

105 *Rüb*, Mitbestimmung 2000, (12), S. 40 f.

# *2. Teil: Rechtliche Grundlagen von internationalen betrieblichen Vereinbarungen*

## § 5 Prinzipien des Arbeitskollisionsrechts

Im folgenden werden die grundlegenden Prinzipien, die das Arbeitskollisionsrecht bestimmen und für unseren Zusammenhang von Interesse sind, in der gebotenen Kürze dargestellt.

### I. Bildung einer Kollisionsnorm

In methodischer Hinsicht lassen sich zwei Wege unterscheiden, um eine Einordnung einer betrieblichen Regelung im internationalen Privatrecht vorzunehmen.

#### 1. Ausgehen „vom Sachverhalt her“

Ein Weg besteht darin zu fragen, welche Rechtsordnung für den jeweils vorliegenden Sachverhalt maßgeblich sein soll. Von dem konkreten Fall ausgehend wird die Frage aufgeworfen, welche Rechtsordnung die mit dem Fall einhergehenden Rechtsfragen klären soll. *F.C. Savigny* brachte das Problem in der folgenden sprachlichen Fassung auf den Punkt. Entscheidend sei, dass bei jedem Rechtsverhältnis dasjenige Rechtsgebiet aufgesucht werde, welchem dieses Rechtsverhältnis seiner eigentümlichen Art nach angehört oder unterworfen ist (worin dasselbe seinen Sitz hat).[1] Diese Vorgehensweise geht von dem Gedanken aus, dass alle Rechtsordnungen weitgehend gleichwertig sind, sie zeigt sich im Ausgangspunkt offen für alle in Betracht kommenden Rechtsordnungen (sog. Universalitätsprinzip).[2] Das „Ausgehen vom Sachverhalt her“ ist nach der Überwindung der sog. Statutentheorie[3] zum zentralen methodischen Ausgangspunkt bei der Lösung von Fällen mit Auslandsberührung geworden.[4] Die Formulierungen schwanken zwar, die Rede ist von der Suche nach der „engsten Berührung mit einer Rechtsordnung“, vom „Schwerpunkt der Rechtsverhältnisse“ etc.,[5] in der Sache unterscheiden sich die jeweiligen Formulierungen aber nicht.

---

1 *Savigny*, System VIII, S. 28, 108.

2 *Kegel/Schurig*, IPR, S. 167 f.; *Junker*, ZIAS 1995, S. 564, 567; *ders.* IPR, S. 75; *Neuhaus*, RabelsZ 46 (1982), S. 4, 16.

3 Vergl. hierzu *von Bar*, IPR, Bd. 1, S. 369 ff.

4 *Kropholler*, IPR, S. 16 ff.; *Neuhaus*, RabelsZ 46 (1982), S. 4, 11; *Kegel/Schurig*, IPR, S. 163 ff.

5 MünchKomm/*Sonnenberger* Einl. IPR Rz 13.

Auch der Gesetzgeber schloss sich dieser Ansicht an;[6] mit der Kodifizierung der Art. 27 ff. EGBG[7] wird unterstrichen, dass vom Sachverhalt ausgehend gefragt werden muss, zu welcher Rechtsordnung die „engste Verbindung" besteht.[8] Auf diesem Weg wird ein System allseitiger Kollisionsnormen entwickelt, welches nicht nur die Anwendbarkeit des inländischen, sondern jedes beliebigen ausländischen Rechts regelt.[9]

## 2. Ausgehen „vom Gesetz her"

Die zweite Vorgehensweise bei der Lösung von Fällen mit Auslandsbezug besteht darin zu fragen, welche Sachverhalte ein bestimmtes Gesetz regeln will. Ausgangspunkt ist also nicht mehr der Sachverhalt, sondern das Gesetz.[10] Die Lösung des Falles ergibt sich dann durch die Feststellung, dass ein bestimmtes Gesetz den Sachverhalt mit Auslandsberührung erfassen will (oder eben nicht). Hintergrund dieser Vorgehensweise ist, dass bei bestimmten Gesetzen die Durchsetzung des inländischen Rechts gegenüber dem ausländischen Recht aufgrund bestimmter öffentlicher oder sozialpolitischer Interessen[11] als vorrangig erachtet wird. Auch *Savigny* kannte bereits „Gesetze von streng positiver, zwingender Natur".[12] Anerkannt ist, dass die Normen des öffentlichen Rechts sog. Eingriffsnormen,[13] d.h. Normen mit einem international zwingenden Geltungswillen sind.[14] Möglich ist es aber auch, dass privatrechtliche Gesetze einen Eingriffscharakter besitzen, sofern ihnen ein international zwingender Geltungs-

---

6 BT-Drucks. 10/504, S. 22.

7 Diese Vorschriften gehen auf das Römische EWG-Übereinkommen über das auf vertragliche Schuldverhältnisse anzuwendende Recht (kurz EVÜ) vom 19.6.1980 zurück, BT-Drucks. 10/503 S. 1 ff.

8 So etwa in den Art. 27 III, 28 I, II, Art. 30 II EGBGB. Das Prinzip der „engsten Verbindung" beherrscht z.B. auch das Kollisionsrecht in der Schweiz und Österreich, *Junker*, IPR, S. 73.

9 Palandt/*Heldrich*, EGBGB Einl. Rz 18; Soergel/*von Hoffmann*, vor Art. 27 EGBGB Rz 17 f.

10 Der in diesem Zusammenhang gebräuchliche Terminus „Sonderanknüpfung" ist zu unterscheiden von einer „gesonderten Anknüpfung", bei der in Bezug auf einen einheitlichen Sachverhalt verschiedene Aspekte einer getrennten kollisionsrechtlichen Betrachtungsweise unterstellt werden. Freilich wird auch in diesem Zusammenhang von „Sonderanknüpfung" gesprochen; siehe hierzu unten, § 8 II.

11 Zur „politischen Schule" des IPR MünchKomm/*Sonnenberger* Einl. Rz 14 ff.; *Rehbinder*, JZ 1973, S. 151 ff.; *Schwander*, S. 368 ff.

12 *Savigny*, System VIII, S. 33.

13 Begrifflich das gleiche wird mit dem Terminus „lois d'application immédiate" ausgedrückt, vergl. *Schwander*, S. 248 f.; *Junker*, IPrax 1989, S. 69,73.

14 Im Sozialversicherungsrecht z.B. ist also nur zu fragen, ob das inländische Gesetz den Sachverhalt erfasst, nicht, welches Sozialversicherungsrecht überhaupt zur Anwendung kommt, näher *von Bar*, IPR, Bd .1 S. 247 ff.

wille entnommen werden kann.[15] Es wird in diesen Fällen gerade nicht von der Austauschbarkeit der Rechtsordnungen ausgegangen, sondern von dem international zwingenden Vorrang bestimmter staatlicher Ordnungsvorstellungen. Es handelt sich um einseitige Kollisionsnormen, die zu einer Sonderankúpfung führen.[16]
Auch diese Methodik hat der Gesetzgeber prinzipiell anerkannt, indem er infolge des bereits erwähnten EVÜ vom 19.6.1980 die Vorschrift des Art. 34 EGBGB einführte. Diese Norm umschreibt nicht näher, wann eine Sonderanknüpfung zulässig sein soll, sondern setzt diese voraus. Speziell im Zusammenhang von Art. 34 EGBGB wird überwiegend der Terminus „Eingriffsrecht" verwandt, um zu betonen, dass sich das mittels einer Sonderanknüpfung gefundene Recht stets gegenüber der lex causae durchsetzt.[17]

### 3. Verhältnis der beiden Vorgehensweisen zueinander

Beide methodischen Ansätze haben ihre Vor- und Nachteile. Für die Sonderanknüpfungslehre spricht, dass sie den internationalen Entscheidungseinklang fördert.[18] Dem traditionellen Ansatz im Sinne von *Savigny* ist ferner entgegengehalten worden, er sei zu einer Zeit entwickelt worden, in der es noch keine oder wenige Gesetze gab, die neben dem Ausgleich von Rechten Privater einen politischen Zweck verfolgten.[19] Dies mag richtig sein, doch vermögen diese Erkenntnisse nicht dazu zu führen, von dem traditionell verstandenen System der Herausbildung allseitiger Kollisionsnormen abzuweichen.[20] Allenfalls in Betracht kommt eine Ergänzung des herkömmlichen Systems bei Problemfällen,[21] bei denen die Rechtsanwendungsfrage vom Gesetz her betrachtet wegen des hohen ordnungspolitischen Gehalts des Gesetzes als einzig sinnvoll anzusehen ist.[22] Am Grundgedanken des Ausgehens vom Sachverhalt her sollte jedenfalls festgehalten

---

[15] BT-Drucks. 10/504, S. 83.

[16] Grundlegend *Wengler*, ZVerglRWiss 54 (1941), S. 168 ff., insbesondere 178; *Zweigert*, RabelsZ 14 (1942), S. 283 ff., insbesondere 295; aus neuerer Zeit *Schäfer*, in FS Sandrock, S. 37, 43 ff.

[17] Vergl. hierzu vor allem *Schwander*, S.248 ff., 314 f., der zutreffend darauf hinweist, dass ein Unterschied zwischen Sonderanknüpfung und Eingriffsnorm allein in einem psychologischen Moment zu finden ist; der Richter soll zuerst anknüpfen, erst dann soll sich das „chauvinistische" nationale Recht durchsetzen.

[18] MünchKomm/*Martiny* Art. 34 EGBGB Rz 33.

[19] *Rehbinder*, JZ 1973, S. 151, 153; MünchKomm/*Sonnenberger* Einl. IPR Rz 13, 34; *Basedow*, RabelsZ 52 (1988), S. 8, 37; zu alternativen theoretischen Ansätzen der neueren Zeit vergl. *E. Lorenz*, Struktur des IPR, S. 16 ff., 97 ff.

[20] Ausführlich *Neuhaus*, RabelsZ 46 (1982), S. 4 ff.

[21] *E. Lorenz*, RIW/AWD, 1987, S. 569, 579.

[22] Zur Vereinbarkeit beider Ansätze vergl. *Schurig*, RabelsZ 54 (1990), S. 217, 229 ff.; *Basedow*, RabelsZ 52 (1988), S. 8, 9, 20 f.

werden. Denn ein System, welches in weitem Umfang Sonderanknüpfungen befürwortet, muss sich den Vorwurf gefallen lassen, dass es die wünschenswerte Vereinheitlichung des IPR erschwert.[23] Es muss ferner als national-introvertiert gelten, da es nur darauf achtet, seine Vorschriften zur Anwendung zu bringen.[24] Damit einhergehend besteht die Gefahr, dass fremdes Recht nicht als gleichwertig angesehen wird, sondern dass dem inländischen (vermeintlich) besseren Recht vorschnell der Vorrang eingeräumt wird.[25] Wer von den Gesetzen her ausgehen will, geht letztlich von den politischen oder wirtschaftlichen Interessen des Staates aus. Wer von den einzelnen Rechtsverhältnissen ausgeht, geht – richtigerweise – zuerst von den betroffenen Menschen und deren Interessen aus.[26] Schließlich können handgreifliche Probleme auftreten, wenn sich für einen Sachverhalt entweder mehrere Gesetze oder gar kein Gesetz für einschlägig erklären (Normenhäufung oder Normenmangel).[27]
Für die weiteren Überlegungen ist davon auszugehen, dass sich das IPR heute zweipolig entwickelt hat: Für den Kernbereich des IPR, also im Privatrecht, ist die Lösung vom Sachverhalt ausgehend zu suchen. Für besonders gelagerte Fälle kommt eine Sonderanknüpfung in Frage. Wegen der mit den Eingriffsnormen verbundenen Schwierigkeiten sollte man von einem Regel-Ausnahme-Verhältnis ausgehen: Die Regel ist die Anknüpfung vom Sachverhalt ausgehend, die Ausnahme bildet die Sonderanknüpfung.[28]

## II. Anforderungen an eine Eingriffsnorm

Eine griffige Definition, welche Voraussetzungen für die Einordnung als Eingriffsnorm erfüllt sein müssen, findet man in Literatur und Rechtsprechung kaum. Nach *Heldrich*[29] handelt es sich bei Art. 34 EGBGB um eine Generalklausel, die fallweise zu konkretisieren sei. *Hohloch* fügt hinzu, dass sich die Frage, ob eine Norm international zwingend sei, nur durch eine Gesamtabwägung unter Beachtung des Inlandsbezuges und der Bedeutung und des Gewichts der von der Norm geschützten Interessen entscheiden lasse.[30] Dies mag im Ansatz zutreffend

---

[23] *Kropholler*, IPR, S. 18.
[24] *Neuhaus*, RabelsZ 46 (1982), S. 4, 16; *Schwander*, S. 309.
[25] *Kegel*, in FS Beitzke, S. 551, 554; *Kropholler*, IPR, S. 29; *von Hoffmann*, IPR, S. 57.
[26] *Neuhaus*, Grundbegriffe, S. 55.
[27] *Basedow*, RabelsZ 52 (1988), S. 8, 34; *Drobnig* RabelsZ 52 (1988), S. 1, 7; *Schäfer*, in FS Sandrock, S. 37, 46; vergl. auch Soergel/*von Hoffmann*, Art. 34 EGBGB Rz 104.
[28] *Neuhaus*, RabelsZ 46 (1982), S. 4, 22; *ders.*, Grundbegriffe, S. 57; *E. Lorenz*, Struktur des IPR, S. 63 ff., *Junker*, IPR, S. 72; *Kropholler*, IPR, S. 24; *Gamillscheg*, ZfA 1983, S. 307, 344; *Joerges*, RabelsZ 43 (1979), S. 6, 35.
[29] Palandt/*Heldrich*, Art. 34 EGBGB Rz 3.
[30] Erman/*Hohloch*, Art. 34 EGBGB Rz 13.

sein, doch kommt man auf diesem Weg der „Verallgemeinerung“ einer handhabbaren Definition kaum näher.[31]
*Lorenz* geht von einer rein kollisionsrechtlichen Betrachtung aus und versteht unter Eingriffsnormen solche Sachnormen, die ohne Rücksicht auf das nach seinen allgemeinen Kollisionsnormen für den Schuldvertrag maßgebende Recht anzuwenden seien.[32] Hiergegen lässt sich jedoch einwenden, dass auf diesem Wege allenfalls eine Umschreibung des Problems, nicht aber dessen Lösung gewonnen wird.[33]
Andere stellen schlicht auf die wirtschafts- und sozialpolitische Natur des Gesetzes ab.[34] Im Anschluss daran muss man jedoch die Frage stellen: Wann ist ein Gesetz nicht politisch? Auch das Familienrecht und das Recht der unerlaubten Handlung haben einen hohen sozialen oder sozialpolitischen Gehalt.
Ferner wird vorgeschlagen, jedenfalls dann einen Eingriffscharakter zu bejahen, wenn sich dies aus internationalen Kriterien ergebe, also gleichartige Rechtsnormen in anderen Staaten existieren, die einem ähnlichen Interesse dienen.[35] Auch dieser Ansatz vermag aber nicht zu überzeugen. Es kann nämlich sein, dass ein Land einen strengeren Maßstab anlegt als andere (und das dürfte sein gutes Recht sein) und in viel umfangreicherem Maße seinen Gesetzen einen internationalen Geltungswillen beilegen möchte. Art. 34 EGBGB ist von seinem Wortlaut her nicht darauf beschränkt, nur „international anerkannten“ Prinzipien Eingriffscharakter zu verleihen.
Die amtliche Begründung zu der Vorschrift enthält ebenfalls keine nähere Definition. Gedacht wurde bei der Gesetzgebung an zwingende Vorschriften wirtschaftspolitischen Charakters wie Ein- und Ausfuhrbestimmungen, Preis- und Devisenvorschriften oder Vorschriften des Kartellrechts, aber auch an sozialpolitische Vorschriften zum Schutz Einzelner, wie z.B. Mieterschutzvorschriften.[36] Angesichts der Unklarheiten in den Voraussetzungen an eine Eingriffsnorm hat sich verbreitet die Ansicht durchgesetzt, dass es bislang nicht gelungen sei, eine brauchbare Definition herauszuarbeiten.[37]
Der Lösung des Problems nährt man sich am besten, wenn man zunächst von dem mittlerweile Unstreitigen ausgeht. Die alte Differenzierung danach, ob die Norm öffentlicher oder privatrechtlicher Natur sei, ist nach ganz überwiegender

---

31 *Sonnenberger*, FS Fikentscher, S. 280.
32 *Lorenz*, RIW/AWD 1987, S. 569, 578.
33 *Schurig*, RabelsZ 54 (1990), S. 217, 228.
34 MünchKomm/*Martiny*, Art. 34 EGBGB Rz 10.
35 *Franzen*, in AR-Blattei SD 920 Rz 116; *Weber*, IPrax 1988, S. 82, 83.
36 BT-Drucks. 10/504, S. 83.
37 *Schurig*, RabelsZ 54 (1990), S. 217, 227 f., 247; *Schäfer*, FS Sandrock, 37, 46; *Sonnenberger*, FS Fikentscher, S. 283, 290; *Joerges*, RabelsZ 43 (1979), S. 6, 34 ff.; *Weber*, IPrax 1988, S. 82, 84; vergl. auch Palandt/*Heldrich*, Art. 34 EGBGB Rz 5.

Auffassung kein entscheidendes Kriterium mehr, weil die Grenzen fließend und häufig auch zufällig sind.[38]
Übereinstimmung besteht ferner darin, dass die Norm intern zwingend sein muss,[39] denn es kann nicht sein, dass sie auf internationaler Ebene stärker wirkt als auf nationaler. Klar ist ferner, dass eine Vorschrift dann Eingriffscharakter besitzt, wenn sie sich einen international zwingenden Geltungswillen ausdrücklich beilegt, z.B. § 130 II GWB oder § 1 I AEntG. Fehlt eine ausdrückliche Regelung, muss man sich im klaren darüber sein, dass eine Sonderanknüpfung aus den oben vorgetragenen Gründen nicht voreilig bejaht werden sollte,[40] zumal aufgrund fehlender eindeutiger Kriterien die Gefahr besteht, dass mit einem Rekurs auf den (angeblich) hohen ordnungspolitischen Charakter einer Norm (fast) jedes Ergebnis zu begründen ist.[41] Der Kreis der Vorschriften mit Eingriffscharakter ist also eng zu ziehen.[42]
Unter der Prämisse dieses vorsichtigen Vorgehens sind zwei Extrempositionen zu unterscheiden: Erstens kann eine Norm allein staatspolitischen Interessen dienen, wie z.B. in der Umwelt-, Kultur- und Sozialpolitik. Zweitens kann eine Norm allein den Interessen Privater dienen, wie z.B. der überwiegende Teil des BGB. Die Einordnung des dazwischen liegenden Bereichs, der insbesondere für das sog. Sonderprivatrecht[43] relevant ist, kann nur unter Zugrundelegung von Sinn und Zweck der jeweiligen Norm erfolgen. Die Schwierigkeit gerade dieser Rechtsmaterie besteht darin, dass sowohl staatliche als auch private Interessen verfolgt werden. Daher kann nur das Abstellen auf den vorrangigen Zweck der Regelung die Entscheidung bringen.
Zusammenfassend muss es sich mithin um Vorschriften handeln, die nach ihrem Zweck hauptsächlich öffentlichen (staats- und wirtschaftspolitischen) Interessen oder dem Staatswohl dienen, und nicht in erster Linie dem Ausgleich widerstreitender Interessen der an einem Vertragsverhältnis beteiligten Privatpersonen.[44]

---

38 MünchKomm/*Martiny*, Art. 34 EGBGB Rz 11.

39 *Junker*, IPrax 1989, S. 69, 73; *Schurig*, RabelsZ 54 (1990), S. 217, 227.

40 Siehe oben I. 3.

41 *Schurig*, RabelsZ 54 (1990), S. 217, 228.

42 *Kropholler*, IPR, S. 480; *Däubler*, Tarifvertragsrecht, Rz 697.

43 Soergel/*von Hoffmann*, Art. 34 EGBGB Rz 6; zu denken ist an den Verbraucherschutz, das Wohnungsmietrecht, aber auch gerade an das Arbeitsrecht.

44 BAG v. 24.8.1989, DB 1990, 1666, 1668; *Franzen*, in AR-Blattei SD 920 Rz 117; *ders.*, Betriebsinhaberwechsel, S. 183; *Kropholler*, IPR, S. 476, 480; *Gamillscheg*, ZfA 1983, 307, 346; Erman/*Hohloch*, Art. 34 Rz 12; *von Hoffmann*, IPR, S. 399. Auf die Schutzbedürftigkeit eines Vertragspartners kommt es primär nicht an, zu eng deshalb *Simitis*, in FS Kegel I, S. 153, 163.

### III. Sonderanknüpfungslehre und Arbeitsrecht

Die Frage nach einer Sonderanknüpfung stellt sich in einem größeren Zusammenhang betrachtet nicht nur speziell für die Betriebsvereinbarung und die Regelungsabrede, sondern für das Arbeitsrecht generell.[45] Das Arbeitsrecht ist eine Rechtsmaterie, die vom Gedanken des Schutzes des Arbeitnehmers geprägt ist und aus diesem Grunde, anders als z.B. bei kurzfristig angelegten Austauschverträgen wie Kauf- und Werkvertrag, eine sozialpolitische Komponente aufweist. Wenn der Gesetzgeber mit einem Arbeitnehmerschutzgesetz - ein typisches Beispiel wäre das KSchG - in das freie Spiel der Kräfte eingreift, verwirklicht er seine Vorstellungen von einem gerechten Ausgleich der widerstreitenden Interessen. Nicht fern liegt nun der Gedanke, diesen austarierten Interessenausgleich auch einem international zwingenden Geltungswillen zu unterstellen und die arbeitnehmerschützenden Normen einer Sonderanknüpfung zuzuführen.[46] Indes verhält sich die h.M. bei der Qualifikation als Eingriffsnorm zurückhaltend. Das KSchG wird nicht als Eingriffsrecht interpretiert.[47] Dies überrascht umsomehr, als dieses Gesetz als Paradebeispiel eines Arbeitnehmerschutzgesetzes und damit als Ausdruck einer grundlegenden Ordnungsvorstellung des Gesetzgebers aufgefasst werden könnte. Zutreffend weist das BAG aber darauf hin, dass nicht jede arbeitnehmerschützende Norm international zwingender Natur sein kann. Art 30 EGBGB wäre in seiner differenzierten Ausgestaltung überflüssig, wenn über Art. 34 EGBGB stets deutsches Recht zur Anwendung käme.[48] Eine Sonderanknüpfung wird ebenfalls verneint für § 613a BGB, den allgemeinen Urlaubsanspruch und den arbeitsrechtlichen Gleichbehandlungsanspruch.[49]

Eine Tendenz zur Sonderanknüpfung lässt sich auch nicht für den Bereich des kollektiven Arbeitsrechts feststellen.

Das Tarifvertragssystem ist zweifelsohne ein wichtiges Element der derzeitigen Wirtschaftsverfassung mit umfangreichen Wechselwirkungen auf Staat und Gesellschaft. Trotz dieses „politischen Aspektes“ wird diese Materie nach

---

45 Hierzu allgemein *Junker*, ZIAS 1995, S. 564, 566 ff.; *Hergenröder*, ZfA 1999, S. 1, 7 f.; *Birk*, RdA 1999, S. 13, 15 f.; *ders.*, RdA 1984, S. 129, 131; *Simitis*, FS Kegel I, S. 153 ff.; *Schlachter*, NZA 2002, S. 1242, 1243.

46 Dafür *Simitis*, in FS Kegel I, S. 153, 162 f.

47 BGH v. 24.8.1989, DB 1990, 1666, 1668; zustimmend Palandt/*Heldrich*, Art. 34 EGBGB Rz 3 b; *Reithmann/Martiny*, Internationales Vertragsrecht, S. 1115; Soergel/*von Hoffmann*, Art. 30 Rz 22; *Franzen*, in AR-Blattei SD 920 Rz 119, 167; *Gamillscheg*, Internationales Arbeitsrecht, S. 342 f.

48 BGH v. 24.8.1989, DB 1990, 1666, 1668.

49 Palandt/*Heldrich*, Art. 34 EGBGB Rz 3 b m.w.N.; anders entscheidet die h.M. aber etwa bei einzelnen Kündigungsschutzvorschriften wie § 12 SchwbG, MünchKomm/*Martiny*, Art. 30 EGBGB Rz 73; Soergel/*von Hoffmann*, Art. 30 EGBGB Rz 23; insoweit a.A. *Franzen*, in AR-Blattei SD 920 Rz 120.

überwiegender Auffassung nicht einer Sonderanknüpfung unterworfen.[50] Gleiches gilt für den Bereich der Unternehmensmitbestimmung.[51] Schließlich wird eine allseitige Anknüpfung für die Vereinbarung zur Errichtung eines EBR gemäß § 17 EBRG befürwortet.[52]
Auch diese Beispiele verdeutlichen, dass nicht jedes Gesetz, welches aufgrund des intendierten Arbeitnehmerschutzes eine gewisse soziale Relevanz aufweist, als Eingriffsnorm aufzufassen ist.

## IV. Arbeitskollisionsrecht und Europarecht

Das Kollisionsrecht und das Europarecht bestehen grundsätzlich nebeneinander. In letzter Zeit ist jedoch zu beobachten, dass das europäische Recht seinen Anwendungsbereich mehr und mehr ausdehnt und in Bereiche vordringt, die an sich dem internationalen Privatrecht vorbehalten sind.
Im Wesentlichen geht es um zwei Aspekte: Die EG-Entsende-Richtlinie und die neueste Rechtsprechung des EuGH zu der Dienstleistungsfreiheit. Auf diese beiden Fragenkreise ist hier kurz einzugehen, um zu klären, ob sich das Europarecht dergestalt auswirkt, dass es in die kollisionsrechtlichen Erwägungen einzubeziehen ist.

### 1. Entsenderichtlinie

Mit der Richtlinie 96/71/EG vom 16.12.1996[53] schuf der europäische Gesetzgeber ein Regelungswerk, welches die Rechtsstellung innerhalb der EU entsandter Arbeitnehmer verbessern wollte. Ziel der Richtlinie ist es, dem „Sozial- und Lohndumping" in der Baubranche entgegenzuwirken. Zu diesem Zwecke statuiert die Richtlinie die Pflicht, dass Unternehmer, die Arbeitnehmer im Ausland einsetzen, einen „harten Kern" von Arbeits- und Beschäftigungsbedingungen des Einsatzstaates beachten müssen.[54] Dazu gehören Regelungen in Rechts- und Verwaltungsvorschriften, z.B. des technischen Arbeitsschutzes (Sicherheit, Gesundheitsschutz am Arbeitsplatz), vor allem aber darf der Unternehmer nicht

---

[50] *Hergenröder*, in AR-Blattei SD 1550.15 Rz 29, 77; *Zachert*, in Kempen/Zachert, TVG, § 4 Rz 74; *Heilmann*, S. 136 ff.; *Däubler*, Tarifvertragsrecht, Rz 1695 ff.; *Junker*, IPrax 1994, S. 21, 22; *Franzen*, in AR-Blattei, SD 920 Rz 199 ff., *Bittner*, S. 437 ff.; *Deinert*, RdA 1996, S. 339, 344; a.A. *Stiller*, ZIAS 1991, S. 194, 217 f.; *Wimmer*, S. 198 ff.; *Walz*, S. 159 f.; MünchArbR/*Löwisch* § 254 Rz 1 ff.: Territorialitätsprinzip.

[51] Hier ist das Personalstatut des Arbeitsgebers der entscheidende Anknüpfungspunkt, *Ebenroth/Sura*, ZHR 144 (1980), S. 610, 626; Palandt/*Heldrich*, Art. 34 Rz 3 b; *Birk/Tietmeyer*, Multinationale Unternehmen, S. 50.

[52] Siehe hierzu unter § 13 I. 1.

[53] Abl. 1997 L 18/1.

[54] *Lunk/Nehl*, DB 2001, S. 1934.

von den Bedingungen eines in dem Einsatzland geltenden allgemeinverbindlichen Tarifvertrages abweichen. Es dürfen also nicht bestimmte, im Tarifvertrag festgesetzte Mindestlohnsätze, Höchstarbeitszeiten etc. unterschritten werden.[55] Ein allgmeinverbindlicher Tarifvertrag setzt sich dann auch gegenüber ausländischem Arbeitsvertragsstatut durch und wirkt daher als eine Eingriffsnorm (Art. 34 EGBGB).[56] In Deutschland ist die Richtlinie bislang noch nicht umgesetzt worden.

## 2. Dienstleistungsfreiheit (Art. 49 EGV)

Bei der Entsendung von Arbeitnehmern in das Ausland ist aus europarechtlicher Sicht in erster Linie an die Dienstleistungsfreiheit zu denken. Die Arbeitnehmerfreizügigkeit, Art. 39 ff. EGV, ist in der Regel nicht tangiert, da der entsandte Arbeitnehmer nur für eine kurze Zeit Zugang zu dem ausländischem Arbeitsmarkt begehrt und von vornherein geplant hat, wieder in sein Heimatland zurückzukehren. Auch die Niederlassungsfreiheit ist nicht berührt, da die Entsendung von Arbeitnehmern ins Ausland nicht eine Niederlassung des Arbeitgebers in dem anderen Mitgliedsstaat voraussetzt oder nach sich zieht.[57] Daher wird hier nur auf die Dienstleistungsfreiheit näher eingegangen.

In dem Fall des EuGH eines „Strafverfahrens gegen Arblade und Leloup“[58] setzte eine französische Gesellschaft unter französischem Vertragsrecht arbeitende Angestellte in Belgien auf einer Baustelle ein. Sie weigerte sich, bestimmte im belgischem Recht vorgesehene Personalunterlagen bereitzuhalten und eine in einem belgischen Tarifvertrag festgesetzte Mindestvergütung zu zahlen.

Der EuGH musste nun erstmals entscheiden, ob es gegen die Dienstleistungsfreiheit (Art. 49 EGV) verstößt, wenn ein Unternehmer, der Arbeiter im Ausland einsetzt, an die Zahlung eines Mindestentgeltes in einem dort geltenden Tarifvertrag gebunden ist. Der EuGH präzisierte seine Rechtsprechung zu Art. 59 EGV a.F. (Art. 49 EGV n.F.) wie folgt:

Art. 59 EGV verlange nicht nur die Beseitigung jeder Diskriminierung des in einem anderen Mitgliedstaat ansässigen Dienstleistenden auf Grund seiner Staatsangehörigkeit, sondern auch die Aufhebung aller Beschränkungen, sofern sie geeignet seien, die Tätigkeit des Dienstleistenden, der in einem anderen Mitgliedstaat ansässig ist, zu unterbinden, zu behindern oder weniger attraktiv zu

---

[55] *Franzen*, ZEuP 1997, S. 1055, 1057.

[56] *Birk*, RdA 1999, S. 13, 17; *Franzen*, ZEuP 1997, S. 1055, 1072; vgl auch *Junker/Wichmann* zum AEntG, NZA 1997, S. 505, 507.

[57] *Kort*, NZA 2002, S. 1248, 1250.

[58] EuGH v. 23.11.1999, ZIP 1999, S. 2168 ff. mit Anmerkung *Däubler*; besprochen auch von *Krebber*, in ZEuP 2001, S. 358 ff.

machen. Nur „zwingende Gründe des Allgemeinwohls" könnten eine solcherart beschaffene Behinderung rechtfertigen.[59]
Eine Behinderung der Tätigkeit des ausländischen Dienstleistungserbringers im Inland durch die obligatorische Zahlung eines bestimmten Mindestentgeltes war hier festzustellen.[60] Jedenfalls aber war die Erstreckung des belgischen Tarifvertrags auf die französischen Arbeitnehmer aufgrund von Gemeinwohlerwägungen gerechtfertigt.[61]
Parallel muss hierbei die Diskussion um die Vereinbarkeit des AEntG mit der Dienstleistungsfreiheit gesehen werden. Das AEntG hat zum Ziel, die in der Baubranche allgemeinverbindlichen Tarifverträge über die Sicherung von Urlaubsansprüche und über das für die Sicherung der Auszahlung der Urlaubsvergütung eingerichtete Sozialkassenverfahren auf die Arbeitsverhältnisse der nach Deutschland entsandten ausländischen Arbeitnehmer zu erstrecken. Es stellt sich die Frage, ob es gegen die Dienstleistungsfreiheit des im Ausland ansässigen Unternehmers verstößt, wenn ihm im Zusammenhang mit dem Sozialkassensystem umfangreiche Melde- und Verwaltungspflichten auferlegt werden. In diesem Kontext wird auch betont, dass die Dienstleistungsfreiheit der Warenverkehrsfreiheit immer stärker angenährt worden sei und im Bereich der Warenverkehrsfreiheit das sog. Herkunftsland- bzw. Anerkennungsprinzip gilt; d.h., dass Waren, die in einem Mitgliedstaat zulässigerweise in den Verkehr gebracht wurden, in der Gemeinschaft grundsätzlich zirkulationsfähig sein müssten.[62] Setzt ein Dienstleistungsunternehmen Arbeitnehmer im Ausland ein, so hieße dies, dass diese im Prinzip „ihr Arbeitsrecht" mitnehmen dürften.[63] Die überwiegende Ansicht geht davon aus, dass die Regelung in § 1 AEntG noch mit der Dienstleistungsfreiheit vereinbar sei, weil sie durch den zwingenden Grund des Arbeitnehmerschutzes gerechtfertigt sei.[64]
Einen vorläufigen Höhepunkt der Diskussion um die Vereinbarkeit des AEntG mit der Dienstleistungsfreiheit markieren die Entscheidungen des EuGH vom 25.10.2001 und vom 21.1.2002.[65] Das Gericht stellte klar, dass eine Beschränkung der Dienstleistungsfreiheit grds. auch darin liegen könne, dass ein Mitgliedstaat eine Regelung aufstelle, die dem ausländischen Unternehmen die Erfüllung eines

---

[59] EuGH v. 23.11.1999, ZIP 1999, S. 2168, 2170.

[60] *Krebber*, ZEuP 2001, S. 358, 370 f.; der EuGH äußerte sich hierzu nicht ausdrücklich.

[61] So zumindest im Ergebnis, EuGH v. 23.11.1999, ZIP 1999, S. 2168, 2171; kritisch *Krebber*, ZEuP 2001, S. 358, 372 ff.

[62] *Franzen*, ZEuP1997, S. 1055, 1062 f.

[63] *Birk*, RdA 1999, S. 13, 19; ähnlich *Lunk/Nehl*, DB 2001, S. 1934.

[64] *Däubler*, Anm. zu EuGH v. 23.11.1999, ZIP 1999, S. 2168, 2175; *Franzen*, ZEuP 1997, S. 1055, 1063; *Deinert*, RdA 1996, S. 339, 349; a.A. *Junker/Wichmann*, NZA 1997, S. 505, 508 ff.; ablehnend wohl auch *Krebber*, ZEuP 2001, S. 358, 371 ff.

[65] EuGH, NZA 2001, S. 1377 ff. – Finalarte und EuGH, NZA 2002, S. 207 ff. – Portugaia.

gewissen Mindeststandards an Arbeitnehmerschutzvorschriften aufbürde und somit die Erbringung der Dienstleistung im Inland erschwere. Jedoch könne diese Beschränkung durch einen anerkannten zwingenden Grund des Allgemeinwohls gerechtfertigt sein, wobei als ein solcher Grund ausdrücklich der Arbeitnehmerschutz genannt wurde. Allerdings komme es darauf an, dass die in Frage stehende Regelung bei objektiver Betrachtungsweise den Schutz der entsandten Arbeitnehmer verwirkliche,[66] allgemeinpolitische Zielsetzungen, wie die Wettbewerbsfähigkeit der nationalen Bauwirtschaft, reichten hingegen nicht aus. Entscheidend sei, ob im Einzelfall die deutsche Regelung zu einer spürbaren Verbesserung des Arbeitnehmerschutzes führt, hierbei sei eine rechtsvergleichende Betrachtung der in- und ausländischen Vorschriften anzustellen. Damit stellte das Gericht klar, dass das AEntG - zumindest im Grundsatz - nicht gegen die Dienstleistungsfreiheit verstößt. Die Wirkung der Eingriffsnomen im AEntG auf ausländische Arbeitsverträge bedürften aber einer besonderen Rechtfertigung.

### 3. Folgerungen für das Kollisionsrecht

Für das Arbeitskollisionsrecht ergibt sich aus der Zusammenschau der Ensenderichtlinie und der EuGH-Entscheidungen zunächst einmal eine Bestätigung, dass es Sonderanknüpfungstatbestände (Art. 34 EGBGB) gibt. Dies ist aber seit dem AEntG speziell in dem Bereich des kollektiven Arbeitsrechts anerkannt und deshalb nichts Neues. Nun könnte man aufgrund der skizzierten Entwicklung aber davon ausgehen, dass zukünftig der Kreis der Eingriffsnormen weiter ausgedehnt werden müsse.[67] Dagegen spricht aber, dass es sich bei den Entscheidungen des EuGH um den speziellen Bereich der Baubranche handelte und dass insbesondere auch wettbewerbspolitische Erwägungen dem AEntG zugrunde lagen, die für sich alleine jedenfalls eine Beschränkung von Art. 49 EGV nicht rechtfertigten.[68] Ferner spricht spricht gegen eine Ausweitung von Sonderanknüpfungstatbeständen, dass der EuGH die Erbringung einer Arbeitsleistung im Ausland umfassend unter den Schutz von Art. 49 EGV stellte. Daraus erwächst die Notwendigkeit, dass Beschränkungen aller Art für die Dienstleistungserbringung im Ausland (z.B. gesteigerte Meldepflichten) durch die dortige Rechtsordnung möglichst zu vermeiden sind. Nationale Normen mit Eingriffscharakter sind daher, weil im Hinblick auf Art. 49 EGV bedenklich, nur eingeschränkt und unter Vorbehalt zuzulassen.[69] Sie stehen unter einem Rechtfertigungsdruck in der Weise, dass sie nachhaltig zu einem verbesserten Arbeitnehmerschutz beitragen müssen.

---

[66] EuGH v. 24.1.2002, NZA 2002, S. 207, 208; EuGH v. 25.10.2001, NZA 2001, S. 1377, 1378.

[67] So vorsichtig *Krebber*, in ZEuP 2001, S. 358, 377.

[68] *Kort*, NZA 2002, S. 1248, 1251; *Schlachter*, NZA 2002, S. 1242, 1248.

[69] *Birk*, RdA 1999, S. 13, 17; *Kort*, NZA 2002, S. 1248, 1251; *Martiny*, ZEuP 2001, S. 308, 324.

Zusammenfassend ist aus dieser Debatte für das hier interessierende Problem der Anknüpfungstechnik im Arbeitskollisionsrecht weder für noch gegen eine Sonderanknüpfung etwas direkt abzuleiten.[70] Das liegt auch daran, dass das Arbeitskollisionsrecht eine andere Aufgabe hat als das EG-Recht; ersteres sucht die sachgerechteste Anknüpfung, das EG-Recht versucht, die Folgewirkungen des Binnenmarktes zu regeln.[71] Wirkungen des EG-Rechts für das Kollisionsrecht lassen sich also aus dem EG-Recht solange nicht entnehmen, als dass dieses klare Vorgaben macht.[72] Trotzdem dürfte in Zukunft Vorsicht geboten sein, wenn es um die Rechtfertigung von Eingriffsnormen geht; der EuGH hat insoweit eine hohe Hürde in dem Prüfungsprogramm aufgestellt. Bei einem allseitigen Kollisionssystem hingegen sind aus europarechtlicher Sicht keine Beschränkungen anzunehmen.
Aufgrund dieser Überlegungen werden im Folgenden die Maßstäbe des „traditionellen IPR“ zugrunde gelegt.

### V. Zusammenfassung

Sucht man für einen bestimmten Sachverhalt eine Kollisionsnorm, so ist im Grundsatz „von dem Lebenssachverhalt“, nicht „von dem Gesetz“ her auszugehen. Es ist also eine allseitige Anknüpfung vorzunehmen, keine Sonderanknüpfung. Der Charakter einer Norm als Eingriffsrecht und damit eine Sonderanknüpfung ist dann zu bejahen, wenn der vorrangige Zweck der Vorschrift nicht in dem Ausgleich widerstreitender Interessen Privater, sondern in einem staatspolitischen Interesse zu sehen ist und die Vorschrift mithin in erster Linie dem Staatswohl dient. Obwohl das Arbeitsrecht zu dem Sonderprivatrecht zählt, gilt auch hier, dass eine Sonderanknüpfung die Ausnahme, die Herausbildung zweiseitiger Kollisionsnormen die Regel darstellt. An diesen Grundaussagen ändert sich auch nichts durch den Einfluss des europäischen Rechts (Art. 49 EGV).

---

70 Vgl. auch *Franzen*, ZEuP 1997, S. 1055, 1070: EG-Entsende-Richtlinie und EVÜ nicht völlig kompatibel; kritisch auch *Schlachter*, NZA 2002, S. 1242, 1248.

71 *Franzen*, ZEuP 1997, S. 1055, 1070.

72 So im Prinzip auch *Däubler*, Anm. zu EuGH v. 23.11.1999, ZIP 1999, S. 2168, 2175.

## § 6 Abgrenzung zum internationalen Tarifvertrag

Bei der Frage, welchen Anwendungsbereich es für internationale betriebliche Vereinbarungen gibt, taucht das Problem der Abgrenzung zum internationalen Tarifvertrag auf. Im Folgenden soll zunächst ein kurzer Abriß der gegenwärtigen Diskussion über einen internationalen Tarifvertrag gegeben werden, um anschließend die Anwendungsbereiche voneinander abschichten zu können.

### I. Tarifverträge auf europäischer Ebene

#### 1. Tarifverträge als Vereinbarungen zwischen den Sozialpartnern, Art. 139 I, II, 1. Alt. EGV?

Der EG-Vertrag sieht in den Art. 136 EGV ff.[1] wichtige Regelungen auf dem Gebiet der Sozialpolitik[2] vor. Nach Art. 139 I EGV kann der soziale Dialog zwischen den Sozialpartnern auf Gemeinschaftsebene zur Herstellung von vertraglichen Beziehungen führen. Dass die europäischen Sozialpartner schuldrechtlich wirkende Vereinbarungen treffen können, ist weithin unbestritten.[3] Eine Rechtsgrundlage für normativ wirkende Tarifverträge stellt Art. 139 EGV aber nicht dar.[4] Insbesondere wäre ungeklärt, wie sich ein normativ wirkender Tarifvertrag zu Normativakten (Gesetz, Tarifverträge) in den Mitgliedstaaten verhalten würde. Auch spricht der unscheinbare Wortlaut (vertragliche Beziehungen, Vereinbarungen) gegen eine solch umwälzende Wirkungsweise.[5] Diese Auslegung wird bestätigt durch einen Blick auf Art 139 II, 1. Alt.: Die Durchführung der Vereinbarungen zwischen den europäischen Sozialpartnern soll nach den Verfahren und Gepflogenheiten der Sozialpartner und Mitgliedstaaten erfolgen. Zum Erlangen von rechtlicher Verbindlichkeit in den jeweiligen Mitgliedsstaaten ist also eine Umsetzung der auf europäischer Ebene geschlossenen Vereinbarung durch einen nationalen Tarifvertrag oder ein Gesetz notwendig.

Abgesehen von diesen Schwächen in der Wirkungsweise einer Vereinbarung der europäischen Sozialpartner ist auch ein den europäischen Tarifvertrag begleitender rechtlicher Rahmen nicht gegeben. So fehlt es an der Anerkennung eines europäischen Arbeitskampfrechtes, ohne das Tarifautonomie zumindest nach

---

1 Ursprünglich befanden sich diese Vorschriften in einem Zusatzabkommen zum Maastrichtvertrag; mit Abschluss des Amsterdamer Vertrages vom 2.10.1997, Amtsblatt Nr. C 340 vom 10.11.1997, wurden diese Vorschriften in den EG-Vertrag selbst aufgenommen.

2 Zum sozialen Dialog allgemein *Heinze* ZfA 1997, S. 505 ff.

3 Noch zu jeweils der alten Rechtslage *Höland*, ZIAS 1995, 425, 434; *Konzen*, EuZW 1995, 39, 47; *Däubler*, Tarifvertragsrecht, Rz 1729; *Bödding*, S. 67 f; *Wimmer*, S. 94 f.

4 A.A. *Coen*, BB 1992, 2068, 2069 f; wohl auch *Löwisch*, RdA 1999, S. 69, 77.

5 *Däubler*, Tarifvertragsrecht, Rz 1728; *Krebber*, in Calliess/Ruffert, EUV/EGV, Art. 139 Rz 16.

deutschem Verständnis nicht funktioniert.[6] Darüber hinaus mangelt es den Sozialpartnern an einem allgemeinen Mandat, mit zwingender Wirkung für ihre Mitglieder Vereinbarungen zu treffen.[7] Ein europäischer Tarifvertrag würde zudem eine gemeinsame Tarifpolitik der Mitgliedstaaten voraussetzen, die dann durch nur einen Abschlusspartner einheitlich vertreten werden könnte. Eine solche gemeinsame Tarifpolitik ist aber noch nicht in Sicht.[8] Schließlich ist die Koalitionsfreiheit durch den EG-Vertrag nicht garantiert.[9] Die Möglichkeit des Abschlusses eines europäischen Tarifvertrages ist somit nicht in Art. 139 I, II, 1. Alt. EGV verankert. Eine neuere Ansicht will in Art. 139 I EGV die Rechtsgrundlage für den Abschluss einer schuldrechtlichen Vereinbarung sehen, die „europäischen Recht" unterliege.[10] Ferner wird mit Blick auf die Schwächen einer Regelungstechnik, die auf eine Umsetzung des „europäischen Tarifvertrages" durch nationale Rechtsakte angewiesen ist, betont, der europäische Tarifvertrag müsse sich de lege ferenda allein nach europäischen – also supranationalen – Recht richten.[11] Trotz dieser neueren Überlegungen bleibt hier festzuhalten, dass es derzeit eine Rechtsgrundlage für einen europäischen Tarifvertrag nicht gibt.[12]

## 2. Tarifverträge mittels Ratsbeschluss, Art. 139 I, II, 2. Alt. EGV?

Mit den Art. 138, 139 I, II, 2. Alt. EGV steht nunmehr ein Verfahren zur Verfügung, das es den Sozialpartnern auf europäischer Ebene erlaubt, der von ihnen getroffenen Vereinbarung mittels eines Beschlusses des Rates zur Wirksamkeit in den Mitgliedsstaaten zu verhelfen.[13] Von dieser Möglichkeit wurde bereits vereinzelt Gebrauch gemacht. So hat die Union der Industrie- und Arbeitgeberverbände Europas (UNICE), der europäische Zentralverband der öffentlichen

---

6 *Hergenröder*, EAS B 8400 Rz 54 ff; *Schiek*, S. 257; das Arbeitskampfrecht ist im Art. 137 VI gerade aus dem Katalog der Sozialvorschriften herausgenommen.

7 *Kowanz*, S. 35; *Langenbrink*, DB 1998, S. 1081, 1086.

8 *Baumann/Laux/Schnepf*, WSI-Mitteilungen 1997, S. 134, 138 ff.; *Coen*, in Lenz, EGV, Art. 139 Rz 9; *Mayer*, BB 1999, S. 842, 843f.

9 *Coen*, in Bleckmann, S. 910.

10 *Deinert*, S. 178 ff.; zuvor bereits ebenso *Däubler*, Tarifvertragsrecht, Rz 1729; *Zachert*, in Kempen/Zachert, TVG § 4 Rz 83.

11 So *Körtgen*, S. 109. Zu Recht weist er auf S. 84 ff. darauf hin, dass sich aus dem Unionsvertrag mit seinem Ziel der Entwicklung der Sozialpolitik eine Pflicht zur faktischen Toleranz der Mitgliedsstaaten von „europäischer Tarifverträgen" ergibt. Diese Überlegung ersetzt freilich noch nicht die Beantwortung der Frage nach einer Rechtsgrundlage.

12 Allgemeine Meinung; MünchArbR/*Birk* § 19 Rz 438, *Buchner*, FS Söllner, S. 175, 187; *Heinze*, ZfA 1997, S. 505, 510; *Zachert*, FS Schaub, S. 811, 818; *Körtgen*, S. 119; *Schiek*, S. 257; *Konzen*, EuZW 1995, S. 39, 47; *Krimphove*, S. 260; *Coen* ,in Lenz, EGV, Art. 139 Rz 2, 9; *Mayer*, BB 1999, S. 842, 843f., *Avilés*, in FS Däubler, S. 519, 540 ff.

13 Zum Verfahren siehe näher *Buchner*, in FS Söllner, S. 175, 182 ff.; die Sozialpartner werden von dem Rat am Gesetzgebungsverfahren beteiligt oder ergreifen selbst die Initiative.

Wirtschaft (CEEP) und der europäische Gewerkschaftsbund (EGB) am 14.12.1995 eine Rahmenvereinbarung zum Elternurlaub geschlossen, deren Durchführung der Rat der europäischen Gemeinschaft in den Mitgliedstaaten durch die Richtlinie 96/34/EG vom 3.6.1996 angeordnet hat. Auch eine vom 6.7.1997 getroffene Rahmenvereinbarung zur Teilzeitarbeit hat der Rat durch die Richtlinie 97/81/EG vom 15.12.1997 umgesetzt. Aus jüngerer Zeit stammt die am 28.6.1999 erlassene Richtlinie 1999/70/EG über befristete Arbeitsverhältnisse, die ebenfalls auf eine Rahmenvereinbarung von EGB, UNICE und CEEP zurückgeht.[14]
Fraglich ist aber, ob Vereinbarungen dieser Art als Tarifverträge angesehen werden können. Dabei ist zwar zu beachten, dass der Begriff des Tarifvertrages auf europäischer Ebene offen und an sich nach Belieben gedeutet werden kann. Mit einem Tarifvertrag im herkömmlich verstandenen Sinne hat die nach den Art. 138, 139 I, II, 2. Alt. EGV zustande gekommene Vereinbarung aber an sich nur gemein, dass bei ihrem Abschluss Arbeitgeberverband und Gewerkschaft beteiligt sind. Die eigentliche Rechtsetzung erfolgt durch den Rat und im Anschluss an dessen Beschluss durch die Umsetzung in innerstaatliches Recht durch die einzelnen Mitgliedstaaten. Eine tarifautonome Gestaltung der Arbeitsbedingungen kann durch die Sozialpartner gerade nicht herbeigeführt werden.[15] Wie bei der Variante des Art. 139 I , II, 1. Alt. EGV wird also auch hier der eigentlich die Rechtsverbindlichkeit schaffende Akt nicht durch die europäischen Sozialpartner selbst vermittelt. Von einem „europäischen" Tarifvertrag kann deshalb keine Rede sein. Die oben referierten Bedenken hinsichtlich des fehlenden rechtlichen Rahmens im europäischen Recht gelten im übrigen hier sinngemäß.

## II. Internationale Tarifverträge

Internationale Tarifverträge sind in der Praxis durchaus keine Seltenheit mehr. Obwohl die Rechtsprechung mehrere Fälle bereits zu entscheiden hatte, sind aber noch nicht alle Fragen gelöst.[16]

### 1. Geltung eines inländischen Tarifvertrages im Ausland

Anerkannt sind in Deutschland abgeschlossene Tarifverträge, die ausschließlich oder überwiegend die Regelung von Auslandsarbeit zum Gegenstand haben. Als Beispiel dient der für Ortskräfte bei Auslandsvertretungen geltende Tarifvertrag,

---

[14] *Buchner*, FS Söllner, S. 175, 183.
[15] *Buchner*, FS Söllner, S. 175, 187.
[16] Allgemein zum internationalen Tarifvertrag siehe die Kommentierung bei *Hergenröder*, in AR-Blattei SD 1550.15 Rz 1 ff. und *Birk*, in MünchArbR § 20 Rz 1 ff.

der zwischen der Bundesrepublik Deutschland und einer Tarifgemeinschaft der Gewerkschaften ÖTV und DAG abgeschlossen wurde.[17]
Das BAG billigte in dem Fall „Goethe-Institut" einen Tarifvertrag, der seinem § 1 nach allein für Deutsche gelten sollte, die als Angestellte für ausländische Zweigstellen des Goethe-Instituts eingestellt worden sind.[18] Der Inlandsbezug wird in beiden Fällen allein durch die Staatsangehörigkeit „Deutscher" vermittelt. Offenbar läßt das BAG diesen Inlandsbezug für die Anwendung des deutschen TVG ausreichen. Ein großer Teil der Literatur will im Gegensatz dazu danach differenzieren, ob der „Schwerpunkt" der betroffenen Arbeitsverhältnisse im Inland liege; nur dann sei das deutsche TVG überhaupt anwendbar.[19] Bei der Bestimmung des „Schwerpunktes" soll es darauf ankommen, in welchem Staat die überwiegende Anzahl der Arbeitsverhältnisse zu erfüllen ist.[20]
Das BAG folgt damit auch nicht dem „Territorialitätsgrundsatz", nach dem der Anwendungsbereich des TVG nicht über die Grenzen der Bundesrepublik Deutschland reicht.[21]
Grundsätzlich anerkannt sind auch Tarifverträge, die die Arbeitsbedingungen bei einer grenzüberschreitenden Tätigkeit regeln (z.B. Bordpersonal einer Fluglinie).[22]

## 2. Tarifvertrag mit Abschlusspartnern aus verschiedenen Staaten

Es treten aber auch Fälle auf, bei denen die Abschlusspartner aus verschieden Staaten stammen. Als Beispiel dient der Fall „Radio Free Europe". Das BAG ging ohne weiteres davon aus, dass ein zwischen der Gewerkschaft DAG und einer US-amerikanischen Gesellschaft abgeschlossener Tarifvertrag wirksam sei und dem deutschen TVG unterstehe.[23]
Der Abschluss eines Kollektivvertrages zwischen deutschen Reederverbänden und ausländischen Gewerkschaften ist in § 21 IV S. 2 FlRG nunmehr auch gesetzlich ausdrücklich vorgesehen.

---

17 Tarifvertrag zur Regelung der Arbeitsbedingungen der bei Auslandsvertretungen der Bundesrepublik Deutschland beschäftigten deutschen nicht entsandten Angestellten, abgedruckt bei *Uttlinger/Breier/Kiefer/Hoffmann/Dassau*, BAT, Bd. 2, A 2.4 S. 1 ff.

18 BAG v. 11.09.1991, AR-Blattei ES 340 Nr. 14.

19 *Hergenröder*, in AR-Blattei SD 1550.15, Rz 39, 58 ff; MünchArbR/*Birk* § 20 Rz 22; *Junker*, Internationales Arbeitsrecht, S. 411; S. 159 ff., *Zachert*, in Kempen/Zachert, TVG § 4 Rz 58; *Birk*, RdA 1984, S. 129, 136; zur Frage der Rechtswahl bei einem Tarifvertrag siehe unten, § 7 II. 5. b).

20 a.A. Wiedemann/*Wiedemann*, TVG § 1 Rz 87; *Wimmer*, S. 53.

21 Siehe dazu Wiedemann/*Wiedemann*, TVG § 1 Rz 62; a.A. MünchArbR/*Löwisch/Rieble* § 254 Rz 1 ff.

22 BAG v. 10.09.1985, AP Nr. 3 zu § 117 BetrVG 1972 (LTU-Tarifvertrag).

23 BAG v. 9.11.1977, AP Nr. 13 zu IPR Arbeitsrecht; weitere Beispiele bei *Hergenröder*, AR-Blattei SD 1550.15 Rz 3, 104.

### 3. Geltung eines ausländischen Tarifvertrages im Inland

Ist es möglich, dass ein deutscher Tarifvertrag Geltung im Ausland beansprucht, so kann im spiegelbildlichen Fall einem ausländischen Tarifvertrag, der inländische Arbeitsverhältnisse regelt, die Geltung nicht abgesprochen werden.[24] Voraussetzung ist nach der Rechtsprechung aber, dass für den Arbeitsvertrag ausländisches Recht nach einer Rechtswahl zur Anwendung kommt.[25] Die Anwendbarkeit des Tarifvertrages soll sich also nach dem Arbeitsvertragsstatut richten. Dies zeigt auch der spiegelbildlich entschiedene Fall, in dem ein deutscher Tarifvertrag bei Vereinbarung deutschen Arbeitsvertragsrechts im Ausland gelten soll.[26] Die Literatur lehnt die Anknüpfung an das Arbeitsvertragsstatut hingegen weitgehend ab.[27]

## III. Folgerungen für eine internationale betriebliche Vereinbarung

Zunächst ist festzuhalten, dass internationale Tarifverträge in der Praxis in verschiedenster Weise durchaus bereits vorkommen. In Anbetracht dessen stellt sich die Frage, ob daneben noch Raum bleibt für eine internationale Vereinbarung durch die Betriebspartner. Schon aus rein innerdeutscher Sicht ist eine Abgrenzung zwischen Betriebsvereinbarung und Tarifvertrag nicht immer leicht zu vollziehen, die Zuständigkeitsbereiche überschneiden sich prinzipiell.[28] Die Probleme potenzieren sich, nimmt man den internationalen Kontext hinzu.

### 1. Konkurrenz beider Regelungsformen auf internationaler Ebene

Gegenwärtig mag die Frage einer Abgrenzung zwischen einem internationalen Tarifvertrag und einer internationalen Betriebsvereinbarung rein theoretisch anmuten. Je mehr Vereinbarungen jedoch mit dem EBR abgeschlossen werden, desto drängender taucht die Frage auf, in welchem Verhältnis eine solche Vereinbarung zu einem Tarifvertrag steht, der sich mit den gleichen Inhalten befasst.[29] Die gleiche Frage stellt sich, wenn ein Konzernbetriebsrat eine Vereinbarung schließt, die einen transnationalen Bezug hat.

---

[24] *Zachert*, in Kempen/Zachert, TVG, § 4 Rz 73; *Hergenröder*, in AR-Blattei SD 1550.15 Rz 99.

[25] Vergl. BAG v. 4.05.1977, AP Nr. 30 zu § 1 TVG.

[26] BAG v. 9.07.1980, BAGE 34, 42.

[27] Zum Ganzen *Junker*, Internationales Arbeitsrecht, S. 413 f; *Däubler*, Tarifvertragsrecht, Rz 1662.

[28] Siehe oben, § 3 II. 1. e) dd).

[29] Vergl. *Klebe/Roth*, AiB 2000, S. 749, 757.

Denkbar ist es natürlich, einen internationalen Firmentarifvertrag abzuschließen.[30] Dann würde man das angedeutete Konkurrenzproblem aber umgehen, da in diesem Fall zwei Tarifverträge und nicht ein Tarifvertrag und eine betriebliche Vereinbarung konkurrieren würden. Bei einem Firmentarifvertrag gelten darüber hinaus die bereits oben genannten Nachteile.[31] Die Verhandlung mit einer Gewerkschaft bzw. einen Gewerkschaftsverband kann sich als langwierig und schwierig, insbesondere bei Streikdrohungen, erweisen.
Ferner muss man bedenken, dass sich bis heute eine schlagkräftige, internationale Gewerkschaftspolitik nur schwer oder gar nicht herausgebildet hat.[32] Viele Gewerkschaften sind in ihrer Organisation noch nicht auf eine internationale Tätigkeit ausgerichtet bzw. weigern sich, nationale Kompetenzen an eine internationale Spitzenorganisation zu delegieren.[33] Daher könnte sich der Abschluss einer internationalen betrieblichen Vereinbarung eventuell als leichter herausstellen als der Abschluss eines internationalen Tarifvertrags. Insoweit darf zwar nicht verkannt werden, dass zu erwarten ist, dass sich unterschiedliche nationale Interessen in den betrieblichen Arbeitnehmervertretungen ebenfalls als Verhandlungsschranken erweisen könnten. Andererseits kann man wohl die Aussage treffen, dass sich die Interessenlage aller Arbeitnehmer bei gleicher Behandlung durch die Unternehmensleitung des multinationalen Konzerns stark annähert. Selbst wenn keine zentralistische Leitung des Konzerns gegeben sein sollte, ist das Schicksal der Arbeitnehmer in einem multinationalen Konzern doch enger miteinander verknüpft, als es die Trennung durch die Landesgrenzen erscheinen läßt.[34] Es läßt sich sagen, dass wie im nationalen Recht eine betriebliche Arbeitnehmervertretung den Unternehmensproblemen näher stehen dürfte als eine außenstehende Gewerkschaft bzw. – noch eine Stufe abstrakter – ein gewerkschaftlicher Spitzenverband.[35]
Die Frage nach einer strikten Trennung der Kompetenzen stellt sich in erster Linie im Falle einer Konkurrenz zweier Regelungen mit Normativwirkung. Auf rein nationaler Ebene werden schuldrechtliche Vereinbarungen mit dem Betriebsrat durch einen Tarifvertrag nicht verdrängt.[36] Für eine strikte Zuständigkeitsabgrenzung auf internationaler Ebene müsste man folglich nur dann eintreten,

---

[30] Dazu *Lohmann*, S. 60 ff.; vergl. auch *Kowanz*, S. 67 ff.

[31] Unter § 3 II. 1. e) dd).

[32] *Lecher/Platzer*, WSI-Mitteilungen 1996, S. 503, 504; *Baumann/Laux/Schnepf*, WSI-Mitteilungen 1997, S. 134, 138 ff.; vergl. auch oben I. 1.

[33] *Klebe/Roth*, AiB 2000, S. 749, 757; *Marginson*, in Lecher/Platzer, Arbeitsbeziehungen, S. 250.

[34] Zur Gefährdungslage des Arbeitnehmers in einem multinationalen Konzern siehe § 4 I. 3. a).

[35] Vergl. *Keller*, WSI-Mitteilungen 1999, S. 109, 111; zu einer europaweiten Tendenz hin zu Abschlüssen auf Betriebsebene siehe oben, § 3 III. 1.

[36] Siehe oben, § 3 II. 1. e) bb).

wenn man bereits einen schuldrechtlichen Vertragsschluss als geeignet ansieht, die Autonomie der Tarifpartner zu unterlaufen.[37] Da bisher weder Tarifverträge noch betriebliche Vereinbarungen auf internationaler Ebene weit verbreitet sind, ist ein besonderes Bedürfnis zum Schutze der Tarifpartner vor dem Abschluss von bloß schuldrechtlichen Vereinbarungen durch die Betriebspartner aber eher zu verneinen. Die folgenden Ausführungen beziehen sich demnach nur auf eine Betriebsvereinbarung mit normativer Wirkung.

### 2. Keine gesetzliche Kompetenzlösung auf internationaler Ebene

Verlässt man den Boden des nationalen Rechts, so sucht man vergeblich nach einer dem § 77 III BetrVG entsprechenden Vorschrift. Insbesondere ist dem europäischen Recht kein „internationaler Tarifvorbehalt" zu entnehmen.[38] Möglich erscheint es, dass sowohl der nationale als auch der europäische Gesetzgeber bislang keinen Handlungsbedarf gesehen hat, weil weder Tarifverträge noch Vereinbarungen mit dem Betriebsrat auf internationaler Ebene in einem solchen Maße auftraten, das eine gesetzgeberische Intervention herausgefordert hätte. Angesichts der zunehmenden Bedeutungslosigkeit nationaler Grenzen aus Sicht der Unternehmen einerseits[39] sowie der dynamischen Entwicklung, die durch den EBR[40] eingetreten ist auf der anderen Seite, stellt sich jedoch die Frage nach einer sinnvollen Ordnung beider Rechtsinstitute.

### 3. Abgrenzung vom Gegenstand her

Ein denkbarer Ansatzpunkt ist es, nach dem Gegenstand der Vereinbarung eine typologische Differenzierung vorzunehmen. Der rechtliche Rahmen, in dem Vereinbarungen mit dem Betriebsrat zulässig sind,[41] hat dazu geführt, dass in der Praxis gewisse Themen herkömmlicherweise in Tarifverträgen bzw. in Betriebsvereinbarungen vereinbart werden. Tarifverträge regeln von ihrer Zielsetzung Mindestarbeitsbedigungen. Typischerweise enthalten Tarifverträge also Regelungen über Lohnfragen (Mindestengelte, Eingruppierungsfragen), Urlaub, Mindestarbeitszeiten etc. Für Betriebsvereinbarungen ist demgegenüber stets der

---

[37] Vergl. *Richardi*, in Richardi, BetrVG, § 77 Rz 230.

[38] Siehe auch *Klebe/Roth*, AiB 2000, S. 749, 757, die für eine Schaffung eines „§ 77 III BetrVG" auf supranationaler Ebene votieren.

[39] Vergl. oben § 1 I. 2.

[40] Hierzu oben § 2 II. Freilich muss an dieser Stelle noch offen bleiben, welchen Statuts eine Vereinbarung mit dem EBR besitzt, hierzu § 14 II. Klar ist jedoch, dass sich angesichts wachsender Bereitschaft zu dem Abschluss internationaler Abkommen die Frage nach einer Ordnung der Rechtsinstitute verstärkt stellt.

[41] Ausgangspunkt der Überlegungen ist hier allerdings die nationale Rechtsordnung.

Bereich der freiwilligen Leistungen eröffnet, § 88 BetrVG.[42] Das sind all solche Angelegenheiten, die weder durch Gesetz noch durch Tarifvertrag vorgegeben sind; tarifliche Regelungen werden also sozusagen ersetzt oder - bei Lückenhaftigkeit - ergänzt. Zu nennen sind etwa die betriebliche Altersvorsorgung[43] sowie Gratifikationen. Allein auf betrieblicher Ebene ist ferner die Ausübung der Mitbestimmung bei Umsetzung einzelner Unternehmensentscheidungen des Arbeitgebers möglich, etwa bei der unternehmensweiten Einführung eines neuen Computersystems, § 87 I Nr 6 BetrVG. Solche - stark unternehmensbezogenen - Gegenstände eignen sich nicht für einen Tarifvertrag, da dieser prinzipiell einen abstrakt-generellen Inhalt aufweist, um möglichst viele Fälle sachgerecht zu erfassen. Ein typischer Regelungsgegenstand ist auch die Einführung einer Betriebsordnung, § 87 I Nr. 1 BetrVG. Die Reaktion auf eine Betriebsänderung kann schlecht durch Tarifvertrag vorweggenommen werden, sondern erfolgt im Einzelfall durch Interessenausgleich und Sozialplan, § 112 BetrVG. Die Aufzählung ist nur beispielhaft und soll lediglich verdeutlichen, dass sich beide Rechtsinstitute auch inhaltlich gegeneinander abgrenzen lassen.[44] Zwingend ist dies freilich nicht, weil die Regelungsmacht der Tarifpartner diejenige der Betriebspartner grundsätzlich mit umfasst.[45]

### 4. Abgrenzung vom Sinn und Zweck der Rechtsinstitute her

Die Tarifautonomie hat zum Ziel, die materiellen Arbeitsbedingungen der Arbeitnehmer zu regeln. Die Tarifpartner sollen ein flächendeckendes Mindestniveau schaffen, das ein Sozialdumping in einzelnen Betrieben verhindert.

Bei der Mitbestimmung hingegen geht es mitunter zwar auch um materielle Angelegenheiten, wie z.B. bei einem Weihnachtsgeld oder der Festlegung bestimmter Arbeitszeiten. Ihr Hauptziel besteht aber in der Sicherung des Schutzes des allgemeinen Persönlichkeitsrechts der Arbeitnehmer, der mittels Teilhabe an innerbetrieblichen Entscheidungen gewährleistet werden soll.[46] Mitbestimmung mittels Betriebsvereinbarung dient also – zumindest auch – den immateriellen Interessen der Belegschaft.

---

[42] Zur Abgrenzung des Anwendungsbereichs der Betriebsvereinbarung gegenüber dem Tarifvertrag im deutschen Recht siehe oben, § 3 II. 1. e).

[43] Der Tarifvertrag als Regelungsinstrument der Altersversorgung spielt in der deutschen Praxis eine eher untergeordnete Rolle, *Steinmeyer*, in FS Schaub, S. 727; *Bittner*, S. 416 f.

[44] Eine Aufzählung möglicher Inhalte von freiwilligen Betriebsvereinbarungen findet sich bei *F/K/H/E* § 88 Rz 12.

[45] Hierzu bereits oben, § 3 II. 1. e) aa).

[46] Eingehend unten, § 7 II. 2. b) cc). Zu den verschieden Zwecken von Tarifautonomie und Mitbestimmung siehe *Jahnke*, S. 123 ff.

## 5. Abgrenzung anhand der Legitimationsgrundlage

Oben wurde unter § 3 III. 3. f) herausgearbeitet, dass wesentliches Merkmal der Ausübung von Mitbestimmung auf betrieblicher Ebene die demokratische Anbindung der Arbeitnehmervertreter an den Willen der Belegschaft ist. Eine Betriebsvereinbarung rechtfertigt sich in ihrer Wirkung gegenüber der Arbeitnehmerschaft durch die Wahl der beim Abschluss der Vereinbarung auf Arbeitnehmerseite auftretenden Belegschaftsvertreter.

Eine demokratische Wahl ist hingegen nicht zwingend auf Seiten der Arbeitnehmer-Abschlusspartner, sofern eine Gewerkschaft einen Tarifvertrag abschließt. Möglich ist, dass die Abschlusspartner durch die organisierten Arbeiter im Betrieb mit gewählt wurden, erforderlich ist dies jedoch nicht.[47] Die Wirkung der Vereinbarung gegenüber der Belegschaft baut auf dem Prinzip der Mitgliedschaft auf, nur Mitglieder der Gewerkschaft werden grundsätzlich von der Tarifbindung erfasst.

Bei Betriebsnormen und Betriebsverfassungsnormen lässt der Gesetzgeber sogar allein die Tarifbindung des Arbeitgebers ausreichen, § 3 II TVG. Aus internationaler Sicht baut die Tarifbindung ebenfalls überwiegend auf dem Mitgliedschaftsprinzip auf, doch kann es auch vorkommen, dass die ausländische Rechtsordnung für die Geltung eines Tarifvertrages allein die Tarifbindung des Arbeitgebers ausreichen lässt.[48] In einem solchen Fall wäre freilich eine demokratische Legitimationsgrundlage erst recht nicht gegeben.[49]

## 6. Abgrenzung anhand des Subsidiaritätsprinzips

Nach einer Mindermeinung ist das in Art. 5 II EGV niedergelegte Subsidiaritätsprinzip auch auf das Verhältnis zwischen dem Tarifvertrag und der Betriebsvereinbarung zu übertragen.[50] Legt man dieses Prinzip weit aus und versteht man darunter den Vorrang der „kleineren vor der größeren Einheit",[51] so könnte man zu dem Schluss gelangen, dass der kleineren Einheit „Betriebsvereinbarung" der Vorrang vor der größeren Einheit „Tarifvertrag" zukommen müsse.[52] Eine solche Auslegung dürfte indes zu weit gehen. Sie würde völlig unberücksichtigt lassen, dass die „größere Einheit Tarifvertrag" die

---

47 Siehe hierzu oben, § 3 III. 3. f).

48 Siehe hierzu näher unten, § 8 III. 5. b).

49 Vergl. auch *Arnold*, NZA 2002, S. 1261, 1265 ff., der zutreffend darauf hinweist, dass die Vertreter der europäischen Spitzenverbände nicht demokratisch legitimiert sind.

50 Siehe allgemein zum Subsidiaritätsprinzip *Calliess*, in Calliess/Ruffert, EUV, EGV, Art. 5 Rz 35 ff.; vergl. auch unten, § 14 II. 1. c) dd).

51 *Lambrich*, S. 244; *Hablitzel*, NZA 2000, S. 467, 469.

52 So für das Verhältnis Tarifvertrag/Betriebsvereinbarung auf nationaler Ebene *Hablitzel*, NZA 2000, S. 467, 471; *Lambrich*, S. 252 ff.

gesamtvolkswirtschaftliche Lage berücksichtigt und deshalb einen größeren sozialen Fortschritt bedeuten kann als nur betriebsbezogene Vereinbarungen. Gerade diese Sichtweise führt auf der Ebene der Nationalstaaten zu der umgekehrten Wertung, dass dem Tarifvertrag der Vorrang gebührt. Ferner muss man sich darüber im Klaren sein, dass die Konturen des Subsidiaritätsprinzips durchaus noch nicht abschließend geklärt sind. Ursprünglich galt es für das Verhältnis EU – Nationalstaaten, dann wurde es auf das Verhältnis EU – Sozialpartner ausgedehnt. Will man dieses Prinzip nun auch auf das Verhältnis Tarifpartner – Betriebspartner projiezieren, muss man bedenken, dass dem Subsidiaritätsprinzip eine weitere, völlig neue Dimension beigemessen wird. Für ein solch neues Verständnis lassen sich aber weder auf der Ebene der EU noch auf nationaler Ebene[53] hinreichende Anhaltspunkte entnehmen.[54]

## 7. Rechtsvergleichende Betrachtungsweise

An dieser Stelle ist eine rechtsvergleichende Betrachtungsweise weiterführend. Die Betrachtungen der Systeme der Betriebsverfassung und der Tarifverträge in den einzelnen Ländern hat als Ergebnis ans Licht gebracht, dass nach der Intention des jeweiligen nationalen Gesetzgebers der Tarifvertrag vor einer Vereinbarung mit einem betrieblichen Interessenvertretungsgremium Vorrang haben soll. Eine gesetzliche Regelung findet sich in Deutschland, in Österreich, den Niederlanden und Griechenland.[55] In Dänemark findet sich ein Tarifvorbehalt in dem Mitbestimmungsabkommen von 1986; in Frankreich wird der Tarifvorbehalt in der Weise sichergestellt, dass nach neuer Rechtslage die Betriebspartner tarifliche Themen grundsätzlich nur nach entsprechender Ermächtigung aufgreifen dürfen.[56] Als Synthese aus der Gesamtschau der einzelnen Länderbestimmungen kann der Schluss gezogen werden, dass ein Tarifvorbehalt trotz unterschiedlicher Ausgestaltung anerkannt ist. Nichts anderes kann demnach auf der Ebene des internationalen Rechts gelten.[57]

---

[53] So ist *Hablitzel* insbesondere zu entgegnen, dass mit der Berufung auf das noch wenig geklärte Subsidiaritätsprinzip nicht eine Gesetzesnorm (§ 77 III BetrVG) außer Kraft gesetzt werden kann..

[54] Zu recht kritisch auch *Krause*, JhrbZRW 1997, S. 91, 121; *Goos*, NZA 1994, S. 776, 780.

[55] Siehe hierzu oben unter § 3 II., jeweils unter e).

[56] Zu Dänemark § 3 II. 8. e); zu Frankreich § 3 II. 4. e).

[57] Allgemein auch *Gamillscheg*, Kollektives Arbeitsrecht, Bd. 2, S. 16 sowie die rechtsvergleichende Hinweise in den einzelnen Kapiteln; *Birk*, RdA 1995, S. 71 ff; *Deinert*, S. 289 ff.

### 8. Verhältnis zwischen internationalem Tarifvertrag und internationaler betrieblicher Vereinbarung

Eine Abgrenzung zwischen betrieblicher Vereinbarung und Tarifvertrag kann theoretisch anhand der unterschiedlichen Legitimationsgrundlage vorgenommen werden. Praktisch ist ein allgemeiner Vorrang des Tarifvertrags anzunehmen. Dieses Prinzip resultiert aus einer rechtsvergleichenden Betrachtungsweise der einzelnen Länder.

Für eine internationale Betriebsvereinbarung bleibt daher grds. ein Anwendungsbereich in den von den Gesetzen vorgesehenen Fällen der Mitbestimmung sowie in sonstigen freiwilligen Angelegenheiten, sofern der jeweilige Tarifvorbehalt dies erlaubt.

Von den Regelungsgegenständen her kommen Themen in Frage, die über Mindestarbeitsbedingungen hinaus gehen bzw. einen rein betrieblichen Bezug haben und sich deshalb schlechter für eine tarifvertragliche Lösung anbieten.[58] Inhaltliche Abweichungen gegenüber der Abgrenzung im deutschen Recht sind nicht zu erwarten.[59] Dies wird bestätigt durch eine „Gegenprobe“: Wie die oben genannten Beispielsfälle[60] belegen, halten sich die transnationalen Tarifverträge inhaltlich in dem Rahmen „normaler“ nationaler Tarifverträge. Geregelt werden vor allem Mindestarbeitsbedingungen wie Lohn, Urlaub, Fragen der Arbeitszeitgestaltung etc.[61] Da diese Fragen in den Nachbarländern im Wesentlichen nicht anders als in Deutschland behandelt werden,[62] ist auch nicht zu erwarten, dass bei einem grenzüberschreitenden Tarifvertrag anderes gelten soll.

## IV. Ergebnis 2. Teil

In § 5 wurde der gegenwärtige Stand des Arbeitskollisionsrechts skizziert und dabei festgestellt, dass grundsätzlich bei der Suche nach der anwendbaren Rechtsordnung „vom Sachverhalt“ her auszugehen ist. Nur in Ausnahmefällen ist

---

[58] Vergl. auch die Einschätzung zum EBR von *Uhl/Lavon,* in Deppe (Hrsg.), S. 230: Aufgabe des EBR bei VW könne es nicht sein, internationale Tarifverhandlungen zu führen oder auf betrieblicher Ebene für einen Ausgleich der unterschiedlichen Lohnniveaus zu sorgen. Das Aufgabenfeld des EBR wird in erster Linie in der Entwicklung zur Lösungsansätzen zur Standort- und Beschäftigungssicherung gesehen; ebenso *Mertens*, S. 234.

[59] Eine Einschränkung muss jedoch gemacht werden: Es muss sich um Themen handeln, die einen länderübergreifenden Bezug aufweisen.

[60] Unter II. 1., 2.

[61] Vergl. den bei *Uttlinger/Breier/Kiefer/Hoffmann/Dassau,* BAT, Bd. 2, S. 1 ff. abgedruckten Tarifvertrag; ebenso die Aufzählung möglicher Regelungsinhalte bei *Lohmann,* S. 42 und *Deinert,* S. 52 ff., die jedoch zu Recht darauf hinweisen, dass die Regelung von Lohnfragen angesichts des Lohngefälles in der EG problematisch ist. Zu weiteren sozio-ökonomischen Unterschieden in den Ländern der EU siehe *Kowanz*, S. 28 f.

[62] *Kowanz*, S. 82.

eine Sonderanknüpfung vorzunehmen. Eine Eingriffsnorm, die der Sonderanknüpfung unterliegt, ist dann zu bejahen, wenn eine Vorschrift ihrem Zweck nach hauptsächlich öffentlichen (staats- und wirtschaftspolitischen) Interessen oder dem Staatswohl dient, und nicht in erster Linie dem Ausgleich widerstreitender Interessen der an dem Vertragsverhältnis beteiligten Privatpersonen.
Bislang wurden bereits vereinzelt Tarifverträge mit verschiedenen nationalen Abschlusspartnern bzw. mit einem länderübergreifenden Gegenstand abgeschlossen. Einen „europäischen Tarifvertrag" gibt es gleichwohl (noch) nicht. Eine lediglich schuldrechtlich wirkende Vereinbarung zwischen den Betriebspartnern (Regelungsabrede) wird durch einen internationalen Tarifvertrag nicht verdrängt. Insoweit geht der Schutz der Tarifautonomie nicht weiter als auf nationaler Ebene. Hinsichtlich einer normativ wirkenden Betriebsvereinbarung fehlt es jedoch an einer zuständigkeitsbegrenzenden Norm. Daher ist auf allgemeine Grundsätze zurückzugreifen. Theoretisch ist eine Unterscheidung anhand der unterschiedlichen Legitimationsbasis möglich. Der Tarifvertrag beruht auf dem Prinzip der Mitgliedschaft, die Betriebsvereinbarung rechtfertigt sich aufgrund einer demokratischen Wahl. Aus rechtsvergleichender Perspektive ist eine Abgrenzung in der Weise möglich, dass ein allgmeiner Vorrang des Tarifvertrages vor einer konkurrierenden Betriebsvereinbarung angenommen werden kann.

# *3. Teil: Internationale betriebliche Vereinbarungen mit dem Betriebsrat*

## § 7 Die Behandlung von internationalen betrieblichen Vereinbarungen in Rechtsprechung und Literatur

### I. Ausgangspunkt: Fehlen von internationalen Regeln

Die Frage, nach welchem Recht sich eine betriebliche Vereinbarung, die einen internationalen Bezug aufweist, richtet, ist nirgends ausdrücklich geregelt. Eine kollisionsrechtliche Norm lässt sich nicht dem BetrVG entnehmen. Die §§ 114 – 116 BetrVG, die für die Seeschiffahrt gelten, und der § 117 BetrVG, der nur für Luftfahrtunternehmen gilt, betreffen Sonderfälle und sagen nichts über eine grundsätzliche Anknüpfung der Betriebsverfassung aus.[1] Aber auch die Art. 27 ff EGBGB enthalten nach h.M. keine Regelung, die sich auf das kollektive Arbeitsrecht bezieht.[2] Denn das Gesetz zur Neuregelung des Internationalen Privatrechts vom 19.6.1986 hat das kollektive Arbeitsrecht nicht mitgeregelt.[3] Art. 30 EBGB soll nach dem Willen des Gesetzgebers nur auf den individuellen Arbeitsvertrag zur Anwendung gelangen. Mangels gesetzlicher Regel bleibt nur der Weg, eine Kollisionsnorm selbständig zu entwickeln.

### II. Bisherige Lösungsansätze

### 1. Territorialitätsprinzip

### a) Darstellung

Die Rechtsprechung beurteilt Sachverhalte aus der Betriebsverfassung, die einen Bezug zum Ausland aufweisen, seit jeher nach dem Territorialitätsprinzip.[4] Entgegen der Lehre *Savignys* fragt sie nicht, wo der Lebenssachverhalt „Betriebsverfassung“ seinen Sitz habe, sondern sie fragt danach, welchen Anwendungsbereich das BetrVG besitzt. Der „räumliche Anwendungsbereich“ des BetrVG erstrecke sich auf das Gebiet der BRD. Zur Begründung wird einerseits

---

1 *Hergenröder*, ZfA 1999, S. 1, 33; *Richardi*, IPrax 1983, S. 217, 218.

2 *Jaletzke*, S. 25; *Kegel/Schurig*, IPR, S. 590; *Däubler*, Globalisierte Wirtschaft, S. 18; *Birk*, RdA 1999, S. 13, 14 f.

3 *E. Lorenz*, in FS W. Lorenz, S. 441; *Birk*, in FS Trinkner, S. 461, 464; *Reiff*, Anm. zu BAG v.7.12.1989, SAE 1990, S. 251, 252.

4 BAG v. 9.11.1977, SAE 1978, S. 236, 237; BAG v. 25.04.1978, AP Nr. 16 zu Intern. Privatrecht; BAG v. 30.04.1987, SAE 1989, S. 326, 327; BAG v. 7.12.1989, AP Nr. 27 zu Intern. Privatrecht; BAG v. 30.01.1990, SAE 1990, S. 347, 350; BAG v. 21.11.1996, NZA 1997, S. 493; zuletzt bestätigt von BAG v. 22.03.2000, DB 2000, S. 2098, 2099.

vorgetragen, aus den §§ 114 II, 115 II Nr. 9 und § 116 II Nr. 8, III Nr. 6 BetrVG lasse sich herleiten, dass das Gesetz nur Wirkung auf dem Territorium der BRD entfalten solle.[5] Mehr im Vordergrund steht allerdings die Erwägung, dass das Gesetz tief in den organisatorischen Aufbau der Betriebe eingreife und die Befugnisse des Arbeitgebers beschränke.[6] Es stelle sich aus diesem Grund als ein Teil der allgemeinen Lebensordnung der BRD dar.[7] Als Zusatzargument wird betont, dass die Betriebsverfassung nur einheitlich durchgeführt werden könnte.[8] Davon zu unterscheiden sei der „persönliche Geltungsbereich" des BetrVG. Der persönliche Geltungsbereich beziehe sich auf die Frage, welcher Arbeitnehmer noch dem Anwendungsbereich des BetrVG unterstellt werden könnte, obwohl ein Auslandsbezug vorliegt.[9] Zur Beantwortung dieser Fragestellung greift die Rechtsprechung auf die Rechtsfigur der Ausstrahlung zurück.[10] Anhand einer wertenden Gesamtbetrachtung müsse jeweils festgestellt werden, ob der im Ausland tätige Arbeitnehmer noch dem inländischen Betrieb zugerechnet werden könne.
Dieser Konzeption folgt ein Großteil der Literatur.[11]
Die Rechtsprechung hatte sich explizit mit der Frage, ob und inwieweit eine Betriebsvereinbarung Wirkung im Ausland entfalten könne, erst dreimal zu befassen. In dem Fall des LAG Düsseldorf[12] ging es um die rechtliche Frage, ob dem Betriebsrat ein Mitbestimmungsrecht bei der Regelung der Arbeitsbedingungen für Monteure, die auf einer im Ausland belegenen Baustelle arbeiteten, zusteht. Inhaltlich ging es u.a. darum, für diese besondere Gruppe der Arbeitnehmer zu vereinbaren, dass Zuschläge für die Auslandsarbeit, Übernachtungsgelder sowie der sonstige Lohn auf das Lohnkonto im Inland zu überweisen seien. Ferner sollte der Arbeitgeber verpflichtet werden, dafür zu sorgen, dass das deutsche Arbeitnehmerschutzrecht auch auf der im Ausland belegenen Baustelle eingehalten wird.
Das LAG ging zwar im Grundsatz auch von dem Territorialitätsprinzip aus, verneinte im Ergebnis aber einen Zuständigkeit des Betriebsrats. Es argumentierte,

---

5 LAG Düsseldorf, DB 1979, S. 2233.
6 BAG v. 30.4.1987, SAE 1989, S. 326, 327; BAG v. 25.4.1978, AP Nr. 16 zu Intern. Privatrecht.
7 BAG v. 25.04.1978, AP Nr. 16 zu Intern. Privatrecht.
8 BAG v. 25.04.1978, AP Nr. 16 zu Intern. Privatrecht.
9 BAG v. 22.03.2000, DB 2000, S. 2098, 2099.
10 BAG v. 22.03.2000, DB 2000, S. 2098, 2099; BAG v. 7.12.1989, AP Nr. 27 zu Intern. Privatrecht.
11 ErfK/*Eisemann*, § 1 BetrVG Rz 4 f.; GK-BetrVG/*Kraft* § 1 Rz 12 f.; *F/K/H/E* § 1 Rz 13 ff., *Eser*, S. 48 ff., 86; *Boemke*, NZA 1992, S. 112, 113 ff.; *Gaul* AWD 1974, S. 471, 473; *ders.*, BB 1990, S. 697, 699; *Birk*, in FS Schnorr von Carolsfeld, S. 61, 67; *ders.*, in MünchArbR § 22 Rz 5 f.; *Auffahrt* in FS Hilger/Stumpf, S. 31 ff.; *Steinmeyer*, DB 1980, S. 1541 ff.; *Breinlinger/Kittner*, BB 1982, S. 1933, 1934; *Diller/Powietzka*, DB 2001, S. 1034.
12 LAG Düsseldorf v. 14.2.1979, DB 1979, S. 2233 ff.

dass mittels der Betriebsvereinbarung ein „gesondertes Recht“ für Auslandsbaustellen geschaffen werden solle. Es handle sich nicht mehr um einen Fall der „Ausstrahlung“ vom inländischen Betrieb aus, sondern um „Strahlungen in Gestalt von Rechtsnormen, die erst jenseits der Grenzen der BRD beginnen“ sollten.[13] Eine solche Vereinbarung sei unzulässig. Damit ließ sich das Gericht offenbar von dem völkerrechtlichen Grundsatz leiten, dass kein Staat seine Normen auf das Territorium eines anderen Staates erstrecken darf.[14]
In einem Fall aus dem Jahre 1983[15] ging es darum, dass die Fluggesellschaft „Pan Am“ in Deutschland Nachtsichtgeräte aufstellte, mittels derer eine Überwachung und Kontrolle von Arbeitnehmern möglich erschien. In Frage stand deshalb das Mitbestimmungsrecht gemäß § 87 I Nr. 6 BetrVG. Der Auslandsbezug ergab sich daraus, dass die Auswertung der Daten in Amerika erfolgte. Das BAG ging im Grundsatz bedenkenlos von dem Eingreifen der deutschen Betriebsverfassung aus, lehnte schließlich eine Entscheidung aber ab, da nicht geklärt war, ob eine individuelle Zuordnung der Daten zu den einzelnen Arbeitnehmern gewährleistet sei.[16] Festzuhalten ist, dass das Gericht jedenfalls selbstverständlich davon ausging, dass eine Betriebsvereinbarung nach deutschem Recht in einem deutschen Betrieb gelten müsse, selbst wenn deren Wirkungen z. T. auch Sachverhalte im Ausland miterfassen würde.
In einer späteren Entscheidung des BAG[17] wurden die Vorbehalte, die das LAG Düsseldorf gegen eine „Erstreckung“ einer inländischen Betriebsvereinbarung ins Ausland geltend gemacht hatte, nicht einmal mehr angesprochen. Auch in diesem Fall ging es darum, vergleichbar dem Fall des LAG, in einer Betriebsvereinbarung eine Zulage für im Ausland beschäftigte Arbeitnehmer festzulegen. Das Gericht legte hier ohne weiteres zugrunde, dass mittels einer Betriebsvereinbarung auch die Arbeitsbedingungen der im Ausland tätigen Arbeitnehmer geregelt werden könne. Bedingung sei freilich, dass die im Ausland tätigen Arbeitnehmer in den persönlichen Geltungsbereich des BetrVG fielen und sich ihre Arbeit als „Ausstrahlung“ des inländischen Betriebs darstelle.[18]
Soweit es Stimmen in der Literatur gibt, die sich ausdrücklich mit der Problematik der Betriebsvereinbarung befassen und als Ausgangspunkt das Territorialitätsprinzip wählen, pflichten sie der Rechtsprechung bei.[19]

---

13 LAG Düsseldorf v. 14.2.1979, DB 1979, S. 2233, 2234.
14 Hierzu näher unten II 1. b).
15 BAG v. 6.12.1983, SAE 1985, S. 225 ff.
16 BAG v. 6.12.1983, SAE 1985, S. 225, 241 f.
17 BAG v. 30.1.1990, SAE 1990, S. 347, 350.
18 BAG v. 30.1.1990, SAE 1990, S. 347, 350.
19 *Auffahrt*, in FS Hilger/Stumpf, S. 31, 38; *Eser*, S. 86; *Steinmeyer*, DB 1980, S. 1541, 1542 f.; *Schlachter*, RdA 1993, S. 324, 326.

### b) Kritik

Eine in der Literatur ebenfalls verbreitete Auffassung kritisiert, dass das Territorialitätsprinzip als Ausgangspunkt bereits den falschen Ansatz darstelle.[20] Das Territorialitätsprinzip wurde und wird im Zusammenhang mit dem Anwendungsbereich von öffentlich-rechtlichen Vorschriften angewandt. Inhalt dieses Prinzips ist es, Recht nur im eigenen souveränen Gebiet zu setzen und anderen Völkern seine Normen nicht aufzudrängen.[21] Zur Zeit der Weimarer Republik wurde die Betriebsverfassung als Teil des öffentlichen Rechts angesehen.[22] Nach heute herrschender Meinung ist das BetrVG jedoch dem Privatrecht zuzuordnen.[23] Mit diesem gewandelten Verständnis, so wird zu recht betont, ist es nicht mehr vereinbar, auf das Territorialitätsprinzip zurückzugreifen.[24] Es wird ferner geltend gemacht, der Begriff sei inhaltsleer und daher letztlich überflüssig.[25] Denn das Territorialitätsprinzip besage nichts weiter, als dass die Anwendung einer Vorschrift auf das Territorium des normsetzenden Staates beschränkt sei. Somit werde nur ein Ergebnis, nicht aber eine Begründung für das Eingreifen einer bestimmten Rechtsordnung gegeben.[26]

Hinzu kommt, dass die Rechtsprechung das Prinzip der „Territorialität" selbst nicht stringent beachtet. Wie die oben erwähnte Entscheidung des BAG v. 30.01.1990 belegt, können inländische Betriebspartner sehr wohl Rechtsakte vornehmen, die auch im Ausland gelten. Mit anderen Worten weicht die Figur der „Ausstrahlung" das Prinzip der Territorialität nicht unerheblich wieder auf.

Soweit die Rechtsprechung argumentiert, die Betriebsverfassung lasse sich nur einheitlich durchführen,[27] so kann man hieraus jedenfalls nicht das Postulat einer

---

20 *E. Lorenz*, in FS W. Lorenz, S. 441, 446 f.; *Junker*, Internationales Arbeitsrecht, S. 367 ff., *Jaletzke*, S. 33 ff.; *Trümner*, in D/K/K § 1 Rz 28; MünchArbR/*von Hoyningen-Huene* § 298 Rz 27 f.; *Richardi*, in Richardi, BetrVG, Einl. Rz 63; *Agel-Pahlke*, S. 35 ff.; *Wimmer*, S. 104 ff.; *Däubler*, RabelsZ 39 (1975), S. 444, 449 f.; *ders.*, in Globalisierte Wirtschaft, S. 24 f.; aus jüngerer Zeit vergl. *Fischer*, RdA 2002, S. 160, 162.

21 *Ebenroth/Sura*, ZHR 144 (1980), S. 610, 615.

22 Zur Wandlung des Verständnisses der Rechtsnatur der Betriebsverfassung vergl. *Schhlüpers-Oehmen*, S. 137 ff.; zur Geschichte der Betriebsverfassung in Deutschland vergl. *Richardi*, in Richardi, BetrVG, Einl. Rz 6 ff.

23 Dies steht heute außer Frage, vergl. nur ErfK/*Eisemann* § 1 BetrVG Rz 2; *F/K/H/E* § 1 Rz 262; *Richardi*, in Richardi, BetrVG, Einl. Rz 128 ff.

24 *Däubler*, Globalisierte Wirtschaft, S. 24; *Jaletzke*, S. 33 f; *Junker*, Anm. zu BAG v. 30.04.1987, SAE 1988, 328, 330.

25 *E. Lorenz*, in FS W. Lorenz, S. 444, 446 f.; MünchArbR/*von Hoyningen-Huene* § 298 Rz 28; *Gitter/Heinze*, in Richardi, Mitbestimmung, Bd. 2, S. 101, 102; *Richardi*, IPrax 1983, S. 217, 218.

26 *Gamillscheg*, Internationales Arbeitsrecht, S. 121; MünchArbR/*von Hoyningen-Huene* § 298 Rz 28; *Birk*, RIW/AWD 1975, S. 589, 590.

27 BAG v. 25.04.1978, AP Nr. 16 zu Intern. Privatrecht; ebenso *Wimmer*, S. 102 f., 191.

einseitigen Anknüpfung ableiten. Denn wenn man einheitlich die Betriebsverfassung in einem Betrieb auf inländischen Territorium einem anderen Recht unterstellt, eventuell auch nach einer Rechtswahl, wird die Betriebsverfassung ebenfalls einheitlich durchgeführt.[28]

Es bleibt das Argument der Rechtsprechung, das Recht der Betriebsverfassung sei ein wichtiger Bestandteil der „allgemeinen Lebensordnung." Von diesem Aspekt ausgehend kann man eine weitere Meinung unterscheiden, die einerseits diesen Gesichtspunkt in den Mittelpunkt ihrer Betrachtungen stellt, andererseits jedoch auf den Begriff des Territorialitätssprinzips verzichtet.

## 2. Betriebsverfassung als Teil der Sozial- und Wirtschaftsordnung

### a) Darstellung

Sofern die Rechtsprechung ihre These, die Betriebsverfassung sei Teil der allgemeinen Lebensordnung, näher begründet, verweist sie darauf, dass mit dem BetrVG ein tiefer Eingriff in den organisatorischen Aufbau der Betriebe und Befugnisse der Arbeitgeber verbunden sei.[29]

Diesen Ansatz weiterführend, betont die Literatur, dass die betriebliche Mitbestimmung ein Teil des Gesamtsystems der Wirtschafts- und Sozialverfassung der BRD sei;[30] *Richardi* spricht von „Sozialordnungsrecht",[31] *Martiny* von „die Sozialordnung gestaltendem Privatrecht",[32] *Agel-Pahlke* von „Teil einer Wirtschaftsordnung".[33] Sie gehe letztlich auf das Sozialstaatsprinzip zurück.[34] Es handele sich um eine ordnende politische Entscheidung, welche auf die "allgemeine Lebensordnung"[35] der Bürger, also auf die Gesellschaft, zurückwirke. Die politische Bedeutung dieses Gesetzes zeige sich nach *Schlüpers-Oehmen* u.a. daran, dass der Staat ein besonderes Interesse an der Durchsetzung der Betriebsverfassung habe. Dieses Interesse spiegele sich darin wider, dass die Tätigkeit des Betriebsrats durch Strafrechtsnormen geschützt sei.[36] Er weist darauf hin, dass in § 3 II BetrVG in der Fassung vor der Reform des Betriebsverfassungsgesetzes im Jahre 2001 die Mitwirkung der obersten Arbeitsbehörde

28 *Junker*, Internationales Arbeitsrecht, S. 373; zum Problem der Einheitlichkeit der Betriebsverfassung siehe ausführlich weiter unten, § 8 II.

29 BAG v. 30.4.1987, SAE 1989, S. 326, 327; BAG v. 25.4.1978, AP Nr. 16 zu Intern. Privatrecht.

30 *Schlüpers-Oehmen*, S. 141 ff.; *Wimmer*, S. 190 f.; *Jäger*, S. 60 ff.; *Reithmann/Martiny*, Internationales Vertragsrecht, S. 1122.

31 *Richardi*, IPrax 1983, S. 217, 218; *ders.*, in Richardi, BetrVG Einl. Rz 63.

32 MünchKomm/*Martiny* Art. 30 EGBGB Rz 76.

33 *Agel-Pahlke*, S. 194.

34 Vergl. *Jäger*, S. 37.

35 So bereits das BAG v. 25.04.1978, AP Nr. 16 zu Intern. Privatrecht.

vorgesehen sei.[37] Auch sei der Staat deshalb an der Betriebsverfassung besonders interessiert, als z.B. in den §§ 23, 98 V, 101 und 104 BetrVG Ordnungs- bzw. Strafgelder vorgesehen seien, die das Arbeitsgericht verhängt. Nach den §§ 2a, 80 ArbGG sei für betriebsverfassungsrechtliche Streitigkeiten eine besondere gerichtliche Zuständigkeit geschaffen worden.[38] Insgesamt sei daher dem Staat besonders an der Durchsetzung der Betriebsverfassung gelegen.[39]
Die kollisionsrechtliche Folgerung aus diesem Ansatz besteht darin, dass für eine Sonderanknüpfung votiert wird. Wie etwa im Bereich des Wirtschaftskollisionsrechts wird nicht gefragt, wo der Lebenssachverhalt seinen „Sitz" habe, sondern es wird umgekehrt von der Fragestellung ausgegangen, welche Sachverhalte das Gesetz regeln will.[40] Ein international zwingender Anwendungswille des BetrVG, Art. 34 EGBGB, wird bejaht.
Speziell auf die Betriebsvereinbarung eingehend fragt *Wimmer*, ob von dem – seiner Ansicht nach – international zwingenden Charakter des Betriebsverfassungsrechts auf eine entsprechende Natur der betrieblichen Normen geschlossen werden könne.[41] Voraussetzung hierfür sei erstens, dass der Gesetzgeber, der den Rahmen für den Erlass von Normen durch Private geschaffen hat, die Betriebsvereinbarung mit einem Eingriffscharakter ausstatten wollte. Zweitens müsse aber kumulativ auch auf die Sicht der in concreto rechtsetzend tätig werdenden Betriebspartner abgestellt werden.[42] Ein entsprechender Wille des Gesetzgebers wird sodann bejaht; ebenso sei davon auszugehen, dass die Betriebspartner in der Regel Eingriffsnormen schaffen wollten.[43] Denn den Betriebspartnern sei an einer (möglichst) umfassenden Geltung ihrer Normen gelegen; ferner müsse sich die Betriebsvereinbarung zur Vermeidung einer etwaigen Ungleichbehandlung auch auf ein Arbeitsverhältnis auswirken, welches einem anderen Arbeitsvertragsstatut unterfällt.[44]

### b) Kritik

Unter der Vorgabe der unter § 5 II herausgearbeiteten Anforderungen an eine Eingriffsnorm gilt es nunmehr zu untersuchen, ob das BetrVG als Eingriffsrecht angesehen werden muss.

---

36 *Schlüpers-Oehmen*, S. 148 f.
37 *Schlüpers-Oehmen*, S. 150.
38 *Schlüpers-Ohemen*, S. 149 f.
39 Ähnlich *Reichold*, der aber den Organisationscharakter des BetrVG in den Vordergrund stellt, *Reichold*, S. 463 ff.
40 Zur Methodik der Sonderanknüpfung siehe oben § 5 I.
41 *Wimmer*, S. 190.
42 *Wimmer*, S. 188 f.
43 *Wimmer*, S. 192.
44 *Wimmer*, S. 192.

**aa) Zwingender Charakter des BetrVG**

Wie gesehen muss es sich um solche Vorschriften handeln, die intern zwingend sind. Die einzelnen Mitwirkungstatbestände des BetrVG sind Mindestbestimmungen und allenfalls durch Vertrag erweiterbar, aber nicht einschränkbar.[45] Insofern könnte man meinen, das BetrVG besitze einen zwingenden Charakter. Allerdings sind die Betriebspartner nicht gezwungen, einen Betriebsrat einzurichten. Verzichten sie darauf, erwachsen zugunsten der Belegschaft erst gar keine Mitwirkungsrechte. Über die Freiheit, einen Betriebsrat einzurichten oder nicht, ergibt sich demnach - entgegen dem ersten Anschein - eine einseitige prinzipielle Dispositionsbefugnis über die Mitwirkungsrechte. Da freilich nur die Arbeitnehmerseite über die Einrichtung eines Betriebsrats entscheiden kann, ist das BetrVG als zumindest einseitig nicht zwingend anzusehen. Dieser Gesichtspunkt spricht deutlich gegen den Charakter des BetrVG als Eingriffsrecht.[46]

An diesem Befund änderte sich auch durch die Reform des BetrVG vom 28.07.2001 nichts. Im Gegenteil lässt sich aus der Neuregelung ein Indiz gegen die Annahme von intern zwingendem Recht herleiten. Aufgrund der Neufassung des § 3 BetrVG werden die Tarif- und - in einem eingeschränktem Umfang - auch die Betriebspartner[47] dazu ermächtigt, durch Kollektivvertrag autonom die Einrichtung von Betriebsräten auf unterschiedlichen Beteiligungsebenen zu gestalten.[48] Möglich ist die Option für einen unternehmenseinheitlichen Betriebsrat (§ 3 I Nr. 1 a), für die Einrichtung von Filial- (§ 3 I Nr. 1 b) oder Spartenbetriebsräten (§ 3 I Nr. 2) sowie für die Einrichtung von Betriebräten bei sog. Netzwerken (§ 3 I Nr. 3 und 4). Die Vorschrift soll es ermöglichen, betriebsverfassungsrechtliche Strukturen je nach den Belangen des einzelnen Unternehmens einzurichten.[49] Ergänzt wird § 3 I durch § 3 V S. 1 BetrVG, der klarstellt, dass die vereinbarten Organisationseinheiten gemäß § 3 I Nr. 1 bis 3 BetrVG als „Betriebe" anzusehen sind.

Zusammenfassend lässt sich daher sagen, dass das „Herzstück" der Betriebsverfassung, nämlich der Betriebsbegriff, der autonomen Gestaltungsmöglichkeit von Tarif- und Betriebspartner unterliegt. Das BetrVG hat in weiten Teilen Zugeständnisse an die flexiblen Bedürfnisse der Betriebs- und Unternehmensführung gemacht und zwingende Bestimmungen zurückgedrängt. Je mehr ein Gesetz jedoch intern abdingbar ist, desto eher wird man seinen internationalen Geltungswillen zu verneinen haben.

---

[45] BAG v. 10.02.1988, E S. 317, 325; ErfK/*Eisemann* § 1 Rz 19 BetrVG.

[46] *Junker*, Internationales Arbeitsrecht, S. 370; *Hergenröder*, ZfA 1999, S. 1, 34; *Agel-Pahlke*, S. 138; *Weber*, IPrax 1988, S. 82, 83.

[47] Zu dem zu weit geratenem Tarifvorbehalt kritisch *Richardi/Annuß*, DB 2001, S. 41, 42.

[48] Hierzu ausführlich *Konzen*, RdA 2001, S. 76, 85.

[49] *Engels/Trebinger/Löhr-Steinhaus*, DB 2001, S. 532.

**bb) „Sozialpolitischer" Charakter des BetrVG**

Darüberhinaus ist der angeblich hohe „sozialpolitische" Charakter des BetrVG nirgendwo überzeugend dargetan. Es fällt auf, dass weitgehend vom Ergebnis her argumentiert wird und weniger Aufmerksamkeit auf die Begründung des gefundenen Ergebnisses verwendet wird.[50]

Soweit vorgebracht wird, der Staat habe ein besonderes Interesse an der Durchsetzung des BetrVG,[51] ist dies nicht überzeugend. Die Sanktionierung bestimmten Fehlverhaltens durch Strafrechtsnormen findet sich verbreitet auch in anderen Gesetzen, etwa im Handelsrecht bei der Verletzung von Berichtspflichten des vertretungsberechtigten Organs einer Kapitalgesellschaft, § 331 ff. HGB, oder außerhalb des Handelsrechts bei der Verletzung von Unterhaltspflichten, § 170 StGB, ohne dass das Recht über die handelsrechtlichen Berichtspflichten und das Unterhaltsrecht als Eingriffsnormen zu würdigen wären.[52] Dass ein besonderer Rechtsweg für betriebsverfassungsrechtliche Streitigkeiten in § 2a Nr. 1 ArbGG eröffnet ist, ist ebenfalls keine Besonderheit; dies wird deutlich, wenn man bedenkt, dass es für familienrechtliche Streitigkeiten Familiengerichte (§ 23b GVG) und für handelsrechtliche Streitigkeiten Handelskammern gibt (§§ 93 ff. GVG). Das Argument, der Staat mische sich bei der Betriebsverfassung besonders ein, weil Tarifverträge nach § 3 I BetrVG a.F. der Zustimmung der obersten Arbeitsbehörde des Landes bedürften,[53] ist durch die Reform überholt. Der Gesetzgeber votierte hier bewusst für einen Rückzug der staatlichen Regulierung aus der Betriebsverfassung.[54]

Sofern betont wird, die Betriebsverfassung beschränke mittels der Mitwirkungsrechte die Entscheidungsfreiheit des Arbeitgebers,[55] mag dies richtig sein; allerdings gilt dies für sämtliche Arbeitnehmerschutzgesetze, z.B. das KSchG, und ist deshalb kein Spezifikum der Betriebsverfassung, welches für eine Sonderanknüpfung herangezogen werden kann.[56]

---

50 Vergl. z.B. *Richardi*, IPrax 1983, S. 217, 218. Auch bei *Agel-Pahlke* vermisst man eine klare Obersatzbildung, S. 136 ff.

51 Siehe dazu oben II. 2. a).

52 Ebenso *Jaletzke*, S. 72; zu Recht wird auch darauf hingewiesen, dass es sich um Delikte handelt, die einen Antrag des Betriebsrat erfordern, *Staudacher*, S. 156.

53 Siehe oben II. 2. a).

54 *Engels/Trebinger/Löhr-Steinhaus*, DB 2001, S. 532: Die Vertragspartner vor Ort könnten die Sachgerechtigkeit von unternehmensspezifischen Arbeitnehmerstrukturen besser beurteilen als staatliche Stellen; vergl. auch *Hanau*, NJW 2001, S. 2513, 2514.

55 Siehe oben II. 2. a).

56 *Däubler*, Globalisierte Wirtschaft, S. 25; *Junker*, Anm. BAG SAE 1989, S. 328, 330.

Im Grundsatz wird man allerdings zugestehen müssen, dass der Gesetzgeber mit dem BetrVG zumindest auch ordnungspolitische und damit letztlich staatliche Interessen verwirklichen wollte. Da die Frage nach Art und Umfang der Mitbestimmung auf die Wirtschaft und „den Standort Deutschland" im internationalen Wettbewerb selbstverständlich Auswirkungen hat, kann man schwerlich vertreten, das BetrVG sei völlig unpolitisch. Die entscheidende Frage aber muss nach vorstehenden Überlegungen lauten, ob das BetrVG in erster Linie staatlichen Zwecken dient oder dem Ausgleich privater Interessen.[57]

**cc) Schutzgedanke im BetrVG**

Das gesamte Arbeitsrecht kann man als Sonderschutzrecht der Arbeitnehmer auffassen. Aufgrund der strukturellen Unterlegenheit des Arbeitnehmers[58] ist ein staatlicher Eingriff in die Privatautonomie erforderlich, der mittels zumeist einseitig zwingender Normen die Entscheidungsfreiheiten des Arbeitgebers einschränkt. Bei der Frage, inwieweit der Schutz der Arbeitnehmer verwirklicht und als Kehrseite die Entscheidungsfreiheit des Arbeitgebers zurückgedrängt werden muss, gibt es freilich einen Gestaltungsspielraum des Gesetzgebers, den dieser durch eine umfangreiche Interessenabwägung ausbalancieren muss. Dass dabei auch politische Motive eine Rolle spielen, ist im Arbeitsrecht aufgrund der grundsätzlich angelegten Zweipoligkeit keine Besonderheit. Bei der gesetzgeberischen Entscheidung dürfen aber nicht nur die Interessen des Arbeitgebers und der Arbeitnehmerseite berücksichtigt werden, sondern es müssen auch die Auswirkungen dieser Entscheidung auf die Gesellschaft und insbesondere auf die Wirtschaft Eingang in die Überlegungen finden. In letzter Zeit hat sich verstärkt die Erkenntnis durchgesetzt, dass neben dem Arbeitnehmerschutzgedanken auch die ökonomische Bedeutung des Arbeitsrechts bedacht werden muss, Arbeitsrecht kann nicht isoliert neben der Wirtschaftsordnung eines Landes gesehen werden, sondern ist Teil derselben.[59] In dem Maße, in dem etwa befristete Arbeitsverhältnisse zugelassen werden, wird die Flexibilität des Arbeitsmarktes gesteigert, umgekehrt führt die Anhebung des Schwellenwertes in § 23 KSchG zu einer erschwerten Personalpolitik und damit unter Umständen zu mehr Arbeitslosigkeit. Die Verzahnung von Wirtschafts- und Arbeitsverfassung führt aber nicht dazu, dass der Gedanke des Arbeitnehmerschutzes gegenüber dem Aspekt des Arbeitsrechts als einem Steuerungselement in der freien Marktwirtschaft in den Hintergrund tritt. Beschäftigungspoltische Aspekte und Standortfragen spielen zwar eine wichtige Rolle, im Kern geht es im Arbeitsrecht

---

[57] Siehe oben § 5 II.

[58] Allgemein hierzu MünchArbR/*Richardi* § 240 Rz 13; *Schaub*, ArbR-Handbuch, § 2 II 1.; *Hromadka/Maschmann*, Arbeitsrecht, Bd. 1, S. 16.

[59] *Zöllner/Loritz*, S. 7; *Schaub*, ArbR-Handbuch, § 2 I 1.

aber nach wie vor um einen gerechten Ausgleich zwischen der Arbeitgeber- und Arbeitnehmerseite. Im übrigen kann die ökonomische Dimension des Arbeitsrechts nicht auf internationalprivatrechtlicher Ebene dazu führen, dass stets dann von Eingriffsnormen gesprochen werden kann, wenn das Gesetz unter anderem beschäftigungsfördernde Elemente aufweist oder Rückschlüsse auf den Standortfaktor zulässt. Denn dann wäre fast jedes Arbeitsgesetz als eine Eingriffsnorm interpretierbar.[60]

In diesem Zusammenhang ist es nicht überzeugend, dass von der h.M. eine unterschiedliche Betrachtung zwischen der Anknüpfung des BetrVG und des TVG oder des MitbestG vorgenommen wird.[61] Die letztgenannten Materien weisen nach der hier vertretenen Ansicht keine andere oder geringere „sozialpolitische" Komponente auf.[62]

Dem Arbeitgeber soll mit dem Betriebsrat auf kollektiver Ebene ein adäquater Gegenspieler, der effizienter als die einzelnen Arbeitnehmer die Interessen der Belegschaft vertreten soll, gegenüber gestellt werden.[63] Das BetrVG strebt in erster Linie an, die sich aus dem Eintritt in einen Betrieb ergebende tatsächliche und rechtliche Abhängigkeit von dem Arbeitgeber zu beseitigen oder zumindest zu mindern.[64] Im Bericht der Mitbestimmungskommission, welcher maßgeblich bei dem Aufbau der Betriebsverfassung berücksichtigt wurde, heißt es: „Die Mitbestimmung der Arbeitnehmer...ist...der durch den Grundsatz der Selbstbestimmung und der Freiheit der Person gebotene Ausgleich der Fremdbestimmung im Unternehmen."[65] Dahinter steht also der Schutz des allgemeinen Persönlichkeitsrechts des Arbeitnehmers.[66] Ferner ging es nach der Kommission um die „...institutionelle Teilhabe der Arbeitnehmer an der Handhabung der Leitungsgewalt...".[67] Der Schutzgedanke soll also wie im Individualrechtsbereich, nur hier auf einer anderen, nämlich der kollektiven Ebene, verwirklicht werden. Dies ist der zentrale Zweck des BetrVG.[68]

Dass das BetrVG zugleich eine Entscheidung des Gesetzgebers für eine Demokratisierung der Betriebe und somit auch ein allgemeinpolitisches Anliegen

---

60 Vergl *Junker*, Internationales Arbeitsrecht, S. 373; vergl. auch oben § 5 III.

61 Siehe dazu oben § 5 III.

62 Gleiches gilt für die kollisionsrechtliche Behandlung einer Vereinbarung nach § 17 EBRG.

63 Allgemein zum Zweck des kollektiven Arbeitsrechts MünchArbR/*Richardi*, § 240 Rz 12 ff.

64 GK-BetrVG/*Wiese*, Einl. Rz 49.

65 BT-Drucks. VI/334, S. 64 f.

66 GK-BetrVG/*Wiese*, Einl. Rz 49.

67 BT-Drucks VI/334, S. 64.

68 GK-BetrVG/*Wiese*, Einl. Rz 49; *ders.*, in FS Kissel, S. 1269, 1277; *F/K/H/E* § 1 Rz 1; *Kustode/Däubler*, in, D/K/K, BetrVG Einl. 38; *Zöllner/Loritz*, S. 443, 447; *Lambrich*, S. 128; a.A. MünchArbR/*von Hoyningen-Huene* § 297 Rz 12 f.

verfolgt,[69] muss ebenfalls gesehen, aber nicht überbewertet werden.[70] Die Schutzbedürftigkeit der Arbeitnehmerschaft führt zum Gedanken der Demokratisierung, nicht umgekehrt. Zwar kann in der Demokratisierung der Bertriebsverfassung auch eine generelle ordnungspolitische Grundentscheidung gesehen werden, doch erscheint es richtiger, die Entscheidung zur Demokratisierung nicht isoliert zu betrachten, sondern gerade als Mittel des institutionalisierten Arbeitnehmerschutzes anzusehen.

Die gleiche Erwägung gilt für den im BetrVG ebenfalls angelegten Teilhabe- und Partnerschaftsgedanken.[71] Gerade durch die Teilhabe an den arbeitgeberseitigen Entscheidungsprozessen und durch den Partnerschaftsgedanken soll der Schutz der Belegschaft flankiert und umgesetzt werden.[72] Dass mit der Entscheidung für eine Beteiligung der Arbeitnehmer auch eine Entscheidung für eine bestimmte Organisation im Betrieb[73] getroffen wurde, vermag nichts an dem hauptsächlichen Anliegen des BetrVG zu ändern. Letztlich ist das BetrVG nicht „Organisationsrecht" um seiner selbst willen, sondern auch nur wieder deshalb, um dem Schutzgedanken Wirksamkeit zu verschaffen.[74]

Zusammengefasst dient die Betriebsverfassung vornehmlich dem Schutz der im Betrieb tätigen Arbeitnehmerschaft. Die Entscheidung, wieweit diesem Schutzanliegen entgegenzukommen ist und gleichzeitig die Interessen des Arbeitgebers zurückzustellen sind, beruht auf einer Interessenabwägung. Man kann somit sagen, die Betriebsverfassung dient in erster Linie dem Ausgleich widerstreitender Interessen auf kollektiver Ebene, nicht aber einem staatlichen oder staatspolitischen Anliegen. Dem BetrVG ist folglich kein international-privatrechtlich zwingender Geltungswillen zuzusprechen, eine Sonderanknüpfung i.S.v. Art. 34 EGBGB ist abzulehnen.[75]

### dd) Betriebliche Vereinbarungen als Eingriffsnormen?

Wie soeben aufgezeigt, ist der Theorie von der Sonderanknüpfung nicht zu folgen. Unterstellt man jedoch einmal die Richtigkeit dieser These, wäre weiter zu fragen,

---

69 *Schaub*, ArbR-Handbuch, § 210 2.

70 Auf diesen Gesichtspunkt stellt jedoch maßgeblich *Jäger* ab, S. 67 ff.; kritisch hingegen die Mitbestimmungskommission, BT-Drucks. VI/334, S. 65.

71 GK-BetrVG/*Wiese*, Einl. Rz 50, 52.

72 GK-BetrVG/*Wiese*, Einl. Rz 54.

73 Vergl. *von Hoyningen-Huene*, BetriebsVerfR, S. 6.

74 Vergl. *Zöllner/Loritz*, S. 443; i.E. ebenso *Agel-Pahlke*, S. 138.

75 Wie hier i.E. *Junker*, Internationales Arbeitsrecht, S. 373 f.; *Jaletzke*, S. 68 ff.; *Däubler*, Globalisierte Wirtschaft, S. 25 f.; *E. Lorenz*, in FS W. Lorenz, S. 441, 448; *Staudacher*, S. 153 ff.

ob, wie von *Wimmer* vorgeschlagen, von der Natur des BetrVG auf den international zwingenden Charakter auch der Betriebsvereinbarung zu schließen ist. Nach *Wimmer* müssen, wie bereits erwähnt,[76] zwei Voraussetzungen erfüllt sein, um einer Kollektivvertragsnorm Eingriffscharakter zuzusprechen: Erstens muss der Gesetzgeber einen Willen zur internationalen Durchsetzung der Kollektivvertragsnormen haben und zweitens müssen die rechtsetzenden Kollektivvertragsparteien selbst einen entsprechenden Willen besitzen.[77]

Richtig an diesem Ansatz erscheint zunächst, von der zur kollektivvertraglichen Gestaltung ermächtigenden Norm, hier also § 77 BetrVG, auszugehen. Insoweit wird man entgegen *Wimmer* aber sagen müssen, dass der Gesetzgeber keinen Willen hatte, eine Regelung mit einem international zwingenden Geltungsanspruch zu schaffen. Wie soeben herausgearbeitet, besitzt das BetrVG keinen Eingriffscharakter, dasselbe muss auch für die aufgrund von § 77 BetrVG geschlossenen Verträge gelten.

Ferner können die Betriebspartner nicht selbst darüber entscheiden, ob die von ihnen gesetzten Normen Eingriffscharakter haben sollen. Anerkanntermaßen können die Betriebspartner darüber entscheiden, ob sie ihrer Vereinbarung eine normative oder bloß schuldrechtliche Wirkung beilegen möchten.[78] Dieser Gedanke kann aber nicht auf die Ebene des IPR übertragen werden. Bei der Auffassung *Wimmers* hinge die international zwingende Wirkung der Betriebsvereinbarung von dem Ermessen Privater ab. Damit ist unvereinbar, dass eine Eingriffsnorm auf zwingenden staatspolitischen Erwägungen beruhen muss. Über solch zwingende, staatspolitische Erwägungen können Private nicht disponieren.[79]

Theoretisch ist freilich denkbar, dass der Gesetzgeber den Betriebspartnern eine Art Generalermächtigung für das Setzen von international zwingenden Rechts erteilt hat; eine solche müsste dann konkludent in § 77 BetrVG enthalten sein. Diese Sichtweise würde den Gehalt von § 77 BetrVG allerdings überstrapazieren. Die Betriebspartner nehmen bei dem Abschluss von Verträgen ihre eigenen, nicht die Interessen des Staates wahr.[80]

Wollte man ferner der Betriebsvereinbarung stets einen Eingriffscharakter zusprechen, so hieße dies, dass diesen Verträgen ein stärkere Durchsetzungskraft auf internationaler Ebene verliehen wird als der Hauptzahl von Gesetzen.[81] Dies

---

76 Siehe oben unter II 2. a).

77 Zustimmend *Krebber*, Kündigungsschutz, S. 280.

78 Vergl. nur *Heinze*, NZA 1994, S. 580 ff.

79 Ähnlich *Deinert*, RdA 1996, S. 339, 344.

80 Vergl. *Friedrich*, RdA 1980, S. 109, 111.

81 Ebenso *Bittner*, S. 432; zum Tarifvertrag ebenso *Junker*, Internationales Arbeitsrecht, S. 433; Wiedemann/*Wiedemann*, TVG, § 1 Rz 69; *Heilmann*, S. 83.

würde über das Ziel hinausschießen und kann auch nicht durch den „sozialpolitischen Gehalt" einer Betriebsvereinbarung gerechtfertigt werden.
Folglich ist eine Betriebsvereinbarung nicht einer Sonderanknüpfung zu unterwerfen. Gleiches gilt für die bloß schuldrechtlich wirkende Regelungsabrede.

### 3. „Sitz des Rechtsverhältnisses"

#### a) Darstellung

Eine weiter zu unterscheidende Meinung lehnt das Territorialitätsprinzip und eine Sonderanknüpfung ab. Die Betriebsverfassung sei „vom Sachverhalt" her anzuknüpfen. Maßgeblich soll sein, wo der Sachverhalt „Betriebsverfassung" „seinen Schwerpunkt" besitzt bzw. zu wessen Staat die „engste Verbindung" besteht.[82] Im Ergebnis sei regelmäßig diejenige Rechtsordnung des Staates berufen, in dem der Betrieb belegen ist.
Speziell für die Betriebsvereinbarung wird vorgebracht, dass sich ihre Behandlung bei Fällen mit Auslandsbezug nur im Rahmen des Betriebsverfassungsstatuts bewegen könne. Die Betriebsvereinbarung könne folglich räumlich gesehen nur insoweit normative Wirkung entfalten, als die Kollisionsnorm des Betriebsverfassungsrechts reiche.[83] Mit dem internationalen Anwendungsbereich der Betriebsverfassung sei stets gleichzeitig der Anwendungsbereich der Betriebsvereinbarung gefunden.[84]
Jedoch ist es auch nach dieser Ansicht nicht unmöglich, dass eine Betriebsvereinbarung im Ausland gilt. Die Problematik, die von der Rechtsprechung unter dem Stichwort „Ausstrahlung" diskutiert wird, wird von dieser Ansicht überwiegend als eine Frage der „Betriebszugehörigkeit" angesehen. Ist ein im Ausland arbeitender Arbeitnehmer demnach aufgrund aller Umstände als dem inländischen Betrieb zugehörig anzusehen, so könne eine vom inländischen Betriebsrat abgeschlossene Betriebsvereinbarung auch Wirkungen im Ausland entfalten.[85]

#### b) Kritik

Dieser Meinung ist zunächst darin zu folgen, dass traditionell „vom Sachverhalt" auszugehen ist und damit eine Sonderanknüpfung abgelehnt wird. Hinterfragenswürdig ist allerdings das Dogma der zwingenden Gleichbehandlung von

---

[82] *Junker*, Internationales Arbeitsrecht, S. 374 ff.; *Gitter/Heinze*, in Richardi, Mitbestimmung, Bd. 2, S. 101, 104; *Jaletzke*, S. 80 ff.; *Däubler*, Globalisierte Wirtschaft, S. 25 ff.; *E. Lorenz*, in FS W. Lorenz, S. 441, 448.
[83] *Junker*, Internationales Arbeitsrecht, S. 405.
[84] *Bittner*, S. 422.
[85] *Däubler*, Globalisierte Wirtschaft, S. 35 ff, 55; insoweit ebenso GK-BetrVG/*Kraft* § 1 Rz 25.

Betriebsverfassungsstatut und Statut der betrieblichen Vereinbarung. Es wird so selbstverständlich von einem Gleichlauf beider Statute ausgegangen, dass hierfür keinerlei Begründung gegeben wird. Dabei kennt das IPR durchaus gesonderte Anknüpfungen, also eine unterschiedliche Behandlung von speziellen Aspekten eines an sich einheitlichen Sachverhalts.[86]
Das auf diesem Wege entworfene System stößt auch schnell an Grenzen. In den „Ausstrahlungsfällen“ vermag die Reichweite der Betriebsvereinbarung mittels des Begriffs der „Betriebszugehörigkeit“ noch für angemessene Lösungen zu sorgen. Keinerlei Handhabung bietet das System aber für Regelungsgegenstände, die sich für eine unternehmenseinheitliche Gestaltung eignen.[87] Will der Konzernarbeitgeber etwa ein Computersystem in mehreren nationalen Standorten einführen, so ist dies mittels Konzern- oder Gesamtbetriebsvereinbarung nicht möglich, weil die räumliche Reichweite dieser Normen auf das Gebiet der Bundesrepublik beschränkt bleibt. Hier fragt es sich, ob sich nicht im internationalem Arbeitsrecht ein Weg finden lässt, der mehr Raum für flexiblere Lösungen bietet.

### 4. Statut der betrieblichen Vereinbarung als Teil des Arbeitsvertragsstatuts?

#### a) Darstellung

Namentlich *Gamillscheg* plädierte dafür, das Betriebsverfassungsstatut als Teil des Arbeitsvertragsstatuts aufzufassen.[88] Das Arbeitsverhältnis bestünde innerhalb der Betriebsverfassung und diese sei ein Stück von ihm.[89] Es sei nicht einzusehen, weshalb eine Betriebsgruppe unter deutschem Recht, wie z.B. das Auslandsbüro eines deutschen Unternehmens oder ein Wanderzirkus, nicht „ihre“ Betriebsverfassung mitbringen können sollte. Die Grundvoraussetzung sei jedoch, dass man das BetrVG dem Privat- und nicht dem öffentlichem Recht zuordne.[90] Zwar sei es unsicher, ob die ausländischen Gerichte deutsches Recht anzuwenden bereit wären; dieses Bedenken sei aber zurückzustellen, ginge es doch darum, den Schutz deutscher Arbeiter im Ausland, insbesondere die Geltung des Grundsatzes der vertrauensvollen Zusammenarbeit, sicherzustellen.[91]

---

86 Hierauf ist noch näher einzugehen, siehe weiter unten § 8 II. 1.

87 Hierzu oben § 4 I. 1.

88 *Gamillscheg*, Internationales Arbeitsrecht, S. 370 ff.; ebenso *Schnorr von Carolsfeld*, RdA 1958, S. 201, 203; *Junker*, Anm. zu BAG v. 30.04.1987, SAE 1989, S. 328, 330 ff.; mit Modifikationen auch *E. Lorenz*, Anm BAG 25.4.1978, SAE 1979, S. 223, 224; widersprüchlich *Reithmann/Martiny*, Internationales Vertragsrecht, S. 1386; aus jüngster Zeit mit einem eigenen Ansatz *Fischer*, RdA 2002, S. 160, 165 ff.

89 *Schnorr von Carolsfeld*, RdA 1958, S. 201, 203.

90 *Gamillscheg*, Internationales Arbeitsrecht, S. 368. Dies wird heute freilich nicht mehr bestritten, siehe oben II. 1. b).

91 *Gamillscheg*, Internationales Arbeitsrecht, S. 372.

Konsequent weitergedacht bedeutet dieser Ansatz, dass auch das Statut der betrieblichen Vereinbarung dem Arbeitsvertragsstatut folgt.[92] Eine im Ausland tätige Gruppe von Arbeitnehmern würde also Betriebsvereinbarungen gemäß § 77 BetrVG unterstehen, sofern auf ihr Arbeitsverhältnis deutsches Recht anzuwenden ist.

Für die Ansicht, dass die betriebliche Vereinbarung Teil des Arbeitsvertragsstatuts sein müsse, lässt sich ferner ein Vergleich mit dem Tarifvertrag anführen. Das BAG entschied, dass sich die Anwendbarkeit eines Tarifvertrages nach dem Arbeitsvertragsstatut richte.[93] Diese Sichtweise ließe sich auch für die Betriebsvereinbarung fruchtbar machen.

Einen ähnlichen Ansatz verfolgt auch *Trinkner*:[94] Er trennt zunächst gedanklich zwischen der Anknüpfung der Betriebsverfassung und der Anknüpfung der Betriebsvereinbarung. Für die eigentlichen Organisationsnormen der Betriebsverfassung solle das Territorialitätsprinzip gelten. Mit Hinweis auf den privatrechtlichen Charakter der Betriebsvereinbarung will er diese jedoch dem Arbeitsvertragsstatut unterstellen. Nur wenn also der Arbeitsvertrag deutschem Recht unterliege, fände eine „deutsche" Betriebsvereinbarung Anwendung. Dies gelte jedenfalls dann, wenn die Betriebsvereinbarung Regelungen über materielle Arbeitsbedingungen wie Löhne, Gratifikationen etc. enthält. Wenn sie aber z.B. Fragen der betrieblichen Ordnung enthält, könne es nicht sein, dass man dem Arbeitsvertragsstatut die Entscheidung über die Wirksamkeit der Betriebsvereinbarung entnehmen müsse.[95]

### b) Kritik

*Trinkner* ist zunächst zuzugeben, dass das Statut der Betriebsverfassung und der betrieblichen Vereinbarung nicht notwendig deckungsgleich sein müssen. Fraglich erscheint jedoch, ob die rechtliche Behandlung der Vereinbarung der Betriebspartner mit Auslandsberührung tatsächlich dem jeweiligen Arbeitsvertragsstatut zu entnehmen ist.

Zu Recht wurde gegen die Ansicht *Gamillschegs* eingewandt, dass das Individual- und das Kollektivarbeitsrecht unterschiedliche Regelungszwecke verfolgten und unterschiedlichen Ebenen angehörten.[96] Die Trennung von Individual- und

---

92 Vergl. *Steinmeyer*, DB 1980, 1541, 1542.

93 BAG vom 4.05.1977, AP Nr. 30 zu § 1 TVG; BAG vom 9.07.1980, BAGE 34, 42; hierzu bereits auch schon oben § 6 II. 1.; dies wird freilich seitens der Literatur bestritten.

94 *Trinkner*, Anm. BAG v. 20.07.1967, BB 1967, S. 1290, 1293.

95 *Trinkner*, Anm. BAG v. 20.07.1967, BB 1967, S. 1290, 1293.

96 *Jaletzke*, S. 44 ff; MünchArbR/*Birk* § 22 Rz 7; i.E. lehnt die überwiegende Ansicht eine Anknüpfung an das Arbeitsvertragsstatut ab, GK-BetrVG/*Kraft* § 1 Rz 20; *Auffahrt*, in FS

Kollektivebene wird auch außerhalb des internationalen Privatrechts praktiziert;[97] das gleiche müsse aber auch auf internationaler Ebene gelten. Auf kollektiver Ebene gehe es um Gruppeninteressen, auf der Individualebene um Einzelinteressen. Nimmt man an, dass die Vereinbarungen der Betriebspartner Teil des Arbeitsvertragsstatuts sind, könnte man zu dem merkwürdigen Ergebnis gelangen, dass der einzelne Arbeitnehmer mit seiner Rechtswahl über das Eingreifen der betrieblichen Vereinbarung bestimmen könne.[98] Über Gruppeninteressen kann der Einzelne aber nicht disponieren. Der Unterschied zwischen Individual- und Kollektivebene zeigt sich auch bei der Frage einer möglichen Rechtswahl der betrieblichen Vereinbarung. Wenn sich das Statut der betrieblichen Vereinbarung stets aus dem Arbeitsvertrag ableiten ließ, bliebe kein Platz mehr für eine Rechtswahl durch die Betriebspartner.[99]

### 5. Rechtswahl möglich?

#### a) Darstellung

Die Frage, ob den Betriebspartnern eine Rechtswahl bei einer zwischen ihnen geschlossenen Verienbarung zuzubilligen ist, hat in der Wissenschaft bisher so gut wie keinen Anklang gefunden. Einzig *Birk* hat sich mit dieser Frage auseinander gesetzt. Er meint, die Betriebspartner hätten nicht die Möglichkeit einer Rechtswahl wie nach den Art. 27, 30 I EGBGB. Denn Kollektivverträge (Tarifverträge, Betriebsvereinbarungen) würden von den Art. 27 EGBGB nicht erfasst. Das Statut der betrieblichen Regelung sei das deutsche Recht.[100]

#### b) Kritik

Um die Orientierung zu erleichtern, soll an dieser Stelle zunächst ein Überblick über das allgemeiner gefasste Problem der Rechtswahlfreiheit im kollektiven Arbeitsrecht gegeben werden. Eng verwandt mit der Betriebsvereinbarung ist der Tarifvertrag sowie die Betriebsverfassung als ganze.
Deutlich mehr wissenschaftliche Ansätze in Richtung einer Rechtswahl als bei einer betrieblichen Regelung gibt es bisher zu dem Problem, ob eine Rechtswahl hinsichtlich der Betriebsverfassung insgesamt zuzulassen ist. Namentlich *Agel-*

---

Hilger/Stumpf, S. 31, 32; *Gaul*, BB 1990, S. 697, 698 f.; MünchArbR/*von Hoyningen-Huene* § 298 Rz 29; *Gitter/Heinze*, in Richardi, Mitbestimmung, Bd. 2, S. 101, 103.

97 Siehe nur MünchArbR/*Richardi* § 240 Rz 5 ff.

98 Vergl. *Richardi*, IPrax 1983, S. 217, 218.

99 Auf das in diesem Zusammenhang ebenfalls vorgebrachte Argument der notwendig einheitlichen Durchführung der Betriebsverfassung wird später ausführlich eingegangen, § 8 II. 1.

100 *Birk*, in FS Trinkner, S. 461, 465. I.E. ebenso unter Verweis auf *Birk Däubler*, Globalisierte Wirtschaft, S. 55.

*Pahlke* ist nach eingehender Untersuchung zu dem Schluss gelangt, dass das BetrVG offen sei für eine Rechtswahl durch die Betriebspartner.[101] Hauptargument ist, dass das BetrVG dem Privatrecht zuzuordnen sei und der ordnungspolitische Charakter nicht derart im Vordergrund stünde, dass die Rechtswahlfreiheit dahinter zurücktreten müsse. Mit unterschiedlichen Nuancen wird eine Rechtswahl auch von anderen Autoren befürwortet;[102] für die h.M., die vom Territorialitätsprinzip ausgeht, stellt sich die Frage nach einer Rechtswahl freilich erst gar nicht.
Für den Tarifvertrag ist die Rechtswahlmöglichkeit nach überwiegender Meinung anzuerkennen.[103] Die Begründungen divergieren freilich im Einzelnen. Die Ansicht, die eine Rechtswahl zulässt, betont, dass die Abschlusspartner den beteiligten Interessen durch Selbstgestaltung am besten Rechnung tragen könnten.[104] Z.T. wird hervorgehoben, dass der Tarifvertrag dem Privatrecht zuzuordnen sei, weshalb nach allgemeinen Regeln eine Rechtswahl zulässig sein müsse,[105] andere betonen den Charakter des Tarifvertrages als Vertrag des Schuldrechts.[106] Ferner wird darauf hingewiesen, dass der Tarifvertrag nach dem Versagen der Privatautonomie auf Individualebene Ausdruck einer kollektiven Privatautonomie ist und im Wesentlichen ohne staatliche Einflussnahme zustande komme.[107] In der Normunterworfenheit wird kein entscheidendes Hindernis gesehen, da diese sich auf rechtsgeschäftlich begründete Mitgliedschaft berufen könne.[108] Schließlich wird auf die Vorschrift des § 21 IV S. 2 FlRG hingewiesen, die eine Rechtswahlmöglichkeit - freilich für einen beschränkten Anwendungsfall - beinhaltet.[109]

---

[101] *Agel-Pahlke*, S. 136 ff.

[102] *Junker*, Internationales Arbeitsrecht, S. 377 ff.; *Staudacher,* S. 161 ff.; *Däubler*, RabelsZ 39 (1975), S. 444, 461; *Gitter/Heinze*, in Richardi, Mitbestimmung, Bd. 2, S. 101, 106; vorsichtig auch *Wimmer*, S. 115; *Hergenröder*, ZfA 1999, S. 1, 34; *Bittner*, S. 423; vergl. auch *E. Lorenz*, in FS W. Lorenz, S. 441, 458 f.

[103] *Hergenröder*, in AR-Blattei SD 1550.15 Rz 38 ff.; *Däubler*, Tarifvertragsrecht, Rz 1705 ff.; *Lohmann*, S. 62 f.; *Friedrich*, RdA 1980, S. 109, 112; *Junker*, Internationales Arbeitsrecht, S. 418 ff.; *ders.*, IPrax 1994, S. 22 f.; MünchKomm/*Martiny* Art. 30 EGBGB Rz 83 f.; Palandt/*Heldrich* Art. 30 EGBGB Rz 3; eingeschränkt auch *Wimmer*, S. 57 ff.; *Walz*, S. 167; ablehnend aber *Simitis*, in FS Kegel I, S. 153, 183; *Birk*, in FS Beitzke, S. 831, 847 f.; zum französischen Recht vergl. *Lefebvre (Hrsg)*, S. 80 ff.

[104] *Däubler*, Tarifvertragsrecht, Rz 1705.

[105] BAG v. 11.09.1991 AR-Blattei ES 340 Nr. 14.

[106] *Friedrich*, RdA 1980, S. 109, 112; *Junker*, Internationales Arbeitsrecht, S. 410.

[107] *Hergenröder*, in AR-Blattei SD 1550.15 Rz 48 f.; *Junker*, Internationales Arbeitsrecht, S. 419; vergl. auch *Zachert*, in Kempen/Zachert, TVG § 4 Rz 61, der die Rechtswahlfreiheit direkt auf Art. 9 III GG stützen will.

[108] *Reithmann/Martiny*, Internationales Vertragsrecht, S. 1128.

[109] *Hergenröder*, in AR-Blattei SD 1550.15 Rz 48 f.; *Franzen*, in AR-Blattei SD 920 Rz 202.

Zu beachten ist des weiteren, dass eine Rechtswahl ebenfalls für eine Vereinbarung gemäß § 17 EBRG zugelassen wird.[110]
Angesichts durchaus starker Tendenzen in Richtung einer Rechtswahl im kollektiven Arbeitsrecht fällt die Begründung der ablehnden Haltung *Birks* nicht überzeugend aus. Wenn er meint, dass Art. 27 EGBGB auf die Betriebsvereinbarung nicht anwendbar sei, und stellt er dabei (nur) auf den Wortlaut des Art. 27 EGBGB[111] ab, so erscheint diese Sichtweise als zu formal. Wenn er aber meint, Art. 27 EGBGB fände auch im Wege des Analogieschlusses keine Anwendung, so kommt dies einem Zirkelschluss gleich. Man kann das Ergebnis (keine Rechtswahl möglich) nicht mit der Unzulässigkeit der Rechtswahl begründen. Schließlich setzt er sich nicht explizit mit der Rechtswahl bei einer nur schuldrechtlich wirkenden Regelung auseinander.
Somit kann gesagt werden, dass die Frage, ob den Betriebspartnern eine Rechtswahl zuzubilligen ist, in der Wissenschaft noch offen ist.
Der in der Literatur verbreitete Ansatz, dass das Recht der Betriebsverfassung gewählt werden könnte, ist im Grundsatz zu begrüßen. Allerdings vermag er für sich allein betrachtet noch nicht zu erklären, weshalb auch ein Ausschnitt aus der Betriebsverfassung, nämlich ein Vertrag der Betriebspartner, der Möglichkeit einer Rechtswahl unterliegen soll.

### III. Zusammenfassung

Der Überblick über die Ansätze zur Lösung von Problemen in der Behandlung von betrieblichen Vereinbarungen mit Auslandsbezug zeigt vor allem dreierlei:
Die Behandlung der Betriebsverfassung im internationalen Privatrecht ist – trotz einer kontinuierlich am Territorialitätsprinzip festhaltenden Rechtsprechung – noch immer nicht befriedigend geklärt.
Zweitens ist nach der hier vertretenen Auffassung davon auszugehen, dass das Betriebsverfassungsrecht und daraus folgend das Recht der Betriebsvereinbarung und der Regelungsabrede nicht einer Sonderanknüpfung unterliegt.
Drittens werden betriebliche Vereinbarungen selbst entweder gar nicht oder nur „en passant“ behandelt. Speziell dieser Bereich muss noch als weitgehend ungeklärt angesehen werden.[112]

---

[110] *Däubler*, in FS Schaub, S. 95, 99; ausführlich hierzu weiter unten, § 13 I. 1. b).
[111] Mit den Art. 27 EGBGB ff. wollte der Gesetzgeber unstreitig nicht das Kollektivarbeitsrecht regeln, siehe oben unter I.
[112] In diesem Sinne auch MünchArbR/*Birk* § 22 Rz 22.

# § 8 Die Anknüpfung einer internationalen betrieblichen Vereinbarung

## I. Vorüberlegungen

### 1. Ausgehen „vom Sachverhalt her“

Will man sich dem Problem der kollisionsrechtlichen Behandlung einer Vereinbarung mit dem Betriebsrat mit einem Auslandsbezug sachgerecht nähern, so muss man sich am Anfang über den (methodisch) richtigen Weg im klaren sein. Nach dem oben unter § 5 I. Ausgeführten ist also nicht „vom Gesetz“ her zu fragen, welchen Anwendungsbereich § 77 BetrVG besitzt, sondern es ist „vom Sachverhalt der betrieblichen Vereinbarung“ auszugehen.
Diesem Vorgehen könnte man freilich entgegen halten, dass eine allseitige Anknüpfung stets dann ausscheiden müsse, wenn es in den Nachbarländern kein Rechtsinstitut gebe, welches dem inländischen in etwa äquivalent sei.[1] Denn in einem solchen Fall führt die Verweisung auf das ausländische Recht ins – möglicherweise unerwünschte – Ungewisse oder ins Nichts. In der Literatur wird oft betont, die jeweiligen Betriebsverfassungen in den europäischen Ländern seien grundverschieden; dieser Umstand trägt gewiß dazu bei, dass mitunter eine Tendenz dahin besteht, wenigstens seinem eigenen Recht mittels einer einseitig formulierten Kollisionsregel weitestgehend Geltung verschaffen zu wollen.[2] Dass eine andere Rechtsordnung für den Sachverhalt mit einem Bezug zu mehreren Rechtsordnungen aber ein anders geartetes Regelungssystem aufweist, ist nichts Neues und stellt lediglich eine Folge eines allseitig formulierten Kollisionssystems dar. Das gerechte Ergebnis, das eventuell über eine Anpassung hergestellt werden muss, muss am Ende der kollisionsrechtlichen Überlegungen stehen, nicht die Geltung des (vermeintlich überlegenen) eigenen Rechts am Anfang.[3]
Dem oben angeführten Einwand muss man sich aber auch (und erst recht) bei der Bestimmung des Statuts einer betrieblichen Regelung stellen. Teilweise wird unter anderem mit dem angeblichen Fehlen eines der Betriebsvereinbarung äquivalenten Rechtsinstituts die Herausbildung bloß einseitiger Kollisionsnormen begründet.[4] Diese Grundeinstellung wäre aber nur dann richtig, wenn es im Ausland keine betrieblichen Vereinbarungen gäbe. Dabei darf der Maßstab für die Bejahung der

---

1 *von Bar*, IPR, S. 221.

2 So *Bittner*, S. 422 für die Betriebsverfassung; allgemeiner für das Arbeitsrecht *Birk*, RdA 1999, S. 13, 15. Zu Recht für eine allseitige Kollisionsregel aber die oben unter § 7 II. 3. Genannten.

3 *Kropholler*, IPR, S. 29. Zu dieser Reihenfolge auch *E. Lorenz*, Struktur des IPR, S. 96 f.; vergl auch oben, § 5 I. 3.

4 So *Wimmer*, S. 96 f.; vergl. auch *Birk*, ZfA 1974, S. 47, 65; *ders.*, in FS Trinkner, S. 461, 463.

Existenz eines Rechtsinstituts im Ausland, welches dem inländischen Institut äquivalent ist, nicht zu hoch angesetzt werden. Denn es gibt erstens im internationalen Privatrecht keinen Rechtssatz, der besagt, dass die Herausbildung von allseitigen Kollisionsnormen nur in Frage kommt, wenn sich das gleiche Rechtskonstrukt oder etwas sehr Ähnliches im Ausland ausmachen lässt. Diese Vorgehensweise würde zweitens voraussetzen, dass vor dem Aufstellen einer Kollisionsregel eine umfangreiche Rechtsvergleichung durchgeführt wurde, die zum Ergebnis hat, dass es europa- oder weltweit nur das inländische Rechtsinstitut gibt. Eine solche ist aufwendig und wird in aller Regel zu keiner lückenlosen Bestandsaufnahme führen.
Diese methodischen Bedenken rechtfertigen einen weniger strengen Maßstab. Es ist ausreichend, wenn es im Ausland ein Rechtsinstitut gibt, welches zwar nicht gleich, aber doch funktionell vergleichbar ist.[5] So gesehen bestehen keine Bedenken, auf ähnliche Erscheinungen im Ausland zu verweisen. Mit unterschiedlich starker Beteiligung von Gewerkschaften und mit unterschiedlichen Wirkungen auf den Arbeitsvertrag (normative oder nur schuldrechtliche Wirkung zwischen den Vertragsschließenden) gibt es in jedem der untersuchten Länder Vereinbarungen zwischen dem Arbeitgeber und einer gewählten betrieblichen Arbeitnehmervertretung.[6] Daher ist die Ablehnung eines allseitig konzipierten Systems nicht gerechtfertigt.

## 2. Eigenes Statut oder Teil des Betriebsverfassungsstatuts

Wie dargelegt, sieht die ganz überwiegende Meinung das Statut einer betrieblichen Regelung als Teil des Betriebsverfassungstatuts an. Mit der Bestimmung des Betriebsverfassungsstatuts ist nach dieser Auffassung zugleich das Recht gefunden, welches auf die Betriebsvereinbarung anzuwenden ist. Im Folgenden ist zu untersuchen, ob diese Ansicht, die nirgends eingehend begründet wird, so selbstverständlich richtig ist oder ob sich nicht auch Argumente für die Herausbildung eines eigenen Statuts für Vereinbarungen mit dem Betriebsrat finden lassen. Die Frage lautet also, ob der Lebenssachverhalt „betriebliche Vereinbarung“ gesondert angeknüpft werden kann. Für eine Sonderanknüpfung könnte vor allem sprechen, dass den Betriebspartnern bei dem zwischen ihnen abgeschlossenen Vertrag eine Rechtswahl zuzubilligen ist. Insoweit wäre eine subjektive Anknüpfung an den Willen der Beteiligten vorzunehmen. Es gilt also zu untersuchen, ob einerseits eine Trennung des Betriebsverfassungsstatuts von dem

---

5 Zu dem Äquivalenzgedanken *Däubler*, RabelsZ 39 (1975), S. 444, 464; *Birk*, in FS Schnorr von Carolsfeld. S. 61, 83; siehe auch unten, II. 4. b ) aa) im Zusammenhang mit der Problematik der Angleichung.

6 So im Prinzip auch *Schiek*, RdA 2001, S. 218, 226.

Statut der zwischen den Betriebspartnern geschlossenen Vertrages möglich und sinnvoll ist. Andererseits muss das für diese Frage bedeutsames Problem erforscht werden, ob den Betriebspartnern eine Rechtswahl zu gestatten ist. Unter II. soll nun zunächst der Frage nachgegangen werden, inwieweit eine „Abspaltung" des Statuts der betrieblichen Vereinbarung vom Statut der Betriebsverfassung möglich erscheint. Bei diesem Teil der Untersuchung wird aus Gründen der übersichtlicheren Darstellung z.T. mit der Hypothese gearbeitet, dass den Betriebspartnern eine Rechtswahl zu gestatten ist. Unter III. muss dann die Frage entschieden werden, ob für die betriebliche Vereinbarung tatsächlich eine Rechtswahl zugelassen werden kann.

## II. Sonderanknüpfung des Statuts der betrieblichen Vereinbarung

### 1. Das Problem der Teilfrage im IPR

Dem geltenden internationalen Privatrecht ist bekannt, dass von einem umfangreichen konkreten Lebenssachverhalt ein Einzelaspekt herausgegriffen wird und einem eigenen Statut unterworfen wird. Insoweit spricht man von einer Teilfrage.[7] Ein Teil des übergeordneten Sachverhaltes wird sonderangeknüpft.[8] Als einfache Beispiele mögen die Geschäftsfähigkeit (Art. 7 I EGBGB) und die Form eines Rechtsgeschäfts (Art. 11 EGBGB) dienen; in diesen Fällen wird ein einzelner Aspekt des übergeordneten Lebenssachverhalts „Vertrag" gesondert angeknüpft, also einem vom Vertragsstatut abweichenden Statut unterstellt. Stellt man sich die Frage, ob man ein eigenes Statut für die betriebliche Vereinbarung entwickeln soll oder darf, so spaltet man einen Teilaspekt des übergeordneten Lebenssachverhalts „Betriebsverfassung" ab. Es geht also mit anderen Worten um das Problem der Zulässigkeit einer gesonderten Anknüpfung einer Teilfrage.

---

7 *Kropholler*, IPR, S. 126 f.; *Neuhaus*, Grundbegriffe, S. 83; *Serick*, RabelsZ 18 (1953), S. 633, 634; *Schwind*, RabelsZ 23 (1958), S. 449, 454; *Junker*, IPR, S. 220 f.; z.T. wird dieses Problem auch unter dem Titel „dépecage" erörtert, *Jayme*, in FS Kegel II, S. 253, 255; z.T. wird die Frage der Teilfrage nicht genau von der sog. Vorfrage getrennt, vergl. MünchKomm/*Sonnenberger* Einl. IPR Rz 495.

8 Der Begriff der Sonderanknüpfung wird hier freilich in einem anderem Licht verstanden als bei der Frage der Anknüpfung der Betriebsverfassung selbst, § 7 II. 2. Dort ging es darum, im Verhältnis zum Arbeitsvertragsstatut eine eigene Anknüpfung aufgrund des besonders sozialpolitischen Charakters des Betriebsverfassungsgesetzes herzuleiten. Hier geht es darum, einen Teil des übergeordneten Lebenssachverhalts „Betriebsverfassung" gesondert einem eigenen Statut zu unterwerfen. Zur Verdeutlichung mag man im ersten Fall von „Sonderanknüpfung im engeren Sinne", im letzteren Fall von „Sonderanknüpfung im weiteren Sinne" sprechen, *Schwander*, S. 316 f. Da der Terminus Sonderanknüpfung jedoch auch bei der Teilfrage gebräuchlich ist, wird er in diesem Kapitel ebenfalls im oben beschriebenen Sinne verwendet.

Zunächst muss festgestellt werden, dass es ein klares Verbot der Sonderanknüpfung von Teilfragen nicht gibt.[9] Grundsätzlich ist es rechtlich zulässig, bei der kollisionsrechtlichen Behandlung von komplexen Sachverhalten eine Differenzierung vorzunehmen.[10] Dieser sehr allgemeine Ausgangspunkt bedarf freilich der Erläuterung. Bei der Frage der Zulässigkeit einer Sonderanknüpfung von Teilfragen lassen sich sowohl Vor- als auch Nachteile anführen.

Der grundsätzliche Einwand gegen eine Sonderanknüpfung von Teilfragen besteht darin, dass ein einheitliches Ganzes nicht beliebig aufgespalten und so aus seinem Sinnzusammenhang gerissen werden darf.[11] *Serick*[12] fragte danach, welche Merkmale einer Rechtsfigur so sehr ihren spezifischen Sinngehalt geben, dass sie nicht durch Merkmale aus anderen Rechtsordnungen ersetzt werden dürften. Dies seien vor allem die sog. „inneren Glieder" eines Rechtsinstituts, also seine eigentlichen Begriffsmerkmale. Jede Rechtsordnung enthalte ein mehr oder weniger in sich auf einander abgestimmtes geschlossenes System. Wenn nun zwei Rechtsordnungen auf einen Lebenssachverhalt anzuwenden sind, bestünde die Gefahr, dass ein „Mosaik aus nicht aneinander angepaßten Splittern nicht zusammenhängender Rechtsordnungen"[13] entsteht. Vereinfacht gesagt soll also Zusammengehöriges nicht unnötig auseinandergerissen werden.

Darüber hinaus wird auf diesem Weg der innere Entscheidungseinklang gewahrt, d.h. die Einheit der Rechtsordnung auch auf kollisionsrechtlicher Ebene berücksichtigt.[14]

Demgegenüber muss man bedenken, dass es bei der gesonderten Anknüpfung einer Teilfrage stets darum geht, das sachlich am besten geeignete Recht zu finden.[15] Die Behandlung eines komplexen Sachverhaltes nach einer Kollisionsnorm führt zur Simplifizierung und lässt gegebenenfalls nicht genügend Raum für sachlich berechtigte Differenzierungen.[16] Bereits oben wurde erwähnt, dass etwa der Vertragsschluss verschiedenen Rechtsordnungen unterworfen sein kann (hinsichtlich der Form, der Geschäftsfähigkeit usw.). Genau genommen gibt es demnach grundsätzlich kein „Schuldstatut" in dem Sinne, dass auf einen Vertrag nur eine Rechtsordnung angewendet werden darf,[17] sondern es besteht Raum für gesonderte Anknüpfungspunkte. Wie weit man nun eine Aufspaltung des an sich einheitlichen

---

9 *Neuhaus*, Grundbegriffe, S. 86.

10 *Schwander*, S. 322; *Kropholler*, IPR, S. 128 f.

11 *Serick*, RabelsZ 18 (1953), S. 633, 634; *Jayme*, in FS Kegel II, S. 253, 261; *Neuhaus*, Grundbegriffe, S. 83.

12 *Serick*, RabelsZ 18 (1953), S. 633, 636.

13 *Schwind*, RabelsZ 23 (1958), S. 449, 457.

14 *Kegel/Schurig*, IPR, S. 113; vergl. auch MünchKomm/*Sonnenberger* Einl. IPR Rz 499.

15 *Schwander*, S. 323.

16 *Kropholler*, IPR, S. 128 f; *Jayme*, FS Kegel II, S. 253, 267; *Junker*, IPR, S. 221.

17 *Wengler*, ZVerglRW 54 (1941), S. 168, 172.

Lebenssachverhalts bejahen will, hängt letztlich von Zweckmäßigkeitserwägungen ab.[18] So ist es z.B. anerkannt, dass die gesonderte Anknüpfung der Formvorschriften in Art. 11 EGBGB bezweckt, die Formungültigkeit im internationalen Verkehr zugunsten der Rechtssicherheit zurückzudrängen.[19] Die Norm dient mithin der Verkehrserleichterung.[20] Die Sonderanknüpfung gemäß Art. 7 EGBGB soll dem Schutz des Minderjährigen oder Geschäftsunfähigen dienen.[21]

Nur wenn ein sachlicher Grund für eine gesonderte Anknüpfung gefunden werden kann und andere Interessen nicht zwingend entgegenstehen, ist der Weg frei für eine Sonderanknüpfung der Teilfrage. Es bedarf mit anderen Worten einer Abwägung der berührten Interessen im Einzelfall.[22] Allgemein lässt sich für die vorzunehmende Interessenabwägung noch feststellen, dass ein allzu strenger Maßstab fehl am Platz erscheint. Es ist nicht zuvorderst die Aufgabe des IPR, (nur) eine bestimmte Rechtsordnung für ein konkretes Problem zur Anwendung kommen zu lassen. Es geht nicht um den Schutz nationaler Rechtsinstitute, sondern um eine möglichst befriedigende Lösung von Sachverhalten mit Auslandsberührung.[23]

## 2. Ansätze zu einer differenzierenden Anknüpfung der Betriebsverfassung

### a) Ansätze in der Wissenschaft

Die Betriebsverfassung ist eine komplexe Rechtsmaterie, die einer differenzierenden Betrachtungsweise durchaus zugänglich ist. Insoweit gibt es bereits einzelne Ansätze in der Wissenschaft.[24]

Eine Meinung will die Mitwirkungs- und Mitbestimmungsrechte in wirtschaftlichen Angelegenheiten wegen der Nähe zur Unternehmensebene dem Statut unterstellen, dem der Arbeitgeber unterliegt, also in der Regel dem Gesellschaftsrechtsstatut (Sitz der Gesellschaft).[25] Dies hat weitreichende Konsequenzen zur Folge. So bestimmt sich etwa die maßgebliche Beschäftigtenzahl i.S.d. § 106

---

18 *Schwind*, RabelsZ 23 (1958), S. 449, 450.

19 MünchKomm/*Spellenberg* Art. 11 Rz 1; *Kropholler*, IPR, S. 129.

20 *Junker*, IPR, S. 83.

21 *Kropholler*, IPR S. 129.

22 Zu diesem methodischen Vorgehen siehe MünchKomm/*Sonnenberger*, Einl. IPR Rz 75 ff.; *Schwander*, S. 333 ff.; so der Sache nach auch *Roth*, Versicherungsvertragsrecht, S. 357 ff., 373.

23 *Schwander*, S. 326; ähnlich *Jayme*, in FS Kegel II, S. 253, 261, der eine „décepage" nur dann für unzulässig hält, wenn das Ergebnis gegen übergreifende Grundsätze wie z.B. Verfassungsnormen verstößt.

24 Vergl. allgemein auch *Birk*, in FS Schnorr von Carolsfeld, S. 61, 67, der meint, das Betriebsverfassungsrecht stelle keine „anknüpfungsfreundliche" Materie dar, denn es weise zu vielen Rechts- und damit Kollisionsrechtsbereichen Beziehungen auf.

25 *Birk*, in FS Schnorr von Carolsfeld, S. 61, 82; *Gitter/Heinze*, in Richardi, Mitbestimmung, Bd. 2, S. 101, 106 f.

BetrVG unter Einschluss des ausländischen Betriebes.[26] Stellt man konsequent in wirtschaftlichen Angelegenheiten auf die Unternehmensebene ab, so muss man bei der Bemessung von Sozialplanleistungen auf die wirtschaftliche Leistungsfähigkeit des Unternehmens abstellen, auch wenn es seinen Sitz im Ausland hat.[27]
Darüber hinaus ist umstritten, unter welchen Voraussetzungen ein Gesamtbetriebsrat zu bilden ist, wenn das Unternehmen Betriebe in mehreren Ländern besitzt. Stellt man auf den Sinn und Zweck dieses Gremiums ab, so muss man sagen, dass es als eine zusammengefasste Vertretung der Arbeitnehmer auf Unternehmensebene anzusehen ist. Deshalb muss es zulässig sein, einen Gesamtbetriebsrat auch dann zu bilden, wenn ein Unternehmen in Deutschland nur einen Betrieb, im Ausland aber mehrere Betriebe besitzt.[28]
Auf das im Kern gleiche Problem stößt man bei der Frage, ob eine ausländische Arbeitnehmervertretung berechtigt ist, einen Vertreter in einen in Deutschland gebildeten Gesamt- oder Konzernbetriebsrat zu entsenden.[29] Hierfür lässt sich insbesondere der Schutzgedanke anführen: Wenn schon über die Geschicke der ausländischen Betriebe bei der inländischen Konzernspitze entschieden wird, soll wenigstens eine Vertretung in den maßgeblichen Gremien gewährleistet werden.[30]
Aus Sicht des IPR ist interessant, dass in all diesen Fällen eine Ausnahme vom Territorialitätsgrundsatz gemacht wird und – oft stillschweigend – eine gesonderte, weil sachnähere Anknüpfung bevorzugt wird. Speziell hinsichtlich betrieblicher Verträge kann die Bezugnahme auf die Unternehmensebene eventuell sogar dazu führen, dass in einem französischen Betrieb eines in Deutschland ansässigen Unternehmens ein Sozialplan gemäß § 112 BetrVG aufgestellt werden müsste. Denn die § 111 ff. BetrVG sind nach dieser Meinung dem Personalstatut des Arbeitgebers zu unterstellen.[31]
Neben dem Aspekt der Unternehmensebene wird eine Sonderanknüpfung für die Normen des BetrVG befürwortet, die Individualrechte der einzelnen Arbeitnehmer regeln, §§ 81 – 84 BetrVG. Es wird hervorgehoben, dass diese Vorschriften nicht materiell Bestandteil der Betriebsverfassung seien, da sie nur das Verhältnis Arbeitgeber - einzelner Arbeitnehmer regeln. Konsequenterweise wird deshalb an das Arbeitsvertragsstatut angeknüpft.[32]

---

[26] *Birk*, in FS Schnorr von Carolsfeld, S. 61, 82.
[27] *Däubler*, Globalisierte Wirtschaft, S. 77; ähnlich auch das BAG in der Frage der Betriebsrentenanpassung gemäß § 16 BetrAVG, siehe oben unter § 4 I 3. a) bb).
[28] *Grasmann*, ZGR 1973, S. 317, 325; *Birk*, in FS Schnorr von Carolsfeld, S. 61, 83; *Birk/Tietmeyer*, Multinationale Unternehmen, S. 29, 50.
[29] Dazu bereits oben § 4 I 3. a) bb).
[30] Eingehend *Däubler*, Globalisierte Wirtschaft, S. 58 f. m.w.N.
[31] *Gitter/Heinze*, in Richardi, Mitbestimmung, Bd. 2, S. 121 ff.
[32] Vor allem *Jäger*, S. 69 ff.; *Junker*, Internationales Arbeitsrecht, S. 385 f.; *Schlüpers-Oehmen*, S. 213 f.

Ähnliche Überlegungen werden für § 102 BetrVG angestellt. Die Vorschrift steht in einem engen Zusammenhang mit dem Kündigungsschutzrecht, das jedoch von der h.M. dem Arbeitsvertragsstatut unterstellt wird.[33] Besonders problematisch ist auch die Vorschrift des § 102 V BetrVG. Dieser besondere Weiterbeschäftigungsanspruch setzt voraus, dass eine Kündigungsschutzklage nach dem KSchG erhoben worden ist, was wiederum bedingt, dass das Arbeitsvertragsstatut das deutsche Recht ist, andernfalls das KSchG keine Anwendung finden könnte.[34]
Eine weitere Differenzierung wird bei dem Problem befürwortet, inwieweit die Bestimmungen des BetrVG auf Arbeitnehmer in einem ausländischen Betrieb Wirkung entfalten können (sog. „Ausstrahlungsfälle“). Hier wird eine Unterscheidung nach Vorschriften, die sich auf das sog. „Grund-“ und „Durchführungsverhältnis“ beziehen, getroffen.[35] Ist ein Arbeitnehmer trotz seines Auslandsaufenthaltes noch einem inländischen Betrieb zuzurechnen, so seien nur diejenigen Vorschriften auf dessen Arbeitsverhältnis anzuwenden, die das „Grundverhältnis“ betreffen, also z.B. die §§ 87 I Nr. 4, 5, 10, 11 BetrVG (Lohn- und Urlaubsfragen). Diese Arbeitnehmer seien dann auch wahlberechtigt und für bestimmte Schwellenwerte (§§ 106, 111 BetrVG) mitzurechnen. Nicht hingegen könne der inländische Betriebsrat mitbestimmen bei Fragen, die das „Durchführungsverhältnis“ anbelangten, also bei Fragen der Ordnung des Betriebs und Beginn und Ende der täglichen Arbeitszeit, §§ 87 I Nr. 1, 2, 3 BetrVG.[36]
Die genannten Beispiele zeigen, dass nicht jeder Sachverhalt aus der Betriebsverfassung auf der Ebene des IPR einheitlich betrachtet und quasi „über einen Kamm geschert“ werden muss. Vielmehr lassen sich auch hier wie auch sonst bei komplexen Sachverhalten Ansätze erkennen, unter Berücksichtigung von besonderen Interessen (Schutzgedanke, Prinzip der sachnächsten Anknüpfung) eine gesonderte Anknüpfung vorzunehmen. Damit steht fest, dass die These von der „Einheitlichkeit der Betriebsverfassung“ kein Dogma darstellt und inhaltlich nicht zwingend gerechtfertigt ist.

### b) Die Entscheidung des BAG im Falle des Senders „Free Europe“

Auch die Rechtsprechung des BAG kennt Ansätze für eine Flexibilisierung der Betriebsverfassung im IPR. Zu nennen ist hier die viel zitierte Entscheidung des BAG im Falle einer Kündigungsschutzklage eines Mitarbeiters gegen den

---

[33] Hierzu ausführlich *Krebber*, Kündigungsschutz, S. 308 ff.

[34] *Hergenröder*, ZfA 1999, S. 35; *Däubler*, Globalisierte Wirtschaft, S. 31.

[35] MünchArbR/*von Hoyningen-Huene* § 298 Rz 38 ff.

[36] MünchArbR/*von Hoyningen-Huene* § 298 Rz 38 ff., 42; in der Sache ähnlich *Boemke*, NZA 1992, S. 112, 115; *Trinkner*, Anm. zu BAG v. 20.7.1967, BB 1967, S. 1290, 1293, dazu bereits oben unter § 6 II. 5.; *Jäger*, S. 179 ff.

amerikanischen Sender „Free Europe".[37] Dort bestand die Besonderheit, dass in einem Betrieb zwei Interessenvertretungen nebeneinander bestanden. Es gab kraft Tarifvertrages (§ 3 BetrVG) eine Vertretung für die deutschen Mitarbeiter, daneben war ein „Nationalitätenbetriebsrat" für die ausländischen Mitarbeiter eingerichtet. Das BAG gab der Klage des Mitarbeiters statt, weil der für ihn zuständige „Nationalitätenbetriebsrat" vor Ausspruch der Kündigung gemäß § 102 I BetrVG nicht gehört wurde. Damit erkannte es an, dass es gegen eine Berücksichtigung eines starken Auslandsbezugs innerhalb der Betriebsverfassung nichts einzuwenden gibt; vielmehr ist es nach dieser Entscheidung möglich, zugunsten einer flexiblen Gestaltung ein spezielles Gremium einzurichten, welches nur für ausländische Mitarbeiter zuständig ist. Speziell für betriebliche Vereinbarungen bedeutet dies, dass in dem Fall jeweils ein eigenes Vertretungsgremium die Belange der ausländischen und deutschen Arbeitnehmer im Betrieb regelt, mithin zwei betriebliche Vereinbarungen unterschiedlicher Arbeitnehmergremien nebeneinander bestehen können.

Ähnlich liegt die Entscheidung des RAG vom 6.12.1930.[38] Dort wurde entschieden, dass die deutschen Angestellten der sowjetischen Handelsvertretung in Berlin dem deutschen Betriebsrätegesetz unterliegen, während dies nicht für die sowjetisch-stämmigen Angestellten gelte. Auch hier zeigt sich ein Ansatz für eine Differenzierung nach schutzwürdigen Interessen. [39] Zwar liegen die insoweit entschiedenen Fälle nicht etwa so, dass innerhalb eines Betriebes das Betriebsverfassungsrecht zweier Rechtsordnungen zur Anwendung käme. Denkt man den Grundansatz des BAG jedoch weiter, für bestimmte Arbeitnehmergruppen innerhalb eines Betriebes eine spezifisch-passende Vertretung einzurichten, so liegt es nicht fern, in einem Betrieb die teilweise Geltung von unterschiedlichem Betriebsverfassungsrecht zuzulassen, sofern dies dem Arbeitnehmerschutz dienen würde.

Neuerdings tritt auch *Fischer* für die Möglichkeit ein, innerhalb eines Betriebes mehrere Betriebsverfassungssysteme nebeneinander zur Anwendung kommen zu lassen.[40] Ähnlich wie *Gamillscheg* orientiert er sich an dem Arbeitsvertragsstatut.[41] Wenn in einem Betrieb Arbeitnehmer unter deutschem und ausländischem Arbeitsvertragsrecht arbeiteten und dies von dem Arbeitgeber gezielt so eingerichtet sei, habe er sein „Koordinationsrecht" in bestimmter Weise ausgeübt.

---

[37] BAG v. 9.11.1977, SAE 1978, S. 236.

[38] Zitiert nach *Gamillscheg*, Internationales Arbeitsrecht, S. 369.

[39] Zustimmend *Junker*, Anm. zu BAG v. 30.4.1987, SAE 1990, S. 328, 331; kritisch hingegen *Däubler*, Globalisierte Wirtschaft, S. 19.

[40] *Fischer*, RdA 2002, S. 160, 165 ff.

[41] Vergl. oben, § 7 II. 4.

Mit Rücksicht hierauf sei es sachgerecht, jeweils das Heimatrecht der Betriebsverfassung für die einzelnen Arbeitnehmergruppen anzuwenden.

### 3. Abgrenzung des Statuts der Betriebsverfassung von dem der betrieblichen Vereinbarung

Es wurde herausgestellt, dass die Einheitlichkeit der Betriebsverfassung kein Dogma darstellt und dass es durchaus Ansätze gibt, im Bereich der Betriebsverfassung eine Sonderanknüpfung vorzunehmen. Nunmehr muss der Frage nachgegangen werden, wie eine Abgrenzung zwischen dem Bereich der Betriebsverfassung und dem Bereich der Vereinbarungen zwischen den Betriebspartnern vorgenommen werden kann.

#### a) Differenzierung zwischen dem „organisatorischen Aufbau" und der „Mitbestimmung"

Zunächst ist es weiterführend, zwischen dem „organisatorischen Aufbau" und dem Bereich der „Mitbestimmung" zu unterscheiden. Die Betriebsverfassung ist eine besondere Rechtsmaterie, die Rechte und Pflichten der Betriebspartner regelt. Zu diesem Zweck sieht sie die Einrichtung von bestimmten Organen vor, die Träger dieser Rechte und Pflichten sind. Die Einrichtung dieser Organe ist im zweiten und dritten Teil des BetrVG geregelt. Der zweite Teil enthält Vorschriften über die Wahl des Betriebsrats, §§ 13 ff. BetrVG, über dessen Amtszeit, §§ 21 ff. BetrVG, die Freistellungen, §§ 37 f. BetrVG und die Kostenerstattung, § 40 BetrVG. Ferner sieht dieser Teil die Einrichtung einer Betriebsversammlung, § 42 BetrVG, sowie unter Umständen die Einrichtung eines Gesamt- und Konzernbetriebsrats vor, §§ 47, 54 BetrVG. Der dritte Teil des BetrVG enthält Vorschriften über weitere Organe der Betriebsverfassung, nämlich über eine betriebliche Jugend- und Auszubildendenvertretung, §§ 60 ff. BetrVG.

Diesen Regelungsmaterien ist gemein, dass sie die Grundstruktur der Betriebsverfassung und nicht den Vertragsschluss zwischen Arbeitgeber und Betriebsrat betreffen. Der „organisatorische Aufbau" regelt die Einrichtung der Kontrahenten im Betrieb, davon zu trennen ist die Frage der Zusammenarbeit zwischen Arbeitgeber und Betriebsrat aufgrund der einzelnen Mitbestimmungstatbestände. Die „Mitbestimmung" selbst ist in dem vierten Teil des BetrVG geregelt. Die „Mitbestimmung" setzt zwar den organisatorischen Aufbau voraus, doch kann sie von ihrer Funktion her ohne weiteres von dem konkret vorgefundenen organisatorischen Aufbau gedanklich getrennt werden.

Ebenfalls zum „organisatorischen Aufbau" sind die Vorschriften des ersten Teils (allgemeine Vorschriften) und des fünften Teils (besondere Vorschriften für einzelne Betriebsarten) zu zählen. Die Fragen, welche Arbeitnehmer zu dem

Betrieb zu zählen sind (§ 4 BetrVG) und wer überhaupt unter den Anwendungsbereich des BetrVG fällt (§ 5 BetrVG), stellen sich für sämtliche Probleme im Zusammenhang mit dem BetrVG. Der Betriebs- und Arbeitnehmerbegriff ist Teil einer Grundordnung der Betriebsverfassung und damit dem „organisatorischen Aufbau" hinzuzurechnen.
Die hier vorgenommene Differenzierung zwischen dem „organisatorischen Bereich" und der „Mitbestimmung" als solcher wird auch in einem anderen Zusammenhang herangezogen. Zwischen den „Organisationsnormen" und den einzelnen Mitbestimmungsstatbeständen unterscheidet die h.M., sofern es um die Frage geht, ob eine Erweiterung der Rechte aus dem BetrVG zugunsten der Arbeitnehmerseite zulässig ist. Dies wird verneint für den organisatorischen Aufbau, für die einzelnen Mitbestimmungstatbestände jedoch bejaht.[42]
Auch im Bereich des IPR wurde im Zusammenhang mit dem BetrVG eine ähnliche Differenzierung vorgenommen. Das BAG unterschied zwischen „organschaftlichen Handlungen" des Betriebsrats (Betriebsratssitzungen / Betriebsversammlungen) für im Ausland belegene Betriebe und der Ausübung von Mitbestimmungstatbeständen. Die zuerst genannte Gruppe von Tätigkeiten könne nicht im Ausland vorgenommen werden, die zweite jedoch schon.[43] Hier zeigt sich, dass das BAG im Prinzip zwischen dem „organisatorischen Aufbau" und der „Mitbestimmung" eine Unterscheidung vornahm.[44]
Abschließend zu diesem Aspekt sei ein Hinweis auf die Rechtslage beim Tarifvertrag gegeben. Dort fragt es sich, nach welchem Recht sich die Anerkennung einer Vereinigung als Koalition richtet. Diese Frage betrifft eine organisatorische Grundfrage des Tarifvertragswesens; sie ist gleichzeitig aber dem eigentlichen Akt des Vertragsschlusses vorgelagert. Sie wird dementsprechend nicht nach dem Recht behandelt, welches für den Tarifvertrag selbst berufen ist, sondern nach dem Berufsverbandsrecht des Sitzstaates.[45]

#### b) Das Problem der Mitbestimmungstatbestände

Der Bereich der „Mitbestimmung" läßt sich noch einmal unterteilen in die einzelnen Mitbestimmungstatbestände und die Ausübung der Mitbestimmung, also den eigentlichen Vertragsschluss. Schwierigkeiten bereitet es, den Bereich der einzelnen Mitbestimmungstatbestände, im BetrVG wäre damit der vierte Teil

---

42 GK-BetrVG/*Wiese* Einl. Rz 70 m.w.N.; ErfK/*Eisemann* § 1 BetrVG Rz 19; siehe hierzu auch weiter unten unter III. 4. b) bb).

43 BAG v. 27.05.1982, NJW 1983, S. 413; *Reithmann/Martiny*, Internationales Vertragsrecht, S. 1126 f.; *Gaul*, BB 1990, S. 697, 702.

44 Eine ähnliche Differenzierung findet sich bei *Reichold*, S. 467: „Organisationsnormen" des BetrVG (§§ 1, 7 – 20 BetrVG) als Eingriffsnormen.

45 *Birk*, FS Beitzke, S. 831, 838.

angesprochen, dem Statut der betrieblichen Vereinbarung oder dem Statut der Betriebsverfassung zuzurechnen. Für die Hinzurechnung zum Betriebsverfassungstatut spricht, dass die einzelnen Mitbestimmungstatbestände insoweit auch ordnender Natur sind, als sie Rechte und Pflichten der Betriebspartner vorschreiben. § 87 BetrVG enthält z.B. eine Aussage darüber, wann der Arbeitgeber den Betriebsrat beteiligen „muss".

Gegen die Hinzurechnung zum Betriebsverfassungsstatut spricht jedoch, dass die Mitbestimmungstatbestände nicht um ihrer selbst willen bestehen, sondern einzig zu dem Zweck, einen Vertragsschluss zwischen Arbeitgeber und Betriebsrat herbeizuführen. Die „Mitbestimmungsordnung" in einem Betrieb ist daher stets die Grundlage eines Gestaltungsspielraumes, den die Betriebspartner ausfüllen können und im Bereich der echten Mitbestimmung auch ausfüllen müssen. Vor allem die Vorschrift des § 88 BetrVG zeigt nun, dass den Betriebspartnern seitens des Gesetzgebers durchaus eine nicht unerhebliche Freiheit in der Entscheidungsfindung eingeräumt wurde.[46] Gerade der freiwillige Vertragsschluss macht deutlich, dass die Behandlung des grundsätzlich zwingenden Aufbaus der Betriebsverfassung und des Bereichs der Ausübung der Mitbestimmung durch Vertragsschluss nicht notwendig den gleichen Rechtsprinzipien unterworfen werden müssen.

Geht man einmal davon aus, dass den Betriebspartnern eine Rechtswahl zu gestatten sei, so mutet es freilich merkwürdig an, wenn die Betriebspartner mittels einer Rechtswahl in die Lage versetzt würden, einen Mitbestimmungstatbestand sozusagen „hinzuzuwählen" und auf diese Weise einen Vertrags über ein Thema abzuschließen, für das nach dem Heimatrecht an sich keine Kompetenz des Betriebspartners auf Arbeitnehmerseite vorgesehen ist. Dieses Argument ist aber nur auf den ersten Blick schlagend. Eine Rechtswahl kann nach dem BetrVG nicht erzwungen werden. Demnach stellt sich die Frage einer Rechtswahl nur, wenn sich beide Parteien über den Abschluss eines Vertrages einig sind. Dies soll nicht heißen, dass eine Rechtswahl nur im Bereich der freiwilligen Angelegenheiten möglich ist, § 88 BetrVG. Sie ist vielmehr auch denkbar in Angelegenheiten, für die dem Betriebsrat ein echtes Mitbestimmungsrecht eingeräumt ist (z.B. § 87 BetrVG). Entscheidend ist nur, dass beide Vertragspartner sich freiwillig über den Vertragsgegenstand einigen. Unter diesem Gesichtspunkt ist nichts dagegen einzuwenden, dass mittels einer Rechtswahl ein Mitbestimmungstatbestand berufen wird, den es – in dieser Form – nach dem Heimatrecht des Vertragspartners auf Arbeitnehmerseite nicht gibt. Der Sache nach wird auf diesem Wege eine

---

[46] Die Frage der Differenzierung zwischen dem Statut der Betriebsverfassung und dem der betrieblichen Vereinbarung hängt also eng mit der Frage zusammen, inwieweit die Betriebspartner als autonom angesehen werden können. Hierzu bedarf es noch ausführlicherer Überlegungen weiter unten unter III.

Erweiterung der Rechte der Arbeitnehmerseite vorgenommen. Sofern sich der Arbeitgeber hierauf freiwillig einlässt, dürfte dagegen nichts einzuwenden sein.[47]
Für die These, die Mitbestimmungstatbestände seien Teil des Betriebsvereinbarungsstatuts, lässt sich ferner der Rechtsgedanke des Art. 31 I EGBGB anführen. Die Vorschrift gilt über § 27 IV EGBGB auch bei einer Rechtswahl. Nach Art. 31 I EGBGB beurteilt sich das Zustandekommen des Hauptvertrags nach der durch die Rechtswahl berufenen Rechtsordnung. Das bedeutet konsequent, dass nach der Wahl deutschen Rechts die einzelnen Mitbestimmungstatbestände befragt werden müssen, ob die avisierte Vereinbarung überhaupt rechtlich zulässig ist.[48] Dies ist die Konsequenz eines liberalen und offenen Kollisionsrechts, welches auf eingriffsrechtliche Sonderanknüpfungen weitgehend verzichtet.
Schließlich dient zur Absicherung des Ergebnisses erneut ein Blick auf die Lage beim Tarifvertrag. Dort stellt sich in ähnlich problematischer Weise wie hier die Frage, ob bei der Tariffähigkeit eine Anknüpfung an das Tarifstatut oder an das Heimatrecht der Tarifpartner (d.h. dem Recht ihres Sitzes) erfolgen soll. Es besteht nämlich die Gefahr, dass durch die Wahl eines fremden Rechts eine Vereinigung als tariffähig angesehen werden müsste, obwohl sie im Inland nach dem inländischen Tarifrecht nicht tariffähig wäre. Dieser Fall könnte eintreten, wenn das hinzugewählte Recht weniger strenge Voraussetzungen an eine Tariffähigkeit knüpft als das Heimatrecht (Problem der Anerkennung von „Pseudogewerkschaften"). Trotz dieses Problems geht die weit überwiegende Ansicht davon aus, dass sich die Tariffähigkeit nach dem gewählten Tarifvertragsstatut bemisst.[49] Zugunsten eines wechselseitig offenen Kollisionssystems wird auf diesem Wege hingenommen, dass ein nach dem Heimatrecht verschlechterndes Ergebnis entweder akzeptiert oder mittels der Möglichkeiten des IPR (Anpassung, ordre public-Vorbehalt) korrigiert werden muss.

### c) Das Problem der Leitprinzipien betriebsverfassungsrechtlicher Entscheidungsfindung

Das BetrVG kennt Vorschriften, die zum einen eine Grundregel der Zusammenarbeit zwischen Betriebsrat und Arbeitgeber aufstellen, damit ordnender Natur sind und an sich dem Bereich des „organisatorischen Aufbaus" hinzuzurechnen sind. Auf der anderen Seite müssen diese Regelungen auch im Zusammenhang mit dem Vertragsschluss beachtet werden und damit bei der

---

47 Eine Vereinbarung über den Zuwachs von Mitbestimmungsrechten ist – zumindest nach deutschem Recht – problemlos möglich; siehe zu dieser Frage näher weiter unten, III 4. b) bb).

48 Zu der allgemeinen Problematik der Rechtswahl im IPR näher weiter unten unter 4. a).

49 *Hergenröder*, in AR-Blattei SD 1550.15 Rz 63; *Ebenroth/Fischer/Sorek*, ZVerglRWiss 88 (1989), S. 143, 146; *Reithmann/Martiny*, Internationales Vertragsrecht, S. 1129; *Junker*, Internationales Arbeitsrecht, S. 427.

„Mitbestimmung" selbst. Dabei handelt es sich um die Kooperationsmaxime in § 2 I BetrVG und um das Gebot der Friedenspflicht in § 74 II BetrVG. Aus einer rein nationalen Perspektive erscheinen diese Prinzipien als unverzichtbar, was dafür spricht, sie auch bei der betrieblichen Vereinbarung zu berücksichtigen. Aus einer internationalen Perspektive ist dieser Schluss aber nicht zwingend. Es gibt durchaus Länder wie z.B. Spanien oder Frankreich, die Vereinbarungen zwischen einem demokratisch legitimierten Arbeitnehmerorgan und der Arbeitgeberseite kennen, ohne dass das Streikrecht hierbei grundsätzlich ausgeklammert wird. Die Kooperationsmaxime und das Verbot des Arbeitskampfes sind nicht zwingend für einen Vertragsschluss der Betriebspartner,[50] so dass diese Regelungen nicht zu dem Statut einer betrieblichen Vereinbarung zu rechnen sind.[51]

#### d) Zusammenfassung

Theoretisch lassen sich das Statut der Betriebsverfassung und das der betrieblichen Vereinbarung gegeneinander abgrenzen. Zu dem Bereich der Betriebsverfassung zählt der „organisatorische Aufbau"; hierzu zählen die Einrichtung der Betriebsorgane, Fragen der Wahl sowie allgemeine Fragen der räumlichen und personellen Zuordnung des einzelnen Arbeitnehmers zum Betrieb.
Zu dem davon zu trennenden Bereich der „Mitbestimmung" zählt die Summe der Mitbestimmungstatbestände sowie die Regelungen, die den eigentlichen Vertragsschluss zwischen Betriebsrat und Arbeitgeber betreffen.[52]

### 4. Interessenabwägung

Bisher wurde herausgearbeitet, dass das IPR eine gesonderte Anknüpfung bei Teilkomplexen kennt und dass die oft betonte „Einheitlichkeit der Betriebsverfassung" kein unumstößliches Prinzip ist. Ebenfalls wurde dargelegt, dass sich der Bereich der betrieblichen Vereinbarung von dem sonstigen Bereich der Betriebsverfassung theoretisch abgrenzen lässt. Noch nicht wurde dargetan, ob eine gesonderte Anknüpfung auch sinnvoll und zweckmäßig ist. An diesem Punkt bedarf es einer umfassenden Abwägung der involvierten Interessen. In der Folge stellen sich nun zwei Fragen: Erstens muss ermittelt werden, welche Interessen überhaupt zu berücksichtigen sind. Zweitens müssen diese Interessen gegeneinander abgewogen werden.

---

[50] Siehe oben, § 3 III. 3. a).

[51] Damit steht auch fest, dass die Regelungen über die Einsetzung einer Einigungsstelle, §§ 76, 76a BetrVG, nicht zwingend zu dem Statut der betrieblichen Vereinbarung zu zählen sind. Zu dem Bereich des „organisatorischen Aufbaus" zählt sie offenbar auch *Schlüpers-Oehmen*, S. 186: Gleichsetzung mit den übrigen Organen der Betriebsverfassung.

[52] Der Umfang des Statuts der betrieblichen Vereinbarung wird konkreter weiter unten abschließend dargestellt unter V.

### a) Die zu berücksichtigenden Interessen

#### aa) Ausgangslage: Vereinheitlichungsinteresse im multinationalen Unternehmen

Wie in § 4 dargelegt, gibt es vielfältige Interessen in einem multinationalen Unternehmen, bestimmte Themen einer einheitlichen Regelung zuzuführen. Zur rechtstechnischen Umsetzung einer Einheitsregelung bietet sich eine Rechtswahl an. Auf diesem Wege würde ermöglicht, dass ein mehrseitiger Vertrag unter Beteiligung von Arbeitnehmer- und Arbeitgebervertretern geschlossen wird.[53] Sofern auserwählten Verhandlungsführern eine Vertretungsmacht zum Abschluss des Vertrages eingeräumt wird, könnte die Vereinbarung unter Beteiligung jeweils nur eines Vertreters der Arbeitnehmer- und Arbeitgeberseite mit Wirkung für und wider sämtliche beteiligte Betriebe im In- und Ausland geschlossen werden.
Ferner wäre es denkbar, dass eine Konzernmustervereinbarung geschlossen wird, die unter Vereinbarung jeweils eines bestimmten Rechts in den jeweiligen Ländern umgesetzt wird.[54] Dies brächte den Vorteil mit sich, dass hinsichtlich der Form, Auslegung und Wirkungsweise der Vereinbarung etc. eine möglichst gleichförmige Umsetzung erreicht würde. In der Folge geht es nun darum zu bestimmen, ob das Interesse an einer Rechtswahl bei der Bestimmung des Statuts Berücksichtigung finden kann.

#### bb) Interessenjurisprudenz im IPR

Namentlich von *Kegel* wurde der Versuch unternommen, die Bestimmungsgründe für kollisionsrechtliche Normbildungen in abstrakte Interessen einzuteilen.[55] Nach ihm seien entweder die Partei-[56], Verkehrs- oder Ordnungsinteressen entscheidend. Ihm ist vorgeworfen worden, dass er nur abstrakte Interessen vor Augen habe, die auf einen „Durchschnittsmenschen" zuträfen, die sich aber wegen des hohen Abstraktionsgrades nicht generell für das Auffinden des richtigen Anknüpfungspunktes eigneten.[57] Ob diese Kritik so berechtigt ist, mag hier dahingestellt bleiben. Wichtig ist für diesen Zusammenhang, dass weitgehende Übereinstimmung in der Frage herrscht, dass bei dem Auffinden einer neuen Kollisionsregel alle involvierten Interessen zu berücksichtigen sind. Dabei wird das Wort „Interesse" zumeist nicht in dem streng verstandenen Sinne *Kegels*

---

53 So *Steinberg* zum europäischen Tarifvertrag, RdA 1971, S. 18, 22; *Deinert*, S. 163; vergl. auch *Avilés*, FS Däubler, S. 519, 524 FN 24.

54 Vergl. *Junker*, Internationales Arbeitsrecht, S. 418; *Steinberg*, RdA 1971, S. 18, 22; vergl. auch *Stiller*, ZIAS 1991, S. 194, 216.

55 *Kegel/Schurig*, IPR, S. 114 ff.

56 Dieses wird von ihm freilich rein kollisionsrechtlich verstanden.

57 *Flessner*, S. 45.

verwendet. Man könnte statt dessen auch von Argumenten, Zwecken, Überlegungen oder Rechtspolitik sprechen, ohne in der Sache etwas anderes zu meinen.[58] Im Folgenden wird der Begriff „Interesse" denn auch in einem untechnischen, weit verstandenen Sinne verwendet.

**cc) Kollisionsrechtliche oder auch materielle Interessen?**

Fraglich ist, ob nur kollisionsrechtliche oder auch materielle Gesichtspunkte zu berücksichtigen sind. Hinter dieser Fragestellung verbirgt sich das noch tiefer liegende Problem, ob es im internationalen Privatrecht primär um die Verwirklichung einer internationalprivatrechtlichen oder einer materiellen Gerechtigkeit geht.[59] Auch auf diese Streitfrage kann nicht in allen Einzelheiten eingegangen werden. Einige Bemerkungen sind für den vorliegenden Zusammenhang jedoch unabdingbar.

Richtig ist selbstverständlich, dass das IPR die Anwendung des „räumlich besten" Rechts anstrebt und daher dem materiellen Recht an sich vorgelagert ist.[60] Indes darf nicht übersehen werden, dass zwischen Kollisionsrecht und materiellem Recht eine Wechselbeziehung besteht. Materielle Wertungen schlagen häufig auf das Kollisionsrecht durch.[61] Beide Materien kann man nicht völlig unabhängig voneinander betrachten.[62]

Hinzu kommt, dass die kollsionsrechtliche Norm - wie eine materielle Norm - darauf abzielt, ein für die Beteiligten angemessenes Ergebnis zu erzielen. Das Kollisonsrecht steht nicht abstrakt über den Parteien, sondern dient der Rechtsbefriedigung zwischen diesen. Deshalb ist es sachgerecht, auch die sachlichen Interessen der jeweils von der Kollisionsnorm Betroffenen bereits bei deren Formulierung mitzuberücksichtigen.[63] Berücksichtigt werden müssen daher auch soziale Aspekte wie die Schutzbedürftigkeit besonderer Gruppen.[64] Ferner

---

[58] *Schwander*, S. 334, FN 3; *Flessner*, S. 46; *Kropholler*, IPR, S. 33: Entscheidend sind die Wertungen.

[59] Allgemein hierzu MünchKomm/*Sonnenberger*, Einl. EGBGB Rz 77.

[60] *Kegel/Schurig*, IPR, S. 127 f.; MünchKomm/*Sonnenberger*, Einl. EGBGB Rz 76.

[61] *Kropholler*, IPR, S. 33.

[62] Vergl. *Neuhaus*, Grundbegriffe, S. 36, der betont, die kollisionsrechtliche Entscheidung stünde zu der materiellen Entscheidung im Verhältnis der Parallelität oder Analogie.

[63] *Simitis*, StAZ 1976, S. 6, 14; *Kropholler*, IPR, S. 32; *Lüderitz*, in FS Kegel I, S. 31 ff.; speziell für das Arbeitskollisionsrecht auch *Birk*, RdA 1999, S. 13, 14: Annäherung vom materiellen Recht her. Freilich kann man auf die Interessen der Beteiligten nicht in jedem Einzelfall abstellen, sondern es müssen typisierte Interessenlagen herausgebildet werden, die es zulassen, eine Regel aufzustellen, *Kegel*, in FS Beitzke, S. 551, 559; *Junker*, IPR, S. 81; *Neuhaus*, Grundbegriffe, S. 63.

[64] *Kropholler*, IPR, S. 34; *Roth*, S. 357; Staudinger/*Sturm/Sturm*, Einl. Art. 7 ff EGBGB, Rz 82. Beispiel ist z.B. das Individualarbeitsrecht, Art. 30 EGBGB, oder der Verbraucherschutz, Art. 29 EGBGB.

können auch Allgemeininteressen berücksichtigt werden, die sich auf das soziale und ökonomische Umfeld der Beteiligten auswirken.[65]

**dd) Parteiautonomie als zu berücksichtigendes Interesse?**

Dass bereits auf der Ebene der Bildung einer Kollisionsnorm das Interesse der Parteien an einer Rechtswahl berücksichtigt werden kann, ist nicht selbstverständlich. Man könnte argumentieren, dass es für eine Rechtswahl einer Grundlage im staatlichen Recht bedürfe; wenn eine Rechtswahl frei zugelassen würde, so ließe man an sich die Parteien über die Zulässigkeit der Rechtswahl selbst entscheiden.[66]

Der zweite Einwand geht dahin, dass es fraglich erscheinen mag, dass die Parteien über eine objektiv anwendbare Rechtsordnung disponieren können und sich so „zu Schöpfern zwingenden Rechts" machen könnten.[67] Insbesondere könnte eine Rechtswahl in dem Falle abzulehnen sein, in dem die Gefahr besteht, dass eine stärkere Partei ihren Willen gegenüber einer schwächeren Partei durchsetzt und nur eine ihr günstige Rechtsordnung wählt.[68]

Zu dem ersten Einwand ist Folgendes zu sagen: Vor allem frühere Stellungnahmen in der Wissenschaft standen der Rechtswahl aus den eben genannten Gründen skeptisch gegenüber und qualifizierten sie z.T. als bloße „Verlegenheitslösung".[69] Diese Bedenken sind mittlerweile jedoch überwunden. Die prinzipielle Zulässigkeit der Rechtswahlfreiheit im Schuldrecht ist heute international allgemein anerkannt.[70] In Deutschland findet dieser Gedanke in Art. 27 EGBGB, aber auch außerhalb des Schuldrechts in den Art. 10, Art. 14 III, Art. 15 II, Art. 25 II sowie Art. 42 EGBGB, seinen Ausdruck.[71] Wegen dieser Übereinstimmung, insoweit mag man auch von Gewohnheitsrecht[72] sprechen, erübrigt sich die Frage nach der Berechtigung der Parteiautonomie im internationalen Schuldrecht.[73]

---

65 Vergl. *Roth*, S. 368 für die Wettbewerbssituation des Versicherers im internationalen Versicherungsrecht.

66 *v. Bar*, IPR, Bd. I, S. 470 f., *Flessner*, S. 98.

67 *Lüderitz*, IPR, S. 119; *Flessner*, S. 98.

68 *Neuhaus*, Grundbegriffe, S. 172; *Lüderitz*, in FS Kegel I, S. 31, 49; *Simitis*, in FS Kegel I, S. 153, 184.

69 So *Kegel/Schurig*, IPR, S. 569.

70 *Flessner*, S. 98; *v. Bar*, IPR, Bd. I, S. 471; *Lüderitz*, IPR, S. 45 f, 119 f; *Junker*, IPR, S. 82; *Kühne*, S. 23; *Kropholler*, IPR, S. 32, 287 ff., *Sturm*, in FS E. Wolf, S. 637, 640.

71 Die Rechtswahlfreiheit hat z.B. auch Einzug in das kollektive Arbeitsrecht gehalten, siehe oben § 6 II. 5.

72 *Neuhaus*, Grundbegriffe, S. 171, FN 417; *Lüderitz*, IPR, S. 119 f.; Palandt/*Heldrich*, Art. 27 EGBGB Rz 1.

73 Eine andere Frage ist freilich die nach der „inneren Rechtfertigung" der Parteiautonomie. Auf dieses Problem ist sogleich noch einzugehen.

Auch der zweite Einwand ist heute nicht mehr als durchschlagend anzusehen. Es spricht kein grundsätzlicher Einwand dagegen, dass die Parteien ihre rechtsgeschäftlichen Angelegenheiten selbst in die Hand nehmen; eine gesetzliche, objektive Anknüpfung bringt nicht stets ein gerechteres Ergebnis hervor.[74] Schließlich kann man der Gefahr, dass eine Partei bei der Rechtswahl nicht gleich durchsetzungsfähig ist, durch eine Einschränkung der Rechtswahl entgegen steuern.[75] Nicht erforderlich ist es, ganz auf eine Rechtswahl zu verzichten.

**b) Gewichtung der Interessen**

Es wurde festgestellt, dass bereits bei der Herausbildung einer Sonderanknüpfung das Interesse der Beteiligten an einer Rechtswahl zu berücksichtigen ist. Nunmehr muss eine konkrete Interessenabwägung erfolgen, um zu sehen, ob das Interesse an einer gesonderten Anknüpfung der betrieblichen Vereinbarung überwiegt.

**aa) Argumente gegen eine gesonderte Anknüpfung**

**(1) Praktikabilität**

Bei der Abwägung sind auch Gesichtspunkte der Praktikabilität zu berücksichtigen. Eine Sonderanknüpfung darf nicht dazu führen, dass unangemessen große Schwierigkeiten in der Rechtsanwendung entstehen.[76]

Die Frage, ob die Betriebsverfassung kollisionsrechtlich einheitlich behandelt werden muss, ist bisher noch nie umfassend untersucht worden.[77] Gleichwohl finden sich einzelne Aussagen hierüber in Rechtsprechung und Literatur. Ausgangspunkt ist die von *Gamillscheg* und *Schnorr von Carolsfeld* entwickelte These, das Statut der Betriebsverfassung müsse dem Arbeitsvertragsstatut folgen.[78] Dieser Ansicht wurde entgegengehalten, dass in einem Betrieb Arbeitnehmer unter einem verschiedenen Arbeitsvertragsstatut arbeiten können, so dass für jeden Arbeitnehmer im Prinzip gesondert ermittelt werden müsse, welches Betriebsverfassungsrecht für kollektivrechtliche Fragen heranzuziehen sei. Dies aber könne nicht sein, da die Betriebsverfassung nur „einheitlich" durchgeführt werden könne.[79] Dieser Gedanke wird oft auch von Stimmen in der Literatur wiedergegeben.[80]

---

74 Vergl. *Lüderitz*, in FS Kegel I, S. 31, 48 f.

75 Beispiel: Art. 30 I EGBGB.

76 *Schwander*, S. 336.

77 Siehe bereits die Kritik oben unter § 7 II. 3. b).

78 Siehe oben § 7 II. 4.

79 BAG v. 9.11.1977, SAE 1978, S. 236, 238; BAG v. 25.04.1978, AP Nr. 16 zu BetrVG 1972 Intern. Arbeitsrecht..

80 *Auffahrt*, in FS Hilger/Stumpf, S. 31, 32; *Steinmeyer*, DB 1980, S. 1541, 1542; *Gitter/Heinze*, in Richardi, Mitbestimmung, Bd. 2, S. 101, 103.

Der Gedanke der „Einheitlichkeit der Betriebsverfassung" ist freilich zunächst auch bestechend. Das BetrVG enthält eine Vielzahl von Bestimmungen, die aufeinander abgestimmt sind. Diese Einheit soll möglichst nicht durch das Aufeinanderprallen mehrerer Rechtsordnungen gestört werden. Das Postulat der Einheitlichkeit der Betriebsverfassung ist freilich kein Rechtsprinzip oder ein unumstößliches Dogma.[81] Dahinter steht vielmehr ein Interesse, nämlich das Interesse an Praktikabilität. Der Arbeitgeber möchte möglichst vermeiden, dass er verschiedene Rechtsordnungen in einem Betrieb beachten muss.

Auch aus Arbeitnehmersicht besteht grundsätzlich ein Interesse daran, dass nur eine Rechtsordnung das Regime eines Betriebes bedingt. Das Prinzip „Ein Betrieb, eine Rechtsordnung" bringt Vorhersehbarkeit und Rechtssicherheit mit sich.

Hiergegen lässt sich jedoch einwenden, dass die Gefahr einer Anwendung von verschiedenen Rechtsordnungen nicht real erscheint. Zunächst empfiehlt es sich, den Anwendungsbereich einer möglichen Rechtswahl näher zu präzisieren. Bereits oben wurde auf den Aspekt hingewiesen, dass mittels einer Rechtswahl ein mehrseitiger Vertragsschluss ermöglicht würde. Auch könnte eine Grundsatzvereinbarung unter Anwendung des gleichen Rechts in verschiedenen Ländern umgesetzt werden. Denkbar wäre schließlich noch, dass für eine im Ausland arbeitende Gruppe inländisches Recht für eine betriebliche Regelung gewählt würde. Indes handelt es sich bei den eben genannten Konstellationen um besondere Situationen. Eine Rechtswahl der Betriebspartner erscheint fernliegend, ja sogar störend, bei inländischen Sachverhalten, die nur eine lockere Beziehung zum Ausland aufweisen.[82] Kein Betriebsrat käme auf die Idee, ein ausländisches Recht zu wählen, wenn es darum geht, die alltäglichen betrieblichen Angelegenheiten (Anordnung von Kurzarbeit, Festlegung einer Arbeitsordnung etc.) mittels Kollektivvertrags einer Regelung zuzuführen. Diese Überlegung zeigt, dass eine Rechtswahl nur in speziell gelagerten Fällen den Interessen der Betriebspartner entspricht und mithin faktisch durchgeführt werden wird.[83]

Aus dieser Erkenntnis lässt sich aber weiter folgern, dass die Befürchtung fehl am Platze wäre, in einem Betrieb müsste bei Zulassung einer Rechtswahl nunmehr stets mit drei, vier oder mehreren verschiedenen Statuten gerechnet werden. Eine solche Kumulation verschiedener Rechtsordnungen wäre freilich nicht zu begrüßen, doch dürfte die Annahme gerechtfertigt sein, dass die Betriebspartner

---

81 Siehe bereits oben unter II. 2.

82 Einen solch losen Auslandsbezug könnte man bereits darin sehen, dass in einem Betrieb eine Vielzahl von Ausländern arbeitet. Der Bestimmung des zu verlangenden Auslandsbezugs ist weiter unten nachzugehen; an dieser Stelle geht es zunächst nur darum, eine Sonderanknüpfung, die auf dem Willen der Betriebspartner aufbaut, zu entwickeln.

83 Ob aus dieser Erkenntnis eine Regel-Ausnahme-Anknüpfung abzuleiten ist, wird weiter unten dargestellt, IV. 2.

schon in ihrem eigenem Interesse von einer Rechtswahlmöglichkeit nur eingeschränkten Gebrauch machen. Am naheliegendsten ist es, wenn in einem multinationalen Konzern ein mehrseitiger Vertrag auf Konzernebene geschlossen würde. Es geht vornehmlich darum, Grundsatzvereinbarungen rechtlich umzusetzen, weshalb es allenfalls zu einem Nebeneinander zwischen dem inländischen Recht und dem Recht der Konzernmutter kommen dürfte. Berücksichtigt man diese Interessenlage, erscheint das Argument nicht angemessen, eine Sonderanknüpfung der Vereinbarung der Betriebspartner sei unpraktikabel.

**(2) Das Problem der Angleichung**

Schwerer wiegt aber der Einwand, eine Sonderanknüpfung der betrieblichen Vereinbarung zöge Probleme der Angleichung nach sich. An dieser Stelle muss jedoch noch einmal darauf hingewiesen werden, dass Angleichungsprobleme oftmals mit einer allseitigen Anknüpfung einhergehen. Sie stellen daher im Grundsatz nur dann ein echtes Argument gegen eine Sonderanknüpfung dar, wenn sie sich als unverhältnismäßig schwierig erweisen.[84]

Geht man davon aus, dass in einem französischen Betrieb bei einer zwischen dem comité und dem Arbeitgeber abgeschlossenen Vereinbarung deutsches Recht gewählt wird, so bedeutet dies zunächst, dass § 77 BetrVG gilt. Erste Friktionen treten auf, wenn es darum geht, unter den Tatbestand zu subsumieren, denn dort ist die Rede von Betriebsrat und nicht von comité. Es fragt sich nun, ob die Subsumtion gleichwohl zuzulassen ist; dieses Problem wird überwiegend unter dem Stichwort „Substitution" diskutiert.[85] Es ist entscheidend, ob das französische comité anstelle des im Tatbestand erwähnten Betriebsrats handeln kann, ob also der Betriebsrat durch das comité substituiert werden kann. Um dies bejahen zu können, müsste das comité dem deutschen Betriebsrat von „seiner Funktion her äquivalent sein".[86] Bei dieser vergleichenden Betrachtungsweise dürfen nicht zu hohe Anforderungen gestellt werden.[87] Um der Vielgestaltigkeit der Rechtsordnungen gerecht zu werden, genügt es, dass die Rechtsinstitute im Wesentlichen vergleichbar sind.[88]

---

[84] *Schwander*, S. 324; *Kropholler*, IPR, S. 225 ff.; ähnlich auch *Hergenröder*; ZfA 1999, S. 1, 39.

[85] Erman/*Hohloch* Einl. Art. 3 EGBGB Rz 47; MünchKomm/*Sonnenberger* Einl. IPR Rz 550; *Junker*, IPR, S. 238.

[86] MünchKomm/*Sonnenberger* Einl. IPR Rz 550; *Kropholler*, IPR, S. 227.

[87] Es geht, salopp formuliert, um die Suche nach dem kleinsten gemeinsamen Nenner. Ähnlich zum internationalen Tarifvertrag *Junker*, Internationales Arbeitsrecht, S. 427 f.

[88] *Kropholler*, IPR, S. 226; vergl. auch *Birk*, in FS Schnorr von Carolsfeld, S. 61, 83.

An dieser Stelle kann nun auf die bereits angestellten Überlegungen unter § 3 III. 3. zurückgegriffen werden. Es wurde als maßgebliche Kriterien eines Vergleiches der verschiedenen Rechtsordnungen heraus gearbeitet, dass eine Äquivalenz dann zu bejahen ist, wenn folgende fünf Merkmale festgestellt werden können:
Es muss sich um eine auf Dauer angelegte betriebliche Arbeitnehmervertretung handeln, der durch Gesetz (oder durch Tarifvertrag) bestimmte Mitbestimmungsrechte zugeordnet werden. Ferner muss sie aufgrund von Wahlen ein demokratisches Mandat zur Vertretung der gesamten Belegschaft inne hat. Darüber hinaus muss sie sich von einer eventuell im Betrieb vertretenen Gewerkschaft unterscheiden lassen und schließlich Vereinbarungen mit rechtlich anerkannten Wirkungen schließen kann.
Nach diesen Kriterien wäre das comité dem deutschen Betriebsrat gleichzusetzen. Präziser gefasst wäre der deutsche Gesamtbetriebsrat als im Wesentlichen äquivalent mit dem französische comité d'entreprise, der deutsche Konzernbetriebsrat als im Wesentlichen äquivalent mit dem französischen comité central d'entreprise anzusehen.[89] Gleiches gilt – auf der niedrigsten Stufe – für den Betriebsrat und das comité d'établissement.[90]
Der Betriebsrat nach österreichischem Recht ist dem deutschen stark nachgebildet, insoweit dürften die geringsten Probleme der Substitution bestehen. Aber auch etwa der niederländische ondernemingsrad ist dem deutschen Betriebsrat vergleichbar.[91]
Am deutlichsten sind die Unterschiede zwischen dem deutschen Betriebsrat und einem im quasi rechtsfreien Raum gebildeten committee in Großbritannien. Sofern die Mitglieder des committee demokratisch von der Belegschaft gewählt werden und der Arbeitgeber dieses Gremium als betriebliches Vertretungsorgan anerkennt und mit ihm Vereinbarungen abschließt, bestehen aufgrund der funktionellen Betrachtungsweise jedoch selbst hier keine durchgreifenden Bedenken, eine Äquivalenz noch zu bejahen.
Etwas schwieriger ist die Frage zu beantworten, ob der Normativwirkung einer nach deutschem Recht in Frankreich abgeschlossenen Vereinbarung nicht der dortige Ordre-public-Vorbehalt entgegen steht. Gegebenenfalls wäre insoweit eine Angleichung vorzunehmen.[92]

---

89 So i.E. auch auch *Däubler*, RabelsZ 39 (1975), S. 444, 464; *Birk*, in FS Schnorr von Caroldsfeld, S. 61, 83; *ders.*, RIW/AWD 1975, S. 589, 591; vergl. auch *Gaul*, BB 1990, S. 697, 702: Vergleichbare Arbeitnehmervertretungen in den Niederlanden, Italien, Frankreich, Großbritannien.

90 *Gitter/Heinze*, in Richardi, Mitbestimmung, Bd. 1, S. 101, 122; vergl. auch *Schiek*, RdA 2001, S. 218, 226 speziell zu der Betriebsvereinbarung.

91 *Birk*, RIW/AWD 1975, S. 589, 591; *Däubler*, RabelsZ 39 (1975), S. 444, 465.

92 Dazu unten § 10 I. 6. d) und § 10. III. 1. c) aa).

Probleme der Angleichung könnten sich auch mit Blick auf die unterschiedlichen Betriebsbegriffe ergeben. Zu den sog. „Außenschranken" der Betriebsvereinbarung und auch der Regelungsabrede zählt der räumliche (§ 4 BetrVG) Geltungsbereich der Betriebsverfassung. Wie oben jedoch dargelegt, ist der Betriebsbegriff dem „organisatorischen Aufbau" der Betriebsverfassung hinzuzuzählen.[93] Hinzu kommt der Aspekt des inneren Entscheidungseinklangs: Eine in einem Betrieb nach einem ausländischem Recht abgeschlossene Betriebsvereinbarung ist sinnvollerweise nicht an andere räumlich Grenzen gebunden als eine nach inländischem Recht geschlossene Betriebsvereinbarung. Die räumlichen Grenzen der Reichweite einer Betriebsvereinbarung sind demnach dem jeweiligen, in dem Betrieb herrschenden Betriebsbegriff zu entnehmen. Eine Kollision zweier Betriebsbegriffe ist somit ausgeschlossen, so dass sich Angleichungsfragen nicht stellen können.
Schließlich können Probleme entstehen, die aus dem Verhältnis des Inhalts der Betriebsvereinbarung zu dem ausländischen höherrangigen Recht resultieren. Eine Grenze im höherrangigen Recht stellt der Tarifvorbehalt dar, § 77 III BetrVG. Insoweit sind aber besondere Anwendungsschwierigkeiten nicht ersichtlich. Denn der Vorrang des Tarifvertrages ist in allen untersuchten Rechtsordnungen – in unterschiedlichen Formen zwar – anerkannt.[94] Die Rechtslage stellt sich folglich in den Nachbarländern in dieser Hinsicht als durchaus vergleichbar dar. Eine kraft Rechtswahl im Ausland geltende „deutsche" Betriebsvereinbarung müsste folglich gegenüber einem dortigen Tarifvertrag zurücktreten. Im Einzelfall kann sich jedoch das Problem einer Angleichung stellen, nämlich wenn die einzelnen Länder den Vorrang des Tarifvertrags mit unterschiedlichen Nuancen definieren. Im Zweifelsfall ist dann eine Angleichung insoweit vorzunehmen, dass die Wirkungen des ausländischen Tarifvertrages nicht in Frage gestellt werden.

**bb) Argumente für eine gesonderte Anknüpfung der Betriebsvereinbarung**

**(1) Wille der Betriebspartner**

Eine gesonderte Betrachtung des Statuts der betrieblichen Regelung ermöglicht es, den Betriebspartnern eine Rechtswahl zuzugestehen. Damit wird ihnen die rechtliche Handhabe zugebilligt, auf den Internationalisierungsprozess in den Unternehmensstrukturen angemessen zu reagieren. Zeigt der Gesetzgeber auf nationaler Ebene Ansätze für eine moderne, flexible Ausgestaltung der Betriebsverfassung, die auf die Bedürfnisse des jeweiligen Unternehmens Rücksicht nimmt, so erscheint es konsequent, auch auf der Ebene des IPR mehr Raum zu lassen für eigenverantwortliche, flexible Lösungen. Der Arbeitgeberseite kommt es entgegen, wenn sie in dem Unternehmen für bestimmte Bereiche eine einheitliche Regelung

---

93 Hierzu oben unter II. 3. a).
94 Siehe dazu oben unter § 3 III. 5.; vergl auch zu den „Ausstrahlungsfällen" § 10. I. 6. c).

international umsetzen kann und damit die Unternehmensführung vereinfacht wird.[95] Die Arbeitnehmerseite profitiert ebenfalls davon, wenn leichter einheitliche Standards eingeführt werden können.[96] Damit könnte eine konzernweite Annäherung an ein einheitliches Schutzniveau, etwa im Arbeitnehmerdatenschutz, erreicht werden. In jedem Fall brächten vermehrte Einheitsvereinbarungen ein Mehr an Transparenz und internationaler Vergleichbarkeit mit sich.
Diesem Interesse kommt bei der Gewichtung auch zentrale Bedeutung zu. Zwar weist die Betriebsvereinbarung vielseitige Bezüge zu ordnungsgestaltenden, politischen Zielvorstellungen des Gesetzgebers auf. Sie zählt jedoch zum Privatrecht[97] und dort ist in erster Linie von den Interessen der privaten Parteien auszugehen.[98] Die Zulassung einer Rechtswahl stärkt schließlich das Selbstverständnis der Betriebspartner als eigenständige Gestaltungsorgane der Betriebsverfassung.

### (2) Passendste Anknüpfung

Es wurde heraus gearbeitet, dass zwischen dem Bereich der „Mitbestimmung" und dem „organisatorischen Aufbau" der Betriebsverfassung unterschieden werden kann. Die Ausübung der „Mitbestimmung" erfordert stets einen Vertragsschluss. Der Akt des Vertragsschlusses ist nicht gleich zu behandeln mit dem „organisatorischen Aufbau" der Betriebsverfassung, weil insoweit keine Rechtswahl in Frage kommt. Somit stellt es einen Fortschritt dar, eine differenzierende Anknüpfung zu befürworten. Eine gesonderte Anknüpfung der betrieblichen Vereinbarung stellt sich als eine feinere Ausdifferenzierung und damit letztlich als Ausdruck der Suche nach der „besseren Anknüpfung" dar.[99]

### (3) Sozio-ökonomische Interessen

Wenn auf die typisierte Interessenlage der Betriebspartner Rücksicht zu nehmen ist, dann müssen diese auch in ihrem sozialen und ökonomischen Umfeld eingeordnet und betrachtet werden. An dieser Stelle können auch Allgemeininteressen, etwa zur Verringerung von Wettbewerbsnachteilen, Berücksichtigung finden.[100]
Nun würden sich international einheitliche Bedingungen im Bereich etwa des Arbeitsentgelts, die durch Tarifvertrag festgelegt sind, auf den internationalen Wettbewerb stärker auswirken, als dies bei den gewöhnlichen Gegenständen einer

---

[95] Vergl. oben, § 4 I. 2. a ).
[96] Vergl. oben, § 4 I. 3.
[97] Siehe oben, § 7 II. 1. b).
[98] MünchKomm/*Sonnenberger*, Einl. IPR Rz 86; *Lüderitz*, FS Kegel I, S. 31, 35; *Kropholler*, IPR, S. 32: Die persönlichen Interessen der Beteiligten stehen im Vordergrund.
[99] *Schwander*, S. 323.
[100] Siehe oben unter II. 4. a) cc).

Betriebsvereinbarung der Fall ist. Dennoch scheint es möglich, dass internationale Vereinbarungen der Betriebspartner zu einer Entzerrung der Wettbewerbssituation der Arbeitnehmer im multinationalen Konzern[101] beitragen können. Vorteilhaft könnten sich z.B. einheitliche Standards bei Abfindungen in Sozialplänen auswirken. Direkt auf den internationalen Standortwettbewerb wirkten sich Rahmenabkommen mit Beschäftigungssicherungselementen, wie z.B. dem Ausschluss von betriebsbedingten Kündigungen, aus. Generell fördert eine Gleichbehandlung der Arbeitnehmer im internationalen Konzern eine sachgerechte Bewertung des Standortes; die Konzernspitze vermag dann nicht ohne weiteres eine Ungleichbehandlung der nationalen Betriebe durchzusetzen, ohne sich zusätzlichem Begründungsaufwand auszusetzen.

### 5. Zusammenfassung

Die von der h.M. viel beschworene „Einheit der Betriebsverfassung“ ist kein unumstößliches Prinzip. Dahinter steht vielmehr das Interesse an einer praktikablen Rechtsanwendung. Unüberwindliche praktische Schwierigkeiten bei der Zulassung einer gesonderten Anknüpfung von Vereinbarungen zwischen den Betriebspartnern sind jedoch nicht zu befürchten. In Zweifelsfällen muss eine Angleichung vorgenommen werden. Demgegenüber ermöglicht es eine differenzierte Betrachtung der Statuten des organisatorischen Aufbaus der Betriebsverfassung und der Vertragsschlüsse der Betriebspartner, eine Rechtswahl zuzulassen und die sachlich passendste Anknüpfung vorzunehmen. Daher ist eine gesonderte Anknüpfung der betrieblichen Vereinbarung zu bejahen.

## III. Rechtswahl bei einer betrieblichen Vereinbarung

Zu untersuchen ist nun als nächstes, ob die Hypothese, mit der oben unter II. gearbeitet wurde, zutreffend und den Betriebspartnern eine Rechtswahl zuzubilligen ist. Als erstes ist zu fragen, worin die innere Rechtfertigung der Parteiautonomie zu sehen ist; anschließend ist zu untersuchen, ob dieser Gedanke auf die Betriebspartner übertragen werden kann.

### 1. Die „innere“ Rechtfertigung der Parteiautonomie

*Kühne* sieht den hauptsächlichen Grund für die Zulassung einer Rechtswahl[102] in einer Anknüpfungsverlegenheit. Stehen für ein Rechtsverhältnis mehrere Anküpfungspunkte zur Auswahl, wie z.B. die Staatsangehörigkeit, der Wohnsitz,

---

[101] Hierzu oben, § 4 I. 3. d).

[102] Zur historischen Entwicklung der verschiedenen Begründungsversuche siehe *Sturm*, in FS E. Wolf, S. 637 ff.; *Kühne*, S. 23 ff.

der Erfüllungsort etc., und ist keiner dieser Anknüpfungspunkte geeignet, ein befriedigendes Ergebnis auf der Ebene des IPR herbeizuführen, so sei die Rechtswahl vorzuziehen.[103] Diesem Ansatz ist entgegenzuhalten, dass er zu kurz greift. Die Rechtswahlfreiheit ist mehr als eine Verlegenheitslösung, der Wille der Parteien verdient nicht nur aus dem Grunde Beachtung, weil es schwerfällt, die richtige objektive Anknüpfung zu formulieren.
Nach überwiegender Ansicht wird die Parteiautonomie aus der Privatautonomie abgeleitet.[104] Wo Vertragsfreiheit herrscht, soll sich diese Freiheit auch in dem Kollisionsrecht niederschlagen. Diese Argumentation vermag freilich nicht zufriedenstellend zu begründen, weshalb eine Rechtswahl auch außerhalb des Vertragsrechts zur Anwendung kommen kann. Die Rechtswahl wurde vom deutschen Gesetzgeber auch im Erb- (Art. 25 II EGBGB) und Familienrecht (Art. 14 II und 15 II EGBGB) zugelassen, obwohl dort wegen höherrangiger Wertungen (Typenzwang und Rechtssicherheit im Erbrecht, Art. 6 GG im Familienrecht) kein Platz ist für - uneingeschränkte - Vertragsgestaltung. Gänzlich scheidet die Privatautonomie als Begründungselement aus, wenn es z.B. um Art. 42 EGBGB geht. Dort ist eine Rechtswahl in einem Bereich vorgesehen, in dem gerade keine rechtsgeschäftlichen, sondern gesetzliche Schuldverhältnisse geregelt sind.
Eine weitere Meinung stellt maßgeblich die Interessen der von der Kollisionsnorm Betroffenen in den Vordergrund.[105] Das Kollisionsrecht dürfe nicht abstrakt ordnungspolitische Interessen verfolgen, ohne die realen Bedürfnisse der diesen Regelungen Unterworfenen zu beachten. Kollisionsregeln müssten vielmehr von der Lage der Betroffenen her entwickelt werden.[106]
Ähnlich argumentieren diejenigen, die den Freiheits- und Autonomiegedanke in den Vordergrund stellen. *Lüderitz* meint pointiert, dass ein Parteiinteresse nicht gegen den durch eine Rechtswahl bezeugten Willen des mündigen Bürgers bestimmt werden kann, denn dies käme einer „Besserwisserei“ gleich.[107]
Teilweise wird Art. 2 I GG herangezogen und betont, dass staatliche Eingriffe in privatrechtliche Gestaltungsfreiheit nur zulässig seien, wenn anerkannte Gemeinschaftsgüter wie Rechts- und Sozialstaatlichkeit nicht anders geschützt werden könnten.[108]
Auf einer ähnlichen Linie liegt es, wenn *Neuhaus* betont, dass die Parteien zur Bestimmung der anwendbaren Rechtsordnung oft am besten befähigt seien.[109] Sie seien nicht, wie der Gesetzgeber, darauf beschränkt, generelle Normen für eine

---

[103] *Kühne*, S. 30, 63 ff., insbesondere 68.
[104] *E. Lorenz*, Struktur des IPR, S. 83; *v. Bar*, IPR, Bd. I, S. 471; *Kühne*, S. 25 m.w.N.
[105] *Simitis*, StAZ 1976, S. 6, 11 ff.
[106] *Simitis*, StAZ 1976, S. 6, 14; ebenso *Staudacher*, S. 161.
[107] *Lüderitz*, in FS Kegel I, S. 31, 48 f.
[108] *Sturm*, in FS E. Wolf, S. 637, 658.

Vielzahl von Fälle aufzustellen, sondern könnten mittels Rechtswahl angemessene Lösungen für den Einzelfall erzielen.

*Flessner* hebt hervor, dass der Freiheits- und Autonomiegedanke in der westlichen Welt bereits vor seiner Positivierung in Gesetz und Verfassung anerkannt gewesen sei.[110] Insbesondere mit Blick auf die sich heute ergebenen Sachverhalte, die oft zu mehreren nationalen Rechtsordnungen Berührungspunkte aufweisen, sei das Recht (als weltweite Gesamtgestalt verstanden) nicht mehr zu einer einheitlichen Ordnung der Sachverhalte in der Lage. Dann aber müsse es seitens des Rechts auch so sein, dass es die Eigenleistung der Beteiligten in Form einer Rechtswahl honoriere, sofern keine höherwertigen Interessen entgegen stünden.[111] Mit diesem Begründungsansatz lässt sich vor allem auch die Rechtswahlfreiheit im Erb- und Familienrecht zufriedenstellend erfassen: Auch dort geht es um das Selbstbestimmungsrecht des Erblassers, der Eheleute etc.[112]

Wie die einzelnen Begründungsversuche verdeutlichen, ist bis heute eine gänzlich einheitliche „innere Rechtfertigung" der Rechtswahlfreiheit noch nicht gelungen. Dass eine Rechtswahl aber auch außerhalb des Schuldrechts möglich ist, ist heute allgemein anerkannt.[113] Demnach erscheint es richtig, den Autonomiegedanken in den Vordergrund zu stellen; den Parteien soll es gestattet sein, ihre Angelegenheiten in eigenverantwortlicher Selbstbestimmung auch auf der Ebene des Kollisionsrechts zu gestalten. Wo das Recht Platz lässt zur autonomer Gestaltung der eigenen Angelegenheiten, muss grundsätzlich auch die Parteiautonomie greifen.

### 2. Betriebliche Vereinbarung als privatrechtlicher Vertrag

Parteiautonomie gibt es grundsätzlich nur im Privatrecht. Der Betriebsrat übt sein Amt aufgrund privatrechtlicher Grundlage aus, daher ist die Regelungsabrede unproblematisch als privatrechtlicher Vertrag anzusehen. Man könnte nun aber der Ansicht sein, dass die Betriebsvereinbarung wegen ihrer gesetzesgleichen Wirkung wie ein Gesetz behandelt werden müsste. Dann käme nur eine öffentlich-rechtliche Qualifikation in Frage und eine Parteiautonomie wäre abzulehnen.

Insoweit muss aber zwischen dem Vertrag selbst und dessen Wirkungen differenziert werden. Für die Zulässigkeit einer Rechtswahl muss es auf die

---

109 *Neuhaus*, Grundbegriffe, S. 172; ebenso *Kropholler*, IPR, S. 289.

110 *Flessner*, S. 102.

111 *Flessner*, S. 102; im Prinzip ebenso, *Junker*, IPR, S. 82.

112 *Junker*, IPR, S. 128; *Sturm*, in FS E. Wolf, S. 637, 658.

113 Zu der Tendenz, den Rechtswahlgedanken auch außerhalb des Vertragsrechts fruchtbar zu machen, vergl. *Kropholler*, IPR, S. 287; aus rechtsvergleichender Sicht auch *Sturm*, in FS E. Wolf, S. 637, 640 ff.; in Österreich z.B. unterliegen die gesetzlichen Schuldverhältnisse in erster Linie der Wahl durch die Parteien.

Rechtsnatur des Vertrages ankommen. Dieser ist – trotz der normativen Wirkung in Bezug auf die Arbeitnehmer – dem Privatrecht zuzuordnen.[114] Folglich ist eine Rechtswahl unter diesem Aspekt nicht ausgeschlossen.

### 3. Betriebsrat als Abschlusspartner der betrieblichen Vereinbarung

Eine Rechtswahl durch die Betriebspartner setzt voraus, dass diese überhaupt als Abschlusspartner einer Betriebsvereinbarung bzw. einer Regelungsabrede angesehen werden können. Ob dies der Fall ist, ist für den Bereich der Betriebsverfassung, anders als bei einem Vertragsschluss unter privaten Einzelrechtssubjekten und auch den Tarifvertragsparteien, nicht leicht zu beantworten. Als Ausgangspunkt ist zu beachten, dass die insoweit entscheidende Frage lauten muss, wer Träger der betriebsverfassungsrechtlichen Rechte ist. Ist dieser Träger gefunden, so steht damit zugleich fest, dass ein zumindest teilrechtsfähiges Subjekt vorhanden ist, welches dann als Abschlusspartner der Vereinbarung angesehen werden kann.[115] Die Frage der Rechtsfähigkeit des Betriebsrats zählt freilich zu den umstrittensten und wohl noch nicht abschließend geklärten Fragen der Betriebsverfassung.[116] Die Schwierigkeiten resultieren daraus, dass sich das System der Betriebsverfassung nicht bruchlos den herkömmlichen Kategorien des Zivilrechts zuordnen lässt.[117] Im Folgenden soll versucht werden, einen Überblick über die Problematik zu vermitteln.[118]

Rechtsfähigkeit bedeutet die Möglichkeit, Träger von Rechten und Pflichten zu sein. Eine Ansicht geht davon aus, dass die Belegschaft selbst Trägerin der Mitbestimungsrechte ist;[119] dementsprechend soll sie auch die Parteistellung beim Abschluss einer Betriebsvereinbarung inne haben. Der Betriebsrat handele insoweit als das ihr zugewiesene Organ. Nicht erforderlich ist nach dieser Auffassung die Annahme, die Belegschaft sei selbst rechtsfähig, weil insoweit das Gesetz den oben skizzierten Mechanismus vorsehe.[120]

Eine zweite Ansicht stellt sich auf den Standpunkt, dass der Streit nicht entschieden werden müsse und allein terminologischer Natur sei. Wichtig und entscheidend sei,

---

[114] Dass die Betriebsvereinbarung ein privatrechtlicher Vertrag ist und auf Rechtsgeschäft beruht, ist heute im Prinzip unstreitig, *Berg*, in D/K/K § 77 Rz 8; *Richardi*, in Richardi, BetrVG § 77 Rz 29; *Hess*, in H/S/G § 77 Rz 5.

[115] *Strasser*, Betriebsvereinbarung, S. 108.

[116] GK-BetrVG/*Wiese* § 40 Rz 129; GK-BetrVG/*Kraft* § 1 Rz 50 ff.; *von Hoyningen-Huene*, BetriebsVerfR, S. 51 ff.

[117] *Konzen*, ZfA 1985, S. 469, 480 ff.

[118] Einen gute Zusammenfassung findet sich bei *Richardi*, in Richardi, BetrVG Einl. Rz 84 ff.

[119] So vor allem die ältere Ansicht in der Literatur, vergl. *Galperin/Löwisch*, BetrVG vor § 1 Rz 35 ff., heute z.B. *Schaub*, ArbR-Handbuch § 231 II 4.

[120] *Hueck*, Betriebsvereinbarung, S. 36 ff., 66 ff.; *Strasser*, Betriebsvereinbarung, S. 111 ff.; *Hueck/Nipperdey*, Arbeitsrecht II, Bd. 2, S. 1088.

dass aufgrund der gesetzlichen Ausgestaltung der Betriebsrat die Interessen der Belegschaft zu vertreten habe und dabei, wie § 77 BetrVG zeige, in eigenem Namen gegenüber dem Arbeitgeber agieren könne. Am ehesten sei die Stellung des Betriebsrats im Gefüge des BetrVG als „Repräsentant" zu kennzeichnen.[121]
Das BAG hat bislang die Frage nach der Rechtsfähigkeit des Betriebsrats nicht abschließend entschieden, bezeichnet diesen aber überwiegend als „Organ der Belegschaft".[122]
Die Gegenposition und wohl mittlerweile überwiegende Ansicht sieht den Betriebsrat selbst als teilrechtsfähig an. Begründet wird dies damit, dass das Gesetz dem Betriebsrat selbst die Mitbestimmungsrechte zur fremdnützigen Wahrnehmung zuweise. Außerdem könnten ihn - was unstreitig ist - auch Pflichten treffen. Folglich sei der Betriebsrat selbst als Abschlusspartner einer Betriebsvereinbarung anzusehen.[123]
Dieser zuletzt genannten Meinung ist zu folgen. Die Gegenansicht vermag nicht befriedigend zu erklären, weshalb die Belegschaft selbst ein teilrechtsfähiges Gebilde sein soll. Unstreitig soll der Betriebsrat nach dem BetrVG die Interessen der Arbeitnehmer wahrnehmen und rechtsgestaltend durch den Abschluss von Betriebsvereinbarungen tätig werden. Er kann insbesondere auch Betriebsvereinbarungen abschließen, die der Belegschaft ungünstig sind und Pflichten auferlegen. Er kann auch Verträge abschließen, die allein sein Verhältnis zum Arbeitgeber betreffen. Dann aber erscheint es konsequent, den Betriebsrat als ein vom konkreten Belegschaftswillen unabhängiges Organ der Betriebsverfassung anzusehen. Er wird kraft Amtes im eigenen Namen tätig.[124] Als Akteur auf Arbeitnehmerseite muss es folglich bei der Frage einer Rechtswahlmöglichkeit auf den ihm zugewiesenen Gestaltungsspielraum ankommen.

### 4. Autonomie und Betriebsvereinbarung

#### a) Betriebsautonomie anstelle der Individualautonomie

Es gibt nicht nur eine Autonomie, die sich als Privatautonomie darstellt und daher vor allem auf den einzelnen Bürger zugeschnitten ist, sondern andere, ähnliche

---

[121] GK-BetrVG/*Kraft* § 1 Rz 51.; für eine solch praktische Sichtweise i.E. auch *Zöllner/Loritz*, S. 510 ff.

[122] BAG v. 6.07.1955, E 2, 50, 54; BAG v. 6.11.1959, E 8, 207, 212.

[123] So vor allem *Kreutz*, Betriebsautonomie, S. 16 ff.; *Biberacher*, S. 25; *Konzen*, ZfA 1984, S. 469, 486; *Ellenbeck*, S. 58 ff; *von Hoyningen-Huene*, BetriebsVerfR, S. 52.; *Waltermann*, S. 140; für eine Teilrechtsfähigkeit des Betriebsrats auch *Wiese*, in GK-BetrVG § 40 Rz 129; *H/S/G*, vor § 1 Rz 25; MünchArbR/*von Hoyningen-Huene* § 299 Rz 19; *Schneider/Wedde*, in D/K/K Einl. Rz 123; eine Zuordnung der Beteiligungsrechte zum Betriebsrat nehmen auch an ErfK/*Eisemann*, BetrVG § 1 BetrVG Rz 17 sowie *F/K/H/E* § 1 Rz 198.

[124] *F/K/H/E* § 1 Rz 195.

Formen.[125] Im öffentlichen Recht gibt es die Autonomie der öffentlich-rechtlichen Körperschaften, meist in Verbindung mit der Satzungsautonomie. Im Arbeitsrecht gibt es darüber hinausgehend auch eine „soziale Autonomie“,[126] bei der den sozialen Gegnern auf kollektiver Ebene das Recht zuerkannt wird, ihre eigenen Angelegenheiten zu regeln. Der Staat zieht sich zurück und macht Platz für Gestaltungsmöglichkeiten der beteiligten Gruppen, die er wegen größerer Sachnähe als besser geeignet hält, angemessene Ergebnisse zu erzielen. Unstreitig gilt dies für die Tarifvertragsparteien.[127] Im vorliegenden Zusammenhang gilt es zu untersuchen, ob auch den Betriebspartnern Raum belassen wurde zur selbstbestimmten Ordnung ihrer Angelegenheiten.

Ausgangspunkt der Überlegung ist die Betriebsvereinbarung, § 77 BetrVG. Um das Wesen der Betriebsvereinbarung erklären zu können, ist es unabdingbar, sich Klarheit über die Frage zu verschaffen, worin der Geltungsgrund für die Normativwirkung der Betriebsvereinbarung gesehen werden muss. Die Meinungen gehen zu dieser Frage auseinander.[128] Einige betonen, die Betriebsvereinbarung müsse wegen ihres normativen Charakters als Satzung[129] angesehen werden. Andere sehen in ihr ein privatheteronomes Geschäft[130] oder meinen, eine staatliche Delegation sei nicht erforderlich, weil die Betriebspartner kraft eigenen Autonomiebereichs Recht setzen könnten.[131] Die überwiegende Meinung stützt die Normsetzungsbefugnis jedoch zu Recht auf eine gesetzliche Erteilung einer Autonomie-Ermächtigung (Delegation).[132] Der Staat, dem das Normsetzungsmonopol zusteht, hat wie bei dem Tarifvertrag einen Ausschnitt seiner Macht an die Betriebspartner delegiert. Diese werden aufgrund der Delegation ermächtigt, mittels privatrechtlichen Vertragsschlusses einen Kollektivvertrag abzuschließen, der auf die Arbeitsverhältnisse von außen normativ einwirkt. Das BAG spricht im Zusammenhang mit der Zulässigkeit des Erlasses von Betriebsbußen von „... einem Ausfluß der autonomen Gewalt der Betriebspartner im Bereich des insoweit autonomen Betriebsverbandes“.[133]

---

[125] Der Begriff „Autonomie“ kommt von „autós“ (selbst) und „nomós“ (Gesetz). Autonom bedeutet demnach „selbständig“, „aus eigenem Gesetz“, siehe *Waltermann*, S. 55.

[126] Vergl. MünchArbR/*Richardi* § 240 Rz 24.

[127] BVerfGE 44, 322, 340 f.; BVerfGE 64, 208, 215.

[128] Einen Überblick über die vertretenen Meinungen geben *Bickel*, ZfA 1971, S. 181 ff. sowie GK-BetrVG/*Kreutz* § 77 Rz 188 ff.

[129] Hierzu *Bickel*, ZfA 1971, S. 181, 187 ff.; *Richardi*, Kollektivgewalt, S. 309.

[130] *Kreutz*, Betriebsautonomie, S. 99 ff.

[131] *Waltermann*, S. 128 ff.

[132] *Hueck-Nipperdey*, Arbeitsrecht II, Bd. 1, S. 28, *dies.*, Arbeitsrecht II, Bd. 2, S. 1275; *Säcker*, S. 344 f.; *Strasser*, Betriebsvereinbarung, S. 149 f.; *Hueck*, Betriebsvereinbarung, S. 27 f.; *F/K/H/E* § 77 Rz 13; *Galperin-Löwisch* § 77 Rz 6; *Bickel*, ZfA 1971, S. 181, 182; vergl. auch GK-BetrVG/*Kreutz* § 77 Rz 192 m.w.N.

[133] BAG v. 12.09.1967, E 20, 79, 84.

Den Betriebspartnern wird demnach mit der Betriebsvereinbarung ein Instrument an die Hand gegeben, die betrieblichen Angelegenheiten selbstverwaltend zu regeln.[134] Der historische Hintergrund ist in der gestörten Vertragsparität[135] zwischen dem Arbeitgeber und dem einzelnen Arbeitnehmer zu sehen. Mittels der Betriebsvereinbarung soll ein gerechterer Ausgleich auf der Kollektivebene erreicht werden. An die Stelle der (gestörten) Privatautonomie tritt die Kollektivautonomie.[136] Sie ist Ausdruck der Selbstbestimmung der Arbeitnehmer[137] und dient der Berufsfreiheit der Arbeitnehmer.[138] Mit *Thiele* kann man sagen, dass die Verlagerung der Verwirklichung des Einzelwillens auf eine Verwirklichung des kollektiven Willens durch praktische Erwägungen vorgegeben ist. Bei Entscheidungen, die „im Betrieb" gelten sollen, muss zwangsläufig eine „Objektivierung der Einzelwillen" erfolgen, im Interesse einer funktionsfähigen Betriebsverfassung müssen verschiedene Einzelinteressen „auf einen Nenner" gebracht werden, und dies geschieht eben durch den Betriebsrat.[139]
Nicht übersehen werden kann freilich, dass die Betriebsverfassung im Vergleich mit dem Tarifvertrag stärker verrechtlicht ist. Es gibt mehr Regeln, die die Betriebspartner beim Abschluss einer Betriebsvereinbarung beachten müssen. Auch entwickelte sich die Betriebsvereinbarung nicht historisch selbständig wie der Tarifvertrag,[140] sondern der Gesetzgeber schuf mit dem BetrVG ein künstliches Gebilde, welches den Rahmen für die Betriebsvereinbarung vorgibt. Dies tat er gerade aber, um den Schutz der Arbeitnehmerschaft zu optimieren. Hieraus darf jedoch nicht der Schluss gezogen werden, die Betriebsvereinbarung könne nicht als autonom qualifiziert werden. Es steht dem Gesetzgeber frei, einen künstlichen Rahmen zur Realisierung von Gruppenautonomie zu schaffen.[141]

---

[134] Zum Gedanken der Selbstverwaltung eingehend *Waltermann*, S. 55 ff., 135 ff.

[135] Hierzu *Hönn*, S. 207 ff. Diese wird grds. auch von den Vertretern anerkannt, die den „Fremdbestimmungscharakter" der Betriebsvereinbarung betonen, insbesondere *Waltermann*, S. 135; *Kreutz*, Betriebsautonomie, S. 171 f.

[136] Bei Kollektivautonomie ist nicht nur an den Tarifvertrag zu denken, sondern eben auch an die Betriebsvereinbarung, *Hueck-Nipperdey*, Arbeitsrecht II, Bd. 1, S. 27 f.; *dies.*, Arbeitsrecht II, Bd. 2, 7. Aufl., S. 1265 f.; *Martens*, Jus 1987, S. 337, 341; *Biberacher*, S. 4 f., 89 f.; *Waltermann*, S. 136; *Schaub*, ArbR-Handbuch § 3 I 7.; *Kissel*, NZA 1986, S. 74, 75 f.; *Jahnke*, S. 108 f., 121; *Wiese*, in FS Kissel, S. 1269, 1284; *Hönn*, S. 208; *Deinert*, S. 297.

[137] *Biberacher*, S. 89 f.; GK-BetrVG/*Wiese*, Einl. Rz 49 ff.

[138] *Waltermann*, S. 136.

[139] GK-BetrVG/*Thiele*, 4. Aufl., Einl. Rz 46 f.

[140] MünchArbR/*Richardi* § 240 Rz 24.

[141] *Waltermann*, S. 137 f.; *Biberacher*, S. 89 f.; *Strasser*, Betriebsvereinbarung, S. 149 f.; *Hueck*, Betriebsvereinbarung, S. 28.

### b) Betriebsvereinbarung als eine gegenüber dem Tarifvertrag unterlegene Rechtsnorm

Allerdings wird oftmals in der wissenschaftlichen Diskussion betont, dass die Betriebsvereinbarung ein im Vergleich zum Tarifvertrag unterlegenes Regelungsinstrument sei. Auf diese Einwände ist nachstehend einzugehen.

#### aa) Fehlende Parität?

Nicht selten wird darauf hingewiesen, dass dem Betriebsrat kein Streikrecht zustehe, er vielmehr in den Betrieb integriert sei, so dass die Betriebsvereinbarung oftmals nicht „frei" ausgehandelt würde.[142]

Hierzu ist zunächst anzumerken, dass das Gesetz für die Mitglieder des Betriebsrats zahlreiche Schutzvorschriften parat hat.[143] Es sichert damit die Verhandlungsposition der Betriebsräte gegenüber dem Arbeitgeber. Zwar besitzt der Betriebsrat kein Streikrecht, § 75 II BetrVG, doch kann man daraus nicht herleiten, dass ihm das nötige Verhandlungsgewicht fehle. In den Fällen der echten Mitbestimmung muss sich der Arbeitgeber auf einen Kompromiss einlassen, anderenfalls die Einigungsstelle entscheidet. In den Fällen der freiwilligen Angelegenheiten besteht erst recht kein Zwang seitens des Betriebsrats, auf einen Vorschlag des Arbeitgebers einzugehen.[144] Überdies ist bedeutsam, dass der Betriebsrat bei den seiner Zuständigkeit unterfallenden Themen nicht auf eine so große Schlagkraft angewiesen ist wie eine Gewerkschaft, die Mindestarbeitsbedingungen auf überbetrieblicher Ebene aushandeln muss.[145]

Trotz dieser ausgewogenen Lage geht das BAG bekanntlich davon aus, dass die Betriebsvereinbarung wegen der angeblich fehlenden Vertragsparität der Betriebspartner einer Billigkeitskontrolle unterliege.[146] Diese Ansicht ist im Schrifttum überwiegend auf Widerstand gestoßen.[147] Geht man davon aus, dass die Arbeitsgerichte eine Billigkeitskontrolle vornehmen dürfen, so bedeutet dies, dass die Konzeption der Betriebsverfassung nicht von der prinzipiellen Gleichwertigkeit der Betriebspartner ausgeht, womit die Grundlagen der Mitbestimmung selbst in Frage gestellt werden. Dies ist nicht richtig, denn Sinn und Zweck des BetrVG

---

[142] *Kempen*, in Kempen/Zachert, TVG, Einl. Rz 250; vergl. auch *Kissel*, NZA 1986, S. 73, 76.

[143] So z.B. die §§ 37, 78, 78a, 103 BetrVG, § 15 KSchG.

[144] Bei den freiwilligen Angelegenheiten wird es sich meistens um Regelungen handeln, die zugunsten der Arbeitnehmer wirken. Dann hat der Betriebsrat aber auch keinen Grund, nicht zuzustimmen.

[145] *Jahnke*, S. 122.

[146] Grundlegend BAG v. 30.01.1970, SAE 1970, S. 262, 267.

[147] GK-BetrVG/*Kreutz* § 77 Rz 258 ff.; *Zöllner/Loritz*, S. 541 f.; *Jahnke*, S. 119 ff.; *von Hoyningen-Huene*, DB 1984, Beil. Nr. 1, S. 6; *ders*, BetriebsVerfR, S. 236 f.; *F/K/H/E* § 77 Rz 231 ff.

gebieten es, von einer gewollten Parität der Betriebspartner auszugehen.[148] Nur wenn man in dem Betriebsrat einen „mündigen" Partner betrieblicher Gestaltung sieht, wird dem Selbstbestimmungsgedanken im Betriebsverfassungsgesetz ausreichend Rechnung getragen. Die Rechtsprechung begründete ihre Billigkeitskontrolle später denn auch nicht mehr mit der angeblich fehlenden Vertragsparität, sondern mit der Vorschrift des § 75 BetrVG.[149] Eine maßvolle Inhaltskontrolle anhand von § 75 BetrVG ist auch nicht zu kritisieren und von Gesetzes wegen hinzunehmen. Insoweit handelt es sich aber um eine Rechtskontrolle.[150] Damit hat sich die Kontrolle von Betriebsvereinbarungen stark derjenigen von Tarifverträgen angenähert. Hieraus ist also keine Einschränkung einer Betriebsautonomie zu folgern.

**bb) Fehlende Disponibilität der einzelnen Beteiligungsrechte**

Gegen eine Rechtswahl könnte auch ins Feld geführt werden, dass die einzelnen Mitbestimmungs- und Mitwirkungstatbestände als Teil eines zwingenden Organisationsrechts anzusehen seien, über welche die Betriebspartner nicht disponieren können.[151]

Bei einer näheren Analyse ergibt sich, dass die sich aus den Mitbestimmungstatbeständen abzuleitenden Rechte für den Betriebsrat nicht verzichtbar sind.[152] Das Problem trat in der Vergangenheit vor allem im Zusammenhang mit der Zulässigkeit von Rahmenregelungen auf. Es kann durchaus Sinn machen, dass die Betriebspartner in einer Rahmenregelung eine Vorabentscheidung treffen, was etwa im Falle eines Eil- oder Notfalls gelten soll[153] oder wenn Überstunden zu erwarten sind.[154] Sofern eine baldige Betriebsänderung absehbar ist, kommt ferner der Abschluss eines „vorsorglichen Sozialplans" in Frage.[155] Die Konsequenz aus einer solchen Abmachung ist, dass der Betriebsrat sein auf zunächst unsicherer Tatsachengrundlage ausgeübtes Mitbestimmungsrecht „verbraucht" hat, er kann dann später, falls sich die Tatsachenentwicklung ändert, nicht mehr anders entscheiden. Um den Betriebsrat vor einem übereilten Handeln

---

[148] *Brune*, in AR-Blattei SD 520 Rz 337 f.; GK-BetrVG/*Kreutz* § 77 Rz 261; *von Hoyningen-Huene*, DB 1984, Beil. Nr. 1, S. 6; *Martens*, Jus 1987, S. 337, 341.

[149] BAG v. 7.11.1989, NZA 1990, S. 816, 818; BAG v. 1.12.1992, NZA 1993, S. 613, 615.

[150] *von Hoyningen-Huene*, BetriebsVerfR, S. 236.

[151] Vergl. *Wimmer*, S. 114.

[152] BAG v. 14.02.1967, AP Nr. 9 zu § 56 BetrVG Wohlfahrtseinrichtung; ErfK/*Eisemann* § 1 BetrVG Rz 19; GK-BetrVG/*Wiese* Einl. Rz 72.

[153] *Klebe*, in D/K/K § 87 Rz 39.

[154] *F/K/H/E* § 87 Rz 147.

[155] BAG v. 26.08.1997, DB 1998, S. 265 f.; BAG v. 19.01.1999, NZA 1999, S. 949; ErfK/*Hanau/Kania* § 112, 112a BetrVG Rz 15.

zu schützen, ist ein „Verzicht" auf die spätere Ausübung des Mitwirkungsrechts mittels einer vertraglichen Rahmenregelung nur in engen Grenzen zulässig.[156]
Ein weiterer Punkt, an dem sich die Frage nach der Disponibilität der Mitwirkungsordnung nach dem BetrVG gestellt hat, ist das Problem, ob Mitwirkungsrechte durch Tarifvertrag oder Betriebsvereinbarung erweitert oder eingeschränkt werden können. Die praktisch einhellige Ansicht geht davon aus, dass eine Erweiterung der Rechte des Betriebsrats zulässig ist, umgekehrt eine Beschränkung jedoch nicht.[157] Strenger verfährt die h.M. bei der Frage, ob der institutionelle Rahmen, also insbesondere die Organisation des Betriebsrats oder der Betriebsräte, erweitert werden darf. Hier ist die Regelung des Gesetzgebers in § 3 BetrVG als abschließend anzusehen.[158]
Für die hier interessierende Frage geht es nur darum, ob die Ausübung der einzelnen Mitbestimmungstatbestände der Disposition der Betriebspartner unterliegt.
Es wäre falsch, aus der Erkenntnis, der Betriebsrat könne nicht auf die Mitwirkungsrechte verzichten, ableiten zu wollen, eine Rechtswahl sei ausgeschlossen. Die einzelnen Mitwirkungstatbestände geben einen Rahmen möglicher Vereinbarungen vor. Ob von dieser Möglichkeit Gebrauch gemacht wird oder nicht, entscheiden die Betriebspartner aber selbst. Niemand zwingt sie, z.B. eine Betriebsvereinbarung über eine Sozialeinrichtung abzuschließen, obgleich in § 87 I Nr. 8 BetrVG ein echter Mitbestimmungstatbestand normiert ist. Sofern sich beide Parteien einig sind,[159] steht die Ausübung der Rechte aus dem BetrVG daher zu ihrer Disposition. Sind sich beide Parteien nicht einig, so scheidet eine Rechtswahl aber von vornherein aus.
Ferner ist ein Blick auf den Tarifvertrag weiterführend. Für diesen wird eine Rechtswahl überwiegend zugelassen.[160] Nun wird niemand abstreiten, dass das TVG ebenso wie das BetrVG zu dem intern zwingendem Recht gehört. Die erweiterten Gestaltungsmöglichkeiten auf internationaler Ebene erklären sich daraus, dass die Rechtswahl eine kollisionsrechtliche Wirkung nach sich zieht, so

---

[156] *Klebe*, in D/K/K § 87 Rz 39; *Däubler*, in D/K/K § 112, 112a Rz 130 ff.

[157] BAG v. 18.08.1987, AP Nr. 23 zu § 77 BetrVG 1972; *F/K/H/E* § 1 Rz 217; ErfK/*Eisemann* § 1 Rz 19. Die Gegenansicht kann sich freilich auf die §§ 88, 102 VI BetrVG berufen und argumentieren, im Gegenschluss aus diesen Vorschriften ergebe sich ein Verbot zusätzlicher Mitwirkungsrechte.

[158] GK-BetrVG/*Wiese* Einl. Rz 70; hierzu bereits oben, II 3. b); durch die Reform der Betriebsverfassung sind die Gestaltungsmöglichkeiten freilich erheblich erweitert worden.

[159] In anderen Fällen kommt eine Rechtswahl ohnehin nicht in Frage, weil sich eine solche nicht erzwingen lässt. Es fehlt an einem entsprechenden „echten" Mitbestimmungstatbestand.

[160] Siehe oben unter § 7 II. 5. b).

dass von vornherein nur die gewählte Rechtsordnung als Maßstab herangezogen wird und intern zwingendes Recht abgewählt wird.[161]
Es bleibt an sich nur noch das Argument, dass mittels einer Rechtswahl ein Ergebnis herbeigeführt wird, welches das interne Recht vermeiden will (Schlechterstellung des Aktionsspielraums des Betriebsrats). Freilich ist dies kein durchschlagendes Argument generell gegen eine Rechtswahl; Schutz vor Missbrauchskonstellationen lässt sich im Wege des Instrumentariums des IPR erreichen.[162]

#### cc) Fehlende Vertragsfreiheit?

Als weiteres Argument gegen eine Autonomie der Betriebspartner wird vorgetragen, dass sie nur tätig werden dürften in den durch das Gesetz vorgegebenen Grenzen.[163] Vertragsfreiheit wie bei privaten Einzelrechtssubjekten und den Tarifvertragsparteien bestehe nicht.[164]
Die Grenzen der Regelungsmacht der Betriebspartner ergeben sich zweifelsohne aus dem BetrVG. Insofern ist die Lage, wie bereits schon betont wurde, anders als bei einzelnen Bürgern. Eine Rechtswahl ist gleichwohl dort zulässig, wo zwar keine – uneingeschränkte – Vertragsfreiheit herrscht, aber der Staat einen autonomen Gestaltungsspielraum anerkennt.[165] Es wurde schon ausgeführt, dass der durch den Staat mittels des BetrVG verfasste Bereich eines eigenverantwortlichen Regelungsspielraumes als Autonomie gekennzeichnet werden kann. Das BetrVG als Grenze der Vereinbarungsfähigkeit ist somit kein Argument gegen eine Rechtswahl.

#### dd) Kein materieller Gestaltungsspielraum?

Der Terminus „Autonomie“ wäre freilich dann fehl am Platz, wenn den Vertragspartnern der durch das Gesetz verbleibende Gestaltungsspielraum vernachlässigenswert gering ausfallen würde. Dass dies aber nicht der Fall ist, wurde bereits oben in einem anderen Zusammenhang dargestellt.[166] Die h.M. billigt den Betriebspartnern eine umfassende Regelungskompetenz auf dem Gebiet der Betriebsverfassung zu.[167] Diese reicht im Prinzip ebenso weit wie die der Tarifpartner.

---

161 *Kegel/Schurig*, IPR, S. 571; *Junker*, IPR, S. 304 f.; vergl auch *Agel-Pahlke*, S. 105 ff.
162 Vergl. weiter unten, III. 5. c).
163 MünchArbR/*Richardi* § 240 Rz 26; *Brune*, in AR-Blattei SD 520 Rz 165; *Hess*, in H/S/G, BetrVG, § 77 Rz 15; *Heinze*, NZA 1994, S. 580, 581.
164 Im Grundsatz wohl a.A. *Kissel*, NZA 1986, S. 73.
165 Siehe oben unter III. 4. a).
166 Siehe oben unter § 3 II. 1. e).
167 Siehe oben unter § 3 II. 1 e) aa).

**ee) Betriebsvereinbarung als „Zwangs- und Fremdbestimmungsordnung“**

Während die Regelungsabrede schuldrechtliche Wirkungen entfaltet und damit auf die Vertragsverhältnisse der Belegschaft allenfalls mittelbar einwirkt, entfaltet die Betriebsvereinbarung eine unmittelbare Wirkung und wirkt wie ein Gesetz auf die Arbeitsverhältnisse ein. Aus diesem Mechanismus könnten sich weitere Bedenken gegen eine Rechtswahl der Betriebspartner ergeben.

Wie gesehen, setzt die Parteiautonomie im Kollisionsrecht grundsätzlich die Privatautonomie voraus. Die rechtliche Anerkennung von Vertragsschlüssen beruht auf dem Grundprinzip der Privatautonomie.[168] Nach dem durch Art. 1 und Art. 2 I GG geschützten Recht auf Selbstbestimmung soll es dem Einzelnen überlassen bleiben, seine Angelegenheiten durch Vertrag eigenverantwortlich zu ordnen. Für den einzelnen Bürger bedarf es deshalb keiner weiteren Legitimation, um die Möglichkeit eines Vertragsschlusses mit an sich beliebigem Inhalt zu begründen (Grenzen ergeben sich nur aus den §§ 134, 138 BGB).

In Frage steht hier, ob dieser Gedanke auch auf die Betriebsvereinbarung übertragen werden kann.

Hiergegen wird von einer neueren Lehre[169] eingewandt, die Betriebsvereinbarung sei eine Zwangsordnung, der sich der einzelne Arbeitnehmer nicht freiwillig unterwerfe.[170]

Es wird betont, dass es an einer freiwilligen Mandatserteilung wie etwa beim Tarifvertrag fehle.[171] Zwar könne der Arbeitnehmer wählen, bei welchem Arbeitgeber er einen Vertrag unterschreibt;[172] als zwangsläufige Folge hiervon – ohne eine Wahlmöglichkeit – unterfalle der Arbeitnehmer jedoch sodann der Regelungsmacht des Betriebsrats.[173] Auch die Wahl zum Betriebsrat sei nach dieser Ansicht kein Akt privatautonomer Legitimation, da der einzelne überstimmt

---

168 Siehe hierzu Palandt/*Heinrichs* vor § 145 Rz 7; *Söllner*, RdA 1989, S. 144, 145 f.; *Kreutz*, Betriebsautonomie, S. 57 ff.

169 Soweit ersichtlich geht diese Ansicht auf die Abhandlung *Richardis* zurück, in Kollektivgewalt, S. 164 f., 313.

170 *Richardi*, in Richardi, BetrVG, Einl. Rz 103; *ders.*, Kollektivgewalt, S. 164 f., 313; *ders.*, in MünchArbR § 240 Rz 24 ff.; *Biedenkopf*, S. 297 f.; GK-BetrVG/*Kreutz* § 77 Rz 192; *Waltermann*, S. 86 ff.; *Konzen*, ZfA 1985, S. 469, 474; *Kreutz*, Betriebsautonomie, S. 57 ff., 74; *Heinze*, NZA 1994, S. 580, 581; *Kempen*, in Kempen/Zachert, TVG, Einl. Rz 250.

171 GK-BetrVG/*Kreutz* § 77 Rz 186; *Walker*, ZfA 1996, S. 353, 357.

172 *Kreutz*, Betriebsautonomie, S. 64 ff.

173 *Konzen*, ZfA 1985, S. 469, 485; insoweit wird ein Vergleich zu der Pflichtmitgliedschaft des Studenten in die öffentlich-rechtlich verstandene Studentenschaft angestellt; hiergegen *Waltermann*, S. 138.

werden könnte und das Ergebnis der Wahl sogar für ihn verbindlich sein soll, wenn er sich an der Wahl gar nicht beteiligt.[174]

Die Gegenansicht sieht die Privatautonomie auch innerhalb des Betriebsverfassungsgesetzes verwirklicht. *Reuter* meint, der Einzelne unterstelle sich mit Eintritt in den Betrieb einem „Betriebsverband".[175] Der Beitritt hierzu erfolge jedoch freiwillig, so dass auch die später erlassenen Betriebsvereinbarungen letztlich auf seinen Willen zurückzuführen seien.[176]

Als erstes sind der Ansicht, die in der Betriebsvereinbarung eine „Zwangsordnung" sieht, terminologische Bedenken entgegenzuhalten. Betriebsvereinbarungen können zwar auch eine Belastung enthalten, dienen aber im Wesentlichen – wie das gesamte BetrVG – dem Schutz der Arbeitnehmerschaft. Man kann nur mit Schwierigkeiten von einer „Zwangsordnung" sprechen, wenn z.B. in einer freiwillig ausgehandelten Betriebsvereinbarung ein Weihnachtsgeld vorgesehen ist. Der Begriff „Zwangsordnung" verträgt sich nicht mit dem Terminus „Mitbestimmung", und um Mitbestimmung handelt es sich fraglos bei der Betriebsvereinbarung.[177]

Abgesehen von diesem terminologischen Einwand muss beachtet werden, dass sich der Arbeitnehmer, wenn er einen Arbeitsvertrag schließt und in den Betrieb eintritt, zwangsläufig dem Direktionsrecht des Arbeitgebers unterwirft (§ 315 BGB).[178] Sofern der Arbeitgeber später Maßnahmen zusammen mit dem Betriebsrat durchführt, die er auch alleine hätte durchführen können, besteht eine Legitimation kraft des Arbeitsvertrags.[179] Die – zusätzliche – Mitwirkung des Betriebsrats bedeutet für die Belegschaft keine Verschlechterung, sondern eine Verbesserung.

Ferner ist auch nicht einzusehen, warum durch die Wahl des Betriebsrats eine geringere Legitimationsbasis als durch den Gewerkschaftsbeitritt erreicht werden soll. In beiden Fällen unterwirft sich der Arbeitnehmer kraft rechtsgeschäftlichen

---

[174] *Kreutz*, Betriebsautonomie, S. 68 f; *Waltermann*, S. 91 f.

[175] *Reuter*, RdA 1994, S. 152, 156 ff.; *ders.*, FS Schaub, S. 604, 626 f.

[176] Ebenso *Nebel*, S. 124 ff., 134 ff.; *Meyer-Cording*, S. 89 f.; *Lambrich*, S. 206 ff.; letzterer stützt die Betriebsautonomie auf Art. 9 I, Art. 2 I i.V.m. Art. 12 I GG. Ebenso *von Langen*, S. 102 f.; *Hablitzel*, NZA 2000, S. 467, 468 ff., insbesondere 470.

[177] Vergl. *Lambrich*, S. 221. Die These von der „Zwangsordnung" betont demnach einseitig einen möglichen Interessengegensatz zwischen Belegschaft und Betriebsrat, den es – von der Funktion des Betriebsrats aus besehen – gar nicht gibt; vergl auch *Gamillscheg*, Kollektives Arbeitsrecht, Bd. 1, S. 561 zum Tarifvertrag.

[178] Es reicht aus, wenn sich der Arbeitnehmer der Gestaltungsmacht einer der Betriebspartner unterwirft, *Kreutz*, Betriebsautonomie, S. 66 f.

[179] *Jahnke*, S. 110; ähnlich *Reichold*, S. 542 ff.; nur in diesem begrenzten Umfang unterwerfe sich der Arbeitnehmer mit dem Abschluss des Arbeitsvertrags der Regelungsmacht der Betriebspartner. Diese „beschränkte" Unterwerfung erkennt wohl auch *Richardi* an, Kollektivgewalt, S. 314.

Aktes einer kollektiven Regelungsmacht.[180] Dabei fällt nur unerheblich ins Gewicht, dass der einzelne Arbeitnehmer auch überstimmt werden kann bzw. dass das Ergebnis auch dann für ihn verbindlich ist, wenn er sich nicht an der Wahl beteiligte. Es liegt im Wesen einer Kollektivvertretung, dass sie mit Mehrheitsentscheidungen auskommen muss.[181]

Auch im Bereich des Tarifvertrags gibt es „Demokratie- oder Autonomiedefizite". Ob ein Arbeitnehmer in einem Betrieb tatsächlich unter den Arbeitsbedingungen eines Tarifvertrages arbeitet, entscheidet sich nicht nur durch seinen Beitritt zur Gewerkschaft. Ist nämlich der Arbeitgeber tarifgebunden, so wird er die tariflichen Bedingungen aus Praktikabilitätsgesichtpunkten auch auf die nicht von der Tarifbindung erfassten Arbeitnehmer erstrecken wollen.[182] Eine echte Wahl hat der einzelne Arbeitnehmer dann wohl nur schwerlich.

Gibt es mehrere Gewerkschaften und deshalb verschiedene Tarifverträge in einem Betrieb, gilt der Grundsatz „ein Betrieb, ein Tarifvertrag".[183] Daraus folgt, dass nicht jeder Arbeitnehmer die Bedingungen eingeräumt erhält, die er von „seiner" Gewerkschaft an sich erwarten könnte.

Bedenklich ist auch, dass § 3 III TVG die Tarifbindung des Arbeitgebers aufrecht erhält, obwohl dieser aus dem Verband ausgetreten ist. Mit einem „freien" Beitritt zum Verband oder einem „freien" Austritt ist diese Rechtsfolge nicht zu erklären.[184] Besonders deutlich zeigen sich „Autonomiedefizite" auch in der Vorschrift des § 3 II TVG, die anordnet, dass ein Tarifvertrag über betriebliche und betriebsverfassungsrechtliche Fragen auch für die Außenseiter verbindlich ist.[185] Die Kritik aus der Literatur, § 3 II TVG verstoße gegen die negative Koalitionsfreiheit (Art. 9 III GG) und sei verfassungswidrig, hat sich jedoch nicht durchgesetzt.[186] Die Beispiele verdeutlichen, dass die Rückführung auf den Willen der Normunterworfenen in Randbereichen auch beim Tarifvertrag nicht gewährleistet ist. Dies ist jedoch nicht zu beanstanden, sondern vom Gesetz her

---

180 Er unterwirft sich gearde nicht einer speziellen Regelung in einem Kollektivvertrag. Insoweit erscheint die These von dem Postulat einer notwendig auf dem Willen des Einzelnen fußenden Legitimationsbasis von vornherein als zu engherzig.

181 GK-BetrVG/*Thiele*, 4. Aufl., Einl. Rz 39 f.; würde man verlangen, dass jede einzelne Betriebsvereinbarung der Zustimmung des einzelnen Arbeitnehmers bedürfe, würde Chaos herrschen.

182 Z.B. durch den Abschluss von einheitlichen Arbeitsbedingungen im Arbeitsvertrag.

183 ErfK/*Schaub* § 4 TVG Rz 111; *Zöllner/Loritz*, S. 422 f.

184 Völlig losgelöst von einer demokratischen Anbindung an den Willen der Arbeitnehmer sind schließlich Tarifverträge, die für allgemeinverbindlich erklärt wurden, § 5 TVG.

185 Auch hier greifen wieder Gesichtspunkte der Praktikabilität durch, vergl. *Reichold*, S. 545

186 *Gamillscheg*, Kollektives Arbeitsrecht, Bd. 1, S. 718 f.; ErfK/*Schaub* § 1 TVG Rz 112.

vorgegeben; die Kollektivvertretung muss zugunsten der Praktikabilität Kompromisse machen.[187]
Wenn nun ein Arbeitnehmer von der Wahl fernbleibt, so ändert dies nichts daran, dass die Betriebsvereinbarung von der Mehrheit der Arbeitnehmer durch Wahl legitimiert ist. Man kann allenfalls sagen, die Legitimation durch die Belegschaft sei lückenhaft.[188] Durch die Wahl wird demnach zwar keine lückenlose, aber dennoch eine - insgesamt - rechtsgeschäftliche und damit privatautonome Grundlage durch die Belegschaft geschaffen.[189]
Die Ansicht, welche die Betriebsvereinbarung als Zwangsordnung charakterisiert, lässt oftmals auch offen, welche konkreten Schlussfolgerungen aus dieser Erkenntnis zu ziehen sind. Nicht durchgesetzt hat sich die These, dass die Betriebspartner aufgrund ihrer – stets im Vergleich zum Tarifvertrag gesehen – angeblich unterlegenen Legitimation nur formelle und nicht materielle Arbeitsbedingungen regeln dürften.[190] Ebenfalls zu weit geht es, wenn die Rechtssetzungsmacht der Betriebspartner so eingeschränkt wird, dass ihnen verwehrt sein soll, der Belegschaft nachteilige Regelungen zu treffen, sofern nicht auch der Arbeitgeber die Regelung einseitig hätte erlassen können.[191] Aus § 77 BetrVG ergibt sich eine solche Einschränkung jedenfalls nicht. Im Gegenteil ist anzunehmen, dass der Gesetzgeber eine umfassende Regelungskompetenz der Betriebspartner schaffen wollte, ohne welche die Führung eines Betriebes schwer möglich ist.
Zusammenfassend lässt sich festhalten, dass der These, die Betriebsvereinbarung stelle sich als Zwangs- oder Fremdbestimmungsordnung dar, nicht gefolgt werden kann. Ihre Anbindung an den Willen der Arbeitnehmer ist freilich, wie beim Tarifvertrag, lückenhaft. Man sollte insoweit deshalb auch nicht von Privatautonomie sprechen. Dieser Ausdruck bezeichnet in erster Linie die

---

[187] Vergl. *Gamillscheg*, Kollektives Arbeitsrecht, Bd. 1, S. 719 f.; vergl. auch *Richardi*, Kollektivgewalt, S. 235.

[188] *Jahnke*, S. 112.

[189] So vor allem *Jahnke*, S. 113 f.; *Hönn*, S. 213 f. spricht von einer Anknüpfung an den rechtsgeschäftlichen Willen der Arbeitnehmer in „mediatisierter Form"; i.E. ebenso *Säcker*, S. 344 f.

[190] So noch *Richardi*, Kollektivgewalt, S. 319 ff.; hiergegen mit Recht *Säcker*, S. 343; GK-BetrVG/*Kreutz* § 77 Rz 68; *Brune*, in AR-Blattei SD 520 Rz 167.

[191] So *Hromadka/Maschmann*, Arbeitsrecht, Bd. 2, S. 330; wohl auch *Reichold*, S. 546. Anders *Hess*, in H/S/G, BetrVG § 77 Rz 35; *Berg*, in D/K/K, BetrVG, § 77 Rz 40; *F/K/H/E* § 77 Rz 59 f. Dass nicht das außerbetriebliche Verhalten geregelt werden darf und ein Eingriff in Art. 2 I GG (z.B. Impfzwang) der Arbeitnehmer nicht unverhältnismäßig sein darf, ist eine Selbstverständlichkeit. Um dies sicherzustellen, genügt es, wenn man auf den Schutzzweck der Betriebsverfassung abstellt (Schutz des Arbeitnehmers) bzw. § 75 II BetrVG ernst nimmt, so *Brune*, in AR-Blattei, SD 520 Rz 283, 303. Ansonsten wird ein Eingriff in Rechte der Arbeitnehmer durch die Wahl zum Betriebsrat legitimiert.

Rechtslage der freien Gestaltung bei Individuen.[192] Hier treten jedoch von vornherein keine „Demokratiedefizite“ wie im Kollektivarbeitsrecht auf. Auch bildet ein Gesetz, hier das BetrVG, anders als bei der Vertragsfreiheit von Privatpersonen, Grundlage und Grenze für die Betriebsvereinbarung. Treffender ist daher der Terminus Kollektiv- oder Betriebsautonomie.

#### c) Zusammenfassung

Mit § 77 BetrVG hat der Staat einen Teil seiner Macht an die Betriebspartner delegiert und ihnen die Möglichkeit verschafft, rechtsetzend tätig zu werden. Dem Betriebsrat selbst stehen die Beteiligungsrechte zu, er ist Partner der Betriebsvereinbarung. Der durch § 77 BetrVG und die sonstigen Bestimmungen des Gesetzes geschaffene Raum wird durch die Betriebspartner autonom, d.h. in eigener Verantwortung und unabhängig vom Staat, gestaltet. Dabei sind die Betriebspartner jedoch an die Grenzen, die durch das BetrVG vorgegeben werden, gebunden. Sinn und Zweck der autonomen Selbstverwaltung ist es, den Gedanken des Arbeitnehmerschutzes mit Mitteln des kollektiven Arbeitsrechts zu verwirklichen. Der Terminus „Zwangsordnung“ ist weder vom Wortlaut noch von der Sache her für die Betriebsvereinbarung passend, weil sich der in den Betrieb eintretende Arbeitnehmer von vornherein dem Direktionsrecht des Arbeitgebers unterwirft und der Betriebsrat mittels demokratischer Wahl legitimiert ist.

### 5. Schlussfolgerungen für eine Rechtswahl

#### a) Grundsätzliche Zulässigkeit der Rechtswahl

Die vorgefundenen Strukturen, die den Abschluss einer Betriebsvereinbarung ermöglichen, entsprechen nicht denen, die man gemeinhin bei dem Vertragsschluss von privaten Einzelrechtssubjekten vorfindet. Neu ist hier insbesondere, dass der Vertragsschluss stark durch das Gesetz reglementiert wird. Auf der anderen Seite agiert der Betriebsrat in einem vom Staat frei gelassenen Raum und kann in eigener Verantwortung die betrieblichen Angelegenheiten regeln. Dieser materiellen Gestaltungsmacht entspricht es, wenn man eine Gestaltungsmacht auf internationalprivatrechtlicher Ebene zulässt.

Die Betriebspartner stehen nicht nur bei rein nationalen Sachverhalten, sondern auch bei internationalen Sachverhalten der spezifischen Interessenlage der Beteiligten näher als eine abstrakt ausgedrückte Regel (Territorialitätsprinzip). Ihnen wird damit eine wichtigere Rolle bei der rechtlichen Bewältigung internationaler Zusammenhänge zugewiesen. Dadurch wird betont, dass der

---

[192] *Waltermann*, S. 64 ff., 87 f.; vergl auch *Söllner*, RdA 1989, S. 144, 149.

Betriebsrat als gleichwertiger Partner im Gesamtgefüge eines Arbeitnehmerschutzes auf mehreren Ebenen anzuerkennen ist.
Als zusätzliches Argument kann auf die Rechtslage beim Tarifvertrag verwiesen werden. Der Tarifvertrag ist trotz vieler Unterschiede[193] der Betriebsvereinbarung in Sinn und Zweck und Art der Wirkung vergleichbar.[194] Bei dem Tarifvertrag ist eine Rechtswahl anerkannt.[195]

### b) Differenzierung zwischen schuldrechtlichen und normativen Vereinbarungen der Betriebspartner

Das Argument der selbstverwaltenden Autonomie der Betriebspartner ist aber nur geeignet, eine Rechtswahlmöglichkeit mit schuldrechtlicher Wirkung zwischen Betriebsrat und Arbeitgeber zu rechtfertigen. Da es aber gerade das Wesen der Betriebsvereinbarung ausmacht, dass diese zugleich schuldrechtlicher Vertrag und Norm ist, ist weiter zu fragen, ob auch in Bezug auf den normativen Teil der Betriebsvereinbarung eine Rechtswahl zulässig ist.[196] Hinsichtlich der normativen Wirkung der Betriebsvereinbarung bereitet nun aber die These Schwierigkeiten, die Betriebsvereinbarung stelle sich als „Zwangsordnung" dar.[197] Wie oben gezeigt, sind die von dieser Meinung vorgebrachten Argumente jedoch nicht überzeugend.[198] Insbesondere erscheint die These von der privatautonomen Legitimation des Tarifvertrags mittels Beitritts zur Gewerkschaft nicht geeignet, eine Rechtswahl für den Tarifvertrag zuzulassen, aber bei der Betriebsvereinbarung eine solche zu verneinen. Für den schuldrechtlichen Teil einer Betriebsvereinbarung sowie für eine Regelungsabrede ist eine Rechtswahl mithin zuzulassen.[199]

---

193 Dazu oben unter III 4. b).

194 Daher wird auch von einem „auf die Ebene der Betriebsverfassung projiezierten Tarifvertrag" gesprochen, kritisch hierzu *Richardi*, Kollektivgewalt, S. 312.

195 Vergl. oben, § 7 II. 5 b).

196 In der Diskussion um eine Rechtswahl beim Tarifvertrag wird überwiegend auch zunächst zwischen schuldrechtlichem und normativem Teil getrennt, *Junker*, Internationales Arbeitsrecht, S. 419; *Lohmann*, S. 62; *Ebenroth/Fischer/Sorek*, ZVerglRWiss 88 (1989), S. 143, 145 (Rechtswahl nur für schuldrechtlichen Teil möglich). Sofern *Hergenröder* für eine einheitliche Betrachtungsweise des schuldrechtlichen und normativen Teils plädiert, so ist dem nur insofern zuzustimmen, als dass eine einheitliche Betrachtung als wünschenswert erscheint, vergl. AR-Blattei SD 150.15 Rz 46 f. Es ist aber keinesfalls so, dass im betrieblichen - weit mehr als im tariflichen Bereich - eine rein schuldrechtliche Abrede zwischen Arbeitgeber und Betriebsrat selten wäre oder nicht auch als Vertrag zugunsten Dritter Sinn machen könnte.

197 Siehe oben, III. 4. b) ee).

198 Vergl. oben, III. 4 b) ee).

199 Dies entspricht der h.M. zum Tarifvertrag, vergl. MünchKomm/*Martiny*, Art. 30 EGBGB Rz 83.

Hinsichtlich der Normativwirkung bei der Betriebsvereinbarung ist ein Blick ins Ausland weiterführend. Aus rechtsvergleichender Sicht ist auffällig, dass die in Deutschland mit Blick auf die negative Koalitionsfreiheit problematische Tarifunterworfenheit der Arbeitnehmer, welche allein aufgrund einer Tarifbindung des Arbeitgebers eintritt (§ 3 II TVG), im Ausland durchaus häufig anzutreffen ist. Das ist z.B. der Fall in Frankreich,[200] den Niederlanden,[201] Spanien[202] und Österreich.[203] Gleichwohl tritt die h.M. für eine Rechtswahlmöglichkeit ein mit der Konsequenz, dass ein ausländisches Tarifrecht,[204] welches nur an die Tarifgebundenheit des Arbeitgebers anknüpft, in der Bundesrepublik anwendbar wäre.[205] Eine solche Rechtslage wäre mit Blick auf die negative Koalitionsfreiheit (Art. 9 III GG) allerdings bedenklich. Gleichwohl wird hieraus nicht die Unzulässigkeit der Möglichkeit einer Rechtswahl insgesamt hergeleitet, sondern es fragt sich, ob im Einzelfall eine Korrektur durch das Instrumentarium des IPR (Art. 6 S. 2 EGBGB - ordre public -, Anpassung) zu erfolgen hat.[206] Die Situation bei der Betriebsvereinbarung ist insoweit eine andere, als Legitimationsgrundlage stets die Wahl der Arbeitnehmervertretung ist. Nach der hier vertretenen Ansicht ist damit auch der Eingriff in die Arbeitsverhältnisse der Arbeitnehmer gerechtfertigt. Ob im Ausland eine normativ wirkende Betriebsvereinbarung jedoch tatsächlich anerkannt würde, kann nur im Einzelfall beurteilt werden. Auch hier stellt sich die Frage, ob eventuell eine Anpassung vorgenommen werden muss. Aus diesen Bedenken kann jedenfalls, wie beim Tarifvertrag auch, nicht der Schluss abgeleitet werden, dass eine Rechtswahl grundsätzlich ausscheiden muss.

Schließlich ist ein insgesamt zu engherziger Maßstab nicht angebracht angesichts des Umstandes, dass via einer Rechtswahl ein einheitliches Schutzniveau in der Behandlung der Arbeitnehmer realisiert werden kann und die Rechtswahl deshalb in erster Linie der Arbeitnehmerseite nützen könnte. Selbst wenn es richtig wäre, die Betriebsvereinbarung - auf nationaler Ebene - als Zwangsordnung zu charakterisieren, darf dieser Umstand nicht dazu dienen, auf internationaler Ebene

---

200 *Lyon-Caen*, in Europ. Komm. (Hrsg.), Arbeitsbedingungen, Bd. 2, S. 110.

201 Dort ist der tarifgebundene Arbeitgeber von Gesetzes wegen verpflichtet, den Tarifvertrag während seiner Laufzeit auf alle nichtorganisierten Arbeitnehmer anzuwenden, *Jacobs*, in Europ. Komm. (Hrsg.), Arbeitsbedingungen, Bd. 2, S. 175.

202 *Zachert*, in Kempen/Zachert, TVG § 4 Rz 58.

203 „Außenseiterwirkung" des Tarifvertrags, *Rungaldier*, in Europ. Komm. (Hrsg.), Arbeitsbedingungen, Bd. 2, S. 193; zum Ganzen auch *Europ. Komm.* (Hrsg.), Arbeitsbeziehungen, S. 43; *Birk*, RdA 1995, S. 71, 75.

204 Ein weiteres Beispiel der „fehlenden privatautonomen Entscheidung" im Tarifrecht aus internationaler Sicht ist das Kammersystem in Österreich. Dieses verpflichtet den Arbeitgeber, einem bestimmten Verband beizutreten; zur Kritik siehe *Tomandl*, RdA 1995, S. 76, 77.

205 Hierzu vor allem *Wimmer*, S. 46 ff.; *Junker*, Internationales Arbeitsrecht, S. 442; *Zachert*, in Kempen/Zachert, TVG § 4 RZ 58; a.A. aber *Stiller*, ZIAS 1991, S. 194, 217 f.

206 Siehe hierzu *Hergenröder*, in AR-Blattei SD 1550.15 Rz 53.

eine Verbesserung im Arbeitnehmerschutz zu verhindern. Die Einwände in Bezug auf die angeblich schwächere Legitimationsbasis gegenüber dem Tarifvertrag können angemessen dadurch berücksichtigt werden, dass die Rechtswahlmöglichkeit eingeschränkt wird.

### c) Einschränkung der Rechtswahlfreiheit

#### aa) Besonderheiten bei der Betriebsvereinbarung

Es hieße über das Ziel hinausschießen, würde man den Betriebpartnern eine unbeschränkte Rechtswahlmöglichkeit zugestehen wollen. Die materielle Gestaltungsmacht ist, wie gesagt, durch die Vorschriften des BetrVG begrenzt. Dieser beschränkten materiellen Gestaltungsmacht entspricht es, nur eine beschränkte Rechtswahl zuzulassen. Der gleiche Wirkungszusammenhang findet sich im Familien- und Erbrecht, wo der Staat mit Rücksicht auf eine vorgegebene Ordnung an Normen und höherwertigen Interessen für Vertragsfreiheit nur eingeschränkt Platz lässt. Nicht zuletzt lässt sich eine Parallele ziehen zu § 30 I EGBGB. Dort schränkte der Gesetzgeber die Rechtswahlfreiheit der Vertragsparteien ein, um den bei Vertragsschluss typischerweise unterlegenen Arbeitnehmer zu schützen. Zwar ist der Betriebspartner nach der hier vertretenen Auffassung als dem Arbeitgeber gleichwertig anzusehen. Es erscheint aber geboten, die Rechtswahl zum Schutz der Belegschaft auf solche Rechtsordnungen zu beschränken, die nicht ungünstiger sind. Auf diesem Wege würde erstens der Gedanke des Arbeitnehmerschutzes bestmöglich verwirklicht. Zweitens muss bedacht werden, dass die Betriebsvereinbarung zwar nicht „unfrei", aber doch in einem Rahmen von Zuständigkeiten und im Einzelfall lückenhafter demokratischer Anbindung entsteht. Dies rechtfertigt es nicht, ganz auf eine Rechtswahl zu verzichten, doch folgt daraus, anders als bei dem Vertragsschluss unter privaten Einzelnen und auch den Tarifvertragsparteien, eine Beschränkung der internationalprivatrechtlichen Gestaltungsmacht. Gegen die Wahl eines für die Arbeitnehmerseite gleich günstigen oder günstigeren Rechts der betrieblichen Vereinbarung dürften sich auch aus dem Gesichtspunkt der „Zwangsordnung" keine durchgreifende Bedenken anführen lassen.

#### bb) Günstigkeitsvergleich

Bei der Frage, ob die Wahl einer anderen Rechtsordnung für die Arbeitnehmerseite einen weniger starken Schutz gewährt, kann man sich an die zu Art. 30 I EGBGB entwickelten Grundsätze anlehnen. Hier ist ein Vergleich zwischen der ohne eine

Rechtswahl anwendbaren Rechtsordnung[207] mit der durch die Rechtswahl zur Anwendung berufenen Rechtsordnung vorzunehmen. Es kommt darauf an, ob die an sich berufene Rechtsordnung in einem bestimmten Teilbereich zu einem für die Arbeitnehmer günstigeren Ergebnis gelangt als die Rechtsordnung, die durch die Rechtswahl berufen ist.[208] Sollte dies der Fall sein, ist die objektiv berufene Rechtsordnung heranzuziehen; gewährt die gewählte Rechtsordnung hingegen einen im Ergebnis vergleichbaren Schutz, bleibt es bei dem durch die Rechtswahl berufenen Recht. Bei dem Günstigkeitsvergleich ist ein Gruppenvergleich vorzunehmen, d.h. inhaltlich zusammengehörige Materien müssen zusammen betrachtet werden.[209]
Für die betriebliche Regelung bedeutet dies, dass sich im Verhältnis zum Arbeitsvertrag weitaus weniger Ansätze für einen Vergleich herausfiltern lassen. Während im Arbeitsvertrag die für den Arbeitnehmer insgesamt bedeutsamsten Materien wie Kündigungsschutz, Urlaub und u.U. Lohn verankert sind, stellen die Betriebsvereinbarungen und Regelungsabreden mit Ansprüchen zugunsten der Arbeitnehmer nur eine Ergänzung des Arbeitsvertrags aus kollektiver Sicht dar. Der Günstigkeitsvergleich muss sich insoweit (nur) auf Fragen beziehen wie das Zustandekommen, die Wirkung der Vereinbarung der Betriebspartner,[210] ob eine Nachwirkung eintritt etc.

**cc) Freie Rechtswahl oder besondere Beziehung erforderlich?**

Schließlich ist noch in diesem Zusammenhang zu klären, ob den Betriebspartnern eine uneingeschränkte Rechtswahl zu gestatten ist oder ob nur eine solche Rechtsordnung gewählt werden kann, die zu dem Vertrag in einer besonderen Beziehung steht. Für den Individualvertrag ist es h.M., dass eine solche Einschränkung nicht vorzunehmen ist, die Parteien in der Wahl der Rechtsordnung mithin frei sind.[211] Begründet wird diese Ansicht vornehmlich mit der Vorschrift

---

[207] Diese ist mittels der objektiven Anknüpfung der Betriebsvereinbarung aufzufinden, dazu sogleich unter IV.

[208] MünchKomm/*Martiny* Art. 30 EGBGB Rz 23 ff.; *Hönsch*, NZA 1988, S. 113, 116; Erman/*Hohloch*, Art. 30 EGBGB Rz 12.

[209] *Birk*, RdA 1989, S. 201, 206; *Junker*, IPR, S. 330; *ders.*, IPrax 1989, S. 69, 72; *Hönsch*, NZA 1988, S. 113, 116; MünchKomm/*Martiny* Art. 30 EGBGB RZ 25. Weder kann es darauf ankommen, die gesamten Rechtsordnungen miteinander zu vergleichen (abstrakter Günstigkeitsvergleich), noch einzelne Detailfragen. Ein Herauspicken nur der jeweils günstigeren Details ist ebenfalls unzulässig (sog. „Rosinentheorie"), vergl. *Birk*, RdA 1989, S. 201, 206.

[210] Ob die Normativwirkung für den Arbeitnehmer günstiger ist oder nicht, lässt sich nur im Einzelfall beantworten. Sofern die Regelung eine Pflicht auferlegt, ist die Normativwirkung an sich ungünstiger, sofern ein Anspruch gewährt wird, ist sie günstiger.

[211] Palandt/*Heldrich* Art. 27 EGBGB Rz 3; *Lüderitz*, IPR, S. 122; *Junker*, IPR, S. 303; a.A. *Kegel/Schurig*, IPR, S. 570: Irgendein anerkennenswertes Interesse sei erforderlich.

des Art. 27 III EGBGB, die bei einem reinen Inlandssachverhalt die zwingenden Bestimmungen der objektiv berufenen Rechtsordnung zur Anwendung bringt und damit die Möglichkeit der Rechtswahl in besonders gelagerten Fällen die Wirksamkeit versagt.
Die Vorschrift des Art. 27 III EGBGB findet auch auf den Tarifvertrag Anwendung.[212] Einer Übertragbarkeit dieses Gedankens auf betriebliche Vereinbarungen steht m.E. nichts entgegen. Bei einem reinen Inlandssachverhalt können die Betriebspartner folglich nur einen Vertrag unter Beachtung des objektiv zur Anwendung berufenen Rechts abschließen.
Für die hier interessierenden Fälle dürfte das Problem freilich bloß theoretischer Natur sein. Die Rechtswahl kann z.B. dann in Frage kommen, wenn ein mehrseitiger Vertrag geschlossen wird. In diesem Fall ergibt sich der erforderliche Auslandsbezug bereits durch die andere Nationalität des Vertragspartners. Keine Probleme ergeben sich auch, wenn im Falle der Entsendung eine Betriebsvereinbarung für die im Ausland arbeitenden Arbeitnehmer geschlossen werden soll. Schwieriger ist der Fall zu beurteilen, dass eine Grundsatzvereinbarung mittels einer Rechtswahl in verschiedenen Ländern gleichförmig umgesetzt werden soll. Jedoch darf man nicht zu hohe Hürden für die Bejahung des erforderlichen Auslandsbezuges aufstellen:[213] Stellt man auf die Herkunft der Grundsatzvereinbarung und darauf ab, dass der inländische Arbeitgeber einem ausländischem Unternehmen oder Konzern angehört, so muss diese Beziehung zum Ausland ausreichen.

## IV. Objektive Anknüpfung

### 1. Prinzip der engsten Verbindung

Wurde bisher dargelegt, dass eine subjektive Anknüpfung für die Betriebsvereinbarung zulässig ist, muss nunmehr noch geklärt werden, auf welchem Wege im Falle einer fehlenden Rechtswahl anzuknüpfen ist. Hier bietet es sich an, auf Art. 28 EGBGB zurückzugreifen. Die Sonderbestimmungen des Art. 28 III bis V EGBGB passen freilich nicht.[214] Als Ausweg bleibt Art. 28 I EGBGB, in dem der

---

212 *Bittner*, S. 425, *Däubler*, Tarifvertragsrecht, Rz 1707; im Prinzip auch *Wimmer*, S. 56; a.A. *Lohmann*, S. 77f. ; ablehnend für die Wahl der Betriebsverfassung *E. Lorenz*, in FS W. Lorenz, S. 441, 458.

213 *Junker*, IPR, S. 306.

214 Bei einer betrieblichen Vereinbarung lässt sich nicht sagen, wer von den Vertragsschließenden „die“ charakteristische Leistung erbringt. Ein Kollektivvertrag zeichnet sich gerade dadurch aus, dass jede Seite im gleichen Umfang verpflichtet wird, vergl. *Ebenroth/Fischer/Sorek*, ZVerglRWiss 88 (1989), S. 124, 145. Überdies werden, zumindest bei der Betriebsvereinbarung, regelmäßig gerade nicht die Vertragsschließenden berechtigt und verpflichtet, sondern die Arbeitnehmer.

im Schuldrecht allgemein anerkannten Anknüpfungspunkt der „engsten Beziehung" gesetzlich verankert ist.[215]

Dieser Gedanke wird auch für die objektive Anknüpfung des internationalen Tarifvertrags bemüht, freilich herrschen insoweit keine übereinstimmenden Kriterien. Die eine Meinung fragt danach, wo sich der Tarifvertrag räumlich im Schwerpunkt auswirkt.[216] Schließen etwa eine deutsche Gewerkschaft und ein deutscher Arbeitgeberverband einen Tarifvertrag ab, der ausschließlich Arbeitsverhältnisse im Ausland regelt, so unterläge dieser Tarifvertrag mangels einer Rechtswahl dem ausländischen Tarifrecht.

Eine andere Meinung stellt nicht auf die Wirkung des Tarifvertrags, sondern auf die Vereinbarung selbst ab.[217] Es sei hiernach eine Abwägung aller Umstände vorzunehmen, Hauptkriterium sei insoweit jedoch die Nationalität der Vertragsschließenden; lasse sich ein gemeinsames Personalstatut der Parteien feststellen, so müsse die Verbindung zu dieser Rechtsordnung den Ausschlag geben.[218]

An sich müsste nun auch eine prinzipielle Entscheidung darüber getroffen werden, ob es hinsichtlich der objektiven Anknüpfung auf den räumlichen Schwerpunkt oder aber auf die Vertragsschließenden selbst ankommen soll. Indes ist die Interessenlage bei Vereinbarungen der Betriebspartner anders als beim Tarifvertrag. Die betrieblichen Vereinbarungen sind stärker als der Tarifvertrag in eine bestimmte gesetzliche Ordnung eingebunden. Soweit kein anderer Wille der Betriebspartner anzunehmen ist, ist davon auszugehen, dass es dem Interesse der Vertragsschließenden am ehesten entspricht, wenn ein Gleichlauf mit dem Statut der Betriebsverfassung erreicht wird. Da der Betriebsrat nicht ohne weiteres Arbeitsverhältnisse im Ausland regeln kann, sondern – selbstverständlich – nur eine Regelungsbefugnis besitzt für die Angehörigen des Betriebes, muss es maßgeblich auf den Sitz des Betriebes ankommen, dem der Betriebsrat angehört. Auf die Person des Arbeitgebers kann es nicht entscheidend ankommen, denn dessen Nationalität fällt weniger ins Gewicht als die Tatsache, dass sämtliche

---

[215] Die Formel von der „engsten Verbindung" geht letztlich zurück auf den Ausgangspunkt *Savingys*, es müsse der „Sitz des Rechtsverhältnisses" aufgesucht werden, *Junker*, IPR, S. 72 f., 309.

[216] *Zachert*, in Kempen/Zachert, TVG, § 4 Rz 58; *Hauschka/Henssler*, NZA 1988, S. 597, 600; *Däubler*, Tarifvertragsrecht, Rz 1708; *Friedrich*, RdA 1980, S. 109, 112 f.; *Birk*, in FS Beitzke, S. 831, 840; *ders.*, in MünchArbR § 21 Rz 7; Hierzu auch schon oben, § 6 II. 1.

[217] Wiedemann/*Wiedemann*, TVG § 1 Rz 87; *Wimmer*, S. 53; *Reithmann/Martiny*, Internationales Vertragsrecht, S. 1128 f.; Palandt/*Heldrich* Art. 30 EGBGB Rz 3.

[218] *Junker*, Internationales Arbeitsrecht, S. 425; *ders.*, IPrax 1994, S. 21, 23; *Hergenröder*, in AR-Blattei SD 1550.15, Rz 60; *Franzen*, in AR-Blattei SD 920 Rz 201.

Arbeitnehmer des Betriebes von der betrieblichen Vereinbarung betroffen werden.[219]

Die hier vertretene Meinung stellt sich demnach als eine Verbindung der oben zum Tarifvertrag vertretenen Ansichten dar. Ausschlaggebend sind einerseits die Vertragschließenden selbst (hier ist jedoch dem Vertragsschließenden auf Arbeitnehmerseite der Vorrang einzuräumen), andererseits die Wirkungen des Kollektivvertrages (die Vereinbarung wirkt sich auf die Arbeitnehmer des Betriebes aus). Damit kristallisiert sich eine starke Beziehung zu dem räumlich-gegenständlichen Bereich des Betriebes heraus.

Für die objektive Anknüpfung der betrieblichen Vereinbarung lässt sich also folgende Regel aufstellen: Die betriebliche Vereinbarung unterliegt grundsätzlich dem Recht desjenigen Staates, in dem sich der Sitz der vertragsschließenden Arbeitnehmervertretung befindet.[220]

## 2. Verhältnis der subjektiven zur objektiven Anknüpfung

Geht man von den Vorschriften der Art. 27 und 28 EGBGB aus, so liegt diesem Modell die Vorstellung zugrunde, dass eine Rechtswahl die am passendste Anknüpfung darstellt. Für die Vereinbarungen der Betriebspartner wurde oben jedoch heraus gearbeitet, dass es dem Willen der Vertragsschließenden nur in besonders gelagerten Fällen entsprechen dürfte, eine Rechtswahl vorzunehmen.[221] Vor allem wenn es um die Umsetzung einer konzernweit geltenden Vereinbarung geht, kommt die subjektive Anknüpfung in Betracht. Deshalb ist im Regelfall von einer objektiven Anknüpfung auszugehen; nur als Ausweichmöglichkeit kommt eine subjektive Anknüpfung in Betracht. Rechtstechnisch handelt es sich insoweit um eine sog. fakultative Anknüpfung,[222] wie sie etwa auch im Erbrecht in Art. 25 II EGBGB oder im Namensrecht in Art. 10 II EGBGB vorgesehen ist. Im Grundsatz ist folglich von einer objektiven Anknüpfung an die Belegenheit des Betriebs, dem

---

[219] Der Arbeitnehmerseite wird man daher ein höher zu bewertendes Interesse an der Bestimmung einer ihnen günstigen Rechtsordnung zuzubilligen haben. Sie würde stärker von einer fremden Rechtsordnung betroffen als der Arbeitgeber, der ja auch sonst bei seiner wirtschaftlichen Betätigung das fremde Recht zu beachten hat. Die Bevorzugung der Arbeitnehmerseite stellt sich damit als eine Folgerung aus dem „Prinzip der geringsten Störung" dar, *Kegel/Schurig*, IPR, S. 577.

[220] Damit ist im Prinzip ein Gleichlauf mit derjenigen Meinung hergestellt, die stets, ohne jedoch zwischen dem Statut der Betriebsvereinbarung und dem der Betriebsverfassung zu trennen, auf diejenige Rechtsordnung des Staates abstellt, in dem der Betrieb belegen ist, siehe oben unter § 7 II. 1. bis 3.

[221] Siehe oben, II. 4. b) aa).

[222] Hierzu *Junker*, IPR, S. 157 f.; vergl. auch *Kegel/Schurig*, IPR, S. 271 ff. zur sog. Mehrfachanknüpfung.

das vertragsschließende Arbeitnehmergremium angehört, auszugehen, als Ausweichmöglichkeit ist aber auch eine Rechtswahl der Betriebspartner zu gestatten.[223]

## V. Zusammenfassung

Vereinbarungen zwischen den Betriebspartnern unterliegen kollisionsrechtlich betrachtet einer gesonderten Anknüpfung. Die einheitliche Anknüpfung aller Fragen aus der Betriebsverfassung ist nicht zwingend und hinsichtlich von betrieblichen Vereinbarungen auch nicht sachgerecht. Privatrechtliche Verträge unterliegen prinzipiell der Parteiautonomie der am Vertragsschluss Beteiligten. Die Betriebspartner sind zwar an das Gesetz gebunden, sie gestalten die Ordnung im Betrieb jedoch unabhängig vom Staat in freier Selbstverantwortung; der insoweit anzutreffenden Betriebsautonomie entspricht es, wenn den Betriebspartnern auch eine Rechtswahl gestattet wird. Grundsätzlich ist von einer objektiven Anknüpfung an den Sitz des Betriebes der vertragsschließenden Arbeitnehmervertretung auszugehen. Als Ausweichmöglichkeit ist es den Betriebspartnern zu gestatten, eine Rechtswahl vorzunehmen. Der Arbeitnehmerschutz gebietet es jedoch, dass die Betriebspartner kein ungünstigeres Recht wählen dürfen.

---

[223] Ebenso für die Anknüpfung der Betriebsverfassung *Junker*, Internationales Arbeitsrecht, S. 377 und 343.

## § 9 Umfang des Statuts der betrieblichen Vereinbarung

Es wurde dargelegt, dass eine subjektive Anknüpfung der betrieblichen Vereinbarung möglich ist und wie die – allerdings vorrangige – objektive Anknüpfung vorzunehmen ist. Nunmehr gilt es, den Inhalt des Statuts von Vereinbarungen zwischen den Betriebspartnern zu bestimmen.

### I. Abschluss der betrieblichen Vereinbarung

#### 1. Abschlusspartner

Die Frage, wer Abschlusspartner einer betrieblichen Regelung sein kann, hängt untrennbar mit dem Sachverhalt „Vertragsschluss" zusammen und ist sinnvollerweise dem Statut der betrieblichen Vereinbarung zu unterstellen. Das bedeutet, dass im Falle einer Rechtswahl, bei der z.B. deutsches Recht gewählt wird, gefragt werden müsste, ob die ausländische Arbeitnehmervertretung als „Betriebsrat" angesehen werden kann. Diese Frage ist zu bejahen, wenn sich im Ausland ein funktionsgemäßes Äquivalent ausmachen lässt.[1] Nach dem Statut des gewählten Rechts wäre auch zu entscheiden, welches Arbeitnehmergremium zuständig ist (Gesamt- oder Konzernbetriebsrat).
Eine andere Betrachtung ist aber im Hinblick auf die Arbeitgeberseite geboten. Seitens des BetrVG werden keine näheren Vorschriften zu der Frage gemacht, wer auf Arbeitgeberseite Abschlusspartner sein kann. Die schwierig zu beantwortende Frage wird oftmals sein, ob die ausländische Form der Gesellschaft in Deutschland als rechtsfähig anzusehen ist. Insoweit handelt es sich aber nicht um eine spezifische Frage der Betriebsvereinbarung, sondern um die – allgemeiner gelagerte – Frage der Rechtsfähigkeit. Es ist deshalb nach Art. 7 EGBGB auf das Personalstatut des Arbeitgebers abzustellen bzw. bei Gesellschaften auf das Heimatrecht des Sitzes der Gesellschaft (sog. Sitztheorie).[2]

#### 2. Form

Durchaus naheliegend erscheint es zunächst, hinsichtlich der Form eine Sonderanknüpfung nach Art. 11 EGBGB vorzunehmen.[3] Darin ist der Gedanke niedergelegt, dass es ausreicht, wenn die Vereinbarung alternativ die Voraussetzungen des Statuts des Rechtsgeschäfts oder des Vornahmeortes erfüllt (favor negotii).

---

[1] Siehe oben unter II. 4. b) aa); ähnlich für den Tarifvertrag *Junker*, Internationales Arbeitsrecht, S. 427 f.

[2] *Birk*, in FS Trinkner, S. 461, 466 f.; *ders.*, in MünchArbR § 22 Rz 24; zur Sitztheorie vergl. *Kegel/Schurig*, IPR, S. 504; Palandt/*Heldrich* Anh Art. 12 EGBGB Rz 1 ff.

[3] So auch für den Tarifvertrag *Däubler*, Tarifvertragsrecht, Rz 1711.

Gegen eine Übertragung dieses Gedankens auf betriebliche Vereinbarungen spricht jedoch, dass mit einem Auseinanderfallen des Formstatuts und des Statuts der betrieblichen Vereinbarung die Gefahr von Anpassungen wächst, z.B. bei der Frage von Verweisungen in einer Betriebsvereinbarung auf eine andere Betriebsvereinbarung oder einen Tarifvertrag.[4] Die Form als zentrale Wirksamkeitsvoraussetzung der betrieblichen Vereinbarung ist sinnvollerweise nicht getrennt von dem Statut der betrieblichen Vereinbarung zu betrachten. Zum Statut der Vereinbarungen zwischen den Betriebspartnern zählt mithin auch die Form.[5]

### 3. Inhalt

Zum Inhalt des Statuts der betrieblichen Vereinbarung zählt die „Mitbestimmung“, also die einzelnen Mitbestimmungstatbestände. Sie geben den inhaltlichen Rahmen vor, über welche Angelegenheiten sich die Betriebspartner einigen können. Letztlich geht es um die Reichweite der jeweils in den einzelnen Ländern vorgefundenen Betriebsautonomie. Beim Tarifvertrag dürfte diesem Bereich die Reichweite der jeweiligen Tarifautonomie entsprechen; aus deutscher Sicht wäre also die Reichweite der Regelungsbefugnis der Tarifpartner anhand des TVG entscheidend.[6]

Ebenfalls zu dem Bereich der „Mitbestimmung“ ist der Tarifvorbehalt zu zählen, § 77 III BetrVG. Diese Vorschrift ist als Kompetenznorm anzusehen, d.h. sie schließt die Zuständigkeit des Betriebsrats aus, soweit nach den in ihr niedergelegten Maßstab eine Konkurrenz zu einem Tarifvertrag droht. Sie wirkt daher nicht anders als die einzelnen Mitbestimmungstatbestände, die in ihrer Gesamtheit dem Betriebsrat erst die Möglichkeit eines Vertragsabschlusses einräumen. Auf einzelne Fallkonstellationen im Zusammenhang mit dem Tarifvorbehalt wird weiter unten eingegangen unter § 10 I. 6. c).

In Bezug auf die durch Betriebsvereinbarung geschaffene Regelung kann analog § 1 I TVG unterschieden werden zwischen Abschluss, Inhalt und Beendigung von Arbeitsverhältnissen sowie betrieblichen und betriebsverfassungsrechtlichen Fragen.

---

4 Vergl. *Junker*, Internationales Arbeitsrecht, S. 428.

5 Wie hier i.E. auch *Birk*, in FS Trinkner, S. 461, 467. Zum Tarifvertrag ebenso *Zachert*, in Kempen/Zachert, TVG § 4 Rz 58.

6 Im Gegensatz zur Betriebsautonomie ist die Tarifautonomie freilich durch Art. 9 III GG verfassungsrechtlich abgesichert, hierzu *Zöllner/Loritz*, S. 375.

## II. Wirkung der betrieblichen Vereinbarung

### 1. Normativwirkung

Die Frage, ob die betriebliche Regelung schuldrechtlich oder normativ wirkt, ist aufgrund des Statuts der betrieblichen Vereinbarung zu beantworten. § 77 IV BetrVG zählt somit zum Statut der betrieblichen Vereinbarung. Eine davon zu unterscheidende Frage ist freilich, ob und inwieweit das ausländische Recht eine „deutsche" Betriebsvereinbarung mit normativer Wirkung akzeptieren würde.[7]

### 2. Personeller und räumlicher Geltungsbereich der betrieblichen Vereinbarung

Der Frage nach dem personellen und räumlichen Anwendungsbereich entspricht im Tarifrecht die Frage nach der Tarifbindung. Hier entscheidet die h.M., dass sich die Tarifbindung aus dem Tarifstatut ergebe.[8] Auf die Vereinbarung zwischen den Betriebspartnern ist dieser Gedanke aber nicht zu übertragen. Die Grenze einer solchen Vereinbarung durch den Betriebsbegriff ist dem Betriebsverfassungsstatut zu entnehmen.[9] Gleiches gilt für den im Betrieb herrschenden Arbeitnehmerbegriff, § 5 BetrVG.

### 3. Verhältnis des Statuts der betrieblichen Vereinbarung zum Arbeitsvertragsstatut (Statutendivergenz)

Es fragt sich, ob die normative Betriebsvereinbarung nur auf solche Arbeitsverhältnisse einwirkt, die demselben Recht wie die Betriebsvereinbarung selbst unterstehen. Ist dies nicht der Fall, stellt sich das Problem der Statutendivergenz.

Für einen solchen „Gleichlauf" der Statute spricht, dass auf diesem Wege „Spannungen" zwischen den beiden Statuten vermieden werden.[10] Das BAG ging in einer älteren Entscheidung zum Tarifvertrag davon aus, dass dessen Normen nur dann Wirkungen entfalteten, wenn das Arbeitsvertragsstatut der gleichen Rechtsordnung unterliegt.[11]

Die wohl überwiegende Ansicht jedoch geht für den Tarifvertrag davon aus, dass die Normativwirkung unabhängig von dem Statut des Arbeitsverhältnisses eingreift. Es wird geltend gemacht, dass § 3 I TVG allein auf die Verbands-

---

7 Zu dieser Frage weiter unten, § 10 III 1 .c) aa).

8 Siehe nur MünchArbR/*Birk* § 21 Rz 32; *Franzen*, in AR-Blattei SD 920 Rz 204.

9 Siehe hierzu oben, § 8 II. 3. a).

10 *Friedrich*, RdA 1980, S. 109, 115.

11 BAG v. 4.05.1977,E 29, S. 138, 147; zustimmend *Junker*, IPrax 1994, S. 21, 24.

mitgliedschaft abstelle und keine zusätzlichen Voraussetzungen aufstelle,[12] ferner dass aus Art. 9 III GG und dem daraus abzuleitenden Schutzauftrag folge, dass auch Arbeitnehmer mit einem anderen Vertragsstatut erfasst werden müssten.[13] Schließlich wird mit der Vorschrift des § 21 IV S. 2 FlRG argumentiert und darauf abgestellt, dass sie einen allgemeinen Rechtsgedanken enthalte.[14] Ob man § 1 AEntG in diese Argumentation mit einbeziehen kann, erscheint fraglich. Für das Bauhauptgewerbe schuf der Gesetzgeber mit dem § 1 AEntG eine spezielle Regelung, nach der die allgemeinverbindlichen Tarifverträge der Baubranche hinsichtlich des Urlaubs und der Mindestlöhne unabhängig von dem jeweiligen Vertragsstatut eingreifen sollen. Die Vorschrift beruht auf dem Gedanken, die Arbeitnehmer der Baubranche aufgrund der dort anzutreffenden speziellen Arbeitsbedingungen (häufiger Wechsel des Arbeitgebers) besonders schützen zu wollen. Hieraus kann aber für andere Fällen der Statutendivergenz außerhalb der Baubranche nichts hergeleitet werden. Auch die übrigen Argumentationsansätze beim Tarifvertrag sind nicht – zumindest nicht unmodifiziert – auf die Vereinbarungen der Betriebspartner zu übertragen.

Die Vorschrift des Art. 34 EGBGB kann nach der hier vertretenen Ansicht ebenfalls nicht als Begründung herangezogen werden, dass eine betriebliche Regelung unabhängig von dem Statut des Arbeitsvertrags der Arbeitnehmer Geltung beansprucht. Es wurde oben dargetan, dass die betriebliche Vereinbarung nicht dem international zwingenden Recht zuzurechnen ist und folglich auch keiner Sonderanknüpfung unterliegt.[15] Verneint man eine Sonderanknüpfung, so kann man den Wirkungen der Betriebsvereinbarung nicht den Charakter eines Eingriffsrechts zusprechen. Denn entweder dient eine Materie vorwiegend öffentlichen Interessen und dem Staatswohl, dann ist eine Sonderanknüpfung zu bejahen und dann ist auch klar, dass sich der Regelungsgegenstand gegenüber einem andersartigen Vertragsstatut durchsetzt. Oder sie dient vornehmlich dem Ausgleich privater Interessen, dann ist weder eine Sonderanknüpfung noch die Charakterisierung als Eingriffsrecht gerechtfertigt. Freilich besteht bei Kollektivverträgen das Problem, dass sie einerseits privatrechtliche Verträge sind, andererseits wie Gesetze wirken. Hieraus erwachsen in der dogmatischen Einordnung mitunter große Unsicherheiten. Zu welch merkwürdigen Ergebnissen man gelangen kann, zeigt die Meinung *Stillers*.[16] Er will bei der Bestimmung des Tarifvertragsstatuts eine Rechtswahl zulassen, meint dann aber, die Normen des

---

[12] *Birk*, in FS Beitzke, S. 831, 860.

[13] *Zachert*, in Kempen/Zachert, TVG § 4 Rz 63; *Däubler*, Tarifvertragsrecht, Rz 1662.

[14] *Hergenröder*, ZfA 1999, S. 1, 40; i.E. ebenso MünchKomm/*Martiny* § 30 EGBGB Rz 83 d; *Birk*, RdA 1984, S. 134, 136; *Wimmer* S. 34 ff., 198 ff. (Tarifnormen als Eingriffsrecht).

[15] Vergl. oben unter § 7 II. 2. b) dd).

[16] In ZIAS 1991, S. 194, 216, 218.

Tarifvertrags seien als Eingriffsrecht anzusehen. Ebenso verfehlt erscheint die Meinung *Agel-Pahlkes*, die eine Rechtswahl bei der Betriebsverfassung zulassen will, bei der objektiven Ersatzanknüpfung jedoch annimmt, das BetrVG unterläge einer Sonderanknüpfung.[17] Wie hier Parteiautonomie und der enge Maßstab des Art. 34 EGBGB bzw. eines Sonderanknüpfungstatbestandes miteinander zu vereinbaren sind, wird nicht erläutert.[18]

Andererseits bedeutet die Ablehnung von Art. 34 EGBGB noch nicht, dass sich eine Betriebsvereinbarung nicht gegenüber einem anderem Recht des Arbeitsvertrages durchsetzen kann. Bei der Schaffung von Art. 34 EGBGB hatte der Gesetzgeber den Fall vor Augen, dass ein Konflikt zwischen einem schuldrechtlichen Vertrag zwischen zwei Privatleuten und einem formellen Gesetz besteht. Nicht aber hat er an den Fall gedacht, wie das Verhältnis zwischen einem von Kollektivpartnern geschossenen privatrechtlichen Vertrag zu einem zwischen weiteren Privaten (Arbeitnehmer und Arbeitgeber) geschlossen Vertrag zu beurteilen ist. Art. 34 EGBGB ist seiner ursprünglichen Konzeption nach daher auf Kollektivverträge gar nicht anwendbar.

Demgegenüber gehen manche Autoren von Art. 30 I EGBGB aus.[19] Es wird zunächst betont, dass die Normen des Kollektivvertrages zu den Schutzbestimmungen i.S.d. Vorschrift zählten. Die Frage, ob sich ein ausländischer Kollektivvertrag gegenüber einem deutschen Arbeitsvertrag durchsetzt, sei eine Frage des Günstigkeitsvergleichs. Falls die Regelungen des ausländischen Kollektivvertrages ungünstiger seien, so kämen die Regelungen des Arbeitsverhältnis, welches deutschem Recht unterliegt, weiter zur Anwendung.

Dieser Ansicht ist vorzuwerfen, dass auf diesem Wege eine einheitliche Ordnung im Betrieb nicht mehr aufrecht erhalten werden kann. Die Anwendbarkeit des Kollektivvertrages wäre nicht nur von dem gewählten Arbeitsvertragsstatut abhängig, sondern auch noch vom Ausgang des Günstigkeitsvergleichs. Damit wäre der Rechtssicherheit nicht Genüge getan und der Sinn und Zweck eines Kollektivvertrages, eine einheitliche Ordnung herzustellen, verfehlt. Im Zusammenhang mit dem Tarifvertrags- und Betriebsverfassungsstatut wurde aus diesem Grunde auch betont, dass es nicht sachgerecht sei, wenn sich der einzelne Arbeitnehmer durch die Wahl eines anderen Vertragsstatuts dem Geltungsanspruch

---

17 *Agel-Pahlke*, S. 136 ff., 192 ff.

18 Mit Recht kritisch *Däubler*, Tarifvertragsrecht, Rz 1695; zur Unvereinbarkeit von Parteiautonomie und Sonderanknüpfung vergl. auch MünchKomm/*Sonnenberger* Einl. IPR Rz 57; *Heintzen*, RIW 1988, S. 508, 509.

19 *Bittner*, S. 430 ff.; *Franzen*, Betriebsinhaberwechsel, S. 193.

eines Tarifvertrages oder einer Betriebsvereinbarung entziehen könne.[20] Diese Überlegungen zeigen, dass das herkömmliche Instrumentarium des IPR mit den Art. 30 I und Art. 34 EGBGB das Problem nicht angemessen zu bewältigen vermag.
Die richtige Lösung ergibt sich aus einem Rückgriff auf die Betriebsautonomie. Die Betriebsverfassung gehört dem kollektivem Arbeitsrecht an; damit verfolgt sie im Gegensatz zu dem Individualarbeitsrecht Gruppeninteressen. Eine Betriebsvereinbarung muss deshalb unabhängig von dem Arbeitsvertragsstatut Geltung beanspruchen. Näher präzisierend kann man sagen, dass der Zweck der Normativwirkung gerade auf eine praktisch durchführbare einheitliche Behandlung der Arbeitnehmer gerichtet ist; würde man stets zusätzlich nach dem jeweiligen Arbeitsverhältnis fragen müssen, wäre dieser Zweck bei internationalen Sachverhalten stark beeinträchtigt. Das Vorrangverhältnis des Kollektivvertrages muss auch im internationalen Privatrecht erhalten bleiben.[21]

### 4. Günstigkeitsprinzip

Das Statut der betrieblichen Vereinbarung entscheidet schließlich über die Frage, wie ein Konflikt zwischen einer materiellen Regelung im Arbeitsvertrag und in der betrieblichen Regelung aufzulösen ist. Ist deutsches Recht anwendbar, so gilt das Günstigkeitsprinzip, d.h. eine Regelung in der Betriebsvereinbarung verdrängt dann nicht eine Regelung im Arbeitsvertrag, wenn die letztgenannte für den Arbeitnehmer günstiger ist. Die Geltung dieses Prinzips auch für die Betriebsvereinbarung ist trotz fehlender Normierung allgemein anerkannt.[22]

## III. Beendigung der betrieblichen Vereinbarung

### 1. Kündigung

Ist deutsches Recht zur Anwendung berufen, so richtet sich die Beendigung der Wirkungen der Betriebsvereinbarung in erster Linie nach § 77 V BetrVG. Dort ist eine dreimonatige Kündigungsfrist für beide Seiten vorgesehen. Eines besonderen Grundes für die Kündigung bedarf es nicht. Die Kündigungsfrist gilt ebenfalls für die Regelungsabrede.[23]

---

[20] Vergl. *Hauschka/Henssler*, NZA 1988, S. 597, 599 f.; für die Betriebsverfassung ebenso BAG v. 30.04.1987, SAE 1989, S. 326, 327.

[21] Wie hier auch *Birk*, in FS Trinkner, S. 461, 468: Unterschiedliche Ordnungsvorstellungen; *Däubler*, Globalisierte Wirtschaft, S. 55, i.E. ebenso *Wimmer*, S. 100 ff.; zu dem gleichen Ergebnis gelangt die h.M. bei der Geltung der Betriebsverfassung, hierzu oben § 7 II. 4. b).

[22] Ganz h.M., vergl. nur ErfK/*Hanau/Kania*, BetrVG § 77 Rz 4; *Zöllner/Loritz*, S. 69.

[23] ErfK/*Hanau/Kania*, BetrVG § 77 Rz 27.

### 2. Nachwirkung

Das Statut der betrieblichen Vereinbarung entscheidet schließlich über die Frage, ob die Vereinbarung nach Beendigung weiter wirkt, bis sie durch eine neue Vereinbarung ersetzt wird. In § 77 VI BetrVG ist für die Betriebsvereinbarung eine sog. Nachwirkung vorgesehen für die Fälle einer echten Mitbestimmung. Nach h.M. gilt dies auch, wenn die Einigung zwischen den Betriebspartnern lediglich schuldrechtlich wirkt.[24]

## IV. Zusammenfassung

Das Statut der betrieblichen Vereinbarung umfasst das Zustandekommen der betrieblichen Regelung, deren Inhalt, Wirkungen sowie deren Beendigung.[25] Für die Normativwirkung einer Betriebsvereinbarung ist es nicht erforderlich, dass das Arbeitsverhältnis dem gleichen Statut unterliegt. Im Falle einer Statutendivergenz setzt sich die betriebliche Regelung gegenüber einem fremden Arbeitsvertragsstatut durch, da es sich um höherrangiges Recht handelt.

---

24 GK-BetrVG/*Kreutz* § 77 Rz 19; ErfK/*Hanau/Kania*, BetrVG § 77 Rz 130; *Heinze*, NZA 1994, S. 580, 584.

25 Wie hier im Prinzip *Birk*, in FS Beitzke, S. 831, 834, indem die Betriebsvereinbarung als Kollektivvertrag dem Tarifvertrag in der Behandlung im internationalen Recht gleichgesetzt wird; vergl. auch *Däubler*, Tarifvertragsrecht, Rz 1693 zu der Behandlung „sonstiger Kollektivverträge“ im internationalen Recht.

# § 10 Geltung einer inländischen betrieblichen Vereinbarung im Ausland

## I. Vereinbarungen zwischen einem deutschen Betriebsrat und einem deutschen Arbeitgeber

Während es in § 8 um die Frage ging, welches Recht auf eine betriebliche Vereinbarung anzuwenden ist, ist nunmehr zu klären, welche Arbeitnehmer den Wirkungen einer solchen Vereinbarung unterfallen. Dabei ist zunächst von der Grundkonstellation auszugehen, dass eine Betriebsvereinbarung zwischen einem deutschen Betriebsrat[1] und einem deutschen Arbeitgeber[2] geschlossen wird.

### 1. Ausgangspunkt

Schließt ein deutscher Betriebsrat mit dem Arbeitgeber eine Betriebsvereinbarung ab, so „gilt" diese für den Betrieb, für den der Betriebsrat gebildet wurde. Dies ist so selbstverständlich, dass es an sich keiner weiteren Begründung bedarf. Richtigerweise wird man dieses allgemein für richtig gehaltene Ergebnis mit der Erwägung begründen können, dass der Betriebsrat für eben diesen bestimmten Betrieb errichtet wurde und dessen demokratische Legitimation sich folglich nur bis zu den Grenzen des Betriebes erstrecken kann.
Schließt nun ein in Frankfurt belegener Betriebsrat eines deutschen Unternehmens eine Betriebsvereinbarung für einen in Toulon belegenen Betrieb ab, so ist dies schon deshalb unzulässig, weil der Betriebsrat in Frankfurt nur für den Standort „Frankfurt" legitimiert ist und keine Regelungsmacht für den Betrieb in Toulon besitzt.

### 2. Die Fälle der „Ausstrahlung"

#### a) Der Begriff der Ausstrahlung

Vom Standpunkt der h.M. aus ist die Geltung einer in Deutschland abgeschlossenen Betriebsvereinbarung auf das Inland beschränkt (Territorialitätsprinzip).[3] Es besteht jedoch Einigkeit darüber, dass die Regelungsmacht des inländischen Betriebsrats die Arbeitsverhältnisse solcher Arbeitnehmer im Ausland erfasst, deren Tätigkeit sich als „Ausstrahlung" des

---

[1] Gemeint ist damit, dass der Betriebsrat für einen in Deutschland belegenen Betrieb gebildet wurde.

[2] Gemeint ist damit, dass der Arbeitgeber, falls es sich um eine natürliche Person handelt, deutscher Staatsangehöriger ist, falls es sich um eine Gesellschaft handelt, diese ihren Sitz auf deutschem Territorium hat.

[3] Vergl. oben unter § 7 II. 1.

inländischen Betriebs darstellt.[4] In der Praxis wurde die Figur der Ausstrahlung dazu bemüht, die Zugehörigkeit von im Ausland arbeitenden Arbeitnehmern zu einem inländischen Betrieb zu erklären. Es ging um Arbeitnehmer, die entweder von einem inländischen in einen ausländischen Betrieb entsandt wurden, die ausschließlich für einen Auslandseinsatz eingestellt wurden oder die erst im Ausland rekrutiert wurden.[5] Die Begründung des Geltungsanspruchs der im Inland abgeschlossenen Betriebsvereinbarung liegt in dem Schutzgedanken: Die Arbeitnehmer sollen den Schutz des inländischen Betriebsverfassungsrechts nicht deshalb verlieren, weil sie ihre Tätigkeit für den Betrieb im Ausland verrichten.[6]
Bei der Frage, wann von einer Ausstrahlung auszugehen ist, tendiert die h.M. dahin, dass sich keine festen Kriterien aufstellen lassen, sondern es auf eine Gesamtabwägung aller Umstände im Einzelfall ankommt.[7] Geht es um die Konstellation, dass ein Arbeitnehmer ins Ausland versetzt werden soll, kommt der geplanten Dauer des Auslandseinsatzes eine wichtige Rolle bei der Abwägung zu. Eine zeitliche Obergrenze ist jedoch nicht festsetzbar.[8] Auch muss berücksichtigt werden, ob der Arbeitnehmer bereits eine Zeitlang im inländischen Betrieb gearbeitet hat oder ausschließlich für den Auslandseinsatz eingestellt wurde.[9]

### b) Betriebszugehörigkeit als Kriterium

Der Begriff der „Ausstrahlung" ist in Anlehnung an das Sozialversicherungsrecht (§ 4 SGB IV) auf die Betriebsverfassung übertragen worden. Er vermag aber nicht zu klären, wann ein Arbeitnehmer im Grenzfall noch als dem inländischen Betrieb zugehörig angesehen werden kann.[10] Außerdem wurde die Ausstrahlung für das Sozialversicherungsrecht vom Gesetzgeber vorgesehen; für das Betriebsverfassungsrecht sind dessen Wertungen nicht maßgeblich.[11]
Richtiger ist deshalb, bei der Frage der Betriebszugehörigkeit anzusetzen.[12] Es kommt darauf an, ob der im Ausland tätige Arbeitnehmer räumlich noch dem

---

4 BAG v. 7.12.1989, SAE 1990, S. 248, 250 (Reiseleiterfall); BAG v. 30.01.1990, SAE 1990, S. 347, 350; hierzu auch oben, § 7 II. 1.

5 *Däubler*, Globalisierte Wirtschaft, S. 35; *Birk*, in FS Molitor, S. 19, 26 f.

6 BAG v. 30.04.1987, SAE 1989, S. 326, 327; *Richardi*, IPrax 1983, S. 217, 219; *Schlüpers-Oehmen*, S. 211.

7 BAG v. 7.12.1989, SAE 1990, S. 248, 250; *Gaul*, BB 1990, S. 697, 700; MünchArbR/*von Hoyningen-Huene* § 298 Rz 37; *Jaletzke*, S. 131; MünchArbR/*Birk* § 22 Rz 13.

8 A.A. *Birk*, in FS Schnorr von Carolsfeld, S. 61, 79: 1 Jahr; *Jäger*, S. 128 f.: 3 Jahre.

9 BAG v. 7.12.1989, SAE 1990, S. 248, 250.

10 *Birk*, in FS Molitor, S. 19, 29.

11 *Däubler*, Globalisierte Wirtschaft, S. 36.

12 So die überwiegende Ansicht in der Literatur, *Richardi*, in Richardi, BetrVG Einl. Rz 72; *Jaletzke*, S. 136 ff.; *Däubler*, Globalisierte Wirtschaft, S. 37; *Reiff*, SAE 1990, S. 251, 252; *Boemke*, NZA 1992, S. 112, 113; *Grasmann*, ZGR 1973, S. 317, 321.

inländischen Betrieb (§ 4 BetrVG) zugeordnet werden kann. Diese Frage stellt sich in vergleichbarer Weise bei rein inländischen Sachverhalten, wenn es darum geht, ob z.B. ein Außendienstmitarbeiter oder ein Heimarbeiter noch als betriebszugehörig anzusehen ist.

Die Frage der Betriebszugehörigkeit ist freilich bereits für rein inländische Sachverhalte stark umstritten. Im Wesentlichen besteht noch Einigkeit darin, dass der Arbeitnehmer in den betrieblichen Ablauf eingegliedert sein und seine Tätigkeit dem betriebstechnischen Zweck des Hauptbetriebes dienen muss. Umstritten ist aber, ob ein Arbeitsverhältnis mit dem Arbeitgeber geschlossen sein muss oder ob die faktische Einbindung in den Betrieb ausreicht.[13] Eine gesetzliche Normierung des Problems findet sich in § 14 I AÜG für die Fälle der Arbeitnehmerüberlassung. Danach bleiben die überlassenen Arbeitnehmer grundsätzlich betriebsverfassungsrechtlich dem Verleiherbetrieb zugeordnet, zu dem allein ein Arbeitsverhältnis besteht; zu dem Entleiherbetrieb sind sie, bis auf wenige Ausnahmen,[14] nicht als zugehörig anzusehen.[15] Aus dieser Wertung kann man den Gegenschluss ziehen, dass zur Begründung der Betriebszugehörigkeit der Vertragsschluss gehört.[16]

Zusammengefasst müssen für die Bejahung einer Betriebszugehörigkeit drei Kriterien erfüllt sein: Der Arbeitnehmer muss einen Arbeitsvertrag mit dem Betriebsinhaber besitzen, er muss in die betriebliche Organisation eingegliedert sein und schließlich muss seine Arbeit dem übergeordneten Betriebszweck dienen.

### c) Formulierung einer allseitigen Kollisionsnorm

Die Frage nach der Betriebszugehörigkeit stellt sich bei grenzüberschreitenden Sachverhalten als ein komplexes Problem dar. Es muss einerseits eine Anwort auf die Frage gefunden werden, welches Recht für die Bestimmung der Betriebszugehörigkeit zur Anwendung kommt. Unterschiede könnten sich in den einzelnen Rechtsordnungen z.B. dadurch ergeben, dass unterschiedliche Betriebsbegriffe[17] verwendet werden bzw. nach der einen Rechtsordnung ein Arbeitsverhältnis zum Betriebsinhaber erforderlich ist, nach der anderen aber nicht. Diese Frage ist kollisionsrechtlicher Natur, weil sich die Frage der Betriebszugehörigkeit nur nach einer Rechtsordnung richten kann.

---

13 *Trümner*, in D/K/K § 5 Rz 16.

14 Vergl. 14 II AÜG: Den überlassenen Arbeitnehmern stehen die Rechte der §§ 81, 82, 84 ff. BetrVG auch gegenüber dem Betriebsrat des Entleiherbetriebs zu.

15 Der Leiharbeitnehmer wird jedoch dann Arbeitnehmer des Entleiherbetriebes, wenn er ohne Verleihererlaubnis überlassen wurde (§§ 9 Nr. 1 i.V.m. 10 I AÜG); siehe hierzu näher ErfK/*Wank* § 14 AÜG Rz 4.

16 BAG v. 18.01.1989, AP Nr. 9 zu BetrVG 1972; *von Hoyningen-Huene*, BetriebsVerfR, S. 40; ErfK/*Eisemann* § 5 BetrVG Rz 3; GK-BetrVG/*Kraft* § 5 Rz 10; *F/K/H/E* § 7 Rz 16.

17 Denkbar ist, dass etwa Heimarbeiter nach der einen Rechtsordnung zu der Belegschaft gezählt werden, nach der anderen aber nicht.

Das Problem der Betriebszugehörigkeit hat allerdings auch eine sachrechtliche Komponente. Es muss eine Antwort auf die Frage gefunden werden, ob der im Ausland tätige Arbeitnehmer nach den im Inland geltenden Kriterien als dem inländischen Betrieb noch zugehörig angesehen werden kann. Die Frage nach der Betriebszugehörigkeit ist folglich sowohl kollisionsrechtlicher als auch sachrechtlicher Natur.[18]

Die h.M. blendet nun aber die kollisionsrechtliche Komponente aus ihrer Prüfung aus. Sie geht davon aus, dass deutsches Betriebsverfassungsrecht zur Anwendung gelangt und stellt sich dann nur noch die sachrechtliche Frage, ob der im Ausland tätige Arbeitnehmer mittels der Kriterien der Ausstrahlung dem Inlandsbetrieb zugeordnet werden kann.[19] Dabei unterstellt sie aber, dass der deutsche Betriebszugehörigkeitsbegriff zugrunde zu legen ist.[20] Dies ist deshalb nicht falsch, weil sich die unterschiedliche Prüfungsreihenfolge vom Ergebnis her nicht auswirkt. Denn wenn eine Betriebszugehörigkeit zum Inlandsbetrieb bejaht werden kann, liegt in der Regel ein so enger Bezug zu der deutschen Rechtsordnung vor, dass die kollisionsrechtliche Frage, ob deutsches Recht in Bezug auf den Sachverhalt „Tätigkeit im Ausland" zur Anwendung gelangt, stets auch bejaht werden kann. Fehlt ein solch enger Bezug, findet das BetrVG in Bezug auf die kollisionsrechtliche Frage der Betriebszugehörigkeit keine Anwendung, gleichzeitig ist auch die sachrechtliche Frage nach der Betriebszugehörigkeit zu verneinen. Dennoch erscheint es angebracht, zunächst die kollisionsrechtliche Frage ins Auge zu fassen, denn dies entspricht der allgemeinen Dogmatik des IPR.[21]

Ferner ist nicht einzusehen, weshalb die h.M. in einer einseitige Perspektive verharrt; sie fragt nicht, welche Betriebsvereinbarung auf den Sachverhalt „Tätigkeit im Ausland" anzuwenden ist, sondern sie fragt nur noch einseitig, ob die deutsche Betriebsvereinbarung auf das betreffende Arbeitsverhältnis zur Anwendung gelangt. Gemäß der Maxime, möglichst allseitige Kollisionsnormen zu formulieren,[22] ist die einseitige Betrachtungsweise zumindest kritisch zu hinterfragen.

---

[18] *E. Lorenz*, in FS W. Lorenz, S. 441, 449; *Birk*, in FS Molitor, S. 19, 31.

[19] *Reiff*, SAE 1990, S. 248, 252; *Junker*, Internationales Arbeitsrecht, S. 381; *Boemke*, NZA 1992, S, 112, 113; wohl auch *Birk*, in FS Molitor, S. 19 f., vergl. aber auch S. 31.

[20] Vergl. *E. Lorenz*, in FS W. Lorenz, S. 441, 449.

[21] Zuerst ist das anzuwendende Recht zu bestimmen, dann dessen sachliche Reichweite, vergl. *E. Lorenz*, in FS W. Lorenz, S. 441, 449.

[22] Hierzu oben unter § 5 I. 3.

Entsprechend dieser Vorüberlegung wären an sich folgende zwei Anwendungsregeln zu formulieren:
1. Die Zugehörigkeit zu einem Betrieb beurteilt sich nach der Rechtsordnung desjenigen Staates,[23] in dem der Schwerpunkt des Arbeitsverhältnisses liegt (Kollisionsregel).
2. Ein Arbeitsverhältnis untersteht der Regelungsmacht der Betriebspartner desjenigen Betriebes, in dem der Schwerpunkt des Arbeitsverhältnisses liegt (sachrechtliche Frage).
Bei beiden Regeln ist jeweils der „Schwerpunkt" des Arbeitsverhältnisses als Ausgangspunkt zu nehmen. Dies ist das maßgebliche Abgrenzungskriterium. Die Regel kann nun vereinfacht werden, wenn man sich gestattet, die an sich vorgelagerte kollisionsrechtliche Problematik auszublenden. Dies erscheint zulässig, da die beiden Regelungen zu unterschiedlichen Ergebnissen kaum führen können, da in beiden Fällen der gleiche Prüfungsmaßstab gewählt wurde. Die Lösung ergibt sich dann allein aus der Ziff. 2:
Ein Arbeitsverhältnis untersteht der Regelungsmacht der Betriebspartner desjenigen Betriebes, in dem der Schwerpunkt des Arbeitsverhältnisses liegt.[24]
Dabei wäre die Schwerpunktbetrachtung anhand der gleichen Kriterien vorzunehmen, wie sie auch von der h.M. bei der „Ausstrahlung" zugrunde gelegt werden. An erster Stelle wäre also gemäß dem oben unter I. 2. b) Gesagten auf den durch das BetrVG geprägten Begriff der Betriebszugehörigkeit zurückzugreifen, darüber hinaus auf ergänzende Kriterien wie insbesondere die Dauer des Aufenthalts, Rückrufklauseln etc. Diese allseitig formulierte Anwendungsregel wird nachfolgend zugrunde gelegt.[25]

### 3. Das Problem der doppelten Betriebszugehörigkeit

#### a) Normkonkurrenz

Eine inländische Betriebsvereinbarung kann folglich grundsätzlich ein im Ausland durchgeführtes Arbeitsverhältnis regeln. Das ist zunächst unproblematisch, wenn der im Ausland Tätige nicht dem Regelungsanspruch einer anderen Arbeitnehmervertretung unterfällt. Ist etwa ein Wanderzirkus im Ausland unterwegs, arbeitet ein Fahrkartenkontrolleur in einer Bahn oder ein

---

[23] Dabei sind die in der Rechtsordnung enthaltenen Regeln heranzuziehen, die etwas zu der Betriebszugehörigkeit aussagen, also vor allem das jeweilige Betriebsverfassungsrecht.

[24] So auch *Steinmeyer*, DB 1980, S. 1541; *Jäger*, S. 180; *E. Lorenz*, in FS W. Lorenz, S. 441, mit etwas anderer Formulierung.

[25] Dogmatisch ist dies zwar – wie ausgeführt – bedenklich, doch erscheint die Einengung des Problems auf die „tatsächliche" Frage der Betriebszugehörigkeit deshalb vertretbar, weil die Verwendung nur einer Regel die praktische Rechtsanwendung vereinfacht. Vom Ergebnis her besehen bestehen zu der Lehre von der „Ausstrahlung" keine Unterschiede.

Montagebauarbeiter auf einer ausländischen Baustelle (die selbst nicht als Betrieb anzusehen ist), so kommt von vornherein nur die Geltung der im Inland abgeschlossenen Betriebsvereinbarung in Betracht. Anders stellt sich die Situation dar, wenn der Arbeitnehmer in einen ausländischen Betrieb integriert ist. Hier muss die Frage entschieden werden, wie sich die inländische Betriebsvereinbarung gegenüber einer möglicherweise den gleichen Inhalt regelnden betrieblichen Vereinbarung vor Ort verhält. Dieses Problem kann etwa dann auftreten, wenn es im Inlandsbetrieb eine betriebliche Regelung hinsichtlich der Arbeitskleidung gibt und eine vergleichbare Regelung in dem Auslandsbetrieb besteht.
Es geht mit anderen Worten um den Fall einer Konkurrenz von Kollektivverträgen. Stellt man auf die Normativwirkung ab, handelt es sich um einen Fall von Normenkonkurrenz.

### b) Lösungsvorschlag

#### aa) Feststellung der Konkurrenz zweier Betriebsvereinbarungen

Als erster Schritt ist stets zu hinterfragen, ob tatsächlich ein Fall von Normkonkurrenz vorliegt. Voraussetzung dafür ist, dass der Arbeitnehmer sowohl dem inländischen als auch dem ausländischem Betrieb zugehörig ist. Aus Sicht des deutschen Rechts ist dies grundsätzlich möglich.[26] Problematisch ist aber, dass in aller Regel ein Arbeitsvertrag nur zu einem Arbeitgeber vorliegt. Es fragt sich daher zunächst, in welchen Fällen überhaupt von einer doppelten Betriebsangehörigkeit gesprochen werden kann.
Denkbar ist diese Konstellation zum einen, wenn ein Fall der Arbeitnehmerleihe vorliegt. In dem Fall bestimmt § 14 I AÜG, dass die überlassenen Arbeitnehmer trotz Tätigkeit in einem anderen Betrieb dem Entleiherbetrieb weiter zugehören. Dies gilt auch, wenn an einen im Ausland belegenen Betrieb verliehen wird.[27] Die inländischen Betriebspartner bleiben weiterhin zuständig, weil sich über § 14 I AÜG ergibt, dass der (zumindest betriebsverfassungsrechtliche) Schwerpunkt weiterhin im Inland liegt. Die ausländischen Betriebspartner wären dessen ungeachtet zur Regelung etwa der betriebsüblichen Arbeitszeit berechtigt, weil es hinsichtlich § 87 I Nr. 2 BetrVG nur auf die tatsächliche Eingliederung in den Betrieb ankommt.[28]

---

26 BAG v. 11.04.1958, AP Nr. 1 zu § 6 BetrVG; GK-BetrVG/*Kreutz* § 7 Rz 26; *Trümner*, in D/K/K § 5 Rz 31; *Gaul*, BB 1990, S. 697, 700.

27 BAG v. 22.03.2000, BB 2000, S. 2098, 2099 f.; ErfK/*Wank* Einl. AÜG Rz 81 ff.; *Gaul*, BB 1990, S. 697, 700; *Jaletzke*, S. 140; dies lässt sich auch im Gegenschluss aus § 1 III Nr. 3 AÜG entnehmen.

28 So BAG v. 15.12.1992, SAE 1994, S. 109, 111 f., allerdings für einen rein inländischen Sachverhalt.

Möglich ist des weiteren, dass ein Arbeitnehmer Teilzeit in zwei verschiedenen Betrieben arbeitet, jeweils einen Arbeitsvertrag zu zwei verschiedenen Arbeitgebern besitzt und in den organisatorischen Ablauf beider Betriebe eingegliedert ist.
Vereinbart der entsendende Betrieb mit dem Arbeitnehmer ein Ruhen seines Vertrages für die Dauer des Auslandsaufenthalts und begründet dieser ein neues Arbeitsverhältnis mit dem Betriebsinhaber des aufnehmenden Betriebs, so ist die erforderliche vertragliche Beziehung zu sowohl dem inländischen als auch dem ausländischem Arbeitgeber gegeben.[29]

**bb) Auflösung des Normkonfikts**

Steht fest, dass beide Betriebsvereinbarungen zur Anwendung gelangen, so käme eine Lösung nach dem Vorbild der Tarifkonkurrenz in einem inländischen Betrieb in Betracht.[30] Eine Lösung nach dem „Mehrheitsprinzip" kommt freilich nicht in Frage; denn die ausländische Betriebsvereinbarung wird grundsätzlich alle im Betrieb eingegliederten Arbeitnehmer erfassen und folglich generell einen Geltungsanspruch erheben.
Für die vergleichbare Problematik beim internationalen Tarifvertrag wird vorgeschlagen, das Günstigkeitsprinzip entsprechend heranzuziehen (Art. 30 I EGBGB).[31] Dabei handelt es sich dem Gedanken nach um eine Verlängerung materieller Gesichtspunkte in das IPR.[32] Auch für die Betriebsvereinbarung ist anerkannt, dass – trotz Fehlens einer ausdrücklichen Regel – das Günstigkeitsprinzip zur Anwendung kommt und sich der Arbeitnehmer wie bei § 4 III TVG auf einzelvertraglich vereinbarte günstigere Bestimmungen berufen kann.[33]
Die Geltung des Günstigkeitsprinzips lässt sich vorliegend ferner unter Bezugnahme auf Art. 3 VII der Arbeitnehmerentsenderichtlinie begründen.[34] Für die Frage, ob bei einem Einsatz deutscher Arbeitnehmer im Ausland das deutsche Arbeitsschutzrecht zu beachten ist, regelt Art. 3 VII der Richtlinie, dass insoweit das günstigere Recht, also eventuell das deutsche, zur Anwendung kommt.[35] Daraus kann man den allgemeinen Gedanken ableiten, dass es dem Empfängerstaat verwehrt ist, die Anwendung günstigerer Arbeitsschutzbestimmungen des

---

29 Vergl. *Jaletzke*, S. 144.
30 *Birk*, in FS Beitzke, S. 831, 863.
31 *Däubler*, Tarifvertragsrecht, Rz 1682; *Gamillscheg*, Kollektives Arbeitsrecht, Bd. 1, S. 489; aus französischer Sicht: *Lefebvre*, S. 80.
32 Vergl. *Wimmer*, S. 195.
33 Siehe bereits oben, § 9 I. 2. d).
34 Richtlinie 96/71/EG vom 16.12.1996, Abl. 1997 L 18/1; hierzu bereits oben, § 5 IV. 1.
35 Hierzu *Lunk/Nehl*, DB 2001, S. 1934, 1937; *Franzen*, ZEuP 1997, S. 1055, 1069 f.

Entsendestaats für entsandte Arbeitnehmer zu unterbinden.[36] Sofern es hier um einen Konflikt zwischen Normen, die von Privaten gesetzt wurden, geht, ist nicht einzusehen, weshalb etwas anderes gelten sollte.

Überträgt man diesen Gedanken auf die Konstellation, dass ein Arbeitnehmer sowohl einem inländischen als auch ausländischen Betrieb angehört, muss diejenige Betriebsvereinbarung zur Anwendung gelangen, die eine für den Arbeitnehmer günstigere Regelung enthält.[37] Das Günstigkeitsprinzip hätte freilich zur Folge, dass der Betriebsinhaber vor nicht unerhebliche Probleme gestellt würde. Dies wird vor allem am Beispiel einer Regelung über die betriebliche Ordnung (§ 87 I Nr. 1 BetrVG), z.B. über eine Frage der Arbeitssicherheit, deutlich. Diese Frage kann zweckmäßigerweise nur einheitlich in einem Betrieb festgelegt werden. Würde der ausländische Arbeitgeber eine kraft Günstigkeitsvergleich für entsandte Arbeitnehmer anwendbare deutsche Betriebsvereinbarung beachten müssen, müsste er i.E. zwei verschiedene Sicherheitsstandards erfüllen. Dies bedeutet eine Erschwernis für den Arbeitgeber und sollte möglichst vermieden werden. Eine (generelle) Lösung über das Günstigkeitsprinzip ist somit abzulehnen.[38]

Denkbar ist auch, einen grundsätzlichen Vorrang der ausländischen Betriebsvereinbarung anzunehmen. *Däubler* meint, dass wenn es eine Mitentscheidungsmöglichkeit in dem ausländischem Betrieb gibt, das dort erzielte Ergebnis wegen „größerer Sachnähe" den Vorrang haben müsse.[39] Gegen diese pauschale Lösung spricht allerdings, dass es wenig einsichtig ist, warum eine deutsche Betriebsvereinbarung hinter eine ausländische zurücktreten soll, wenn diese eine günstigere Bestimmung enthält. Dem Schutzgedanken, der tragend ist für die Zulassung einer „Ausstrahlung", entspricht es nicht, dass deutsches Recht generell hinter das ausländische zurücktreten soll.

*Jäger* schlägt vor, zwischen Inhalts- und Betriebsnormen zu differenzieren.[40] Die Inhaltsnormen der deutschen Betriebsvereinbarung könnten im ausländischen Betrieb zur Anwendung kommen, Betriebsnormen wegen der notwendig einheitlichen Umsetzung aber nicht. Diese Differenzierung ist im Ausgangspunkt

---

[36] *Lunk/Nehl*, DB 2001, S. 1934 ff., insbesondere 1938.

[37] *Steinmeyer*, DB 1980, S. 1541, 1544; *Wimmer*, S 195 ff.; vergl. auch *Bittner*, S. 430 ff. für den Fall einer Rechtswahl im Arbeitsvertrag; in diesem Fall wäre Art. 30 I EGBGB freilich direkt anzuwenden.

[38] I.E. ebenso *Birk*, in FS Trinkner, S. 461, 468.

[39] *Däubler*, Globalisierte Wirtschaft, S. 54; ebenso *Auffahrt*, in FS Hilger/Stumpf, S. 31, 38; vergl auch *Walz*, S. 152: Geltung eines ausländischen Tarifvertrags mit betriebsverfassungsrechtlichen Normen nur dort, wo „keine Störung der Sozialordnung" des betroffenen Staates zu erwarten ist.

[40] *Jäger*, S. 179 ff.; in der Sache ähnlich *von Hoyningen-Huene*, in MünchArbR § 298 Rz 43, der zwischen Grund- und Durchführungsverhältnis differenziert.

zutreffend. Doch ist, wie bereits oben bemerkt, nicht einzusehen, weshalb eine dem Arbeitnehmer günstigere Betriebsvereinbarung, etwa über eine Gratifikation, hinter eine ungünstigere ausländische zurücktreten soll.
Zusammengefasst lautet das Ergebnis wie folgt: Betriebsvereinbarungen über betriebliche und betriebsverfassungsrechtliche Fragen treten hinter vorhandene betriebliche Regelungen in dem ausländischen Betrieb zurück. Bei Betriebsvereinbarungen über sonstige Inhalte ist ein Günstigkeitsvergleich vorzunehmen; erweist sich die inländische Betriebsvereinbarung für den entsandten Arbeitnehmer als günstiger, so ist diese anzuwenden.

### 4. Ausdehnung des Wirkungsbereichs einer inländischen Betriebsvereinbarung aufgrund von europarechtlichen Vorgaben?

Es wurde bereits auf die Frage eingegangen, ob sich aus der Berücksichtigung der Dienstleistungsfreiheit (Art. 49 EGV) ein Rückschluss auf das internationale Privatrecht ableiten lässt.[41] Dies wurde im Prinzip verneint, bedarf an dieser Stelle aber der näheren Erläuterung.
Denn zunächst könnte man sich auf den Standpunkt stellen, dass die Dienstleistungsfreiheit es dem entsandten Arbeitnehmer gestatten müsste, „sein Arbeitsrecht“, d.h. auch sein Betriebsverfassungs- und vereinbarungsrecht, mit ins Ausland zu nehmen.[42] Die Dienstleistungsfreiheit ist tangiert, wenn die Verlagerung der Arbeitstätigkeit in das Ausland erschwert wird. Dies kann auch dadurch der Fall sein, dass im Ausland ein weniger günstiges Arbeitsrecht (vor allem im kollektiven Arbeitsrecht) zur Anwendung kommt und sich dieses gegenüber dem ausländischen Vertragsrecht durchsetzt. Der ausländische Unternehmer mag eher gewillt sein, seine unternehmerische Tätigkeit in einem anderen Mitgliedstaat der EU zu entfalten, wenn er mit den gewohnten Vorgaben „seines“ Betriebsverfassungsrechts rechnen kann.
Dieser Gedanke ist aber nur auf den ersten Blick richtig. Denn selbst wenn man die Dienstleistungsfreiheit bei der Formulierung der Kollisionsnorm des BetrVG mit heranziehen wollte, so wäre diese nur unwesentlich tangiert. Zwar können sich auch Fragen der betrieblichen Ordnung auf die Dienstleistungsfreiheit des Arbeitnehmers auswirken, wenn z.B. Fragen des Arbeitsschutzes geregelt werden oder auch freiwillige Leistungen (Weihnachts- und Urlaubsgeld etc.). Aber anders als ein Tarifvertrag, der verbindlich Mindestlöhne festschreibt, enthalten Betriebsvereinbarungen weniger wettbewerbsrelevante Themen. Die Dienstleistungsfreiheit wäre also nur unwesentlich beeinträchtigt.

---

[41] Siehe hierzu oben unter § 5 IV.
[42] So tendenziell *Birk*, RdA 1999, S. 13, 17.

Schließlich sind Adressaten der Dienstleistungsfreiheit nur die jeweiligen Nationalstaaten.[43] Deren staatlicher Gewalt wird es verboten, Maßnahmen zu ergreifen, welche die Dienstleistungsfreiheit tangieren. Zwar können Betriebsvereinbarungen wie Gesetze wirken, sie bleiben aber privatrechtliche Verträge. Durch Verträge zwischen Privaten kann Art. 49 EGV nicht beeinträchtigt werden. Folglich kann aus europarechtlichen Vorgaben keine erweiternde Wirkung einer deutschen Betriebsvereinbarung im Ausland hergeleitet werden.

### 5. Betriebsvereinbarungen auf Unternehmens- / Konzernebene

#### a) Ausdehnung des Wirkungsbereichs einer inländischen Betriebsvereinbarung durch die „Unternehmensdimension"

Die Grundsätze der „Ausstrahlung" sind inhaltlich weitgehend anerkannt und praktisch handhabbar. Etwas komplexer stellt sich die Sachlage jedoch bereits auf der Unternehmensebene dar. Schließt der im Inland belegene Gesamtbetriebsrat eine Gesamtbetriebsvereinbarung für alle Betriebe des deutschen Unternehmens ab, so stellt sich die Frage, ob auch die Arbeitsverhältnisse von Arbeitnehmern von im Ausland belegenen Betrieben des Unternehmens davon erfasst werden.

Es wurde bereits mehrfach betont, dass sich die Leitung moderner Unternehmen nicht in räumlichen Grenzen einfangen lässt;[44] diesem grenzüberschreitenden Aktionsfeld steht nach h.M. aber unter dem Blickwinkel des Betriebsverfassungsrechts eine starre Begrenzung auf die jeweiligen Landesgrenzen gegenüber (Territorialitätsprinzip). Dies erscheint wenig sachgerecht, weshalb man daran denken könnte, den Geltungsbereich einer Gesamtbetriebsvereinbarung auch über die Landesgrenzen hinweg auszudehnen.[45] Stützen ließe sich dieser Gedanken mit der These, dass die §§ 47, 50 BetrVG auf der Unternehmensebene angesiedelt sind; für die Unternehmensebene ist eine grenzüberschreitende Betrachtungsweise aber zulässig. Die Unternehmensmitbestimmung folgt nach h.M. dem Personalstatut des Arbeitgebers.[46] Eine ähnliche grenzüberschreitende Betrachtungsweise wird auch von denjenigen Autoren angestellt, die dafür plädieren, dass Vertreter ausländischer Arbeitnehmergremien in einen deutschen Gesamtbetriebsrat entsendet werden können.[47]

Allgemeiner könnte man auch mit Schutzerwägungen argumentieren. Sinn und Zweck einer Gesamtbetriebsvereinbarung ist es, Vereinbarungen dort abzuschließen, wo die für das Unternehmen maßgeblichen Entscheidungen fallen.

---

43 Siehe nur *Streinz*, S. 257 f.

44 Siehe oben, § 1. I. 2.

45 In diese Richtung gehend *Gamillscheg*, ZVerglRW 79 (1980), S. 83, 87.

46 Siehe oben, § 5 III.

47 Vergl. oben unter § 8 II. 2. a).

Dieser Grundgedanke ist an sich länderübergreifend und nicht auf das inländische Territorium beschränkt. Aufgrund des Territorialitätsprinzips kommt es zu einem „Funktionsverlust“ der Arbeitnehmervertretung hinsichtlich des Abschlusses von unternehmensweiten Vereinbarungen. Um die insoweit auftretende Lücke zu schließen, könnte man geneigt sein, den Anwendungsbereich einer Gesamtbetriebsvereinbarung weiter auszudehnen.[48]

Zur Lösung dieses Problems kann man sich nicht mit der Feststellung begnügen, dass der Gesamtbetriebsrat keine Regelungszuständigkeit für diejenigen Betriebe besitzt, die keine Vertreter in das Gremium entsandt haben.[49] Denn nach neuer Rechtslage kann ein Gesamtbetriebsrat unternehmensweit auch Angelegenheiten für Betriebe regeln, die keinen Betriebsrat wählen konnten oder wählen wollten.[50] Das Defizit an demokratischer Legitimation ist mithin hier kein (durchschlagendes) Argument.

Weiterführend könnte sein, bei der normativen Wirkung der Gesamtbetriebsvereinbarung anzusetzen. Es wird vorgebracht, dass es einer ausdrücklichen Rechtsgrundlage bedürfe, wenn eine „deutsche“ Betriebsvereinbarung normative Wirkung im Ausland entfalten sollte; auch aus einer Auslegung der §§ 47 ff. BetrVG sei dieses Ergebnis nicht zu gewinnen.[51] Freilich ist eine Wortlautinterpretation nur begrenzt weiterführend. Der weite Begriff „Unternehmen“ schließt nicht per se aus, dass eine normative Wirkung über die Landesgrenzen hinaus anzuerkennen ist.[52]

Die Lösung ergibt sich, wenn man wieder bei der Frage der Betriebszugehörigkeit ansetzt. Freilich handelt es sich vorliegend nicht um eine Frage der Betriebs-, sondern der Unternehmenszugehörigkeit, was aber in der Sache nichts ändert. Zur Klärung der Frage, ob ein Arbeitsverhältnis im Ausland räumlich einer im Inland abgeschlossenen Betriebsvereinbarung unterliegt, muss das Betriebsverfassungsstatut befragt werden. Das deutsche Betriebsverfassungsrecht ist anwendbar, weil der Gesamtbetriebsrat zu einem im Inland belegenen Unternehmen gehört. Nun muss durch sachrechtliche Auslegung des BetrVG ermittelt werden, ob auch im Ausland belegene Betriebe, die zu dem inländischen Unternehmen gehören, von der normativ wirkenden Gesamtbetriebsvereinbarung erfasst werden sollen. Diese

---

48 So im wesentlichen die Argumentation zur Begründung eines „Konzerntarifvertrags“, die auch auf den „internationalen Konzerntarifvertrag“ übertragen wird, hierzu *Windbichler*, S. 462; *Friedrich*, RdA 1980, S. 109, 115; *Walz*, S. 39 f.; *Junker*, Internationales Arbeitsrecht, S. 458 ff.

49 Möglich wäre ja auch, Vertreter aus den ausländischen Betrieben in den Gesamtbetriebsrat zu entsenden.

50 § 50 I S. 1, 3. HS. BetrVG

51 So *Gaul*, AWD 1974, S. 471, 476.

52 Eine solche ist grundsätzlich im Ausland durchaus denkbar, siehe oben unter § 3 III. 3. c).

Frage ist zu verneinen. Der Gesetzgeber des BetrVG hat – zumindest insoweit[53] – an grenzüberschreitende Sachverhalte ersichtlich nicht gedacht. Er ging als selbstverständlich davon aus, dass das von ihm entworfene komplexe Repräsentationssystem nur für im Inland belegene Betriebe und Unternehmen gilt. Gegenüber diesem klaren historischen Befund treten die oben angestellten Zweckmäßigkeitserwägungen in den Hintergrund. Allein aufgrund einer besonderen Schutzbedürftigkeit der Arbeitnehmerseite im internationalen Unternehmen kann kein „Durchgriff" auf selbständige Betriebe erfolgen. Insbesondere bei einer normativen Wirkung wäre wegen der weitreichenden Folgen für die ausländischen Betriebe eine klare Stellungnahme des Gesetzgebers erforderlich gewesen.[54] Folglich ist die Gesamtbetriebsvereinbarung in ihrem Wirkungskreis auf die Arbeitsverhältnisse der in deutschen Betrieben beschäftigten Arbeitnehmer beschränkt.[55]
Nichts anderes gilt entsprechend für die Konzernbetriebsvereinbarung.[56]

### b) Schuldrechtliche Lösung

Es hat sich erwiesen, dass die Wirkung einer inländischen Betriebsvereinbarung auch auf der Unternehmens-/Konzernebene durch das Kriterium der Betriebszugehörigkeit beschränkt ist. Denkbar ist es aber, dass das deutsche Mutterunternehmen mit dem deutschen Konzernbetriebsrat eine bloß schuldrechtliche Vereinbarung trifft, in der sich die Arbeitgeberseite zu einem bestimmten konzernweiten Handeln oder Unterlassen, etwa der Einführung eines Mindeststandards im Arbeitnehmerdatenschutz, verpflichtet.[57] Gegen ein solches Vorgehen bestehen im Grundsatz keine Bedenken, denn es ist anerkannt, dass nach deutschem Betriebsverfassungsrecht die Betriebspartner eine bloß schuldrechtliche Abrede (Regelungsabrede) treffen können, die einen Dritten begünstigt.[58] Es ist

---

53 Anders für die Seeschifffahrt, §§ 114 ff. BetrVG.

54 Insoweit richtig *Gaul*, AWD 1974, S. 471, 476.

55 I.E. ebenso *Junker*, Internationales Arbeitsrecht, S. 405; *Bittner*, S. 427; *Eser*, S. 86. Schief ist es, wenn formuliert wird, dass die normative Wirkung einer Betriebsvereinbarung nur soweit reichen kann, wie die Kollisionsnorm der Betriebsverfassung reicht, vergl. *Junker*, aaO; denn es geht nicht um eine kollisionsrechtliche Frage, sondern um eine Frage der sachrechtlichen Auslegung des kollisionsrechtlich zur Anwendung berufenen deutschen Betriebsverfassungs rechts. Eine spezielle Kollisionsnorm der Betriebs- oder Unternehmenszugehörigkeit wird gerade nicht herangezogen. Für die Rechtsprechung ergäbe sich gleiches Ergebnis unter Rückgriff auf das Territorialitätsprinzip.

56 *Junker*, Internationales Arbeitsrecht, S. 405. Dort wäre der „Durchgriff" wegen der rechtlichen Selbständigkeit der ausländischen Tochtergesellschaften freilich noch gravierender.

57 *Birk*, in FS Trinkner, S. 461, 470.

58 GK-BetrVG/*Kreutz* § 77 Rz 12; *Hanau*, RdA 1989, S. 207, 209; ErfK/*Hanau/Kania*, § 77 BetrVG Rz 26; *Veit/Waas*, BB 1991, S. 1329, 1332; *Hromadka/Maschmann*, Arbeitsrecht,

jedoch auch anerkannt, dass die Betriebspartner keine Regelungen treffen können, die außerhalb der Betriebsautonomie anzusiedeln sind.[59] Es muss daher noch untersucht werden, ob die zwischen einem inländischen Konzernarbeitgeber und Konzernbetriebsrat geschlossene schuldrechtliche Begünstigung von Arbeitnehmern, die im Ausland einem ausländischen Betrieb/Unternehmen angehören, aber unter einer deutschen Konzernspitze arbeiten, noch von der Betriebsautonomie gedeckt ist.

**aa) Erweiterung der Betriebsautonomie kraft „Funktionsverlusts" der Konzernbetriebsvereinbarung?**

Um die Einräumung von Ansprüchen gegenüber nicht betriebsangehörigen Arbeitnehmern im Ausland zu rechtfertigen, kann man auf die bereits oben unter I. 5. a) dargestellte Argumentation zurückgreifen. Der Konzernbetriebsrat hat als Aufgabe den Abschluss einer Konzernbetriebsvereinbarung mit Wirkung für alle konzernzugehörigen Unternehmen/Betriebe. Diese Aufgabe kann er nicht wahrnehmen, weil seine normative Regelungsmacht durch das Territorialitätsprinzip beschränkt ist. Als Ausgleich ist ihm jedoch wenigstens zuzugestehen, dass er schuldrechtliche Abreden treffen kann. In die Selbständigkeit ausländischer Unternehmen wird nicht eingegriffen, sofern ihnen keine Pflichten auferlegt werden.[60]

Nun könnte man erneut argumentieren, dass die Betriebsautonomie nur soweit reicht wie die Kollisionsnorm, d.h. an den Grenzen des deutschen Territoriums enden müsste.[61] Diese Sichtweise wäre freilich zu engherzig, denn es geht gerade ja nicht um die Erstreckung von Normen, sondern um die Einräumung einer Begünstigung. Hier ist ein weniger strenger Maßstab anzusetzen.

**bb) Privatautonomie als Rechtsgrundlage**

Lehnt man die interpretatorische Ausweitung der Betriebsautonomie für grenzüberschreitende schuldrechtliche Abreden aufgrund von Zweckmäßigkeitserwägungen (Funktionsverlust der Mitbestimmung, Arbeitnehmerschutz) ab, wäre

---

Bd. 2, S. 338; *von Hoyningen-Huene*, DB 1984, Beilage Nr. 1, S. 7; *Schipprowski*, S. 12 f.; vergl. auch oben, § 3 II. 1. e) bb).

[59] Kritisch auch *Däubler*, Globalisierte Wirtschaft, S. 62. Die genannten Zitate zur Zulässigkeit einer begünstigenden Drittwirkung beziehen sich denn auch - weit überwiegend - auf den Fall, dass bei einem Inlandssachverhalt eine Drittwirkung für betriebsangehörige Arbeitnehmer etabliert wurde.

[60] Zur der Möglichkeit des Abschlusses schuldrechtlicher Tarifabreden im inländischen Konzern siehe *Windbichler*, S. 469.

[61] Siehe oben, III. 5. a).

weiter zu fragen, worauf eine schuldrechtliche Abrede gestützt werden kann, wenn die Betriebsautonomie im Ausland an sich ihre Schranken findet. Denkbar ist auf die – im Prinzip allen Rechtssubjekten zustehende – Privatautonomie zurückzugreifen. Es geht m.a.W. um die Geltung der Privatautonomie in dem System betrieblicher Arbeitnehmervertretung bei Einigungen der Betriebspartner, die neben oder außerhalb des Rahmens, den die gesetzlichen Vorschriften spannen, gleichsam in einer „Grauzone des Rechts", getroffen werden.[62]

Das BAG hatte in der Vergangenheit über die Wirksamkeit von Vertragskonstellationen zu entscheiden, die außerhalb des eigentlichen Anwendungsbereichs des BetrVG abgeschlossen wurden und die daher letztlich nur auf der Privatautonomie fußen konnten.[63] Zwei Beispiele seien in diesem Zusammenhang genannt:

Nach der Entscheidung des BAG vom 31.01.1979 ist es zulässig, dass Arbeitgeber und Betriebsrat einen Vertrag zugunsten Dritter schließen, um leitenden Angestellten eine Abfindung aus dem Sozialplan zuzugestehen.[64] Für eine solche Vereinbarung fehlte den Betriebsparteien an sich die Vereinbarungsbefugnis, denn leitende Angestellte fallen nicht unter den persönlichen Geltungsbereich des BetrVG, § 5 III BetrVG.

Das BAG billigte ferner in einer Entscheidung vom 19.02.1975 die Bildung von Sprecherausschüssen auf rein privatrechtlicher Grundlage.[65] Zu dem Zeitpunkt der Entscheidung gab es das Sprecherausschussgesetz noch nicht; Arbeitgeber und Arbeitnehmer kamen jedoch überein, dass eine spezielle Interessenvertretung für die leitenden Angestellten wünschenswert sei. Noch weitergehender war die darauffolgende Entwicklung, dass der so konstituierte Sprecherausschuss nicht nur Mitwirkungsrechte ausübte, sondern dazu überging, mit dem Arbeitgeber Verträge zu schließen. Solche Vereinbarungen wurden auf privatrechtlicher Grundlage für zulässig erachtet, sogar soweit Rechte Dritter begründet werden sollten, § 328 BGB.[66]

---

[62] Solche Einigungen sind keinesfalls selten, *Birk*, ZfA 1986, S. 73 ff.; *Konzen*, ZfA 1985, S. 488 ff.

[63] Kritisch gegenüber bürgerlich-rechtlichen Konstruktionen im Bereich der Betriebsverfassung aus Sicht des österreichischen Rechts *Strasser*, RdA 1989, S. 258, 260; *Jabornegg*, in FS Strasser, S. 367, 373 f. Der bloße Hinweis, außerhalb des gesetzlichen Rahmens sei eine Rechtsgestaltung als „sozial- und gesellschaftspolitisch unerwünscht" anzusehen, reicht m.E. zur Begründung der rechtlichen Unwirksamkeit solcher Gestaltungen aber nicht aus.

[64] BAG AP Nr. 8 zu § 112 BetrVG.

[65] BAG, SAE 1976, 133; aus der Literatur vergl. nur *Galperin/Löwisch*, BetrVG § 5 Rz 51 m.w.N..

[66] *Rüthers*, BB 1972, S. 1105, 1109; *Birk*, ZfA 1986, S. 73, 94; *Konzen*, ZfA 1985, S. 469, 486.

Die Beispiele verdeutlichen, dass Vereinbarungen außerhalb des engen Rahmens des BetrVG durchaus anzutreffen sind. Offenbar besteht in gewissen Bereichen, die der Gesetzgeber nicht ausdrücklich geregelt hat, ein Bedürfnis für vertragliche Gestaltung. Soweit es um bloß schuldrechtliche Verträge geht, die in Bezug auf Dritte eine begünstigende Wirkung haben (§ 328 BGB), bestehen keine Bedenken, die Privatautonomie als Rechtsgrundlage heranzuziehen.[67] Sie besteht allerdings nicht vollkommen uneingeschränkt, sondern vermag stets nur dort Platz zu greifen, wo sie nicht auf entgegenstehende Wertungen des Gesetzes trifft.[68] Solche sind hier nicht ersichtlich. Das BetrVG erkennt zwar nicht ausdrücklich den internationalen Konzern an; doch lässt es durchaus Berührungspunkte zu, etwa in der Frage, ob für die im Inland belegenen Betriebe ein Gesamtbetriebsrat oder ein Wirtschaftsausschuss zu bilden ist.[69] § 37 II BetrVG ist z.B. so auszulegen, dass ein Gesamtbetriebsratsmitglied die Kosten einer Anfahrt zu einem im Ausland belegenen Betriebsrat erstattet erhält, wenn die in- und ausländischen Betriebe gleichermaßen von einer geplanten grenzüberschreitenden Maßnahme berührt werden (etwa bei der Einführung eines neuen Informationssystems).[70] Das BetrVG wird, wo es sich anbietet, internationalisiert. Eine schuldrechtliche Erweiterung der Regelungsmacht des inländischen Konzernbetriebsrats stellt sich nicht als Eingriff in das BetrVG dar, sondern als zeitgemäße Weiterentwicklung bestehender Betriebsverfassungsstrukturen.

Im Ergebnis kann also festgehalten werden, dass durch eine schuldrechtliche Abrede eine Grundsatzvereinbarung auf der Konzernebene getroffen werden kann.

Schließt der deutsche Konzernbetriebsrat eine Konzernbetriebsvereinbarung ab, in die er auch – versehentlich oder absichtlich – Arbeitnehmer von ausländischen Betrieben einbezieht, so fragt es sich, ob die eventuell fehlgeschlagene Normativwirkung hinsichtlich der im Ausland beschäftigten Arbeitnehmer in eine schuldrechtliche Wirkung umgedeutet werden kann. Dies ist stets zu bejahen, weil dies dem Willen der Betriebspartner am ehesten entspricht.[71]

In einer ähnlichen Konstellation kam das BAG für den Tarifvertrag zum gleichen Ergebnis. In dem Fall des BAG v. 11.09.1991 (Goetheinstitut)[72] wurde die Geltung

---

67 *Konzen*, ZfA 1985, S. 469, 489.

68 So deutlich *Konzen*, ZfA 1985, S. 469, 490; *Strasser*, RdA 1989, S. 258, 260, FN 18; in der Prüfung geht das BAG ebenso vor, BAG v. 19.02.1975, SAE 1976, S. 133,135; vergl. auch *Birk*, EuZW 1997, S. 453, 455 zum europäischen TV. Zu beachten ist ferner, dass auch rein privatautonome Verträge zwischen natürlichen Personen bereits vielfachen Grenzen durch die Rechtsordnung ausgesetzt sind, hierzu *Kreutz*, Betriebsautonomie, S. 57 ff.

69 Zur Problematik oben, § 8 II. 2. a).

70 Siehe hierzu oben, § 4 I. 4. d).

71 Dies nahm auch das BAG an in dem oben erwähnten Fall BAG, AP Nr. 8 zu § 112 BetrVG an; wie hier *Birk*, in FS Trinkner, S. 461, 470.

72 AR-Blattei ES 340 Nr. 14.

eines inländischen Firmentarifvertrags auf die im Ausland beschäftigten Arbeitnehmer ausgedehnt, die einem ausländischen selbständigen Tochterunternehmen angehörten. Mangels Tarifbindung der ausländischen Tochtergesellschaft verneinte das Gericht eine normative Wirkung des Tarifvertrags. Gleichwohl war der Vertrag nicht rechtlich bedeutungslos. Das Gericht nahm eine schuldrechtliche Einwirkungspflicht des den Tarifvertrag abschließenden Mutterunternehmens in Bezug auf das im Ausland belegene Tochterunternehmen an, die in dem Tarifvertrag enthaltenen Arbeitsbedingungen auch den dort arbeitenden Beschäftigten zu gewähren.

### 6. Grenzen der Geltung einer deutschen Betriebsvereinbarung im Ausland

#### a) Völkerrechtliche Bedenken

Eine erste Schranke für die Wirksamkeit einer deutschen Betriebsvereinbarung im Ausland kann sich aus dem Völkerrecht ergeben. Im Völkerrecht gilt das Territorialitätsprinzip, welches besagt, dass Recht nur im eigenen souveränen Gebiet gesetzt werden darf und anderen Völkern eigene Normen nicht aufgedrängt werden dürfen.[73] Gesetze wirken daher grundsätzlich nur beschränkt auf das eigene Territorium.

Dieser starre Grundsatz gilt aber nicht in allen Fällen. Es ist einem Staat nämlich unbenommen, den Geltungsbereich seines Rechts über seine Grenzen hinaus zu erstrecken.[74] Eine andere Frage ist es, ob der Staat, in dessen Territorium fremdes Recht gelten soll, diesen Eingriff duldet. Das hängt davon ab, ob und in welchem Maße er ein eigenes Regelungsinteresse für den in Frage stehenden Sachverhalt hat. Dabei ist es eine Frage des Einzelfalls, inwieweit er gegenüber dem fremden Recht ein „Entgegenkommen“ an den Tag legt.[75] Eine deutsche Rechtsnorm kann mithin prinzipiell auch auf ausländischem Territorium wirken, solange eine sinnvolle Beziehung zum Inland besteht („genuine link“) und das geforderte Tun, Dulden oder Unterlassen nicht gegen ein ausländisches Verbot verstößt.[76]

Arbeitet etwa eine deutsche Gruppe von Montagearbeitern oder Bahnpersonal einer deutschen Gesellschaft im Ausland, so steht nur in Frage, ob diese Arbeitnehmer noch unter die Regelungsmacht des deutschen Betriebs fallen. Eine Konkurrenz zu der Regelungsmacht eines ausländischen Betriebs kommt nicht in Frage, solange die Arbeitnehmer nicht in einen ausländischen Betrieb eingliedert sind. In dieser Konstellation wird der ausländische Staat prinzipiell nichts dagegen haben, dass

---

73 Vergl. oben unter § 7 II. 1. b).

74 *Agel-Pahlke*, S. 61. Für den Tarifvertrag ist dies mittlerweile anerkannt, hierzu oben unter § 6 II.

75 Dieses „Entgegenkommen“ wird auch „comitas“ genannt, *Lüderitz*, IPR, S. 12.

76 *Junker*, Anm. zu BAG v. 30.04.1987, SAE 1989, S. 328, 330; *Wengler*, IPrax 1983, S. 145.

deutsches Betriebsvereinbarungsrecht wirkt, weil er selbst keinen Regelungsanspruch erhebt.

Etwas anderes gilt, soweit die entsandten Arbeitnehmer auch unter die Regelungsmacht eines ausländischen Betriebs fallen. Sofern aber eine hinreichend enge Beziehung zum Inland besteht, wird das ausländische Recht die Geltung einer Betriebsvereinbarung aber auch in dieser Konstellation noch akzeptieren. Die Anerkennung der Prinzipien der „Ausstrahlung" ist im europäischen Raum weit verbreitet.[77]

Als Zusatzargument kann man sagen, dass es bei Betriebsvereinbarungen nicht um die Erstreckung inländischer vom Staat erlassener Gesetze ins Ausland geht, sondern um die Anerkennung privatrechtlicher Verträge.[78] Hier dürfte die Toleranzgrenze des ausländischen betroffenen Staates höher anzusetzen sein.[79]

### b) Der Vorbehalt des Gesetzes

Betriebsvereinbarungen müssen sich an höherrangigem Recht, also insbesondere an formellen Gesetzen, messen lassen. Besondere Bedeutung kommt der Ebene der formellen Gesetze zu, soweit dadurch der Abschluss von Betriebsvereinbarungen generell ausgeschlossen ist. Dies ist z.B. bei § 87 I BetrVG der Fall, wonach eine Betriebsvereinbarung nicht über ein Thema abgeschlossen werden darf, für die der Gesetzgeber bereits eine zwingende und abschließende Regelung getroffen hat.[80] Geht man davon aus, dass der Arbeitnehmer in Deutschland klagt und dass zudem die Grundsätze der Ausstrahlung eingreifen, so fragt es sich, ob als Messlatte für die Wirksamkeit der Betriebsvereinbarung deutsches oder ausländisches Recht anzuwenden ist. Dies entscheidet sich nicht etwa nach dem Statut der Betriebsvereinbarung, denn dieses beeinhaltet nicht mehr als den Abschluss, Wirkung, Beendigung etc. der Betriebsvereinbarung.[81] Die Geltung eines formellen Gesetzes ergibt sich nach allgemeinen Regeln aus dem Statut des Arbeitsvertrags. Dies bietet den richtigen Ansatz zur Differenzierung.[82]

---

77 So für Österreich: *Mayer-Maly/Marhold*, S. 141; für Frankreich: *Lefebvre*, S. 126; allgemeiner *Gaul*, BB 1990, S. 697, 702.

78 Die freilich aber wie „Gesetze" wirken können.

79 Für die Fälle der „Ausstrahlung" besteht demzufolge auch Einigkeit, dass deutsche Betriebsvereinbarungen im Ausland wirken können, vergl. *Auffahrt*, in FS Hilger-Stumpf, S. 31, 39; *Birk*, in FS Trinkner, S. 461, 465; zu der Wahl deutschen Betriebsverfassungsrechts im Ausland siehe auch *Agel-Pahlke*, S. 55 ff.; *Junker*, Anm. zu BAG v. 30.04.1987, SAE 1989, S. 328, 330; vergl. auch oben, § 7 II. 1. a).

80 Z.B. im ArbZG, *Klebe*, in D/K/K § 87 Rz 25.

81 Siehe ausführlich oben, § 7 V.

82 Ebenso in Bezug auf den Tarifvertrag *Däubler*, Tarifvertragsrecht Rz 1679; *Zachert*, in Kempen/Zachert, TVG Rz 64; *Wimmer*, S. 61; zu undifferenziert hingegen *Gaul*, BB 1990, S. 697, 702: Genereller Vorrang des ausländischen Gesetzes.

**aa) Deutsches Arbeitsvertragsrecht**

Ist deutsches Arbeitsvertragsrecht berufen,[83] so sind damit im Grundsatz auch alle deutschen Arbeitsgesetze anzuwenden. Dies gilt z.B. für das UrlG,[84] das KSchG etc.[85] Etwas anders gilt aber für solche Gesetze, die öffentlich-rechtlichen Charakter besitzen oder zwar privatrechtlicher Natur sind, aber mit einem internationalen Anwendungswillen ausgestattet sind.[86] Solche Gesetze gelten unabhängig von dem jeweiligen Vertragsstatut für alle Arbeitsverhältnisse, die auf dem Territorium des Staates durchgeführt werden. Es handelt sich hierbei vor allem um Vorschriften des Arbeitsschutzes,[87] also Arbeitszeitgesetze, Unfallverhütungsvorschriften, allgemeinverbindliche Tarifverträge, weitergehend werden zu dem Bereich der privatrechtlichen Engriffsnormen auch Vorschriften des Jugendarbeitsschutzes und des Mutterschutzes gezählt.[88]

Die Berücksichtigung ausländischen international zwingenden Rechts ist allerdings für den inländischen Richter keine Selbstverständlichkeit. In Art. 7 I EVÜ ist die Pflicht niedergelegt, zwingendes ausländisches Recht zu beachten, doch wurde diese Vorschrift letztlich nicht in das EGBGB mit übernommen.[89] Seitdem ist es in Deutschland umstritten, ob und in welcher Weise ausländisches zwingendes Recht Berücksichtigung finden kann.[90]

Für die hier zu beurteilende Konstellation eines Arbeitsverhältnisses, welches im Ausland durchgeführt wird, aber deutschen Vertragsstatut untersteht, sollte eine Berücksichtigung des ausländischen Rechts erfolgen. Dafür spricht zum einen, dass in den Fällen der „Ausstrahlung" regelmäßig zumindest auch ein starker Bezug zu dem ausländischem Recht vorliegt, z.B. wenn ein Arbeitnehmer vollständig in einen ausländischen Betrieb eingegliedert ist. Ferner spricht für eine Berücksichtigung der äußere Entscheidungseinklang.[91] Möglich ist die

---

83 Kraft objektiver Anknüpfung, Art. 30 II EGBGB, oder kraft einer Rechtswahl Art. 27, 30 I EGBGB.

84 Kein Eingriffsrecht, siehe *Martiny*, ZEuP 2001, S. 308, 325.

85 Hierzu oben unter § 5 III.

86 *Jäger*, S. 169 ff.; *Jaletzke*, S. 149 f.; *Däubler*, Globalisierte Wirtschaft, S. 55.

87 *Simitis*, FS Kegel, S. 153, 170.

88 *Hönsch*, NZA 1988, S. 113, 117; vergl. auch oben unter § 5 III.

89 *Franzen*, ZEuP 1997, S. 1055, 1067 f.

90 Zum Streitstand *Schurig*, RabelsZ 54 (1990), S. 217, 234 ff.; *Kropholler*, IPR, S. 480 ff.; *Hentzen*, RIW 1988, S. 508 ff.; MünchKomm/*Martiny* Art. 34 EGBGB Rz 42 ff.; *Schäfer*, in FS Sandrock, S. 37 ff.

91 So auch *Hergenröder*, in AR-Blattei SD 1550.15 Rz 94 für den internationalen Tarifvertrag; das BAG ging ohne weiteres davon aus, dass ein deutscher Tarifvertrag in Mexiko dem dortigen zwingenden Recht unterliegt, BAG v. 11.09.1991, AR-Blattei ES 340 Nr. 14. Zur Betriebsvereinbarung ebenso *Steinmeyer*, DB 1980, S. 1541, 1544.

Berücksichtigung ausländischen Rechts mittels einer direkten Sonderanknüpfung[92] oder mittels einer faktischen Berücksichtigung durch § 138 BGB.[93]

### bb) Ausländisches Arbeitsvertragsrecht

Ist umgekehrt das ausländische Recht Arbeitsvertragsstatut, so sind dessen Gesetze berufen. Dies gilt für alle privatrechtlichen und öffentlich-rechtlichen Gesetze.

### cc) Probleme der unterschiedlichen Rechtsanwendung

Diese Unterscheidung nach dem Arbeitsvertragsstatut erscheint zwingend, im Ergebnis allerdings nicht ganz glücklich. So kann es nämlich sein, dass die Betriebsvereinbarung gegen ausländisches Recht verstößt, mit dem inländischen Recht allerdings im Einklang steht, je nachdem, welches Arbeitsvertragsrecht zugrunde liegt. Gibt es in einem Betrieb mehrere Arbeitsvertragsstatute, wäre die Betriebsvereinbarung u.U. nur für Teile der Belegschaft relevant. Dies ist besonders misslich, wenn man bedenkt, dass die Betriebsvereinbarung die Ordnung im Betrieb gerade einheitlich gestalten soll.[94]
Ferner kann es zu ganz unterschiedlichen Entscheidungen über die Wirksamkeit der Betriebsvereinbarung kommen je nachdem, in welchem Land der Rechtsstreit geführt wird. Möglich ist, dass bei einem Arbeitsvertrag nach deutschem Recht deutsches Urlaubsrecht zur Anwendung kommt und dieses eine ergänzende Regelung durch die Betriebspartner gestattet, das ausländische Urlaubsrecht hingegen eine Abweichung durch die Betriebspartner nicht zulässt und sich gleichzeitig den Charakter eines international zwingenden Rechts zuschreibt. Dann wäre dem Arbeitnehmer zu raten, vor einem deutschen Gericht zu klagen, sofern die Regelung in der Betriebsvereinbarung günstiger für ihn ist.

### c) Der Tarifvorbehalt

Ähnliche Überlegungen wie bei dem Problem des Vorrangs formeller Gesetze sind für das Verhältnis Betriebsvereinbarung – Tarifvertrag anzustellen. Vom Standpunkt der Normenhierarchie aus handelt es sich bei dem Tarifvertrag um eine der Betriebsvereinbarung übergeordnete Rechtsquelle. Der Tarifvorrang ist in allen untersuchten Ländern im Prinzip anerkannt.[95] „Gilt" eine deutsche Betriebsvereinbarung im Ausland, so fragt es sich, ob deutsches und/oder ausländisches Tarifvertragsrecht zu berücksichtigen ist. M.a.W stellt sich die Frage, ob ein

---

92 In diesem Sinne *Kropholler*, IPR, S. 487; *Hentzen*, RIW 1988, S. 508, 511.
93 *Schäfer*, in FS Sandrock, S. 37, 50 ff.; Palandt/*Heldrich*, Art. 34 EGBGB Rz 5.
94 Deshalb wurde von der h.M. auch nicht dafür votiert, die Wirkung der Betriebsvereinbarung von dem Arbeitsvertragsstatut abhängig zu machen, siehe oben § 7 II. 4. und § 9 I. 2. c).
95 Siehe oben, § 3 II. jeweils unter e), sowie § 6 III. 6.

inländischer oder gegebenenfalls nur ein ausländischer Tarifvertrag bei § 77 III BetrVG Beachtung finden muss.

### aa) Inländische Betriebsvereinbarung und inländischer Tarifvertrag

Arbeitet ein Arbeitnehmer eines inländischen Betriebs im Ausland, so kann auf dessen Arbeitsverhältnis ein inländischer Tarifvertrag zur Anwendung gelangen, wenn die allgemeinen Anwendungsvoraussetzungen nach dem TVG vorliegen. Das bedeutet, dass Arbeitnehmer und Arbeitgeber tarifgebunden sein müssen und der räumliche Geltungsbereich des Tarifvertrages sich auch auf das Ausland erstreckt. Dies ist grundsätzlich möglich[96] und nicht bloß bei Fällen einer „Ausstrahlung" des Tarifvertrags anzunehmen. „Gilt" also ein deutscher Tarifvertrag auch im Ausland, so bestehen keine Bedenken, einen im Ausland von deutschen Tarifpartnern abgeschlossenen Tarifvertrag als Schranke i.S.v. § 77 III BetrVG zu betrachten. Bei näherer Betrachtung kommt es für die hier anstehende Frage des Tarifvorrangs auf eine etwaige Tarifbindung weder im Auslandsbetrieb noch im Inlandsbetrieb an.[97] Denn nach der Systematik des § 77 III BetrVG[98] wird der Tarifvorbehalt grundsätzlich schon dann ausgelöst, wenn ein für den Auslandsbetrieb abgeschlossener Tarifvertrag vorliegt, der unter den räumlichen und betrieblichen Geltungsbereich des Tarifvertrags fällt.[99] Sofern diese Voraussetzung gegeben ist und eine abschließende Regelung gewollt ist, muss die Betriebsvereinbarung hinter den Tarifvertrag zurückstehen. Anderes gilt allerdings in dem Bereich des § 87 BetrVG. Hier verlangt die Rechtsprechung, dass der Tarifvertrag aufgrund Tarifbindung in dem Betrieb tatsächlich „gilt".[100]

### bb) Inländische Betriebsvereinbarung und ausländischer Tarifvertrag

Geht es um die Konstellation, dass eine inländische Betriebsvereinbarung auf einen ausländischen Tarifvertrag trifft, so muss auch hier die Betriebsvereinbarung grundsätzlich zurücktreten. Betrachtet das ausländische Recht sein Tarifvertragsrecht als international zwingend, so folgt dies bereits aus der Pflicht zur Beachtung fremder Eingriffsnormen.[101]

---

96 Hierzu bereits oben, § 6 II.

97 So aber *Jaletzke*, S. 150

98 Auf dessen Voraussetzungen ist hier abzustellen, weil das Statut der betrieblichen Vereinbarung ebenfalls deutsches Recht ist.

99 Insbesondere muss der ausländische Arbeitgeber nicht tarifgebunden sein, vergl. BAG v. 24.01.1996, AP Nr. 8 zu § 77 BetrVG 1972 Tarifvorbehalt; *F/K/HE* § 77 Rz 78; *Berg*, in D/K/K § 77 Rz 69 a.

100 Siehe oben, § 3 II. 1. e) bb).

101 Siehe oben unter I. 6. b) aa).

Selbst wenn man einen Eingriffscharakter fremden Tarifvertragsrechts verneint, muss diesem Vorrang i.S.v. § 77 III BetrVG eingeräumt werden. Dogmatisch geht es hierbei um die Substitution des an sich rein national bezogenen Begriffs „Tarifvertrag" i.S.v. § 77 III BetrVG durch einen ausländischen Tarifvertrag. Da es in den Ländern Europas überall dem deutschen Tarifvertrag vergleichbare Rechtsinstitute gibt, bestehen hinsichtlich eines solchen Vorgehens keine Bedenken.

Der Vorrang des ausländischen Tarifvertrages lässt sich auch durch einen Rückzug auf die Normenhierarchie begründen. Der Tarifvertrag ist höherrangiges Recht, dies wird von allen untersuchten Ländern auch anerkannt und kann daher als ein allgemeiner Gedanke aufgefasst werden.[102]

Für die Frage, welche Voraussetzungen für eine Verdrängung der Betriebsvereinbarung im Detail erfüllt sein müssen,[103] kommt es wieder auf den Inhalt des Betriebsvereinbarungsstatuts an, also hier auf § 77 III BetrVG.[104]

### cc) Inländische Betriebsvereinbarung und Anwendbarkeit sowohl eines inländischen als auch eines ausländischen Tarifvertrags

Es kann vorkommen, dass in einem im Ausland belegenen Betrieb sowohl ein ausländischer als auch ein inländischer Tarifvertrag Geltung beanspruchen, z.B. dann, wenn deutsche Tarifpartner ihre Satzungsautonomie auf das Ausland erstreckt haben und zusätzlich der ausländische Tarifvertrag gilt, weil er allgemeinverbindlich wirkt.[105] Nun stellt sich die Frage, auf welchen Tarifvertrag abzustellen ist.

Eine Lösung könnte darin bestehen, zunächst den Konkurrenzkonflikt zwischen den beiden Tarifverträgen aufzulösen, um sodann zu entscheiden, auf welchen es im Verhältnis zur Betriebsvereinbarung ankommen soll. Dieses komplizierte Vorgehen ist aber nicht erforderlich. Denn steht fest, dass ein – egal ob in- oder ausländischer - Tarifvertrag räumlich und thematisch einschlägig ist, so reicht dies aus, um den Tarifvorbehalt auszulösen. Eine genaue Klärung der Frage, welcher Tarifvertrag zur Anwendung kommt, kann insoweit offen bleiben.[106]

---

[102] Vergl. oben, § 6 III 6.

[103] Also z.B. bei dem Problem, ob der Tarifvorbehalt nur greift, wenn der Arbeitgeber tatsächlich auch tarifgebunden ist.

[104] Dass in den Fällen der Ausstrahlung ausländisches Tarifvertragsrecht grundsätzlich Beachtung finden muss, entspricht der h.M., vergl. *Gaul*, BB 1990, S. 697, 702; *Däubler*, Globalisierte Wirtschaft, S. 55.

[105] Dies gibt es z.B. im spanischen Recht, *Zachert*, in Kempen/Zachert, TVG § 4 Rz 58; siehe auch oben, § 8 III. 5. b).

[106] Anders *Jäger*, S. 173 ff., der ermittelt, wo der „Schwerpunkt" des jeweiligen Tarifvertrags räumlich festzumachen ist.

### d) Ordre public-Vorbehalt[107]

Des weiteren kann sich eine Grenze der Wirksamkeit der Betriebsvereinbarung im Ausland aus dem Gesichtspunkt des ordre public ergeben.[108] Es kommt darauf an, ob die Anwendung eines inländischen Rechtssatzes im konkreten Einzelfall zu einem Ergebnis führt, welches mit den Grundgedanken der ausländischen Rechtsordnung und der in ihr liegenden Gerechtigkeitsvorstellungen in so starkem Widerspruch steht, dass es als untragbar erachtet werden muss.[109]
Denkbar wäre eine Prüfung des ordre-public-Vorbehalts z.B. in dem Fall, in dem eine Betriebsvereinbarung allgemein ein Streikrecht ausschließt, wenn im ausländischen Recht der Arbeitskampf als legitimes Mittel bei Verhandlungen um den Abschluss einer betrieblichen Regelung angesehen wird. Ansonsten müssen bestehende Friktionen mit dem ausländischen Recht mittels einer Anpassung oder schlichter Auslegung ausgeglichen werden. Ist in einer betrieblichen Regelung z.B. vorgesehen, dass eine betriebsärztliche Untersuchung in bestimmten Abständen vorzunehmen ist, und existiert in dem Betrieb, in dem der entsandte Arbeitnehmer eingegliedert ist, kein Betriebsarzt, so wäre daran zu denken, dass er entweder zu einem Arzt außerhalb des Betriebs oder – sofern zumutbar – den Betriebsarzt in Deutschland aufsuchen muss (in möglicherweise geringeren Zeitabständen). Probleme können auch auftreten, wenn in der betrieblichen Vereinbarung Bezug genommen wird auf Institutionen, die es im Ausland nicht gibt. Bei einer Vereinbarung über den Arbeitnehmerdatenschutz ist denkbar, dass die Existenz eines Beauftragten für den Datenschutz[110] oder spezielle Behörden im Inland vorausgesetzt wird. Zur Vermeidung solcher Probleme empfiehlt es sich, in einer grenzüberschreitenden Vereinbarung nur einen Mindestrahmen festzulegen, der durch das jeweilige ausländische Recht näher ausgefüllt wird.

### e) Verstoß gegen den ausländischen positiven ordre public

Hinsichtlich der positiven Funktion des ordre public wäre nun zu prüfen, ob das ausländische Recht, hier genauer das Recht, welches Aussagen zum Abschluss von betrieblichen Vereinbarungen enthält, intern mit einem solch hohen gesellschafts-

---

[107] In der Praxis ist die Trennung von Eingriffsnormen und der Funktion des ordre-public-Vorbehalts schwierig vorzunehmen, vergl. *Weber*, IPrax 1988, S. 82, 84. Die folgenden Ausführungen beziehen sich nur auf den Fall, dass der ausländische ordre public in seiner negativen Funktion berührt ist.

[108] Art. 6 EGBGB aus deutscher Sicht; dieser Vorbehalt findet sich im IPR aller Staaten, Erman/*Hohloch*, Art. 6 EGBGB Rz 1.

[109] So die Definition für Art. 6 EGBGB, BGH v. 17.09.1968, Z 50, 370, 375 f.; BAG v. 24.08.1989, SAE 1989, S. 317, 321 f.; *Lüderitz*, IPR, S. 91; Palandt/*Heldrich* Art. 6 EGBGB Rz 4.

[110] *Birk*, in FS Trinkner, S. 461, 474; *Wimmer*, S. 78 zum Tarifvertrag.

politischen Wert ausgestattet ist, dass es für den Abschluss einer betrieblichen Regelung mit Wirkung auf seinem Territorium ausschließlich sein Recht angewendet wissen will.[111] Auf diese Problematik muss an dieser Stelle aber noch nicht in aller Tiefe eingegangen werde. Denn wie bereits oben festgestellt,[112] bestehen aufgrund der wechselseitigen Anerkennung der Grundsätze der „Ausstrahlung" keine Bedenken, dass eine zwischen einem deutschen Arbeitgeber und einem deutschen Betriebsrat abgeschlossene Betriebsvereinbarung im Ausland akzeptiert wird.[113] Die Frage, ob das ausländische Recht die inländische Betriebsvereinbarung verdrängt, stellt sich in schärferem Maße bei einer deutschen Betriebsvereinbarung, die kraft einer Rechtswahl im Ausland gilt. Auf dieses Problem soll später eingegangen werden.[114]

## II. Verschiedene nationale Abschlusspartner

### 1. Betriebliche Vereinbarung zwischen inländischem Betriebsrat und einem ausländischem Arbeitgeber

#### a) Abschlussmöglichkeiten

Bei dem Abschluss eines Tarifvertrags ist es möglich, dass Abschlusspartner aus verschiedenen Ländern beteiligt sind.[115] Begründet wird dies damit, dass sich der Umfang der Tarifzuständigkeit aus der Satzung des Verbandes ergibt und sich eine Beschränkung nur auf inländische Koalitionspartner dem TVG nicht entnehmen lässt.[116] Z.T. wird darauf abgestellt, dass den Mitgliedern der Gewerkschaft gerade im Ausland der Schutz durch einen Tarifvertrag nicht genommen werden darf.[117] Dieser Gedanke des freien Vertragsschlusses unter (beliebiger) Wahl eines Abschlusspartners ist freilich auf eine betriebliche Vereinbarung nicht zu übertragen. Eine grundsätzliche Grenze ergibt sich aus den unterschiedlichen Wirkungsmechanismen der beiden Vereinbarungen. Für die Frage, ob ein Arbeitnehmer von dem Tarifvertrag erfasst wird, ist die Tarifbindung entscheidend, § 3 TVG. Ist der Arbeitnehmer Mitglied der vertragsschließenden Gewerkschaft, so

---

[111] Für eine wechselseitige Anerkennung, sofern das Ausland ein der inländischen Betriebsvereinbarung vergleichbares Institut kennt, *Eser*, S. 86.

[112] Unter I. 6. a).

[113] Möglich ist allerdings, dass das ausländische Recht im Falle einer Normkonkurrenz einen unbedingten Geltungsanspruch für sich erhebt.

[114] Siehe zu dieser Frage unter III. 1. c) aa).

[115] Siehe oben, § 6 II.

[116] *Friedrich*, RdA 1980, S. 109, 112; *Birk*, in FS Beitzke, S. 831, 854; *Lohmann*, S. 98; *Walz*, S. 147 f.

[117] *Hergenröder*, in AR-Blattei SD 1550.15 Rz 87; vergl. auch *Däubler*, Tarifvertragsrecht Rz 1658.

„gilt“ für ihn der Tarifvertrag. Dabei spielt es keine entscheidende Rolle, ob die Gewerkschaft ihren Sitz im Ausland hat oder nicht.
Für die Geltung deutschen Betriebsvereinbarungsrechts ist allein entscheidend, ob auf Arbeitnehmerseite ein deutsches Arbeitnehmervertretungsorgan handelt.[118] Ist der Arbeitnehmer dem Betrieb zugehörig, für den das vertragsschließende Arbeitnehmervertretungsorgan gebildet wurde, so „gilt“ die Vereinbarung gegenüber diesem Arbeitnehmer.[119] Die Betriebsvereinbarung wirkt dann aber nur auf deutschem Territorium. Der Abschluss mit einem ausländischen Partner auf Arbeitgeberseite führt also nicht zu einer erweiterten Regelungsmöglichkeit.
Für den Abschlusspartner auf Arbeitgeberseite ist die Nationalität kein entscheidendes Kriterium. Möglich ist es daher, dass eine britische Gesellschaft[120] auf Arbeitgeberseite Abschlusspartner einer Betriebsvereinbarung ist, wenn es um eine Vereinbarung für einen im Inland belegenen Betrieb geht.[121]
Fraglich ist, ob die gleichen Regeln für den Abschluss einer Gesamtbetriebsvereinbarung gelten. Dann müsste als Vorfrage zunächst entschieden werden, ob die Bildung eines Gesamtbetriebsrats zulässig ist, falls der Unternehmer seinen Sitz im Ausland hat.
Dies ist zusammen mit der überwiegenden Meinung zu bejahen; die Begründung lautet ähnlich wie beim Betriebsrat. Das BetrVG knüpft nicht an die Staatsangehörigkeit des Arbeitgebers an, sondern beansprucht Geltung, sobald ein Betrieb im Inland belegen ist. Ergänzend kann man auf den Zweck des Gesamtbetriebsrats abstellen: Dieser soll die Interessen der Gesamtbelegschaft dort vertreten, wo die für sie relevanten Entscheidungen fallen. Dieser Gedanke ist völlig unabhängig von dem Umstand, ob die Unternehmensspitze im Ausland oder im Inland liegt.[122] Voraussetzung für die Bildung eines Gesamtbetriebsrats ist freilich, dass im Inland mehr als ein Betrieb des ausländischen Unternehmens belegen ist.[123]
Umstritten ist die Rechtslage für den Konzern. Besitzt ein ausländischer Konzern mehr als ein Unternehmen im Inland, so fragt es sich, ob nicht die Bildung eines Konzernbetriebsrats in Betracht kommt. Weitgehende Einigkeit besteht noch darin, dass die Bildung eines Konzernbetriebsrats zulässig ist, wenn die im Inland

---

[118] Siehe oben unter § 8 IV 1.
[119] Vergl. oben unter I. 1. und I. 2. b).
[120] Gemeint ist eine Gesellschaft, die ihren Hauptsitz in Großbritannien hat.
[121] Siehe oben, § 9 I. 1. a).
[122] Vergl. *Gaul*, AWD 1974, S. 471, 475; *Birk*, RiW/AWD 1975, S. 589, 593; *Simitis*, FS Kegel I, S. 153, 177.
[123] *F/K/H/E* § 47 Rz 23; *Grasmann*, ZGR 1973, S. 317, 319; *Däubler*, Globalisierte Wirtschaft, S. 66 ff.; MünchArbR/*Birk* § 22 Rz 14; *Gaul*, AWD 1974, S. 471, 474; *Schlüpers-Oehmen*, S. 183 f.; *Simitis*, FS Kegel I, S. 153, 179; für den Wirtschaftsausschuss ebenso BAG v. 1.10.1974, AP Nr. 1 zu § 106 BetrVG 1972.

belegenen abhängigen Unternehmen von einer deutschen Zentrale geleitet werden, die über eine eigene Entscheidungskompetenz verfügt, wenn also ein „Konzern im Konzern" vorliegt.[124] Nach einer verbreiteten Ansicht in der Literatur sind die bisher angestellten Überlegungen aber auch auf den Konzernbetriebsrat in anderen Konstellationen zu übertragen.[125] Die Errichtung eines Konzernbetriebsrats nach dem BetrVG knüpft allein an die Belegenheit mehrerer Unternehmen im Inland an, für die mindestens zwei Gesamtbetriebsräte gebildet worden sind. Liegen diese Voraussetzungen vor, so kann für den inländischen Teil des Konzerns ein Konzernbetriebsrat gebildet werden. Dafür spricht insbesondere auch, dass der Schutz durch die §§ 54 ff. BetrVG nicht davon abhängen kann, ob die ausländische Konzernspitze eine mehr oder minder greifbare Zentrale für Deutschland gebildet hat. Der Konzernbetriebsrat kann dann aber nur Betriebsvereinbarungen abschließen mit Wirkung für den inländischen Teilkonzern.[126]

### b) Probleme des Vollzugs

Es kommt vor, dass ein ausländisches Unternehmen zwar einen Betrieb im Inland unterhält, seiner faktischen Leitung des Betriebs aber nicht einen für die Arbeitnehmerseite greifbaren Gesprächspartner gegenüberstellt.[127] Die Arbeitgeberseite kann nunmehr den Abschluss von Gesamt- oder Konzernbetriebsvereinbarungen verweigern, da es aufgrund tatsächlicher Hürden für die Arbeitnehmerseite äußerst schwer ist, den ausländischen Arbeitgeber an einen Verhandlungstisch zu bringen.[128]

Um zu vermeiden, dass die Mitbestimmungsrechte etwa eines für Deutschland gebildeten Teilgesamtbetriebsrats leerlaufen und insbesondere der Abschluss von Betriebsvereinbarungen ermöglicht wird, wurde vorgeschlagen, das ausländische Unternehmen zu verpflichten, einen zum Abschluss von Gesamtbetriebsvereinbarungen legitimierten Vertreter für das Inland zu bestellen.[129] Dies düfte freilich zu weit gehen. Aus §§ 47 ff. BetrVG ergibt sich nur, dass ein Gesamtbetriebsrat unter bestimmten Voraussetzungen gebildet werden kann. Nicht folgt aus den Vorschriften, dass eine Seite zusätzliche Aufwendungen machen muss, um diese besondere Arbeitnehmervertretung erst zu ermöglichen oder sie

---

[124] GK-BetrVG/*Kreutz* § 54 Rz 38; *Däubler*, Globalisierte Wirtschaft, S. 67.

[125] MünchArbR/*von Hoyningen-Huene* § 298 Rz 31; MünchArbR/*Birk* § 22 RZz 17; *ders.* RIW/AWD 1975, S. 589, S. 593; *Birk/Tietmeyer*, Multinationale Unternehmen, S. 50; vergl auch *Schlüpers-Oehmen*, S. 185, der § 5 III MitbestG heranzieht.

[126] Vergl. *Schlüpers-Oehmen*, S. 185; *Walz*, S. 59.

[127] Insoweit spricht man von einer bloßen „Betriebsstätte", GK-BetrVG/*Kraft* § 1 Rz 13.

[128] Zum Problem *Gaul*, AWD 1974, S. 471, 476 ff.; *Birk*, RIW/AWD 1975, S. 589, 591; *ders.*, FS Schnorr von Carolsfeld, S. 61, 85; *Däubler*, Globalisierte Wirtschaft, S. 68; *Walz*, S. 54 ff.

[129] *Gaul*, AWD 1974, S. 471, 474.

funktionsfähig zu machen. Verweigert die ausländische Unternehmensspitze den Abschluss von Betriebsvereinbarungen, so kann sie dazu nicht gezwungen werden. Das Problem des fehlenden Ansprechpartners in einem multinationalen Unternehmen tauchte auch in einem anderen Zusammenhang bei der Errichtung von Europäischen Betriebsräten auf. Der Gesetzgeber löste dieses Problem, indem bei Verweigerung der zentralen Leitung im Ausland, an der Bildung eines Arbeitnehmergremiums mitzuwirken, gemäß § 2 II S. 2, 3 EBRG fingiert wird, dass die zentrale Leitung in Deutschland liegt.[130]

Zu denken wäre eventuell an eine analoge Anwendung der Vorschrift für den Fall, dass die im Ausland befindliche Unternehmensleitung den Abschluss von Betriebsvereinbarungen verweigert. Eine Fiktionswirkung ist jedoch in ihren Rechtsfolgen sehr weitreichend und kann mangels ausdrücklicher gesetzlicher Anordnung nicht einfach auf ähnliche Sachverhalte übertragen werden.

Es bleibt jedoch in jedem Fall der Weg über das herkömmliche Instrumentarium der Betriebsverfassung.[131] Im Falle der echten Mitbestimmung kann die Einigungsstelle, die nach § 76 V S. 2 BetrVG auch ohne den ausbleibenden Arbeitgeber entscheiden kann, angerufen werden. Will der ausländische Arbeitgeber eine Maßnahme, für die ein echtes Mitbestimmungsrecht besteht, etwa die Einführung eines neuen Überwachungssystems für das inländischen Teilunternehmen, durchsetzen, so wäre dies unwirksam; dem deutschen Gesamtbetriebsrat stünde ein Unterlassungsanspruch gemäß § 23 III BetrVG zu.

Zusammenfassend lässt sich sagen, dass zwar eine erhöhte Gefahr besteht, dass die ausländische Unternehmensspitze bei dem Abschluss von Betriebsvereinbarungen „mauert"; aus diesem tatsächlichen Umstand ist aber nicht zu schließen, dass Betriebsvereinbarungen insoweit gar nicht in Frage kämen.

### 2. Betriebliche Vereinbarungen zwischen einem ausländischen betrieblichen Arbeitnehmergremium und einem inländischen Arbeitgeber

Eine betriebliche Vereinbarung kann gegenüber dem einzelnen Arbeitnehmer nur dann wirken, wenn die Vereinbarung von einer Arbeitnehmervertretung „seines Betriebs" geschlossen wurde, wenn der Arbeitnehmer m.a.W. betriebszugehörig ist.[132] An diesem Grundsatz ändert sich nichts, wenn ein deutscher Arbeitgeber als Abschlusspartner auftritt. Schließt er mit einer im Ausland konstituierten Arbeitnehmervertretung eine betriebliche Vereinbarung ab, so „gilt" diese nach dem ausländischem Recht für die dortige Belegschaft.

---

[130] *Engels/Müller*, DB 1996, S. 981, 982.

[131] *Däubler*, Globalisierte Wirtschaft, S. 71 f.; vergl. auch *Diller/Powietzka*, DB 2001, S. 1034, 1037 zur vergleichbaren Situation bei der Frage der Informationsbeschaffung in einem multinationalen Konzern.

[132] Dazu oben unter II. 1. a).

Bestätigt wird diese Einschätzung durch den Fall der „compagnie des wagons-lits."[133] Dort war zu entscheiden, ob in Frankreich ein comité d'entreprise zu bilden ist, wenn die Unternehmensleitung sich in Belgien befindet. Dies wurde vom obersten französischem Gerichtshof bejaht. Klarzustellen ist hier jedoch, dass, wenn dieses Gremium eine Vereinbarung schließen sollte, es sich insoweit nicht um eine „belgische" betriebliche Vereinbarung handeln würde, sondern um eine französische. Das ist die Konsequenz daraus, dass es auf den Abschlusspartner auf Arbeitnehmer- und nicht auf Arbeitgeberseite ankommt.

### III. Geltung einer inländischen Betriebsvereinbarung mittels einer Rechtswahl

Nachdem unter § 4 dargelegt, wurde, dass es in einem multinationalen Unternehmen einen Bedarf geben kann, eine unternehmensweite Regelung zu treffen und unter § 8 erörtert wurde, dass eine Rechtswahl den Betriebspartnern grundsätzlich zuzugestehen ist, muss nun geklärt werden, wie eine solche grenzüberschreitende Unternehmensvereinbarung technisch zustande kommen könnte und welche rechtlichen Probleme hinsichtlich ihrer Wirkung zu beachten sind. Um die erwünschte Vereinheitlichungswirkung zu erhöhen, empfiehlt es sich, auf der Ebene des Konzerns anzusetzen. Dabei soll im Folgenden davon ausgegangen werden, dass das Mutterunternehmen in Deutschland liegt.

#### 1. Mehrgliedrige Betriebsvereinbarung

Möglich ist es, dass ein mehrseitiger Vertrag unter Beteiligung von Arbeitnehmervertretern und Arbeitgebern aus verschiedenen Ländern abgeschlossen wird. Ansätze zu internationalen Treffen auf der Arbeitnehmerseite gibt es seit den Neunziger Jahren.[134] Dabei stand vor allem der Austausch von Informationen und die Organisation eines grenzüberschreitenden Arbeitnehmergremiums im Vordergrund; doch spricht nichts dagegen, dass solche Treffen nicht auch zu dem Abschluss von Verträgen genutzt werden könnten. Der Abschluss eines mehrgliedrigen Vertrages ist im Bereich des Tarifvertrages nichts Ungewöhnliches.[135] Mehrgliedrige Betriebsvereinbarungen gibt es zwar seltener, jedoch ist auch dies denkbar, z.B. bei einem Betrieb, welcher unter einheitlicher

---

[133] Vergl. hierzu *Walz*, S. 57 f., FN 87.

[134] Siehe auch oben unter § 4 I. 3. d).

[135] Vergl. Wiedemann/*Wiedemann*, TVG § 1 Rz 176; *Gamillscheg*, Kollektives Arbeitsrecht, Bd. 1, S. 503; *Windbichler*, S. 470 f.; *Hueck/Nipperdey*, Arbeitsrecht II, Bd. 1, 7. Aufl., S. 450 ff.

Leitung mehrerer Unternehmen steht.[136] Auf der Seite der Arbeitgeber stehen dann jeweils die den gemeinsamen Betrieb führenden Arbeitgeber.

### a) Kollisionsrechtliche Trennung oder kollisionsrechtliche Einheit

Sind an einem Vertragsschluss mehrere Personen beteiligt, so kommen hinsichtlich der Betrachtung des abzuschließenden Vertrages prinzipiell zwei Perspektiven in Frage: Erstens kann der Vertrag als Bündelung mehrerer rechtlich selbständiger Verträge gewollt sein (Trennungsprinzip); zweitens kann der Vertrag als Einheit aufzufassen sein mit der Folge, dass z.B. die Auslegung einheitlich erfolgen muss oder die Kündigung einer Vertragsseite nur von allen Beteiligten gemeinsam ausgesprochen werden kann etc.[137] Ob das eine oder das andere gewollt ist, muss durch Auslegung ermittelt werden.[138]
Auf der internationalen Ebene bedeutet das „Trennungsprinzip", dass jede Beziehung zwischen den Beteiligten gesondert nach dem Heimatrecht zu beurteilen wäre, was zu einer Gemengelage verschiedener Rechtsordnungen führen würde. Dies ist möglichst zu vermeiden, hinzu kommt, dass durch den Einfluss verschiedener Rechtsordnungen bei der Auslegung der Vereinheitlichungsgedanke beeinträchtigt wird. Daher ist für die weitere Untersuchung davon auszugehen, dass die Parteien den Vertrag auch kollisionsrechtlich einheitlich behandelt wissen wollen.[139]

### b) Abschlusspartner

#### aa) Abschlusspartner auf Arbeitnehmerseite

##### (1) Grundsatz: Jeder Betrieb muss vertreten sein

Damit eine Betriebsvereinbarung für einen Betrieb Wirkung erzeugen kann, ist es unumgänglich, dass sie auf Arbeitnehmerseite von der für diesen Betrieb gewählten Arbeitnehmervertretung abgeschlossen wurde.[140] Nun wäre es freilich unpraktikabel, wenn die gesamte ausländische Arbeitnehmervertretung bei dem Vertragsschluss, der sinnvollerweise am Sitz der Konzernmutter vorzunehmen ist, anreisen müsste. Dies ist aber auch nicht erforderlich. Denn es ist möglich, dass ein

---

[136] GK-BetrVG/*Kreutz* § 77 Rz 36a. Ein weiteres Beispiel stellen Vereinbarungen zwischen Betriebsrat, altem Arbeitgeber und Betriebserwerber dar, BAG v. 24.03.1977, SAE 1978, S. 57 ff.; *Birk*, ZfA 1986, S. 73, 98 ff.

[137] *Hueck/Nipperdey*, Arbeitsrecht II, Bd. 1, S. 450 ff.; Wiedemann/*Wiedemann*, TVG § 1 Rz 179; *Gamillscheg*, Kollektives Arbeitsrecht, Bd. 1, S. 503.

[138] *Hueck/Nipperdey*, Arbeitsrecht II, Bd. 1, S. 451.

[139] So auch für den internationalen Tarifvertrag auf Konzernebene *Junker*, Internationales Arbeitsrecht, S. 452 f.; für den Konzerntarifvertrag bei rein inländischen Sachverhalten ebenso *Windbichler*, S. 471.

[140] Siehe oben unter I. 1.

einzelnes Mitglied der Arbeitnehmervertretung mit einer Vollmacht zum Abschluss einer bestimmten Betriebsvereinbarung ausgestattet wird.[141] Dafür wäre ein entsprechender Beschluss der jeweiligen Arbeitnehmervertretung erforderlich. Die grundsätzliche Zulässigkeit einer Vertretung ergibt sich - aus inländischer Sicht - auch aus § 58 II BetrVG, der bestimmt, dass der Gesamtbetriebsrat den Konzernbetriebsrat beauftragen kann, eine Angelegenheit für ihn wahrzunehmen.
Als zusätzliches Argument kann angeführt werden, dass eine Stellvertretung beim Abschluss eines Tarifvertrags anerkannt ist.[142] Denkbar ist also, dass der ausländische Betrieb auf Arbeitnehmerseite beim Vertragsschluss durch einen Vertreter repräsentiert wird.

### (2) Vertreterlösung auch außerhalb des Betriebes

Gibt es in einem Land mehrere Standorte des Konzerns, so stellt sich die Frage, ob die Arbeitnehmervertretungen der jeweiligen Betriebe nicht einen einzigen Verhandlungsführer bestimmen können, den sie jeweils mit einer Handlungsvollmacht ausstatten. Dagegen spricht, dass nunmehr ein an sich nicht dem Betrieb zugehöriger Arbeitnehmer am Abschluss der Betriebsvereinbarung beteiligt wäre. Andererseits stellt der Abschluss einer Betriebsvereinbarung kein höchstpersönliches Rechtsgeschäft dar, so dass nach allgemeinen Regeln eine Stellvertretung zulässig ist.[143]
Demzufolge können auch mehrere Betriebe eines Landes einen Verhandlungsführer mit einer Vertretungsmacht für den Abschluss einer Betriebsvereinbarung ausstatten.

### (3) Vertreterstrukturen kraft Gesetzes

Einer besonderen Bevollmächtigung bedarf es nicht, wenn kraft Gesetzes ein übergeordnetes Arbeitnehmergremium zur Regelung der Arbeitsverhältnisse im Unternehmen oder Konzern befugt ist. Dann reicht es aus, dass dieses Gremium einen entsprechenden Beschluss fasst, um auch die anderen Betriebe beim Abschluss einer Betriebsvereinbarung repräsentieren zu können.

---

141 GK-BetrVG/*Wiese* § 26 Rz 91; *Richardi*, in Richardi, BetrVG § 87 Rz 93. Zur Entscheidung der Frage, ob eine Stellvertretung überhaupt zulässig ist, ist das Recht berufen, welches die betriebliche Vereinbarung beherrscht, hier also das deutsche, *Reithmann/Martiny*, Internationales Vertragsrecht, S. 1371; vergl. auch *Walz*, S. 185; *Junker*, Internationales Arbeitsrecht, S. 453.

142 BAG v. 24.11.1993, BB 1994, S. 289; Palandt/*Heinrichs* Einf. § 164 Rz 4; *Windbichler*, S. 471.

143 Freilich muss die Handlungsvollmacht für ein bestimmtes Themenspektrum ausgestellt worden sein. Eine „Generalvollmacht" wäre mit den Mitbestimmungsrechten, die grundsätzlich nicht verzichtbar sind, schwer zu vereinbaren.

Solche betriebsverfassungsrechtliche Strukturen finden sich vor allem in Ländern mit einem ausgeprägten dualen System, also insbesondere in Deutschland und Österreich. Gemäß den §§ 58 und 50 BetrVG können Konzern- bzw. Gesamtbetriebsrat Betriebsvereinbarungen für den gesamte Konzern bzw. das Unternehmen abschließen.[144] Gleiches gilt im Prinzip für Österreich.[145] Auch Frankreich kennt ein comité de groupe auf Konzernebene, doch ist dieses - von der gesetzlichen Konzeption her - ein reines Informationsgremium. Soweit solche überbetrieblichen Arbeitnehmervertretungen nicht zum Abschluss von Vereinbarungen für und wider die nachgeordneten Betrieben befugt sind, kommt eine Stellvertretung kraft Gesetzes nicht in Frage. Ein innerhalb eines solchen Gremiums gefasster Beschluss hätte folglich keine legitimierende Wirkung gegenüber den einzelnen Betrieben. Es bleibt in diesen Fällen nur die Möglichkeit, dass der Vertragsschluss unter Beteiligung eines mit besonderer Vollmacht ausgestatteten Verhandlungsführers geschlossen wird.

#### bb) Abschlusspartner auf Arbeitgeberseite

Weniger problematisch ist der Abschluss einer Konzernvereinbarung auf Arbeitgeberseite. Nach der hier vertretenen Ansicht erkennt das BetrVG den „Konzernarbeitgeber“ durch die §§ 58, 54 BetrVG an.[146]

Ein Problem beim Vertragsschluss kann sich aber daraus ergeben, dass die einzelnen Unternehmen rechtlich selbständig sind. Der Konzerntatbestand allein begründet keine rechtsgeschäftliche Vertretungsmacht.[147] Jedoch kann die Konzernmutter die Tochtergesellschaften zur Erteilung einer Vollmacht an sich selbst anweisen.[148] Auf Arbeitgeberseite ließe sich auf diesem Wege – vergleichsweise leicht – ein einziger Verhandlungsführer bereitstellen, der den Konzern beim Abschluss einer Betriebsvereinbarung repräsentiert.

### c) Rechtswahl einer Rechtsordnung

Ist Verhandlungspartner auf Arbeitgeberseite ein deutsches Mutterunternehmen, so liegt es nahe, deutsches Recht für den Abschluss der Betriebsvereinbarung zu wählen. Dies bedeutet, dass sich Abschluss, Inhalt, Form und Wirkung nach deutschem Recht, insbesondere nach § 77 BetrVG richten. Hier ist nun aber zu differenzieren zwischen der auf deutschem Territorium wirkenden und der im Ausland wirkenden Betriebsvereinbarung.

---

[144] Zum Problem der Wirkung einer Konzernbetriebsvereinbarung vergl. oben unter § 4 I 3. a) bb).

[145] Siehe oben, § 3 II. 2. a) und d).

[146] Zum Problem oben, § 4 I 3. a) aa).

[147] *Windbichler*, S. 471.

[148] *Windbichler*, S. 471; *Walz*, S. 187.

**aa) Deutsche Konzernbetriebsvereinbarung auf ausländischem Territorium**

Oben wurde ausgeführt, dass das ausländische Recht im Grundsatz die Geltung einer deutschen Betriebsvereinbarung im Ausland akzeptiert. Freilich bezog sich dies auf die – international weitgehend anerkannten – Grenzen der Ausstrahlung. Im vorliegenden Fall werden diese Grenzen aber verlassen, so dass sich die Frage neu stellt, inwieweit die ausländische Rechtsordnung deutsches Betriebsvereinbarungsrecht akzeptiert.

**(1) Grenzen der Rechtswahl**

Weiter oben[149] wurde herausgearbeitet, dass den Betriebspartnern zwar eine Rechtswahl zuzugestehen ist, dass diese aber gewissen Einschränkungen unterliegt. Gemäß dem Gedanken des Art. 30 I EGBGB darf kein ungünstigeres Recht gewählt werden, ein günstigeres oder gleich günstiges Recht darf hingegen gewählt werden. Es wäre deshalb nicht zu beanstanden, wenn an dem Abschluss der Vereinbarung ein Arbeitnehmergremium beteiligt wäre, welches nach seinem Heimatrecht für die zu regelnde Angelegenheit kein Mitwirkungsrecht besäße. Keine Bedenken bestünden z.B., dass britische Vertreter von joint committees, die ein sehr niedriges Niveau an Beteiligungsrechten besitzen, an einem Vertragsschluss beteiligt werden, der nach einer Rechtswahl deutschem Recht unterliegen soll.

**(2) Probleme der Substitution**

Ist deutsches Recht gewählt, so müssen die ausländischen Arbeitnehmervertreter in etwa den deutschen Betriebsräten entsprechen.[150] Auf der Ebene des Konzerns tritt das Problem in besonderer Schärfe auf, entsprechende Arbeitnehmervertretungen im Ausland auszumachen. Hinzu kommt, dass schon im deutschen Recht streitig ist, ob eine mit der Obergesellschaft abgeschlossene Betriebsvereinbarung die Konzerntöchter binden kann.[151] Das ausländische Recht würde einen mittels des deutschen Rechts herbeigeführten „Durchgriff" auf die an sich selbständigen Konzernunternehmen mit hoher Wahrscheinlichkeit nicht dulden.
Dies steht aber einem mehrgliedrigen Vertrag zumindest dann nicht entgegen, wenn auf Arbeitnehmerseite für ein Land ein mit Vollmacht für alle in dem Land belegenen Betriebe ausgestatteter Verhandlungsführer auftritt.[152] Besitzt dieser die

---

[149] Siehe dazu unter § 8 III. 5. c).
[150] Siehe oben, § 3 III. 3. und § 8 II. 4. b) aa).
[151] Vergl. oben unter § 4 I. 3. a).
[152] Die „Vertreterlösung" wird auch für den Abschluss eines Konzerntarifvertrags angedacht, hierzu *Windbichler*, S. 470 ff.

rechtliche Macht, für andere Betriebe zu handeln, so muss er als dem Konzernbetriebsrat in etwa äquivalent angesehen werden. Denn es kann keinen Unterschied machen, ob eine Handlungsmacht für andere Unternehmen kraft Gesetzes oder kraft einer Vollmachtserteilung anerkannt wird.

#### (3) Verstoß der deutschen Konzernbetriebsvereinbarung gegen den ausländischen ordre public

Eine nach deutschem Recht abgeschlossene Konzernbetriebsvereinbarung wirkt nach § 77 IV S. 1 BetrVG mit normativer Wirkung. Eine solche Wirkung wird der ausländische Staat um so eher akzeptieren, als er Rechtsinstitute mit vergleichbarer Wirkung kennt.[153] Betriebsvereinbarungen mit normativer Wirkung kennen neben Deutschland Österreich, Griechenland, Spanien und in engen Grenzen Frankreich. In Großbritannien haben die abgeschlossenen Vereinbarungen nur schuldrechtlichen Charakter und sind überdies nicht einklagbar.
Akzeptiert das ausländische Recht die deutsche Betriebsvereinbarung aus diesem Grunde nicht, so wäre eine solche jedoch nicht völlig irrelevant. Ihr käme dann hinsichtlich der im Ausland belegenen Betriebe der Charakter eines Vertrages zugunsten Dritter zu.[154] Die Arbeitgeberseite bliebe an die von ihr getroffenen Zusagen gebunden. Diese Ergebnis ist regelmäßig durch Auslegung zu gewinnen. Gegen eine bloß schuldrechtlich wirkende Vereinbarung werden sich aus dem ausländischen zwingenden Recht keine durchgreifenden Bedenken herleiten lassen.[155] Rechtsdogmatisch ergibt sich die modifizierte Rechtsanwendung aus dem Grundsatz des geringstmöglichen Eingriffs[156] des an sich berufenen Rechts, d.h. dass bei einem Verstoß gegen den ordre-public-Vorbehalt zunächst eine Anpassung versucht werden muss.[157]
Es besteht darüber hinaus jedoch die Gefahr, dass das ausländische Recht allein sein für betriebliche Verträge vorgesehenes Recht durchsetzen will und ausländische betriebliche Regelungen wegen Verstoßes gegen den ordre public generell als nicht anwendbar erklärt. Die meisten europäischen Staaten sehen ihr Betriebsverfassungsrecht als zwingend an.[158] Ob daraus abzuleiten ist, dass eine Rechtswahl bei einer betrieblichen Vereinbarung nicht in Betracht kommt, müsste für jedes Land aber jedenfalls gesondert beurteilt werden. Die in § 8 II. und III.

---

153 *Eser*, S. 86.

154 Hierzu bereits oben unter I. 5. b); ähnlich *Gamillscheg*, ZVerglRW 79 (1989), S. 83, 87: Wirkung des ausländischen Tarifvertrags stets gemäß dem Ortsrecht.

155 Vergl. *Lohmann*, S. 125, 132; *Zachert*, in Kempen/Zachert TVG § 4 Rz 77; *Däubler*, EuZW 1992, S. 329, 331.

156 MünchKomm/*Sonnenberger* Art. 6 EGBGB Rz 90.

157 MünchKomm/*Sonnenberger* Art. 6 EGBGB Rz 94; Palandt/*Heldrich* Art. 6 EGBGB Rz 5.

158 *Lefebvre*, S. 126 für Frankreich; *Staudacher*, S. 117, 120 für Belgien.

angestellten Überlegungen zur Rechtswahl bei einer inländischen betrieblichen Vereinbarung wären – zumindest im Grundsatz – auch auf ausländische Arbeitnehmervertretungen zu übertragen.
Geht man allerdings von der gegenwärtigen Doktrin aus, so wäre eine mehrgliedrige Konzernbetriebsvereinbarung zwar theoretisch abschließbar, in der Praxis vor einem ausländischen Richter aber eventuell nicht durchsetzbar. Es ist also damit zu rechnen, dass die normative Wirkung der Vereinbarung in einigen ausländischen Staaten nicht anerkannt wird, was zur Folge hat, dass die gewollte Vereinheitlichung wieder zerfallen könnte. Sind also mehrere Länder mit unterschiedlichen Arbeitnehmervertretungsstrukturen an dem Abschluss einer mehrgliedrigen Betriebsvereinbarung beteiligt, wäre die gleichförmige normative Wirkung ungewiss.[159]

**bb) Konzernbetriebsvereinbarung auf inländischem Territorium**

Ganz anders sieht die Rechtslage aus, wenn man die Wirkung der Vereinbarung auf deutschem Territorium betrachtet. Sofern ordnungsgemäß der Konzernbetriebsrat am Abschluss beteiligt war, entfaltet die Vereinbarung normative Wirkung für die konzernzugehörigen Unternehmen und Betriebe. Es kann also zu einem Auseinanderfallen der Wirkung der Betriebsvereinbarung in Bezug auf die verschiedenen von ihr erfassten Länder kommen.

**2. Abschluss paralleler Betriebsvereinbarungen**

Ferner ist es denkbar, dass auf der Ebene der Konzernspitze eine Grundsatzentscheidung getroffen wird, die gemäß den Regeln der jeweiligen Rechtsordnungen der Betriebe umgesetzt wird. Um einen möglichst großen Vereinheitlichungseffekt zu erzielen, bietet es sich an, die Umsetzungsvereinbarungen mittels einer Rechtswahl unter eine Rechtsordnung zu unterstellen. Auf diesem Wege würde vermieden, dass ein Land aus der Vereinbarung etwa aufgrund der im nationalen Recht günstigeren Kündigungsbestimmungen vorzeitig ausscheren kann oder dass die Vereinbarung je nach den Ordnungsvorstellungen der betroffenen Ländern unterschiedlich ausgelegt werden müsste.
Jedoch sind auch hier die bereits vorgetragenen Bedenken angebracht. Ungewiss ist es auch in diesem Fall, ob das inländische Recht im Ausland – zumindest mit einer normativen Wirkung – anerkannt würde.

---

[159] Skeptisch in Bezug auf die Akzeptanz inländischer Tarifverträge im Ausland auch *Hergenröder*, in AR-Blattei SD 1550.15 Rz 111 f.; *Birk*, in FS Beitzke, S. 831, 848; *Walz*, S. 167; *Stiller*, ZIAS 1991, S. 194, 214 ff.

### 3. Rechtswahl in den Fällen der „Ausstrahlung"

Schließlich könnte eine Rechtswahl von Nutzen sein, wenn in einem ausländischen Betrieb eine größere Anzahl inländischer Arbeitnehmer arbeitet und die Grenzen der „Ausstrahlung" zu dem inländischen Unternehmen überschritten sind.[160] Ob im Ausland tätige Arbeitnehmer noch über die Grundsätze der „Ausstrahlung" der Regelungsmacht des inländischen Betriebs unterliegen, ist oftmals eine mangels verbindlicher Kriterien schwer zu beantwortende Frage.
Es liegt daher nahe, solchen Arbeitnehmern, deren Betriebszugehörigkeit zum inländischen Betrieb zweifelhaft ist und die jedenfalls aufgrund der Gesamtumstände einen starken Bezug zum Inland aufweisen,[161] über eine Rechtswahl bei der Betriebsvereinbarung die im Inland geltenden Arbeitsbedingungen zuzugestehen.[162] Ein solches Bedürfnis besteht freilich nicht, wenn schon nach ausländischem Recht die inländischen Arbeitsbedingungen vereinbart werden könnten. Sofern dies nicht der Fall ist, etwa weil der betrieblichen Arbeitnehmervertretung keine ausdrückliche Kompetenz eingeräumt worden ist, käme aber eine Rechtswahllösung in Betracht. Wenn es allerdings in dem betreffenden Land keine betrieblichen Vereinbarungen mit normativer Wirkung gibt, wäre auch hier voraussichtlich nur eine schuldrechtliche Wirkung anzunehmen.

### 4. Zusammenfassung

Die Rechtswahl ist ein grundsätzlich geeignetes Mittel, um in einem multinationalen Konzern eine Grundsatzvereinbarung einheitlich umzusetzen. Bei der technischen Umsetzung eines mehrgliedrigen Vertrages ist auf das Rechtsinstitut der Stellvertretung zurückzugreifen.
Die Frage des grundsätzlich zulässigen und durchführbaren Abschlusses ist von der Frage zu trennen, welche Wirkung die Vereinbarung entfaltet. Für den „inländischen Teil" der Betriebsvereinbarung ist eine normative Wirkung zu bejahen. Für den „ausländischen Teil" der Betriebsvereinbarung hängt die Wirkung von der Ausgestaltung der jeweiligen Rechtsordnung ab. Eine normative Wirkung ist um so eher anzunehmen, als das Ortsrecht eine vergleichbare Wirkung bereits kennt. Betrachtet das Ortsrecht seine Regeln über den Abschluss von betrieblichen

---

[160] Diese Konstellation liegt von der Stoßrichtung her aber anders gelagert als die unter 1. und 2. erörterten Fälle. Während es bei den erstgenannten Fällen um die Herbeiführung einer Vereinheitlichungswirkung im Konzern ging, geht es hier um die Geltung einer inländischen betrieblichen Vereinbarung in nur einem ausländischen Betrieb.

[161] Möglich ist z.B., dass eine Gruppe inländischer Arbeitnehmer geschlossen unter deutschem Arbeitsstatut arbeitet und zudem alle deutsche Staatsbürger sind.

[162] Ähnlich *Gamillscheg*, ZVerglRW 79 (1980), S. 83, 87.

Vereinbarungen als international zwingend (positiver ordre public), so kann es sein, dass die inländische Betriebsvereinbarung generell verdrängt wird. Grundsätzlich dürfte das ausländische Recht gegen eine lediglich schuldrechtlich wirkende fremde betriebliche Vereinbarung aber keine Einwände erheben.

## IV. Würdigung bestehender Abschlussmöglichkeiten

Der Abschluss einer mehrgliedrigen Vereinbarung unter Zuhilfenahme einer Rechtswahl hat den Nachteil, dass ein in der Praxis schwierig durchzuführender Günstigkeitsvergleich (Art. 30 I EGBGB) vorgenommen werden müsste; ferner wäre die normative Wirkung, und damit letztlich das Ziel einer einheitlichen Wirkungsweise der Vereinbarung aus tatsächlichen Gründen gefährdet, weil nicht sicher ist, ob ausländische Gerichte eine normative Wirkung akzeptieren würden.
Gegenüber einem Vertrag mit begünstigender Drittwirkung auf der Ebene der Konzernspitze brächte die Konstruktion über einen mehrseitigen Vertragsschluss den Vorteil mit sich, dass der im Ausland ansässige Arbeitnehmer seinen Arbeitgeber vor Ort, der auch am Vertragsschluss direkt oder mittels Stellvertretung beteiligt war, verklagen könnte.
Der mehrgliedrige Vertragsschluss brächte ferner den Vorteil mit sich, dass einzelne Arbeitnehmer- oder Arbeitgebervertreter durch ihre Präsenz beim Vertragsschluss möglicherweise einen Einfluss auf das Ergebnis der Vereinbarung ausüben könnten.
Die Umsetzung einer Grundsatzvereinbarung durch nationale betriebliche Vereinbarungen, die mittels einer Rechtswahl einem Recht unterstellt würden, erscheint als nicht empfehlenswert. Denn dem Vorteil der Vereinheitlichungswirkung stehen schwerwiegende Probleme bei der Rechtswahl gegenüber (z.B. das Problem des Günstigkeitsvergleichs).
Als derzeit praktisch am leichtesten realisierbar ist die Herbeiführung einer Konzernvereinbarung in der folgenden Weise anzusehen: Zunächst wird eine Grundsatzvereinbarung auf der Ebene des Konzerns, also etwa zwischen deutschem Konzernbetriebsrat und der Konzernleitung, abgeschlossen. Bei den Beratungen können Vertreter ausländischer Unternehmen informell mitwirken. In dieser Vereinbarung bindet sich die Konzernleitung auch gegenüber den im Ausland belegenen Betrieben. Zumindest in Deutschland wirkt die Vereinbarung mit normativer Wirkung. In den anderen Ländern ist die Vereinbarung nach dem jeweiligen nationalen Recht umzusetzen. Darauf wirken die Vertragspartner, also die Konzernleitung und der Konzernbetriebsrat, jeweils nach ihren Kräften hin. Die Konzernleitung kann sich dabei (zumindest im Vertragskonzern) ihres Weisungsrechts bedienen. Auf Seiten der Arbeitnehmer müssen alle bestehende

Kontakte zu ausländischen Arbeitnehmervertretern genutzt werden.[163] Auf diesem Weg wird einerseits eine Störung der jeweils ausländischen Rechtsordnung weitestgehend vermieden. Eine völlig einheitliche und unmittelbare Wirkung der Grundsatzvereinbarung kann andererseits jedoch nicht herbeigeführt werden.

---

[163] An dieser Stelle könnte dem EBR freilich eine Koordinierungsfunktion zukommen.

## § 11 Geltung einer ausländischen betrieblichen Vereinbarung im Inland

Die Behandlung einer ausländischen betrieblichen Vereinbarung im Inland folgt weitgehend den Grundsätzen, wie sie in dem spiegelbildlichen Fall der Geltung einer inländischen betrieblichen Vereinbarung im Ausland entwickelt worden sind. Auf zwei Gesichtspunkte soll hier noch näher eingegangen werden: Zum einem auf den umgekehrten Fall der „Ausstrahlung“ (sog. „Einstrahlung“) und zum anderen auf das Problem der Reaktion des deutschen Rechts, sofern die Grenzen der „Einstrahlung“ verlassen werden.

### I. Fälle der „Einstrahlung“

Mit dem Terminus „Einstrahlung“ kann man den umgekehrten Fall der häufiger diskutierten „Ausstrahlung“ bezeichnen. Die Einstrahlung ist in Deutschland im Prinzip wie die Ausstrahlung anerkannt.[1] Arbeitnehmer aus anderen Ländern, die in Deutschland arbeiten, bleiben dem Betrieb in der Heimat angehörig, wenn sich dies aus den Gesamtumständen, insbesondere aus der Gestaltung des Arbeitsvertrags und der Dauer der Entsendung, ergibt. Folglich können die Betriebspartner im Ausland z.B. auch betriebliche Vereinbarungen über die Arbeitsbedingungen der entsandten Arbeitnehmer abschließen.

Ist ein ausländischer Arbeitnehmer in einen deutschen Betrieb eingegliedert, so kann es auch hier zu Problemen der Konkurrenz zweier Betriebsvereinbarungen kommen. Ein solcher Konflikt wäre wie oben bei der „Ausstrahlung“ zu lösen. In Bezug auf betriebliche und betriebsverfassungsrechtliche Fragen gebührt der Betriebsvereinbarung nach dem Ortsrecht der Vorrang,[2] hinsichtlich sonstiger Inhalte gilt das Günstigkeitsprinzip.[3]

Auf die Nationalität des Arbeitgebers kommt es auch hier nicht an. Schließt also z.B. eine deutsche Gesellschaft eine Betriebsvereinbarung mit einer in Frankreich belegenen Arbeitnehmervertretung ab, so ist die Vereinbarung nach französischem Recht zu behandeln, da es stets auf den Sitz der Arbeitnehmervertretung ankommt.[4]

---

[1] MünchArbR/*von Hoyningen-Huene* § 290 Rz 44; *Däubler*, Globalisierte Wirtschaft, S. 63; für den Tarifvertrag *Birk*, in FS Beitzke, S. 831, 864 ff.; *Zachert*, in Kempen/Zachert, TVG § 4 Rz 73.

[2] MünchArbR/*von Hoyningen-Huene* § 298 Rz 45 f.

[3] Siehe oben, § 8 I 3. b) bb).

[4] Vergl. § 7 IV 1.

## II. Ausländische betriebliche Vereinbarung und Art. 6 EGBGB

Ausländische betriebliche Vereinbarungen müssen sich am Maßstab des Art. 6 EGBGB messen lassen. Es kommt darauf an, ob die in der fremden betrieblichen Vereinbarung getroffene Regelung im Einzelfall mit dem Wertesystem der inländischen Rechtsordnung unvereinbar ist.[5] Probleme können z.B. dann auftreten, wenn durch eine ausländische Betriebsvereinbarung stärker in den Individualbereich des Arbeitnehmers eingegriffen wird als dies nach dem BetrVG zulässig wäre.[6] Dies wäre etwa dann der Fall, wenn dem Arbeitnehmer bestimmte Verhaltenspflichten auch außerhalb des Betriebes auferlegt würden, wie z.B. bei einer Klausel, die eine bestimmte Verwendung des Arbeitsentgeltes oder das Verbot einer Nebentätigkeit regelt.[7] Sehr zweifelhaft wäre auch eine Bestimmung, die das Günstigkeitsprinzip ausschließen würde.[8] In jedem Fall sind die Grundrechte zu beachten, Art. 6 S. 2 EGBGB.[9]

## III. Ausländische betriebliche Vereinbarung und Art. 34 EGBGB

Sind die Grenzen der „Ausstrahlung" verlassen, so fragt sich, ob das inländische Recht eine ausländische Betriebsvereinbarung dennoch akzeptieren würde. Die h.M. sieht im Betriebsverfassungsrecht eine Materie mit einer besonderen sozialpolitischen Brisanz und deutet sie mehr oder minder deutlich als Eingriffsrecht i.S.v. Art. 34 EGBGB.[10] Da nicht zwischen betrieblicher Vereinbarung und dem sonstigen Betriebsverfassungsrecht unterschieden wird, wird speziell auch der hier interessierende Bereich von Vereinbarungen zwischen den Betriebspartnern als Eingriffsrecht gedeutet.

Wie die Entscheidung inländischer Gerichte bei einem mehrgliedrigen Vertrag ausfällt, der sich nur schuldrechtliche Wirkung beimisst, ist jedoch nicht eindeutig vorherzusagen. Bei einer bloß schuldrechtlichen Wirkung ist die Sozialordnung der Bundesrepublik an sich nicht tangiert. Bei der Rechtswahl eines ausländischen Rechts wäre allerdings zu beachten, dass diese gemäß dem Gedanken von Art. 30 I EGBGB nur dann zulässig wäre, falls das ausländische Recht nicht ungünstiger ist.

---

5 Hierzu bereits oben, § 10 I. 6 d).

6 Vergl. *Birk*, in FS Beitzke, S. 869 f.

7 *F/K/H/E* § 77 BetrVG Rz 56.

8 Hierzu *Däubler*, Tarifvertragsrecht Rz 1702.

9 Die Bindung der Betriebspartner an die Grundrechte ist trotz Differenzen in der Begründung im Ergebnis heute unstreitig.

10 Hierzu ausführlich oben unter § 7 II. 1. und 2.

Da das deutsche Mitbestimmungsniveau vergleichsweise sehr hoch ist, wäre stets genau zu prüfen, ob das ausländische Recht wenigstens einen ähnlichen Standard aufweist.[11]

## IV. Zusammenfassung

Als Kehrseite der „Ausstrahlung" akzeptiert die inländische Rechtsordnung einen Eingriff durch ausländisches Recht, sofern ein ausreichender Bezug zum ausländischen Betrieb besteht (Einstrahlungsfälle). Wie im umgekehrten Fall muss sich die fremde betriebliche Vereinbarung vor allem an dem inländischem ordre-public messen lassen. Geht man von der h.M. aus und unterstellt das gesamte Betriebsverfassungsrecht einer Sonderanknüpfung (Territorialitätsprinzip), so ist zweifelhaft, ob ein inländisches Gericht eine normativ wirkende Betriebsvereinbarung nach ausländischem Recht akzeptieren würde. Gegen eine lediglich schuldrechtliche Gestaltung durch die ausländischen Betriebspartner können jedoch keine Bedenken hergeleitet werden.

## V. Ergebnis 3. Teil

In § 7 wurde zunächst erörtert, dass die h.M. die Betriebsverfassung und die Betriebsvereinbarung einheitlich behandelt und bei grenzübergreifenden Sachverhalten auf das Territorialitätsprinzip zurückgreift. In § 8 wurde zunächst nachgewiesen, dass das BetrVG durchaus Ansatzpunkte für eine gesonderte Anknüpfung bietet. Eine solche wird nach der hier vertretenen Auffassung für Vereinbarungen mit dem Betriebsrat befürwortet. Auf diese Weise begegnet man zwar Problemen der Anpassung, doch sind diese lösbar. Bei der objektiven Anknüpfung ist das Recht des Staates ausschlaggebend, in dem der Betrieb der Arbeitnehmervertretung belegen ist. Da Vereinbarungen mit dem Betriebsrat privatrechtlicher Natur sind und den Betriebspartnern ein weiter autonomer Gestaltungsspielraum zusteht, ist auch eine Rechtswahl zuzulassen.

Betriebsvereinbarungen können mit normativer Wirkung im Ausland Geltung entfalten, sofern die Grundsätze der „Ausstrahlung" greifen. Obwohl die Unternehmensführung global und damit grenzenlos agiert, endet eine Betriebsvereinbarung, z.B. auf Konzernebene, an den Landesgrenzen, wenn kein Fall der Ausstrahlung mehr vorliegt. Zweckmäßigkeitserwägungen (Funktionsverlust der Repräsentation ausländischer Betriebe) führen zu keiner erweiterten Reichweite einer Normativwirkung. Denkbar ist nach der hier

---

[11] Vor allem Österreich kann als gleichwertig angesehen werden, im Einzelfall aber auch Frankreich, Spanien und die Niederlande, weniger Großbritannien. Für eine Akzeptanz im Hinblick auf Frankreich und Spanien für betriebliche Regelungen auch *Däubler*, Tarifvertragsrecht Rz 1703.

vertretenen Ansicht ein mehrgliedriger Vertragsschluss, der kraft einer Rechtswahl einer Rechtsordnung unterstellt wird. Allerdings ist in einem solchen Fall nicht sicher vorauszusagen, ob im Ausland eine normative Wirkung der Vereinbarung akzeptiert wird (ordre public).

Spiegelbildlich zu den Fällen der Ausstrahlung können ausländische betriebliche Regelungen Wirkungen im Inland entfalten (Einstrahlungsfälle).

# *4. Teil: Europäische Betriebsräte und betriebliche Vereinbarungen*

## § 12 Betriebliche Vereinbarungen und Europarecht

Während bislang erörtert wurde, inwieweit sich eine grenzüberschreitende Regelung auf betrieblicher Ebene mit dem Betriebsrat als Abschlusspartner mittels des Instrumentariums des nationalen Rechts umsetzen lässt, soll im folgenden gefragt werden, welche Möglichkeiten sich für eine länderübergreifende Regelung anhand des europäischen Arbeitsrechts bieten. Angesprochen ist damit die Einrichtung von Europäischen Betriebsräten (EBR). In diesem Zusammenhang sollen zwei Fragenkreise näher untersucht werden, nämlich zum einem die Vereinbarung zur Errichtung eines EBR gemäß den §§ 17, 18 EBRG sowie zum anderen Vereinbarungen, die der EBR mit der Arbeitgeberseite abschließt. In diesem Kapitel sollen zunächst Probleme aufgezeigt werden, die für beide anschließend zu erörternden Fragen gleichermaßen relevant sind.

### I. Stärkung der Betriebsautonomie

Die wissenschaftliche Diskussion drehte sich in jüngster Zeit verstärkt um den „europäischen Tarifvertrag", also um die Frage, ob mit dem Instrumentarium des Europarechts ein grenzüberschreitender Kollektivvertrag geschaffen werden kann.[1] Dabei wird stets als selbstverständlich vorausgesetzt, dass als Abschlusspartner auf Arbeitnehmerseite eine Gewerkschaft auftritt. Dies ist verständlich vor dem Hintergrund, dass Tarifverträge im Verhältnis zu betrieblichen Vereinbarungen als bedeutsamer angesehen werden müssen, weil sie in den meisten Ländern verfassungsrechtlich abgesichert sind und den Vertragsschließenden einen weiteren Spielraum lassen. Die Betriebsautonomie als „zweite Kraft" hinter der Tarifautonomie gewinnt aber europaweit gesehen zunehmend an Raum. Wie der Vergleich der einzelnen Länder ergeben hat, finden sich in ausdifferenzierter Form Abmachungen zwischen Arbeitgeber und einer auf Betriebsebene gewählten Arbeitnehmervertretung.[2]

Eine weitere „Schubkraft" im Hinblick auf ein dualistisches Denken ist zweifelsohne durch die Richtlinie 94/45/EG zur Einsetzung Europäischer Betriebsräte festzustellen. Der Gedanke, diese Vertretung als eine dem Betriebsrat vergleichbare Einrichtung „auf europäischer Ebene" zu verstehen, liegt angesichts der Konzeption des Gesetzes, welches dem EBR wie im BetrVG

---

[1] Vergl. z.B. *Stiller*, ZIAS 1991, S. 194 ff.; *Avilés*, in FS Däubler, S. 519 ff.; *Zachert*, in FS Schaub, S. 811 ff.; *Deinert*, Europäische Kollektivverträge; *Däubler*, EuZW 1992, S. 329 ff.; *ders,*. in Heinemann, S. 16 ff.

[2] Hierzu ausführlich § 3. III. 3.

Beteiligungssrechte einräumt, nicht fern. Schließt dieses Gremium nun Vereinbarungen ab, wie es in der Praxis bereits vorkommt,[3] so liegt die Annahme einer „Betriebsvereinbarung" nicht weit.

## II. Einordnungsprobleme

Die Behandlung von juristischen Problemen, die in diesem Zusammenhang auftreten können, ist jedoch noch keineswegs als geklärt anzusehen. Ein Grund hierfür dürfte darin liegen, dass die Einrichtung von EBR der jüngeren Geschichte angehört.[4] Juristische Probleme bilden daher erst allmählich den Gegenstand wissenschaftlicher Erörterung. Der andere Grund liegt sicherlich darin, dass mit der Einrichtung eines EBR erstmals ein Arbeitnehmergremium geschaffen werden soll, welches länderübergreifend als Gegenspieler zu einer internationalen Konzernleitung verstanden wird. Auf letzteren Aspekt ist nun näher einzugehen.

### 1. Umsetzung einer europäischen Regelung in das nationale Recht

Wie gezeigt, gibt die Richtlinie lediglich einen Rahmen vor, die Umsetzung erfolgt durch die Mitgliedstaaten.[5] In Deutschland schuf der Gesetzgeber in Umsetzung der Richtlinie das EBRG, welches in den §§ 17 und 18 EBRG den vertragsschließenden Sozialpartnern einen weiten Ermessenspielraum beließ. Auf diese Weise wurde der Autonomie der Sozialpartner Rechnung getragen. Gerade mit Blick auf das Subsidiaritätsprinzip in Art. 3b EGV wurde es in erster Linie als Sache der Sozialpartner angesehen, in einer Vereinbarung ein Verfahren zur Unterrichtung und Anhörung vorzusehen.[6] Die Richtlinie gewährt eine größtmögliche Flexibilität, die es gestattet, für die Unternehmen eine „maßgeschneiderte transnationale Betriebsverfassung" zu gestalten.[7] Anstelle eines Vereinheitlichungsstrebens setzte man auf eine „Prozeduralisierung".[8] Ein zweiter Grund für die Zurückhaltung des europäischen Gesetzgebers bestand in der Intention, die verschiedenen Rechtssysteme mit ihren gewachsenen Traditionen weitgehend unberührt zu lassen. Eine Harmonisierung der nationalen Regelungen hätte sich mit Blick auf die unterschiedlichen nationalen Strukturen als schwierig in der Akzeptanz erwiesen.[9]

---

3 Siehe dazu unter § 2 II.

4 Siehe zu der Geschichte des EBR oben, § 2 I. 1.

5 Vergl. hierzu § 2 I. 4.

6 *Müller*, EBRG § 1 Rz 3: „Regelungsprärogative der Sozialpartner"; *Krause*, JhrbZRW 1997, S. 91, 117; siehe auch Erwägungsgrund Nr. 15 der Richtlinie; zum Subsidiaritätsprinzip auch weiter unten, § 14 II. 1. c) cc).

7 *Engels/Müller*, DB 1996, S. 981; *Blanke*, EBRG, § 17 Rz 1; *F/K/H/E*, Übersicht EBRG, Rz 4.

8 *Keller*, WSI-Mitteilungen 1996, S. 470, 473; *Weiss*, GMH 1999, S. 183, 189.

9 *Mayer*, BB 1999, S. 842

Neben Vorzügen resultieren aus dieser Regelungstechnik aber auch Probleme. Es geht der Sache nach um die „Nationalisierung einer supranational konzipierten Regelung".[10] Keine Probleme – in der Frage der Implementierung der Richtlinie – hätte es gegeben, wenn der europäische Gesetzgeber eine Verordnung erlassen hätte. In dieser hätten dann alle auftretenden Fragen, z.B. wer als Arbeitnehmer i.S.d. Richtlinie anzusehen[11] ist (auch leitende Angestellte?), einheitlich für die EU geregelt werden können. Damit wäre ein größtmögliches Maß an Harmonisierung und Rechtssicherheit erreicht worden. Der europäische Gesetzgeber hat sich aber bewusst zurückgehalten und die Umsetzung der Richtlinie[12] selbst sowie das Ausfüllen von Wertungsbegriffen den nationalen Rechtsordnungen überlassen. Zum Teil verweist die Richtlinie auch ausdrücklich auf das nationale Recht, so etwa in Art. 2 I lit. d) hinsichtlich des Begriffs des Arbeitnehmervertreters oder in Art. 10 hinsichtlich des Schutzes der Mitglieder des EBR. An anderen Stellen lässt die Richtlinie ausdrücklich Raum für konkretisierende Regelungen, so z.B. bei der Frage, wann die zentrale Leitung Informationen zurückhalten darf, Art. 8 II der Richtlinie. In vielen von der Richtlinie aufgeworfenen Fragen sollen also bereits bewährte nationale Instrumente Vorrang haben.[13]

In der Literatur wurde teilweise mit Blick auf die schwierige Umsetzung des Richtlinieninhalts in nationales Recht die geringe Regelungsdichte der Richtlinie kritisiert.[14]

Für unseren Zusammenhang ist von Bedeutung, dass die Richtlinie u.a. auch die Frage ungeregelt ließ, wie eine Vereinbarung zur Errichtung eines EBR rechtlich zu qualifizieren ist. Es fragt sich, wie eine Vereinbarung gemäß den Art. 5 III, 6 I, II der Richtlinie (§§ 17, 18 EBRG) juristisch näher zu betrachten ist. Ist der Charakter von einer solchen Vereinbarung geklärt, so lassen sich hieraus auch Rückschlüsse ziehen für eine Einordnung einer Vereinbarung mit dem EBR ziehen.

### 2. Konsequenzen für die Qualifikation von betrieblichen Kollektivverträgen

#### a) Vereinbarung europäischen Rechts?

Zunächst könnte man sich auf den Standpunkt stellen, dass sich die Entstehung und die Rechtswirkungen der Vereinbarung nach § 17 EBRG nicht nach einer

---

[10] *Veit*, JhrbZRW 1992, S. 211, 230; zum Problem auch *Krause*, JhrbZRW 1997, S. 91, 117; *Keller*, WSI-Mitteilungen 1996, S. 470, 474; *Mayer*, BB 1995, S. 1794; *Birk*, zur alten Rechtslage bei dem Entwurf eines SE-Statuts, ZfA 1974, S. 47, 80.

[11] *Birk*, in Grundmann, Systembildung, S. 387, 396.

[12] In Belgien und Italien erfolgte die Umsetzung z.B. durch einen Tarifvertrag, *Kolvenbach*, NZA 2000, S. 518, 519, 522.

[13] Vergl. *Wirmer*, DB 1994, S. 2134, 2137.

[14] *Klinkhammer/Weslau*, AG 1994, S. 488, 495; *Weiss*, ArbuR 1995, S. 438, 439; *ders.* ZIAS 1995, S. 633, 638.

Rechtsordnung eines speziellen Mitgliedstaates, sondern nach „Europarecht" richten.[15] Dies ist naheliegend, weil die Vereinbarung letztlich auf einer europäischen Richtlinie gründet und diese wiederum auf Art. 2 II des Sozialabkommens a.F. (nunmehr Art. 137 I 3. Spiegelstrich EGV). Auch im Rahmen der Diskussion um einen europäischen Tarifvertrag wird z.T. davon ausgegangen, dass eine zwischen den europäischen Spitzenverbänden geschlossene Vereinbarung direkt im Europarecht wurzeln müsse.[16]

Dieser Gedanke geht hier jedoch von vornherein in die falsche Richtung. Unter europäischem Recht versteht man gemeinhin supranationales Recht, also Recht, welches in der Normenhierarchie über den Rechtsordnungen der EG-Mitgliedstaaten steht und von einem Organ der EG gesetzt wurde (sekundäres Europarecht) oder von den Regierungen aller Mitgliedstaaten vereinbart wurde (primäres Europarecht).[17]

Eine zwischen der zentralen Leitung und dem besonderen Verhandlungsgremium abgeschlossene Vereinbarung beansprucht aber nicht Geltung in allen Mitgliedstaaten der EU wie dies bei primärem und sekundärem Gemeinschaftsrecht grundsätzlich der Fall ist, sondern nur in den Staaten, die an dem Abschluss, wenn auch nur durch einen Arbeitnehmer repräsentiert, beteiligt waren. Folglich gilt die Vereinbarung nicht „europaweit", sondern nur in den jeweils vertretenen Ländern.[18]

Die Wirkung des Rechts kann auch nicht supranational sein, denn Vertragspartner sind keine Organe der EU. Die Eigenart von Richtlinien ist es, dass sie gemäß Art. 249 III EVG jeweils noch durch nationales Recht umgesetzt werden müssen. Sie sind nur für die nationalen Regierungen verbindlich und entfalten prinzipiell gerade keine „horizontale Wirkung".[19] Rechtsgrundlage ist demnach allein § 17, 18 EBRG, nicht etwa Art. 6 der Richtlinie.[20]

Letztlich besteht ein Bezug zum europäischen Recht nur insoweit, als in der Richtlinie vorgeschrieben ist, dass ein EBR zu bilden ist und welche

---

15 So wohl *Hanau*, FS Vieregge, S. 319; 334; *Veit* sieht als Rechtsgrundlage für eine solche Vereinbarung Art. 118b EGV a.F. an und spricht in diesem Zusammenhang auch von einer Vereinbarung „europäischen Rechts", JhrbZRW 1992, S. 211, 222; *Wißmann* sieht in der Vereinbarung eine „gemeinschaftsrechtlich geprägte Vereinbarung eigener Art.", ZTR 1997, 263, 264.

16 *Däubler* EuZW 1992, S. 329, 331; *ders.*, in Heinemann, S. 16, 21 f.; ihm folgend *Deinert*, S. 179 ff.; vergl. auch *Körtgen* de lege ferenda, S. 109 ff.

17 Vergl. *Bleckmann*, in Bleckmann, S. 198.

18 Dem Argument könnte man jedoch entgegen halten, dass auch ein „europäischer Tarifvertrag" nicht zwangsläufig europaweite Geltung haben müsse; denn auch hier ergäben sich Grenzen aus der Reichweite der Abschlusskompetenz der beteiligten Spitzenverbände.

19 *Streinz*, S. 141; *Hetmeier*, in Lenz, EVG, Art. 249 Rz 9 ff.

20 A.A. offenbar *Blanke*, EBRG, Einl. Rz 30.

Mindestanforderungen zu beachten sind.[21] Die Vereinbarung zur Errichtung eines EBR unterliegt also nicht „europäischem Recht."
Mit diesen Überlegungen steht zugleich fest, dass sich Vereinbarungen, die zwischen dem EBR und der zentralen Leitung geschlossen werden, ebenfalls nicht nach „europäischem Recht" richten. Neben den bereits vorgebrachten Argumenten kommt hinzu, dass die Richtlinie selbst nicht davon ausgeht, dass der EBR Vereinbarungen abschließt, sondern ihm sollen grundsätzlich nur Mitwirkungsrechte zustehen.

### b) Notwendigkeit einer kollisionsrechtlichen Einordnung

Es wurde heraus gearbeitet, dass sich betriebliche Kollektivverträge im Zusammenhang mit dem EBR nicht nach „Europarecht" richten. Dennoch liegt zweifelsohne ein Bezug zu mehreren Rechtsordnungen vor. Folglich muss zur Lösung der Frage, welches Recht zur Anwendung kommt, auf allgemeine Grundsätze im internationalen Privatrecht zurückgegriffen werden.[22]
Diese Erkenntnis bedarf allerdings noch der Erläuterung. Das IPR hat als Regelungsaufgabe, Sachverhalte mit internationalen Bezügen einer Rechtsordnung zu unterstellen. Dies ist deshalb von entscheidender Bedeutung, weil zwei von dem Sachverhalt berührte Rechtsordnungen für die Lösung des sich stellenden Problems oftmals unterschiedliche Regelungen vorsehen, so dass das Ergebnis je nach Anwendung der verschiedenen Rechtsordnungen unterschiedlich ausfallen würde.
Diese Problematik stellt sich in unserem Fall – zumindest auf den ersten Blick – jedoch nicht. Denn keine Rechtsordnung hält Regeln bereit, die Vereinbarungen mit einer grenzübergreifenden Arbeitnehmervertretung betreffen. Eine solche Institution stellt in den jeweiligen Rechtsordnungen etwas völlig Neues dar, es gibt keine Regeln auf der Ebene der Nationalstaaten, die insoweit eingreifen würden.
Dennoch ist daraus nicht der Schluss zu ziehen, dass auf eine kollisionsrechtliche Anknüpfung nunmehr ganz verzichtet werden kann. Es widerspräche jeder Vernunft, wollte man eine auf „europäischer Ebene" geschlossene Vereinbarung quasi in einem rechtsfreien Raum belassen.
Die kollisionsrechtliche Zuweisung zu einer Rechtsordnung bringt denn auch handfeste Ergebnisse mit sich: Durch die Festlegung auf eine Rechtsordnung ergibt sich zunächst das jeweils anwendbare Transformationsrecht der Richtlinie.[23] Ferner hängt von der Zuordnung zu einer Rechtsordnung ab, wie im Streitfall der

---

[21] Treffend ist es insoweit, von einem „Kollektivvertrag nationalen Rechts" zu sprechen, vergl. *Rademacher*, S. 120.

[22] *Däubler*, EuroAS 1998, S. 68, 69; *ders* in D/K/K, EBRG § 17 Rz 2; *Bachner*, Die Rechtsstellung des EBR, S. 244 ff.; *Weiss*, ArbuR 1995, S. 438, 443.

[23] *Müller*, EBRG, § 17 Rz 2.

Rechtsschutz vor Gericht aussieht.[24] Ist also die deutsche Rechtsordnung maßgeblich, richtet sich das nähere Verfahren nach dem EBRG. Darüber hinaus wird geklärt, welche Rechtsregeln befragt werden müssen, wenn Probleme allgemeiner Art beim Vertragsschluss (Dissens, Anfechtbarkeit usw.) oder später beim Vollzug der Vereinbarung (Kündigung, Auslegung etc.) auftreten Eine kollisionsrechtliche Entscheidung ist folglich unverzichtbar.

### c) Maßgeblichkeit des nationalen Rechts

Maßgeblich für die Einordnung einer Vereinbarung nach § 17 EBRG und einer Vereinbarung zwischen dem EBR und der zentralen Leitung ist demnach das nationale Recht. Diese Sichtweise wird mittelbar bestätigt durch Art. 14 II S. 2 der Richtlinie, wonach die Mitgliedstaaten die Einzelheiten regeln, d.h. das jeweilige nationale Recht zur Klärung von nicht ausdrücklich in der Richtlinie geregelten Fragen herangezogen werden muss. Aber auch der deutsche Gesetzgeber klärte die Frage, wie eine Vereinbarung zur Errichtung eines EBR einzuordnen ist, im EBRG jedoch nicht, sondern überließ sie der Praxis und der Wissenschaft.
Zwei Konsequenzen lassen sich nun aus dieser Ausgangslage herleiten:
Erstens ist absehbar, dass die Rechtsnatur der Vereinbarung in den EG-Ländern gemäß den unterschiedlichen Traditionen anders beurteilt wird. Der Verzicht auf eine einheitliche Vorgabe im EG-Recht führt zwangsläufig zu einer Rechtszersplitterung.[25] Man kann hier von einer „Spaltungstendenz“[26] sprechen. Dies ist unter dem Aspekt der Harmonisierung der Arbeitsbedingungen in der EU zwar zu kritisieren,[27] im Hinblick auf die so garantierte Flexibilität und die Achtung der Autonomie der Sozialpartner aber zu begrüßen.
Die zweite Konsequenz besteht in der Problematik, dass eine an sich länderübergreifend konzipierte Regelung sachlich und terminologisch nur schwer in die nationalen Rechtsordnungen einzuordnen ist. Die auf nationaler Ebene zur Verfügung stehenden Instrumente sind auf inländische Sachverhalte ausgerichtet, nicht auf einen transnationalen oder „europäischen“ Sachverhalt. Fest steht zumindest, dass sich die an sich supranational konzipierte Regelung nicht ohne Friktionen den herkömmlichen Begrifflichkeiten zuordnen lassen wird. Es kann daher für § 17 EBRG nur darum gehen, eine möglichst dem Begriff der Vereinbarung in Art. 6 der Richtlinie nahekommende Einordnung vorzunehmen.

---

[24] Bei Anwendbarkeit deutschen Rechts wäre also das arbeitsgerichtliche Beschlussverfahren einschlägig, § 2 a I Nr. 3 b ArbGG.

[25] *Krause*, JhbZRW 1997, S. 91, 117.

[26] So *Birk* zu dem Vorschlag eines Statuts einer SE, ZfA 1974, S. 47, 80.

[27] So vor allem *Weiss*, ZIAS 1995, S. 633, 638, der von einer „dysfunktionalen Rechtszersplitterung“ spricht, andererseits aber nicht die Vorteile der Gesetzestechnik der Richtlinie mitbedenkt.

Das deutsche Recht kennt nun zwei Arten von Kollektivverträgen, nämlich den Tarifvertrag und die Betriebsvereinbarung (bzw. schuldrechtliche Regelungsabrede), so dass naheliegend gefragt werden muss, welchem der beiden Institute sich eine Vereinbarung nach § 17 EBRG oder eine zwischen dem EBR und der zentralen Leitung geschlossene Vereinbarung zuordnen lässt.
Vor dem Hintergrund einer an sich europäisch konzipierten Regelung erscheint es als zu pauschal, allein darauf abzustellen, dass auf Seiten der Arbeitnehmer keine Gewerkschaft i.S.d. § 2 TVG bzw. nicht der Betriebsrat i.S.d. BetrVG beteiligt ist.[28] Zwar ist es richtig, dass allein der Betriebsrat im Sinne des BetrVG Betriebsvereinbarungen nach § 77 BetrVG schließen kann. Möglich ist es jedoch, dass der Gesetzgeber durch das EBRG mit dem besonderen Verhandlungsgremium eine neue Form von einer betrieblichen Arbeitnehmervertretung geschaffen hat, die, sofern sie nur eine betriebsverfassungsrechtliche Legitimation besitzt, ähnlich wie der Betriebsrat „Betriebsvereinbarungen" abschließen kann. Mit einer formalbegrifflichen Argumentation (der EBR ist nicht der Betriebsrat) kommt man an dieser Stelle nicht weiter.
Als Lösungsmöglichkeit kommt auch eine Analogiebildung in Frage. Da Einzelheiten zu einer transnationalen „Betriebsvereinbarung" im EBRG nicht geregelt ist, wäre auf eine naheliegende gesetzliche Regelung, hier § 77 BetrVG, zurückzugreifen.
Denkbar ist aber auch, dass der Gesetzgeber eine neue Form der Tariffähigkeit geschaffen hat, welche nach Art einer international besetzten Tarifkommission Verträge abschließt. Dann wäre das TVG ergänzend heranzuziehen. Entscheidend ist die Nähe zu einem der Verträge und die Legitimationbasis des Vertragsschlusses.

**d) Notwendigkeit einer Einordnung in das nationale Rechtssystem**

Weiter vorne wurde ausgeführt, dass eine kollisionsrechtliche Entscheidung im Zusammenhang mit einer Vereinbarung zur Errichtung eines EBR unverzichtbar ist. Nun könnte man sich freilich auch auf den Standpunkt stellen, dass es einer weitergehenden sachlichen Zuordnung zu den nationalen Rechtsinstituten eventuell gar nicht bedürfe.
Diese Sichtweise greift aber zu kurz. Sie wäre nur dann richtig, wenn sämtliche Probleme, die sich im Zusammenhang mit der Vereinbarung nach § 17 EBRG stellen, bereits durch das EBRG gelöst worden wären. Dies ist aber nicht der Fall,[29]

---

[28] So z.B. *Tap*, S. 74 f.; ähnlich *Weiss*, ArbuR 1995, S. 438, 443; *Däubler*, in D/K/K, EBRG § 17 Rz 7 für die Tariffähigkeit; vorsichtiger aber hinsichtlich der Ablehnung einer Betriebsvereinbarung.

[29] Vergl. *Däubler*, EuZW 1992, S. 329, 333; möglich ist es natürlich, dass die vertragsschließenden Parteien z.B. die Frage des anwendbaren Rechts selbst regeln; dies

was an folgenden Beispielen verdeutlicht werden soll: Gemäß § 18 I Nr. 6 EBRG soll die Vereinbarung zur Errichtung eines EBR auch eine Regelung enthalten, welche eine Anpassung bei Strukturänderungen vorsieht bzw. eine Aussage über die Geltungsdauer der Vereinbarung trifft. Man wird jedoch annehmen müssen, dass eine Vereinbarung nach § 17 EBRG auch dann wirksam ist, wenn sie eine solche Regelung nicht vorsieht. Wurde sie vergessen, fragt es sich, was bei einer Änderung der bei Vertragsschluss zugrunde gelegten Umstände gelten soll und ob die Vereinbarung einseitig beendet werden kann. Mit anderen Worten stellt sich dann die Frage, ob ein Wegfall der Geschäftsgrundlage bzw. eine Kündigungsmöglichkeit in Frage kommt. Nachdem eine Lücke im Vertrag festgestellt wurde, könnte im Wege einer ergänzenden Vertragsauslegung auf die für die Betriebsvereinbarung geltenden Grundsätze zurückgegriffen werden, z.B. durch die Anpassung der Regelung mittels Spruchs einer Schlichtungsstelle bzw. durch Anwendung der Norm des § 77 V BetrVG. Gleiches gilt für die Frage, wie eine Vereinbarung nach § 17 EBRG auszulegen wäre, in welchem Maße sie einer richterlichen Kontrolle unterliegt (Billigkeitskontrolle?), ob auf die zu § 77 II BetrVG entwickelten Grundsätze hinsichtlich der Form zurückgegriffen werden kann etc. Begreift man die Vereinbarung nach § 17 EBRG hingegen als eine Art von Tarifvertrag, so könnte sie eventuell erstreikt werden und stünde unter dem Schutz des Art. 9 III GG.

Noch schärfer stellt sich die Frage der Einordnung in das bestehende nationale Regelungssystem, wenn man die Vereinbarungen betrachtet, die zwischen der zentralen Leitung und dem EBR geschlossen wurden.[30] Das EBRG enthält hierzu keinerlei Hinweise. Naheliegend ist es daher, auf die bereits im nationalen Recht vorgefundenen Kollektivverträge zurückzugreifen. Dogmatisch handelt es sich hierbei um eine ergänzende Vertragsauslegung oder, sofern eine Lücke im Gesetz angenommen wird, um einen Analogieschluss.[31]

Ferner ist auf das Verhältnis zu einem „europäischen Tarifvertrag" einzugehen. Als Abschlusspartner einer Vereinbarung auf „europäischer Ebene" stehen auch die europäischen Spitzenorganisationen wie EGB und CEEP zur Verfügung. Es stellt sich die Frage, wie Vereinbarungen mit dem EBR im Hinblick auf Vereinbarungen mit der EGB zu behandeln sind. Handelt es sich bei ersteren um „Betriebsvereinbarungen", müssten diese eventuell entsprechend einem

---

wurde in 60 % der Fällen auch getan, *Europ. Stiftung/Europ. Komm. (Hrsg.),* Verhandlungen, S. 17; für die restlichen 40 % muss eine Klärung aufgrund einer kollisionsrechtlichen Anknüpfung erfolgen.

30 Siehe oben, § 2 II.

31 Einen Analogieschluss lehnt *Hanau* ab, in FS Vieregge, S. 319, 334. Die dort gegebene knappe Begründung, dass eine ähnliche Rechtslage nicht gegeben sei, überzeugt jedoch nicht.

„europäischen" Tarifvorbehalt zurücktreten. Handelt es sich um Tarifverträge, so wäre der Fall nach den Grundsätzen der Tarifkonkurrenz zu lösen.
Neben der Lösung von juristischen Problemen, für die das EBRG oder die Vereinbarung selbst keine Lösung bereithält, ist eine eindeutige Zuordnung von Vereinbarungen im Zusammenhang mit dem EBR aus nationaler Perspektive hilfreich für die Fortbildung des Rechts. Sollte der europäische Gesetzgeber in naher oder fernerer Zukunft eine stärkere Rechtsvereinheitlichung anstreben, so ist es weiterführend, von den jeweiligen nationalen Qualifikationen von Vereinbarungen im Zusammenhang mit der EBR ausgehen zu können.

### III. Zusammenfassung

Aufgrund der Besonderheit, eine an sich transnational konzipierte Regelung in das nationale Recht einzuordnen, hätte es nahe gelegen, dass der europäische oder der nationale Gesetzgeber eine klare Aussage zu der Rechtsnatur einer Vereinbarung nach § 17 EBRG trifft. Dies ist jedoch nicht geschehen. Es kann folglich nur darum gehen, eine möglichst passende Einordnung in das nationale Recht vorzunehmen. Gleiches gilt für Vereinbarungen, die zwischen der zentralen Leitung und dem EBR geschlossen werden. Die Einordnung in das nationale Recht führt zur Lösung von Fragen im Zusammenhang mit Vereinbarungen, für die weder das EBRG noch die Vereinbarung selbst eine Lösung vorgesehen haben (Analogieschluss oder ergänzende Vertragsauslegung).
Im Folgenden soll nun jeweils getrennt untersucht werden, wie eine Vereinbarung nach § 17 EBRG am besten zu qualifizieren ist und wie eine Vereinbarung einzuordnen ist, die zwischen dem EBR und der zentralen Leitung geschlossen wurde.

# § 13 Die Vereinbarung gemäß § 17 EBRG (Art. 6 der Richtlinie)

## I. Kollisionsrechtliche Einordnung

Gemäß dem unter § 12 Ausgeführten muss am Anfang der Überlegungen die Frage stehen, nach welchem Recht sich eine Vereinbarung nach § 17 EBRG richtet. Eine ausdrückliche Kollisionsregel findet sich weder in der Richtlinie noch im EBRG.[1] Es bleibt daher nur der Weg, eine Kollisionsregel selbständig zu entwickeln.

### 1. Objektive Anknüpfung

Nach allgemeinen Kriterien kommt diejenige Rechtsordnung zur Anwendung, zu welcher der „engste Bezug" besteht.[2] Dieser Gedanke findet sich auch in Art. 28 I S. 1 und in Art. 30 II letzter Halbsatz EGBGB. Nun stellt sich die Frage, welchem Gesichtspunkt bei der Ermittlung des „engsten Bezuges" die entscheidende Rolle zukommen soll. Für den Tarifvertrag wird als maßgeblich angesehen, in welchem Staat die Mehrzahl der betroffenen Arbeitsverhältnisse durchgeführt wird.[3] Hinsichtlich der betrieblichen Vereinbarung wurde darauf abgestellt, in welchem Land die vertragsschließende Arbeitnehmervertretung ihren Sitz hat.[4]

Das beim Tarifvertrag verwendete Kriterium vermag hier nicht weiterzuhelfen, denn der EBR soll seiner Zielsetzung nach für alle Arbeitnehmer des europäischen Unternehmens „gelten". Ein Schwerpunkt der betroffenen Arbeitsverhältnisse ist deshalb nicht auszumachen.

Naheliegend ist es, wie bei „rein nationalen" betrieblichen Vereinbarungen auf die Arbeitnehmervertretung, hier also auf das besondere Verhandlungsgremium, abzustellen. Dieses setzt sich nach § 10 EBRG aus Vertretern der Unternehmens-mitgliedstaaten zusammen, weist also selbst einen vielfältigen Auslandsbezug auf, so dass zunächst ermittelt werden muss, nach welchem Recht das besondere Verhandlungsgremium gebildet werden muss.[5] Hierzu enthält das EBRG in § 2 I und II eine Regelung. Nach § 2 I EBRG findet das Gesetz Anwendung, wenn der Sitz des multinationalen Unternehmens oder der Sitz des

---

1 *Veit*, JhrbZRW 1992, S. 211, 222.
2 Siehe oben, § 5 I. 1.
3 Siehe oben, § 6 II. 1.
4 Siehe oben, § 8 IV. 1.
5 Einen engen Bezug zu einer Rechtsordnung bei dem besonderen Verhandlungsgremium festzustellen, fällt aufgrund seiner multinationalen Zusammensetzung ebenfalls schwer. Auch muss es ja nicht zwangsläufig seinen Sitz nur in einem bestimmten Land haben.

Konzerns im Inland liegt.[6] Ist dies der Fall, wird das besondere Verhandlungsgremium gemäß den §§ 8 ff. EBRG konstituiert. Wenn der Abschlusspartner auf Arbeitnehmerseite nach deutschem Recht verfasst wird, so muss das gleiche für die mit der zentralen Leitung abgeschlossene Vereinbarung nach § 17 EBRG gelten. Im Ergebnis ist also die Rechtsordnung desjenigen Staates berufen, in dem die zentrale Leitung ihren Sitz hat.[7]

## 2. Subjektive Anknüpfung

Art. 6 II der Richtlinie enthielt in seiner ursprünglichen Fassung den Hinweis, die Parteien könnten auch das anwendbare Recht bestimmen.[8] Diese Regelung wurde nicht in den Richtlinientext übernommen. Doch ist daraus nicht herzuleiten, dass eine Rechtswahl ausscheiden muss, denn der Hinweis auf die Rechtswahlmöglichkeit wurde in einem frühen Planungsstadium gegeben und war eher Inhalt einer „Checkliste“ denn verbindliche Vorgabe.[9] Die Lösung muss auch hier unter Rückgriff auf allgemeine Rechtsprinzipien gefunden werden.

Art. 27 EGBGB ist auf Kollektivverträge nicht ohne weiteres anwendbar.[10] Es fragt sich, ob diese Vorschrift wenigstens dem Gedanken nach auf eine Vereinbarung i.S.v. § 17 EBRG anwendbar ist. Hierbei stellen sich ähnliche Fragen wie bei der Zulassung einer Rechtswahl auf der Ebene des BetrVG[11] und bei Tarifverträgen.[12]

Zunächst kommt es darauf an, ob das EBRG den Sachverhalt einer Vereinbarung, die einen EBR ins Leben rufen soll, international zwingend regeln will. Denkbar ist es, dass der Gesetzgeber diesen Sachverhalt für das deutsche Territorium allein nach dem deutschen Recht behandelt wissen will. Wie es für das BetrVG[13] und wie z.T. auch für den Tarifvertrag[14] vorgeschlagen wird, könnte also das Territorialitätsprinzip gelten. Nach der hier vertretenen Auffassung ist jedoch bereits für das BetrVG eine Sonderanknüpfung zu verneinen;[15] erst recht muss dies

---

6 Hilfsweise kommt es nach § 2 II EBRG auf die Rechtsordnung desjenigen Landes an, in dessen Territorium ein als Vertreter der zentralen Leitung benanntes Unternehmen liegt bzw., falls kein Vertreter benannt wurde, auf die Rechtsordnung desjenigen Landes, in dessen Territorium sich der größte Betrieb oder das größte Unternehmen befindet.

7 *Müller*, EBRG § 17 Rz 2; *Däubler*, in FS Schaub, S. 95, 98; *ders.*, EuroAS 1998, S. 68, 69; *Rademacher*, S. 122.

8 *Rademacher*, S. 121.

9 *Däubler*, in D/K/K, EBRG § 17 Rz 4.

10 Zu diesem Problem ausführlich bereits oben, § 7 I.

11 Hierzu § 8 III.

12 Vergl. oben, § 7 II. 5. b).

13 Siehe oben unter § 7 II. 1.

14 MünchArbR/*Löwisch/Rieble* § 254 Rz 1 ff.

15 Vergl. ausführlich unter § 7 II. 2. b).

auch für das EBRG gelten, welches in weitaus geringerem Maße Organisationsvorschriften enthält.
Das EBRG ist Teil des Privatrechts, eine Vereinbarung zur Errichtung eines EBR ist eine privatrechtliche Vereinbarung. Eine Rechtswahl ist hier ebenso wie beim Tarifvertrag und nach der hier vertretenen Meinung auch bei Vereinbarungen mit dem Betriebsrat zulässig.[16] Dafür spricht auch, dass der Gesetzgeber den vertragsschließenden Parteien einen sehr weiten Gestaltungsspielraum eingeräumt hat; dieser Gestaltungsspielraum ist auch auf das Kollisionsrecht zu übertragen.[17] Sinnvoll kann eine Rechtswahl vor allem dann sein, wenn in einem nach dem Spartenprinzip aufgebauten Konzern mehrere EBR errichtet werden sollen, die Schwerpunkte der Sparten aber jeweils in einem anderen Land liegen.[18] Vereinzelt finden sich auch eindeutige Vereinbarungen einer Rechtswahl in der Praxis.[19]

## II. Qualifikation der Vereinbarung nach § 17 EBRG

Für die nachfolgenden Überlegungen soll davon ausgegangen werden, dass das deutsche Recht sachlich zur Anwendung kommt.
Die Vereinbarung kommt zwischen einer Arbeitgeber- und Arbeitnehmervertretung zustande, so dass zunächst einmal festgehalten werden kann, dass es um einen Kollektivvertrag geht.

### 1. Vereinbarung als Tarifvertrag?

Vereinzelt wird vorgeschlagen, die Vereinbarung als einen Tarifvertrag anzusehen.[20] Eine nähere Begründung wird freilich nicht gegeben. Rechtstechnisch ist es aber tatsächlich nicht fernliegend, an einen internationalen Tarifvertrag, wie er ja in der Praxis bereits vorkommt,[21] zu denken.
Gegen die Annahme eines Tarifvertrages könnte allerdings die personelle Zusammensetzung des besonderen Verhandlungsgremiums sprechen.[22] Das Dilemma der unterschiedlichen Arbeitnehmervertretungstraditionen setzt sich in der Zusammensetzung des besonderen Verhandlungsgremiums fort.[23] Je mehr sich

---

16 Siehe dazu § 8 III.
17 *Däubler*, in FS Schaub, S. 95, 99; *ders.*, in D/K/K, EBRG § 17 Rz 5.
18 *Rademacher*, S. 122; *Blanke*, EBRG § 17 Rz 13; *Däubler*, EuroAS 1998, S. 68, 69.
19 Vergl. *Hanau*, in FS Vieregge, S. 319, 329, der von einer Unternehmensvereinbarung für ein norwegisches Unternehmen berichtet.
20 *Blanpain/Schmidt/Schweibert*, Europäisches Arbeitsrecht, S. 393; *Däubler* in AuA 1995, S. 153, 155; *Blanpain/Engels*, European Labour Law, S. 403 f; *Walz*, S. 189; wohl auch *Zachert*, FS Schaub, S. 811, 820 und *Körtgen*, S. 165 ff.
21 Siehe dazu oben, § 6 II.
22 *Sandmann*, Die EBR-Richtlinie 94/45/EG, S. 162;
23 *Goos* spricht deshalb von einem „europäischen Unikum", NZA 1994, S. 776, 777.

das besondere Verhandlungsgremium aus reinen Gewerkschaftsvertretern zusammensetzt - dies kann z.B. sein, wenn Länder zur Entsendung berufen sind, die überwiegend oder ausschließlich eine gewerkschaftliche Arbeitnehmervertretung kennen[24] - desto eher kann man von einem Tarifvertrag sprechen.[25] Setzt sich das Gremium hingegen allein aus Vertretern von betrieblichen Arbeitnehmergremien zusammen,[26] so fällt es schwer, von einem Tarifvertrag zu sprechen. Das Problem der gemischten Besetzung kann auch nicht etwa durch eine „Schwerpunktbetrachtung" gelöst werden, weil dies ein viel zu unsicheres Kriterium wäre.[27]

Andererseits erscheint es aber unbefriedigend, je nach konkreter Zusammensetzung des besonderen Verhandlungsgremiums einen Tarifvertrag anzunehmen oder eine andere Gestaltungsform. Die Zusammensetzung des besonderen Verhandlungsgremiums trägt zu einer eindeutigen Einordnung als Tarifvertrag nichts bei.

Ansetzen könnte man aber auch bei dem Inhalt der Vereinbarung. Mit ihr soll eine neue Arbeitnehmervertretung ins Leben gerufen werden. In Deutschland und auch in anderen europäischen Ländern ist es üblich, Fragen der Betriebsverfassung in Tarifverträgen zu regeln.[28] Dieses Recht der Tarifpartner wird durch § 1 I letzte Alt. TVG (betriebsverfassungsrechtliche Fragen) sowie durch § 3 BetrVG gesetzlich verankert.

Wird in einem Land die Arbeitnehmervertretung allein oder vornehmlich durch die Gewerkschaften vorgenommen und ist in einem Land in der Hauptsache als

---

[24] *Däubler*, in FS Schaub, S. 95, 101.

[25] Eine Übersicht über die Unterzeichner auf Seiten der Arbeitnehmer bei Vereinbarungen zur Errichtung von Europäischen Betriebsräten nach Art. 13 der Richtlinie (§ 41 EBRG) findet sich in *Europ. Stiftung/Europ. Kommission* (Hrsg.), Verhandlungen, S. 14 f. Danach wurden 45 % der Vereinbarungen von Gewerkschaftsorganisationen unterzeichnet. 34 % wurden von nationalen Betriebsräten oder zu diesem Zeitpunkt bereits bestehenden arbeitnehmerseitigen Betriebsräten auf europäischer Ebene unterzeichnet. Zum Teil tragen die Vereinbarungen auch die Unterschriften von sowohl Betriebsräten als auch Gewerkschaftsvertretern.

[26] Dies kann z.B. der Fall sein bei einem multinationalen Unternehmen mit Standorten nur in den Niederlanden und Deutschland; in Österreich wurde durch das Transformationsgesetz explizit bestimmt, dass nur Betriebsräte Mitglieder im EBR werden können, 179, 193 ArbVG, gleiches gilt für Deutschland, §§ 11, 23 EBRG und die Niederlande, Art. 10 I, 16 III des niederl. Umsetzungsgesetzes, *Birk* in FS Sandrock, S. 65, 74; *Kolvenbach,* NZA 2000, S. 518, 523.

[27] Insbesondere wäre nicht ohne Willkür zu bestimmen, ab welcher zahlenmäßigen Beteiligung von Gewerkschaftsvertretern von einem Tarifvertrag zu sprechen ist.

[28] Die Mitbestimmung gründet sich in Dänemark und Großbritannien z.B. ausschließlich auf Tarifverträge; In Deutschland wäre ein das BetrVG völlig verdrängender Tarifvertrag jedenfalls nicht zulässig, vergl. auch § 3 BetrVG. Möglich ist aber eine Erweiterung von Mitbestimmungsrechten durch Tarifvertrag, BAG v. 18.8.1987, SAE 1988, S. 97, 101 ff.; BAG v. 10.2.1988, SAE 1991, S. 352, 353 ff.; zu den Streitpunkten im Einzelnen Wiedemann/*Oetker*, TVG, § 1 Rz 587 ff.

Kollektivvertrag nur der Tarifvertrag bekannt, so ist es naheliegend, auf diese Kategorie zurückzugreifen. Muss die Frage der Einordnung der Vereinbarung zur Errichtung eines EBR demnach nach einem solchen Recht beurteilt werden, kommt eine Qualifikation als Tarifvertrag dort dann durchaus in Betracht.
Kommt deutsches Recht zur Anwendung, so scheidet eine Qualifikation als Tarifvertrag allerdings aus. Denn nach der Intention und Entstehungsgeschichte der Richtlinie sollte eindeutig mit dem besonderen Verhandlungsgremium eine Arbeitnehmervertretung geschaffen werden, deren alleinige Aufgabe in der Schaffung eines betrieblichen Arbeitnehmervertretungssystems besteht. Die Schaffung einer Arbeitnehmervertretung als einzige Aufgabe fällt aber nicht in die Kompetenz der Gewerkschaften.[29] Der Sachverhalt der Zuweisung einer Aufgabe erinnert eher an ein betriebliches gewähltes Gremium, welches seine Kompetenzen jeweils aus dem Gesetz ableitet.
Nimmt man eine Einordnung als Tarifvertrag an, so könnte die Vereinbarung ferner erstreikt werden, was mit § 38 EBRG kaum zu vereinbaren wäre.
Völlig ungeklärt wäre schließlich auch, ob die zentrale Leitung und das besondere Verhandlungsgremium Tariffähigkeit besitzen würden.[30] Zwar ist es nicht unmöglich, dass der Gesetzgeber eine neue Form der Tariffähigkeit geschaffen hat. Gegen die Einordnung als Tarifvertrag spricht aber, dass das besondere Verhandlungsgremium lediglich eine auf das Unternehmen beschränkte „betriebsverfassungsrechtliche Legitimation“ besitzt. Es ist für die Vereinbarung gemäß § 17 EBRG gerade charakteristisch, dass sie mit einem aus den Reihen der Belegschaft zusammengesetzten Gremium geschlossen wird, § 10 EBRG. Sie wirkt nur „für“ ein Unternehmen. Nach deutschem Recht wird der Tarifvertrag hingegen regelmäßig mit einer „außerhalb“ des Betriebs stehenden Gewerkschaft geschlossen. Der Tarifvertrag ist nicht notwendig auf ein Unternehmen beschränkt. Eine Einordnung als Tarifvertrag scheidet aus diesen Gründen aus.[31]

## 2. „Kollektivvertrag eigener Art“

Nach einer starken Meinung im Schrifttum muss die Vereinbarung gemäß § 17 EBRG als ein Kollektivvertrag eigener Art angesehen werden.[32] Kennzeichnend

---

[29] Ähnlich *Däubler* in FS Schaub, S. 95, 101, der darauf hinweist, dass es mit der grds. unbeschränkten Regelungsbefugnis der Tarifpartner schlecht zu vereinbaren sei, wenn man ihnen nur einen einzigen Regelungsgegenstand zuweisen würde.

[30] In diesem Sinne *Sandmann*, Die EBR-Richtlinie 94/45/EG, S. 161 f.

[31] *Däubler*, in D/K/K, EBRG § 17 Rz 7; *ders.* in FS Schaub, S. 95, 101; i.E. ablehnend auch *Lerche*, S. 231; *Klebe/Kunz*, in FS Däubler, S. 823, 835; *Weiss*, ArbuR 1995, S. 438, 443.

[32] MünchArbR/*Joost* § 366 Rz 98; *Blanke*, EBRG, § 41 Rz 35; *Däubler* in D/K/K, EBRG § 17 Rz 11.; *Müller*, EBRG, § 17 Rz 3; *Weiss*, ArbuR 1995, S. 438, 443, *Rademacher*, S. 120 f; *Veit*, JhrbZRW 1992, S. 211, 222; *Mayer* spricht von „einer Art grenzüberschreitender

sei, dass es sich um einen Kollektivvertrag handle, der aber mit Blick auf die heterogene Zusammensetzung des besonderen Verhandlungsgremiums nicht als Tarifvertrag einzuordnen sei.[33] Mit der Zuflucht zu einer Konstruktion „sui generis“ wird zugleich das Ziel verfolgt, eine möglichst in allen Ländern akzeptierte Lösung aufzuzeigen. Ein solches Bestreben ist zwar mit Blick auf den im Kollisionsrecht prinzipiell anzustrebenden internationalen Entscheidungseinklang[34] zu begrüßen. Würde europaweit die Vereinbarung zur Errichtung eines EBR als ein Vertrag „sui generis“ angesehen, so ließen sich wohl am ehesten gleiche Ergebnisse in der juristischen Bewertung erzielen.

Nun ist es aber unzulässig, auf eine Hilfskonstruktion (Vereinbarung eigener Art) zurückzugreifen, wenn eine Einordnung mit Hilfe der zur Verfügung stehenden juristischen Kategorien erfolgen kann. Die Charakterisierung als Vereinbarung eigener Art wäre also erst dann zulässig, falls sie nicht als eine Art „Betriebsvereinbarung“ eingeordnet werden könnte. Zu untersuchen ist somit, ob eine Qualifikation entsprechend der Vereinbarungen mit dem Betriebsrat möglich ist.

### 3. Vereinbarung als betriebliche Vereinbarung

In der Wissenschaft finden sich zahlreiche Äußerungen, die betonen, dass es sich bei dem Abkommen nach § 17 EBRG um eine Vereinbarung „betriebsverfassungsrechtlicher Legitimation“ oder „betriebsverfassungsrechtlichen Charakters“ handelt.[35] Hieraus werden freilich weitergehende Konsequenzen überwiegend nicht getroffen. Vereinzelt ist auch die Rede von Betriebsvereinbarungen, ohne dass dies näher erläutert wird.[36]

#### a) Der Vergleichsmaßstab

Die Richtlinie 94/45/EG ließ den jeweiligen Nationalstaaten Spielraum, wie die Vorgaben in das nationale Recht umzusetzen sind. Es ist daher möglich, wenn auch nicht wünschenswert, dass die Umsetzung und Anwendung der Richtlinie in den einzelnen Staaten zu unterschiedlichen Ergebnissen führt.[37] Es erscheint jedoch

---

Unternehmensvereinbarung“, BB 1999, S. 842, 846, *Wißmann* von einer „gemeinschaftsrechtlich geprägten Vereinbarung eigener Art“, ZTR 1997, S. 263, 264.

33 Auch die Einordnung als Betriebsvereinbarung wird als nicht passend empfunden, hierzu aber weiter unten unter 3.

34 *Kropholler*, S. 35ff.

35 *Sandmann*, AR-Blattei SD 695 Rz 19; *Lerche*, S. 239; *Däubler*, in FS Schaub, S. 95, 101; vergl. auch *Veit*, JhrbZRW 1992, S. 222; *Müller*, EBRG § 17 Rz 3.

36 Siehe *Hanau*, FS Vieregge, S. 319, 334; *Sandmann*, Die EBR-Richtlinie 94/45/EG, S. 199; tendenziell auch *Blanke*, KJ 1999, S. 497, 520; *Beckedahl*, S. 200.

37 Siehe hierzu oben, § 12 II. 1.

vorzugswürdig, bei der Einordnung der Vereinbarung gemäß § 17 EBRG nicht nur das inländische Recht zu betrachten, sondern auch die internationale Perspektive nicht aus den Augen zu verlieren. Auf diesem Wege wird gewährleistet, dass ein Ergebnis gefunden wird, welches voraussichtlich auch im Ausland auf Akzeptanz stoßen wird. Wird eine Einordnung nach länderübergreifenden Kriterien vorgenommen, so dient das Ergebnis zugleich als Auslegungsbeispiel für andere Staaten. Auf diesem Wege kann trotz der Zurückhaltung des europäischen Gesetzgebers eine einheitliche Lösung in den Nationalstaaten herbeigeführt werden.
In dem rechtsvergleichenden Teil dieser Arbeit wurden in § 3 unter III. Kriterien heraus gearbeitet, die nicht nur aus einer nationalen, sondern auch aus einer internationalen Perspektive als wesentlich angesehen werden können, um von einer betrieblichen Vereinbarung zu sprechen. Ausgangspunkt ist bei dieser Frage maßgeblich, welche Anforderungen an den Vertragspartner auf Arbeitnehmerseite zu stellen sind. Es wurde heraus gearbeitet, dass die Zulassung des Arbeitskampfes der Bejahung einer betrieblichen Vereinbarung nicht im Wege steht,[38] ferner, dass die Zugehörigkeit des Arbeitgebers zu dem Arbeitnehmergremium kein Ausschlusskriterium darstellt.[39] Als konstitutives Element wurde die normative Wirkung nicht angesehen. Im Gegensatz dazu wurde als wesentlich angesehen, dass Mitbestimmungsrechte durch ein Gesetz zugewiesen werden, dass durch dieses Gesetz ein auf Dauer angelegtes betriebliches Arbeitnehmergremium geschaffen wird, welches demokratisch legitimiert sein muss und welches sich von der Gewerkschaft abgrenzen lässt. Schließlich muss die Rechtsordnung den Vertragsschluss ausdrücklich vorsehen oder wenigstens anerkennen.[40]
Anhand dieser Kriterien soll nunmehr untersucht werden, ob im Zusammenhang mit einer Vereinbarung nach § 17 EBRG von einer betrieblichen Vereinbarung gesprochen werden kann.

### b) Zusammensetzung der Arbeitnehmergremien

Keine Probleme bereitet es, eine Unterscheidung zwischen der Arbeitnehmer- und Arbeitgeberseite vorzunehmen. Das besondere Verhandlungsgremium setzt sich ausschließlich aus Vertretern der Arbeitnehmerseite zusammen, wie sich aus § 10 I EBRG ergibt; für den EBR kraft Gesetzes ergibt sich dies aus § 22 I EBRG. Insoweit geht das EBRG von dem Trennungsprinzip aus. Unter diesem Aspekt ergeben sich mithin keine Bedenken.

---

[38] Das Erstreiken einer Vereinbarung nach § 17 EBRG wäre nach deutschem Recht jedoch ausgeschlossen aufgrund der Vorschrift des § 38 EBRG, *F/K/H/E* Übersicht EBRG, Rz 76.
[39] Vergl. näher § 3 III. 3. b).
[40] Zu alldem näher § 3 III. 3.

### c) Wirkungsweise der Vereinbarung

Ob die Vereinbarung nach § 17 EBRG bloß schuldrechtlich wirkt oder eine normative Wirkung entfaltet, ist derzeit noch nicht abschließend geklärt.
Die normative Wirkung der Vereinbarung wird in erster Linie damit begründet, dass mit ihr Rechte und Pflichten des EBR begründet werden sollen; da dieser aber nicht am Vertragsabschluss beteiligt sei, könne er nur dann rechtsverbindlich verpflichtet werden, falls die Vereinbarung normativ für und gegen ihn wirke.[41]
Diese Sichtweise verkennt allerdings, dass die normative Wirkung, wie sie im deutschen Recht von Tarifvertrag und Betriebsvereinbarung bekannt ist, die Funktion hat, die Rechte und Pflichten der Belegschaft, also materielle Arbeitsbedingungen, zu regeln. Hier werden aber nicht die Rechte und Pflichten der Belegschaft geregelt, sondern es soll eine „Verfassung" des EBR durch das besondere Verhandlungsgremium und die zentrale Leitung geschaffen werden. In diesem Zusammenhang von normativer Wirkung zu sprechen, erscheint verfehlt. Die Bindung des EBR an die von dem besonderen Verhandlungsgremium geschaffene Vereinbarung ergibt sich m.E. aus einer Auslegung der gesetzlichen Vorschriften. Es handelt sich bei den §§ 8 – 16 EBRG um ein spezielles Verfahren ähnlich einem Wahlverfahren[42] wie z.B. in den §§ 14 ff BetrVG, an dessen Ende nicht eine bestimmte Person (Betriebsratsmitglied), sondern eine Vereinbarung steht. Dieses Verfahren würde keinen Sinn machen, wäre es nicht verbindlich für die Mitglieder des EBR.
Hinzu kommt, dass Interessengegensätze zwischen dem besonderen Verhandlungsgremium und dem EBR nicht zu erwarten sind. Wie sich aus Nr. 1 lit. f Satz 2 des Anhanges zur EBR-Richtlinie ergibt, stellt das besondere Verhandlungsgremium nur eine Vorstufe zum EBR dar.[43] Beide Gremien sind zwar rechtlich zu trennen, bilden jedoch unzweifelhaft eine Interessengemeinschaft. Die Mitglieder des EBR müssen nicht mittels einer normativen Wirkungsweise verpflichtet werden, über die Einhaltung der Vereinbarung zu wachen; sie werden es vielmehr als ihr natürlichstes Recht ansehen, die ihnen zugewiesenen Rechte wahrzunehmen und gegenüber der zentralen Leitung auch durchzusetzen.
Auf der anderen Seite wird die zentrale Leitung in aller Regel identisch sein mit der Konzernspitze,[44] also derjenigen Instanz, die auch nach Bildung des EBR Ansprechpartner sein wird. Auch hier sind keine Interessengegensätze zu erwarten.
Die normative Wirkung wird z.T. aber auch damit begründet, dass Rechte und Pflichten Dritter begründet würden. Dies werde z.B. deutlich daran, dass Mitglieder

---

[41] *Müller*, EBRG § 17 Rz 3; *Weiss*, ArbuR 1995, S. 438, 433. ; *Däubler*, in D/K/K, EBRG § 17 Rz 11; *Tap*, S. 74 f.

[42] So auch *Däubler*, FS Schaub, S. 95, 102, der hieraus aber andere Schlüsse ableiten will.

[43] *Oetker*, in EAS B 8300 Rz 79 f.

[44] *Däubler*, AuA 1995, S. 153, 154.

des EBR für ihre Amtsgeschäfte gegenüber ihrem jeweiligen nationalen Arbeitgeber-Unternehmen einen Anspruch auf Freistellung unter gleichzeitiger Lohnfortzahlung hätten.[45] Also würden mit der Vereinbarung auch Pflichten Dritter, nämlich der rechtlich selbständigen Unternehmen in den jeweiligen Ländern, begründet.

Auch dem kann nicht gefolgt werden. Die Pflicht des ausländischen Arbeitgebers, dem seinem Betrieb zugehörigen Arbeitnehmer während Zeiten der Tätigkeit als Mitglied des EBR Lohn fortzuzahlen, ergibt sich vielmehr aufgrund eines Gesetzes. Rechtsgrundlage kann nicht § 40 EBRG sein, denn schon dem Wortlaut nach erfasst er nur inländische Arbeitnehmervertreter. Anknüpfungspunkt ist jedoch das jeweilige nationale Umsetzungsgesetz, welches eine vergleichbare Vorschrift enthält.[46]

Wichtig ist ferner, dass die Vereinbarung rein zeitlich gar nicht in Rechte und Pflichten der Mitglieder des EBR eingreift. Denn diese müssen ihrerseits erst ermittelt werden; eine normative Wirkung macht aber nur dann einen Sinn, wenn in bereits bestehende Rechtspositionen regelnd eingegriffen werden soll.[47]

Eine Drittwirkung zu Lasten des einzelnen Arbeitnehmers besteht auch nicht. Denn es ist entgegen *Klebe/Kunz* nicht richtig, wenn behauptet wird, dass mit der Erfüllung des Informationsanspruchs gegenüber dem EBR zugleich der Informationsanspruch des einzelnen Arbeitnehmers erlöschen würde.[48] Nicht der einzelne Arbeitnehmer, sondern stets eine Arbeitnehmervertretung als solche besitzt Mitwirkungs- und Unterrichtungsrechte.[49]

Der Hinweis auf eine Nachwirkung (in der Terminologie des Gesetzes besser „Fortgeltung") gemäß § 20 EBRG vermag ebenfalls nicht zu überzeugen.[50] Dem deutschen Recht ist es nämlich nicht fremd, dass auch nur schuldrechtliche Abreden über ihren eigentlichen Beendigungszeitpunkt hinweg fortwirken.[51] Auch insoweit besteht ein Interesse, den Betrieb vor Zeiten fehlender mitbestimmungsrechtlicher Gestaltung zu bewahren.

Schließlich sprechen dogmatische Gesichtspunkte gegen eine normative Wirkung. Für die Annahme einer solchen Wirkungsweise ist stets eine besondere

---

45 *Blanke*, EBRG, § 17 Rz 14; § 41 Rz 35

46 Insoweit müsste eine gesonderte Anknüpfung vorgenommen werden. Durch die Anwendbarkeit der Freistellungsregeln nach dem jeweiligen Herkunftsland können sich allerdings für Mitglieder eines EBR ganz unterschiedliche Schutzniveaus ergeben, *Klinkhammer/Weslau*, AG 1994, S. 488, 495.

47 *Oetker*, in EAS B 8300 Rz 118.

48 *Klebe/Kunz*, in FS Däubler, S. 823, 835f..

49 Siehe hierzu ausführlich oben, § 8 III. 3.

50 *Däubler*, in FS Schaub, S. 95, 102.

51 BAG v. 23.06.1992, NJW 1993, 485; ErfK/*Hanau/Kania*, BetrVG § 77 Rz 130 ff.

Ermächtigungsgrundlage erforderlich.[52] Der Gesetzgeber muss deutlich zum Ausdruck bringen, dass er eine Erstreckung der Wirkung einer Vereinbarung auf Dritte gewollt hat. Eine solche Anordnung der Wirkungsweise ist hier ausdrücklich jedoch nicht erfolgt. Es hätte aber nahegelegen, diesen Aspekt mitzuregeln, dem deutschen Gesetzgeber ist mit Blick auf den Streit um die Begründung einer normativen Wirkung beim Tarifvertrag und der Betriebsvereinbarung die Problematik durchaus geläufig. Eine konkludente Normsetzungsbefugnis anzunehmen,[53] erscheint im Hinblick hierauf problematisch. Die Normativwirkung stellt noch immer einen Fremdkörper im Zivilrecht dar und erzeugt sehr weitreichende Konsequenzen; gerade deshalb ist eine unzweifelhafte Anordnung durch den Gesetzgeber zu verlangen.

Des Kunstgriffs einer konkludenten Normativwirkung bedarf es aber auch gar nicht. Denn direkt gebunden ist auf Arbeitgeberseite stets die Konzernspitze; selbst wenn einige Unternehmen sich nicht an die Vereinbarung halten wollten (was wohl praktisch nicht vorkommen wird), bestünde immer noch die Möglichkeit, dass die Konzernspitze mittels Ausübung ihres Weisungsrechts dafür sorgt, dass das nationale Unternehmen die Vereinbarung beachtet. Ein solches Weisungsrecht besteht zwar nicht auf Arbeitnehmerseite. Doch dürften hier kaum Fälle denkbar sein, in denen durch die Vereinbarung in Rechte der nationalen betrieblichen Arbeitnehmervertretungen eingegriffen wird. Deren Mitwirkungsrechte bleiben vielmehr gemäß Art. 12 der Richtlinie 94/45/EG unberührt. Gleiches gilt für die Rechtsstellung der einzelnen Arbeitnehmer.

Zusammenfassend ist festzustellen, dass der Vereinbarung lediglich eine schuldrechtliche Wirkung zukommt.[54] Sofern die Mitglieder des EBR berechtigt werden, von der zentralen Leitung Informationen zu verlangen, handelt es sich um einen Vertrag zugunsten Dritter, § 328 BGB.

### d) Durch Gesetz zugeordnete Mitbestimmungsrechte

Das besondere Verhandlungsgremium hat nach § 8 I EBRG einzig die Aufgabe, mit der zentralen Leitung eine Vereinbarung über die Einsetzung eines EBR oder eines alternativen Verfahrens abzuschließen. Bei dieser Aufgabe handelt es sich um

---

52 BAG GS v. 29.11.1967, AP Nr. 13 zu Art. 9 GG; GK-BetrVG/*Kreutz* § 77 Rz 188 ff.; hierzu auch bereits oben unter § 8 III. 4. a); ebenso für das Recht des EG-Vertrags *Krebber*, in Calliess/Ruffert, EUV/EGV, Art. 139 Rz 16.

53 So *Blanke*, EBRG, § 41 Rz 35; *Däubler*, in D/K/K, EBRG § 17 Rz 10; *ders.*, in FS Schaub, S. 95, 101 ff; *Klebe/Kunz*, in FS Däubler, S. 823, 835f.; *Tap*, S. 75.

54 *Sandmann*, Die EBR-Richtlinie 94/45/EG, S. 199; *ders.*, in AR-Blattei SD 695 Rz 129; *Oetker*, EAS B 8300 Rz 119; *Hanau*, FS Vieregge, S. 319, 333 f; *Veit*, JhrbZRW 1992, S. 211, 222; vergl. auch *Eckert*, S. 54 und *Hanau*, in Hanau/Steinmeyer/Wank, Handbuch, S. 885, für den vergleichbaren Fall einer Vereinbarung, die nach § 41 EBRG fortgilt; ferner *Körtgen*, S. 168; *Walz*, S. 189.

ein zwar bisher nicht dagewesenes, dennoch aber funktional der Betriebsverfassung zuzuordnendes Handeln. Die Schaffung einer Arbeitnehmervertretung (EBR) stellt sozusagen die Vorstufe zu den herkömmlichen Aufgaben von betrieblichen Arbeitnehmervertretungen, der Ausübung von Beteiligungsrechten, dar. Auch auf der Ebene des BetrVG ist die Konstitution neuer Beteiligungsformen nicht Ungewohntes. Es gibt in Deutschland freiwillige Betriebsvereinbarungen, die Fragen der Mitbestimmung bzw. der Betriebsverfassung regeln.[55] Die grundsätzliche Regelungsbefugnis der Betriebspartner in Bezug auf die Einrichtung neuer Vertretungsstrukturen findet nach der Reform des BetrVG auch einen Niederschlag in § 3 II BetrVG. Zwar ist dort gleichzeitig den Tarifpartnern hinsichtlich der Vereinbarung von Betriebsverfassungsstrukturen ein sehr weitreichendes Vorrecht eingeräumt,[56] doch lässt sich daraus nicht der Schluss ableiten, dass Vertretungsstrukturen auf „europäischer Ebene" allein durch die Tarifpartner regelbar sind. Dort gilt § 3 BetrVG - in seiner strengen Fassung - nicht. Wie das Beispiel der Einrichtung von Sprecherausschüssen zeigt, können die Betriebspartner mit schuldrechtlicher Wirkung auch eine ganz neue Arbeitnehmervertretung ins Leben rufen.[57] Insofern ist das besondere Verhandlungsgremium dem Betriebsrat nicht ganz unähnlich.

### e) Auf Dauer angelegtes betriebliches Arbeitnehmergremium

Umstritten ist, ob das besondere Verhandlungsgremium ein auf Dauer angelegtes Organ ist oder ob dessen Amtszeit mit dem Abschluss einer Vereinbarung gemäß § 17 EBRG endet.[58]

In der Literatur wird darauf hingewiesen, dass die Amtszeit des besonderen Verhandlungsgremiums schon deshalb nicht beschränkt sein dürfe, weil außer ihm niemand über die Einhaltung der Vereinbarung wachen könne.[59]

Der EBR kann jedoch selbst über die Einhaltung der Vereinbarung wachen. Er ist als Gegenspieler der zentralen Leitung konzipiert und wird es als seine Pflicht ansehen, seine Rechte aus der § 17–Vereinbarung zu wahren. Geht man davon aus, dass das besondere Verhandlungsgremium weggefallen ist, so wäre dem EBR selbst eine Prozessführungsbefugnis zur Wahrung der Rechte vor Gericht zuzubilligen.

---

[55] BAG v. 10.02.1988, AP Nr. 53 zu § 99 BetrVG; vergl hierzu auch oben, § 8 III. 4. b) dd); siehe auch bereits oben zu der von der Rspr. großzügig ausgelegten Betriebsautonomie, § 3 II. 1. e).

[56] Zur Kritik an dem sehr weit geratenen Tarifvorrang *Richardi/Annuß*, DB 2001, S. 41, 42.

[57] Siehe oben, § 10 I. 5. b) cc).

[58] Oder wenn der Beschluss gefasst wird, keine Verhandlungen zu eröffnen oder diese zu beenden, § 15 EBRG.

[59] *Weiss*, ArbuR 1995, S. 438, 441; ähnlich *Hanau*, in FS Vieregge, S. 313, 334.

Gegen ein Nebeneinander von EBR und besonderem Verhandlungsgremium spricht ferner die gesetzliche Systematik, denn in § 37 S. 2 EBRG wird bestimmt, dass der EBR die Rechte des besonderen Verhandlungsgremiums wahrnimmt, wenn zunächst keine freie Vereinbarung nach § 17 EBRG zustande kam. Dadurch wird klar, dass das besondere Verhandlungsgremium nur bei dem erstmaligen Verhandlungsversuch mit der zentralen Leitung eine Rolle spielt, danach aber funktionslos wird.
Schließlich wäre ein Festhalten am besonderen Verhandlungsgremium unnötig und kontraproduktiv, insbesondere bei Meinungsverschiedenheiten zwischen den beiden Gremien.[60]
Es bleibt mithin zu konstatieren, dass es sich bei dem besonderen Verhandlungsgremium bloß um ein Ad-hoc-Gremium handelt.[61] Es ist folglich am ehesten mit einer (losen) Versammlung von Arbeitnehmern vergleichbar, deren Ziel es ist, lediglich *eine* Vereinbarung mit der Arbeitgeberseite abzuschließen. Demnach ist es mit einem Betriebsrat nicht zu vergleichen, dessen Merkmal es ist, dem Arbeitgeber auf Dauer als Gegenspieler gegenüber gestellt zu werden. Gerade die Konzeption als dauerhafter Gegenspieler wurde als wesentlich anerkannt, um von einer betrieblichen Vereinbarung sprechen zu können.[62] Folglich kann die Vereinbarung zur Errichtung eines EBR nicht mit einer mit dem Betriebsrat geschlossenen Vereinbarung verglichen werden.[63] Eine Anwendung der für die Betriebsvereinbarung oder Regelungsabrede entwickelten Grundsätze ist abzulehnen. Damit steht zugleich fest, dass eine Einordnung nur als eine Vereinbarung „sui generis" vorgenommen werden kann.[64]

## III. Zusammenfassung

Die objektive Anknüpfung einer Vereinbarung nach § 17 EBRG richtet sich nach dem Sitz der zentralen Leitung. Eine Rechtswahl ist zuzulassen. Die Vereinbarung kann nicht als Tarifvertrag angesehen werden, aber auch nicht als betriebliche Vereinbarung. Eine Vergleichbarkeit mit dem Betriebsrat ist nicht gegeben, weil das besondere Verhandlungsgremium nur ein Ad-hoc-Gremium ist und kein auf Dauer dem Arbeitgeber gegenüber gestellter Gegenspieler. Es bleibt daher nur, die Vereinbarung als einen Vertrag „sui generis" anzusehen. Sofern Lücken bei der Behandlung juristischer Probleme auftreten, bietet es sich an, auf die Grundsätze

---

60 *Lerche*, S. 207.

61 *Hromadka*, DB 1995, S. 1125, 1130; *Müller*, EBRG § 8 Rz 1; *Lerche*, S. 207; *Däubler*, in FS Schaub, S. 95, 102.

62 Siehe hierzu unter § 3 III. 3. e).

63 Auf die weiteren Kriterien, die unter § 3 III. 3. entwickelt wurden, kommt es demnach nicht mehr an. Sie werden jedoch wieder aufgegriffen in § 14.

64 So auch die wohl überwiegende Meinung, siehe oben unter II. 2.

zurückzugreifen, die sowohl für den Tarifvertrag als auch für die Betriebsvereinbarung gelten.[65] Die Regeln für beide Arten von Kollektivverträgen sind aber jedenfalls insofern modifiziert anzuwenden, als die Vereinbarung nach § 17 EBRG nur schuldrechtliche Wirkung entfaltet.

---

65 Vergl. *Müller*, EBRG § 17 Rz 10 für die Auslegung.

## § 14 Vereinbarungen zwischen dem EBR und der Konzernspitze

Wie anfangs gezeigt, ist der EBR in der Praxis dazu übergegangen, mit der zentralen Leitung Vereinbarungen abzuschließen.[1] Die rechtliche Einordnung solcher Vereinbarungen bereitet freilich nicht unerhebliche Schwierigkeiten, da es einen gesetzlich normierten Bereich nicht gibt, in den die Vereinbarungen eingebettet sind. Der europäische Gesetzgeber hat den Abschluss einer „europäischen" Betriebsvereinbarung nicht vorgesehen,[2] so dass die Vereinbarungen bei erstem Hinsehen sozusagen in einem „rechtsfreien Raum" geschlossen wurden.[3] Da aber jeder rechtsgeschäftliche Akt in eine Rechtsordnung eingebunden sein muss, ist wie oben bei der Vereinbarung nach § 17 EBRG zunächst zu klären, welche Rechtsordnung berufen ist. In einem zweiten Schritt muss untersucht werden, wie die Vereinbarungen juristisch einzuordnen sind.

### I. Kollisionsrechtliche Einordnung

#### 1. Objektive Anknüpfung

Bei der Frage nach der objektiven Anknüpfung einer Vereinbarung zwischen dem EBR und der zentralen Leitung kann auf die bisherigen Ergebnisse zurückgegriffen werden. Es wurde herausgearbeitet, dass sich eine betriebliche Vereinbarung nach dem Recht des Landes richtet, in dem der Betrieb der vertragsschließenden Arbeitnehmervertretung belegen ist.[4] Für die Vereinbarung zur Errichtung eines EBR wurde darauf abgestellt, in welchem Land die Unternehmensspitze belegen ist.[5]

Für eine Vereinbarung zwischen dem EBR und der Unternehmensleitung kommt es, wie bei der Vereinbarung zur Errichtung eines EBR, darauf an, wo die vertragsschließende Arbeitgeberseite ihren Sitz hat. Denn nach dieser Rechtsordnung bestimmt sich der Errichtungsmodus des Arbeitnehmergremiums. Im Regelfall richtet sich die Errichtung des EBR und der nachfolgende Abschluss von Vereinbarungen mit dem EBR sinnvollerweise nach dem gleichen Recht. Bei der objektiven Anknüpfung ist mithin diejenige Rechtsordnung des Staates berufen, in dem die zentrale Leitung ihren Sitz hat.

---

1 Siehe oben, § 2 II.

2 Anders als der Entwurf der Europäischen Kommission über das Statut einer Europäischen Aktiengesellschaft, siehe hierzu oben unter § 2 I. 1.

3 Siehe zu der Problematik oben, § 12 II.

4 Vergl. oben, § 8 IV. 1.

5 Siehe oben, § 13 I. 1.

## 2. Subjektive Anknüpfung

Die Frage einer Rechtswahl durch den EBR und die zentrale Leitung hängt davon ab, ob der EBR überhaupt rechtlich wirksame Verträge schließen kann. Es wurde weiter vorne herausgearbeitet, dass die Rechtswahl grundsätzlich eine privatautonome Gestaltungsmacht voraussetzt.[6] Demnach muss zuerst geklärt werden, inwieweit der EBR überhaupt Vereinbarungen schließen kann und ob ihm hierbei ein gewisser Entscheidungsspielraum verbleibt, bevor zu dem Problem der Rechtswahl Stellung bezogen werden kann.[7]

## II. Qualifikation einer Vereinbarung zwischen EBR und zentraler Leitung

In dem rechtsvergleichenden Teil wurden unter § 3 III. 3. allgemeine Kriterien herausgearbeitet, die notwendigerweise vorliegen müssen, um von einer betrieblichen Vereinbarung auch im internationalen Vergleich sprechen zu können. Es ist naheliegend, auf diese Kriterien auch für den EBR zurückzugreifen, da er als ein transnational konzipiertes Arbeitnehmergremium einen Bezug zu verschiedenen Rechtsordnungen aufweist. Erfüllt der EBR die auf der Ebene der nationalen Rechtsordnungen angetroffenen Kriterien, so spricht nichts dagegen, auch auf einer länderübergreifenden Ebene von einer betrieblichen Vereinbarung zu sprechen.[8] Hieraus wären Konsequenzen bei der Lösung von juristischen Problemen allgemeiner Art zu ziehen, die sich, wie bei jedem Vertragsschluss, stellen können.[9] Zentrale Frage ist, ob der EBR überhaupt einen rechtlich bindenden Vertrag abschließen kann. Wäre diese Frage zu verneinen, erübrigten sich weitere Überlegungen zur näheren Qualifikation der Vereinbarung. Deshalb soll diese Frage am Anfang der weiteren Untersuchung geklärt werden. Es wird dabei nicht verkannt, dass es sich bei Absprachen zwischen dem EBR und der zentralen Leitung um bloße rechtsunverbindliche Absichtserklärungen handeln kann.[10] Einigt sich der EBR mit der zentralen Leitung z.B. auf die Niederlegung sogenannter „codes of conduct", so kann hierbei bei verständiger Auslegung ein Wille der Arbeitgeberseite, eine einklagbare Position einräumen zu wollen, nur schwerlich

---

6 Ausführlich hierzu unter § 8 III. 1.

7 Siehe hierzu weiter unten, II. 1. d).

8 Zu diesem Vorgehen siehe auch bereits oben unter § 13 II. 3. In der Literatur zum europäischen Tarifvertrag findet man den Gedanken, die Legitimation eines grenzübergreifend wirkenden Tarifvertrags aus einem Vergleich der in den Mitgliedstaaten anerkannten Rechtsregeln ableiten zu wollen. Sofern ein Rechtsinstitut in allen Ländern anerkannt sei, bestünden nach dieser Auffassung auch keine Bedenken, ein solches Rechtsinstitut auf internationaler Ebene zu akzeptieren, *Körtgen*, S. 83 f.; *Avilés*, FS Däubler, S. 519, 532; *Steinberg*, RdA 1971, S. 18, 20; *Stiller*, ZIAS 1991, 194, 216 ff.

9 Vergl. oben, § 12 II. 2. d).

10 Siehe zu einzelnen Beispielen oben, § 2 II.

festgestellt werden. Mit anderen Worten kommt es stets auf den Einzelfall an, inwieweit eine rechtliche Verbindlichkeit der Abrede überhaupt gewollt ist. Juristisch in erster Linie interessant sind allerdings solche Vereinbarungen, die nach dem Willen der Vertragsschließenden auch rechtsverbindlich sein sollen. Im Folgenden soll daher die Frage im Vordergrund stehen, ob ein „echter" Vertragsschluss zwischen dem EBR und der zentralen Leitung möglich ist.

## 1. Vereinbarungsbefugnis des EBR

### a) Keine echten Mitbestimmungsrechte nach der Richtlinie

Als Ausgangspunkt ist die Richtlinie zu betrachten. Dort ist an keiner Stelle vorgesehen, dass dem EBR echte Mitbestimmungsrechte in dem Sinne zukommen sollen, dass ohne eine Einigung mit ihm eine unternehmerische Entscheidung nicht wirksam durchgeführt werden darf. Mit der Konstituierung von Informations- und Anhörungsrechten wurden nur Mitwirkungsrechte begründet; mehr intendiert die Richtlinie zunächst auch einmal gar nicht. Ihr hauptsächlicher Zweck besteht in der Beschaffung von mehr und qualitativ hochwertigeren Informationen, Art. 1 der Richtlinie. Echte Mitbestimmungsrechte eröffnet sie nicht.[11] Daraus folgt, dass eine Vereinbarung zwischen der Konzernspitze und dem EBR nur auf freiwilliger Basis erfolgen kann.

### b) Ausdrückliche Rechtsgrundlage für den Abschluss von betrieblichen Vereinbarungen?

Folgerichtig ist in der Richtlinie auch nirgends eine ausdrückliche Rechtsgrundlage für den Erlass einer normativ wirkenden Betriebsvereinbarung verankert. Zu prüfen ist aber, ob sich eine – allgemeinere – Rechtsgrundlage außerhalb der Richtlinie und des EBRG findet.

#### aa) Art. 138, 139 EGV als Rechtsgrundlage einer Betriebsvereinbarung?

Es könnte insoweit auf Art. 138, 139 EGV zurückgegriffen werden. Bei dem Versuch, die möglichen Abschlusspartner für Vereinbarungen nach den Art. 138, 139 EGV zu bestimmen, taucht das grundlegende Problem auf, dass es in der Praxis – bis auf wenige Ausnahmen – noch nicht zu derartigen Vereinbarungen gekommen ist.[12] Daher kann nur auf die einschlägigen Äußerungen in der rechtswissenschaftlichen Diskussion zurückgegriffen werden. Dort ist zunächst

---

[11] Dies ist zunächst völlig unstreitig, *Hromadka*, DB 1995, S. 1125, 1126; *Gaul*, NJW 1995, S. 228, 230; *Wirmer*, DB 1994, S. 2134.

[12] Siehe zu den bisher bekannt gewordenen Beispielen oben unter § 2 II.

auffällig, dass weit überwiegend in Bezug auf die Art. 138, 139 EGV nur von Tarifverträgen die Rede ist.[13] Dadurch ist das Ergebnis aber noch nicht vorgegeben.

### (1) Der weite Wortlaut „Sozialpartner“

Für die Einbeziehung einer betrieblichen Interessenvertretung spricht zunächst der weite Wortlaut, denn als „Sozialpartner“ können auch der einzelne Arbeitgeber und eine betriebliche Interessenvertretung[14] angesehen werden. Auf der Ebene der EU wird nicht trennscharf unterschieden zwischen betrieblichen und tariflichen Sozialpartnern. Dies wird deutlich in Art. 17 III S. 1 der Arbeitszeitrichtlinie;[15] dort ist die Rede von „...Tarifverträgen oder Vereinbarungen zwischen *Sozialpartnern auf niedrigerer Ebene*“.[16] In dem Erwägungsgrund 15 zu der Richtlinie 94/45/EG taucht der Begriff „Sozialpartner“ bezogen auf das besondere Verhandlungsgremium auf. Diese Beispiele zeigen, dass unter Sozialpartner nicht nur die Tarifpartner zu verstehen sind. Man wird deshalb sagen dürfen, dass der Begriff der Sozialpartner auf Arbeitnehmerseite möglichst weit ausgelegt werden muss.[17] Dies schließt allerdings nicht aus, dass je nach dem spezifischen Zusammenhang eine Auslegung zu dem Ergebnis gelangen kann, dass unter Sozialpartner etwa nur die Tarifvertragsparteien zu verstehen sind.
Auch Sinn und Zweck des sozialen Dialogs[18] könnten für eine Einbeziehung der betrieblichen Partner auf europäischer Ebene sprechen. Zu bedenken ist, dass der soziale Dialog nicht stark verrechtlicht[19] ist und von seiner Anlage her offen ist für eine breite Diskussion und einen Gedankenaustausch. Diese Offenheit gilt grds. auch hinsichtlich der Beteiligten am sozialen Dialog.[20] Vor diesem Hintergrund wird z.B. auch vorgeschlagen, Organisationen der Industrie- und Handelskammer zu beteiligen.[21] Im Hinblick auf den Wortlaut und den weit verstandenen Sinn und Zweck des sozialen Dialogs könnte man also zu dem Schluss gelangen, dass auch

---

13 *Arnold*, NZA 2002, S. 1261 f.; *Birk*, EuZW 1997, 453, 455; *Heinze*, ZfA 1997, S. 505, 510; *Bödding*, S. 129 f., *Blanpain/Schmidt/Schweibert*, Europäisches Arbeitsrecht, S. 357, 360; *Zwanziger*, ArbuR 1995, S. 430, 435.

14 Insoweit spricht man in Deutschland auch von betrieblichen Sozialpartnern oder Betriebspartnern.

15 Richtlinie 93/104/EG.

16 *Krause*, JhrbZRW 1997, S. 91, 119.

17 Terminologisch werden also grundsätzlich Arbeitnehmerorganisationen, betriebliche Arbeitnehmervertretungen sowie schließlich einzelne Arbeitnehmer umfasst, sofern sie für die Gesamtbelegschaft handeln; ebenso *Krause*, JhbZRW 1997, S. 91, 120f.

18 Siehe hierzu auch § 2 I. 1.

19 *Däubler*, EuZW 1992, S. 329, 332.

20 *Krebber*, in Callies/Ruffert, EUV/EGV, Art. 138 Rz 1.

21 In diesem Sinne wohl *Junghans*, in Lenz, EGV, 1. Aufl., Art. 118 b Rz 3.

eine betriebliche Interessenvertretung und folglich auch der EBR[22] Vereinbarungen nach Art. 139 EGV abschließen kann.[23]

### (2) Autonomie der Sozialpartner als Abgrenzungskriterium?

Hiergegen wird z.T. eingewandt, einer betrieblichen Interessenvertretung ermangele es jener „staatsfreien Autonomie", wie sie den Koalitionen des nationalen Rechts eigen sei.[24]

Dieses Argument kann aber jedenfalls dann nicht greifen, wenn ein EBR nach § 17 EBRG gebildet wurde. Ein solchermaßen entstandener EBR stellt gerade das Ergebnis einer „staatsfreien" autonom ausgehandelten Vereinbarung dar. Weshalb ein solches autonom gebildetes Arbeitnehmergremium nicht auch Verträge abschließen soll, ist nicht ersichtlich. Auch im nationalen Recht ist die Differenzierung zwischen Autonomie der Koalitionen und der Betriebspartner nicht leicht zu treffen,[25] so dass der Autonomiegedanke an dieser Stelle nicht ohne weiteres Klarheit verschafft.

### (3) Beschränkung auf die unternehmensübergreifende Ebene?

Fraglich ist, ob Vereinbarungen im Sinne von Art. 139 I EGV unternehmensübergreifend sein müssen oder sich auch auf nur ein Unternehmen beschränken können.

Die Beantwortung dieser Frage fällt relativ leicht: Aufgrund des prinzipiell weiten Verständnisses des sozialen Dialogs ist eine Reduktion auf unternehmensübergreifende Sachverhalte nicht zulässig. Anerkannt sind (nach deutschem Recht) auch Haustarifverträge, auch diese werden im Inland durch die Koalitionsfreiheit abgesichert.

Stets ist allerdings erforderlich, dass es sich um einen grenzüberschreitenden Sachverhalt handelt.[26] Ein solcher kann und wird jedoch gerade in transnationalen Konzernen vorliegen.[27] Vereinbarungen sind also auch auf Unternehmens- bzw. Konzernebene denkbar.[28]

---

22 So ausdrücklich *Blanpain/Schmidt/Schweibert*, Europäisches Arbeitsrecht, S. 354.

23 *Däubler*, EuZW 1992, S. 329, 332; vergl. auch *ders.*, Tarifvertragsrecht Rz 1753, der Vereinbarungen über die Errichtung von EBR auf Art. 118 b EGV a.F. stützen will; ihm folgend *Zachert*, in Kempen/Zachert, TVG, § 4 Rz 85 f.; *ders.*, in FS Schaub, S. 811, 821.

24 *Schwarze*, EAS B 8100 Rz 16, 22; *Deinert*, S. 460.

25 Siehe zum Problem oben, § 3 II. 1. e).

26 *Heinze*, ZfA 1997, S. 505, 510.

27 Dazu oben, § 8 III. 5. c) cc)

28 *Däubler*, EuZW 1992, S. 329, 332; *Schwarze*, EAS B 8100 Rz 22; *Bachner*, Die Rechtsstellung des EBR; differenzierend *Schulte*, in Groeben/Thesing/Ehlermann, EU-, EG-Vertrag, Art. 118 b Rz 25: Falls sich das Recht zum Abschluss aus individuellen Arbeitnehmerrechten ableite, sei die „Vereinbarungsbefugnis" abzulehnen.

### (4) Historischer Ansatz

Betrachtet man die Anfänge des sozialen Dialogs, so wird schnell deutlich, dass dieser ausschließlich durch Arbeitgeber- und Arbeitnehmerorganisationen wahrgenommen wurde. Seit den frühen sechziger Jahren gibt es in Europa eine Diskussion über die Regelung kollektiver Arbeitsbeziehungen auf der Ebene der Europäischen Union.[29] Dabei stand stets die Frage nach einem „europäischen Tarifvertrag" im Vordergrund. Prägend war die Teilnahme der europäischen Spitzenorganisationen UNICE, CEEP und des EGB.[30]
Aus dieser tatsächlichen Entwicklung ist aber nicht der Schluss zu ziehen, dass nach heutigem Verständnis nicht auch weitere Organisationen und Gremien als Beteiligte des sozialen Dialogs denkbar sind. Dies kann schon deshalb nicht sein, weil es zu Beginn des Dialogs noch gar keinen EBR gab, der sich tatsächlich an dem sozialen Dialog hätte beteiligen können. Aus den Anfängen und den Erfahrungen aus dem bisherigen Ablauf des sozialen Dialogs kann man aber jedenfalls den Schluss ziehen, dass der europäische Gesetzgeber bei der rechtlichen Institutionalisierung des sozialen Dialogs in erster Linie an Arbeitnehmer- und Arbeitgeberverbände gedacht hat. Dies wird deutlich in einer Entschließung des Europäischen Parlaments vom 7.06.1994, nach der als dialogbefugt nur solche Organisationen angesehen werden, die sich aus „Arbeitgeber- und Arbeitnehmerorganisationen" zusammensetzen und deren Mitgliedsverbände das Recht zum Abschluss von Tarifverträgen besitzen.[31] Arbeitnehmer- und Arbeitgeberverbände sind somit jedenfalls unproblematisch als „dialogbefugt" anzusehen.[32]

### (5) Systematische Erwägungen

In systematischer Hinsicht ist zu berücksichtigen, dass in Art. 138 II, III EGV ein bestimmtes Anhörungsverfahren für die Sozialpartner vorgesehen ist. Will die Kommission im Bereich der Sozialpolitik aktiv werden, so hört sie vor der Unterbreitung von Vorschlägen die Sozialpartner an. Damit werden diese zu Beteiligten an einem Gesetzgebungsverfahren. Gemäß Art. 138 IV EGV können die Sozialpartner dann auch zum Ausdruck bringen, dass sie gemäß Art. 139 EGV vorgehen möchten, d.h. die zu treffende Frage selbst regeln wollen.
Hieraus sind einige Schlussfolgerungen zu ziehen:

---

29 *Schwarze*, EAS B 8100 Rz 3 ff; zu bisherigen Ergebnissen in Form von Stellungnahmen, Vereinbarungen etc. des sozialen Dialogs siehe *Bödding*, S. 40 ff.

30 *Heinze*, ZfA 1997, S. 505, 506.

31 Entschließung abgedruckt in BT-Drucks.1994, Bd. 505, 12/7796.

32 *Krebber*, in Callies/Ruffert, EUV, EGV, Art. 138 Rz 6; *Höland*, ZIAS 1995, S. 426, 431; *Geiger*, EGV, 2. Aufl., § 118 b Rz 1; *Coen*, in Lenz, EGV Art. 138 Rz 8.

Zunächst einmal müssen die Gremien und Organisationen, die nach Art. 138 II EGV angehört werden müssen, auf ein vernünftiges Maß begrenzt werden. Andernfalls droht eine unverhältnismäßige Verfahrensverlängerung und Verkomplizierung. Schätzungen zufolge sind von der EBR-Richtlinie ca. 1450 Unternehmen betroffen.[33] Müssten diese sämtlich angehört werden, wäre in der Tat das Gesetzgebungsverfahren stark beeinträchtigt.

Ferner muss gesehen werden, dass das EG-Recht zwischen dem sozialen Dialog und Mitwirkungsrechten seitens der Arbeitnehmer unterscheidet. So ist in Art. 12 der Gemeinschaftscharta über die sozialen Grundrechte der Arbeitnehmer der soziale Dialog niedergelegt, während in Art. 27 der Charta die Unterrichtung, Anhörung und Mitwirkung der Arbeitnehmer vorgesehen ist.[34]

Hinzu kommt, dass in der Richtlinie 94/45/EG nicht Bezug genommen wurde auf Art 118 b EGV a.F.[35] In dieser Vorschrift war bereits davon die Rede, dass der Dialog zwischen den Sozialpartnern "... zu vertraglichen Beziehungen führen kann." Hätte der europäische Gesetzgeber gewollt, dass auch Europäische Betriebsräte Vereinbarungen im Sinne von Art. 118 b EGV a.F. abschließen können sollten, so hätte an sich nichts näher gelegen, als dies durch einen Verweis auf Art. 118 b zum Ausdruck zu bringen. Einen solchen Willen nunmehr anzunehmen, nachdem später noch ein Anhörungsverfahren nach Art. 138 II EGV hinzugetreten ist und damit die Materie insgesamt noch feiner ausdifferenziert wurde, erscheint fernliegend.

Aus der Stellung der Sozialpartner als Beteiligte in dem Anhörungsverfahren nach Art. 138 II EGV ist des weiteren der Schluss zu ziehen, dass unter „Sozialpartnern" nur solche Gremien und Organisationen zu verstehen sind, die auch in den Mitgliedstaaten eine Rolle im Gesetzgebungsverfahren spielen. Dies sind jedoch in aller Regel nur die Koalitionen.[36] Ganz anders sieht die Rolle einer betrieblichen Arbeitnehmervertretung aus: Sie ist funktional nur auf „interne" Beteiligung ausgerichtet, ein darüber hinausgehendes Mandat zur Auseinandersetzung mit der Politik kommt ihr nicht zu.

Schließlich ist aus Art. 138 II, IV S. 1 EGV zu entnehmen, dass die „Sozialpartner" in der Lage sein müssen, anstelle der EU die von der Kommission avisierten Maßnahmen umzusetzen. Die Möglichkeit der Sozialpartner, sich anstelle eines

---

33 *Blanke*, EBRG, Einl., Rz 35.

34 *Weiss*, NZA 2003, S. 177, 184; *Schulte*, in Groeben, Thiesing, Ehlermann, EU-, EG-Vertrag, § 118 b Rz 28; *Bödding*, S. 91.

35 Dieser entspricht etwa dem heutigen Art. 139 I EGV.

36 *Krebber*, in Callies/Ruffert, EUV, EGV, Art. 138 Rz 13.

Gesetzesaktes[37] der EU gemäß Art. 139 I EGV zu einigen und auf diesem Wege eine Art von Primärzuständigkeit für sich zu reklamieren, ist Ausdruck des doppelten Subsidiaritätsgrundsatzes.[38] Er besagt, dass die EU nur dann handeln darf, sofern nicht mit gleicher Effektivität eine autonome Sozialpartnervereinbarung getroffen werden kann. Aus diesem Mechanismus lässt sich rückschließen, dass die europäischen Betriebspartner ähnlich dem europäischen Gesetzgeber überhaupt über die Möglichkeit verfügen müssen, einen Rechtsakt möglichst flächendeckend umzusetzen. Dies ist bereits bei Tarifverträgen fraglich, weil sich diese – zumindest nach nationalem Verständnis – nicht auf ein Land beziehen, sondern auf Branchen und Regionen.[39] Auch bei „europäischen Tarifverträgen" wird eine flächendeckende Umsetzung schwerlich gelingen, weil eine lückenlose Kompetenzdelegation seitens der nationalen Gewerkschaften und eine lückenlose Mitgliederzahl nur schwer vorstellbar ist. Noch weniger effektiv wäre jedoch eine Umsetzung durch die europäischen Betriebspartner. Ihre Zuständigkeit und ihr Interesse beschränkt sich partiell auf ein Unternehmen. Ein Handeln der europäischen Betriebspartner anstelle der Kommission und des Rates würde in den allermeisten Fällen keinen Sinn ergeben.

In der Praxis wird sich zeigen, inwieweit es die Kommission für sinnvoll hält, auch Europäische Betriebsräte anzuhören. Dies wäre ihr jedenfalls nicht verboten.[40] Doch wird man wohl die Prognose wagen dürfen, dass sich die Anhörung schon aus Praktikabilitätsgesichtspunkten auf europäische Spitzenorganisationen konzentrieren wird.

### (6) Zwischenergebnis

Als Zwischenergebnis ist festzuhalten, dass der EBR keine Vereinbarungen im Sinne von Art. 139 I EGV abschließen kann.[41] Damit steht aber lediglich fest, dass der EBR nicht Beteiligter sein kann im „förmlichen sozialen Dialog".[42] Ihm stehen also nicht die Rechte gemäß den Art. 138, 139 EGV zu. Dies bedeutet aber nicht, dass der EBR überhaupt keine Rolle im sozialen Dialog spielt. Vielmehr ist sein Wirkungskreis einem „informellen sozialen Dialog" zuzuordnen, der vertraglich

---

37 Die Anhörungspflicht ist zwar nicht ausdrücklich, jedoch ihrem Sinn nach auf Rechtsetzungsakte zugeschnitten, *Krebber*, in Callies/Ruffert, EUV, EGV, Art. 138 Rz 28. Gemeint sind also weniger Einzelentscheidungen als Verordnungen und Richtlinien i.S.v. Art. 249 EGV.

38 Hierzu *Heinze*, ZfA 1997, S. 505, 515; *Deinert*, S. 242 ff.; *Kempen*, KritV 1994, S. 13, 34 ff.; siehe bereits auch oben, § 6 III. 6. sowie weiter unten, II. 1. c) cc).

39 *Deinert*, S. 241.

40 *Krebber*, in Calliess/Ruffert, EUV, EGV, Art. 138 Rz 28.

41 Wie hier i.E. auch *Bachner*, Rechtsstellung des EBR, S. 230 ff.; *Tap*, S. 141.

42 *Krebber*, in Calliess/Ruffert, EUV, EGV, Art. 138 Rz 3; vergl. auch *Höland*, Mitbestimmung, S. 86.

lediglich nicht näher geregelt ist. Es ist dem EBR daher im Grundsatz unbenommen, auch Vereinbarungen abzuschließen; diese wurzeln allerdings dann nicht im europäischen Recht, für sie bestünde z.B. nicht die Möglichkeit der Durchführung nach Art. 139 II EGV.[43]

**bb) Keine Normativwirkung**

Mit der Erkenntnis, dass eine gesetzliche Grundlage für eine Betriebsvereinbarung nicht vorgesehen ist, steht sogleich fest, dass einer wie auch immer gearteten Einigung zwischen der zentralen Leitung und dem EBR jedenfalls keine normative Wirkung zukommen kann. Im Zusammenhang mit der Wirkung der Vereinbarung nach § 17 EBRG wurde bereits dargelegt, dass eine solch weitreichende Wirkung einer ausdrücklichen gesetzlichen Grundlage bedarf.[44] Diese wurde mit dem EBRG nicht geschaffen. Demgegenüber behauptet *Däubler*, eine Normativwirkung sei nicht ausgeschlossen, sofern in der Vereinbarung gemäß § 17 EBRG vorgesehen sei, dass der EBR mit der zentralen Leitung Vereinbarungen schließen könne. Da das besondere Verhandlungsgremium selbst Verträge mit normativer Kraft abschließen könne, sei es auch in der Lage, diese Macht an den EBR weiterzugeben.[45]

Diese Ansicht ist jedoch abzulehnen,[46] denn sie geht von der unzutreffenden Prämisse aus, dass eine Vereinbarung gemäß § 17 EBRG normativ wirkt. Darüber hinaus ist nicht ersichtlich, wie eine Macht zur normativen Rechtsgestaltung von einem Privaten an einen anderen Privaten „weiterdelegiert" werden kann. Ferner wäre das Verhältnis zu den nationalen Tarifverträgen völlig ungeklärt. Wer für ein System eintritt, welches mehrere Normativverträge auf europäischer und nationaler Ebene nebeneinander zulässt, muss auch dazu Stellung nehmen, wie sich diese Verträge zueinander verhalten sollen. Nach alledem beschränkt sich der weitere Gang der Untersuchung auf die Frage, ob der EBR schuldrechtlich wirkende Vereinbarungen abschließen kann.

**c) Anwendung allgemeiner Rechtsgrundsätze**

Die bisherige Untersuchung hat gezeigt, dass eine geschriebene Rechtsgrundlage für den Fall einer Vereinbarung mit dem EBR nicht existiert. Die Lösung muss sich

---

43 *Schwarze*, EAS B 8100 Rz 25, 27; *Krebber*, in Calliess/Ruffert, EUV, EGV, Art. 138 Rz 3.

44 Siehe oben, § 13 II. 3. c).

45 *Däubler*, in D/K/K, EBRG § 18 Rz 14; ebenso *Schiek*, RdA 2001, S. 218, 233 f.

46 So auch *Weiss*, NZA 2003, S. 177, 180; MünchArbR/*Joost* § 366 Rz 114; kritisch auch *Blanke*, EBRG, § 18 Rz 13.

daher aufgrund allgemeiner Rechtsgrundsätze ergeben. Nach allgemeinen Grundsätzen müsste der EBR zunächst einmal rechtsfähig sein.[47]
Die Frage nach der Rechtsfähigkeit ist gesondert von der nach der Handlungsfähigkeit zu stellen. Handlungsfähigkeit meint die Möglichkeit, rechtsverbindlich gegenüber dem Arbeitgeber oder Dritten agieren zu können. Im vorliegenden Fall fällt die Frage nach der Handlungsfähigkeit mit der der Vereinbarungsbefugnis des EBR zusammen. Für das Verhältnis zwischen Rechtsfähigkeit und Vereinbarungsbefugnis gilt folgendes: Die Vereinbarungsbefugnis setzt die Rechtsfähigkeit voraus; ein Vertragsschluss bringt nichts, wenn „dahinter" keine rechtlich greifbare Gemeinschaft vorhanden ist.[48] Umgekehrt gibt es durchaus Fälle, in denen eine Rechtsfähigkeit gegeben ist, aber keine Handlungsfähigkeit. Dies ist etwa der Fall bei Kindern unter sieben Jahren und Geisteskranken, aber auch bei juristischen Personen, für die sich noch keine Organe herausgebildet haben.[49]
Die Feststellung der Rechtsfähigkeit des EBR ist also eine notwendige Bedingung für die Annahme einer Vereinbarungsbefugnis, allerdings noch keine ausreichende.

#### aa) Rechtsfähigkeit des EBR

#### (1) Ausdrückliche Anordnung der Rechtsfähigkeit

Gemeinschaften können nach deutschem Recht eine Rechtsfähigkeit durch die Eintragung in ein öffentliches Register, durch staatliche Verleihung oder schlicht kraft Gesetzes erlangen.[50] Dem EBR ist weder durch der Richtlinie noch durch das EBRG eine Rechtsfähigkeit ausdrückliche zuerkannt worden. Dies hängt damit zusammen, dass es dem europäischen und auch dem deutschen Gesetzgeber primär darum ging, ein Verfahren zur Unterrichtung und Anhörung zu schaffen; damit ist nicht notwendig die Frage verbunden, ob der EBR auch Verträge abschließen kann. In anderen Ländern hat der nationale Gesetzgeber das Problem freilich gesehen. Der schwedische und der französische Gesetzgeber statteten den EBR in den Transformationsgesetzen mit einer Rechtsfähigkeit aus,[51] der spanische Gesetzgeber verlieh dem Gremium ausdrücklich nur eine Teilrechtsfähigkeit.[52] Ein

---

[47] Auf allgemeine Zweckmäßigkeitserwägungen zur Begründung einer Vereinbarungsbefugnis stellt vor allem *Bachner* ab. Dies erscheint als nicht richtig, weil nicht die vorgelagerte Frage beantworten wird, ob der EBR überhaupt rechtsfähig ist; vergl. *Bachner*, Die Rechtsstellung des EBR, S. 237 f.

[48] Vergl. *Tomandl*, in FS Strasser, S. 583, 586.

[49] *Kreutz*, Betriebsautonomie, S. 35.

[50] *Hadding* in FS Kraft, S. 137, 140 f; letzteres wird nunmehr auch für die GbR angenommen, vergl. BGH v. 29.01.2001, ZIP 2001, 330 ff..

[51] *Blanke*, KJ 1999, S. 497, 513, 516.

[52] *Birk*, in FS Sandrock, S. 65, 76.

Gegenschluss aus dieser Sachlage in dem Sinne, dass der deutsche Gesetzgeber dem EBR bewußt keine Rechtsfähigkeit zusprechen wollte, dürfte indes nicht zulässig sein. Es liegt näher anzunehmen, dass er das Problem schlicht übersehen hat.

### (2) Parteifähigkeit im Prozess?

Wer prozessfähig ist, ist grundsätzlich auch rechtsfähig. Davon geht zumindest das deutsche Recht aus,[53] wobei es auch ausdrücklich die Prozessfähigkeit von nichtrechtsfähigen Gebilden anordnet, § 50 II ZPO. Die Anordnung der Prozessfähigkeit ist also kein allein ausreichendes Kriterium, um die Rechtsfähigkeit zu begründen; denn sonst gäbe es ja auch mit Blick auf § 2 a I Nr. 1 ArbGG keinen Diskussionsbedarf mehr um die Teilrechtsfähigkeit des Betriebsrats auf rein nationaler Ebene. Sie ist aber ein starkes Indiz dafür, dass der Gesetzgeber dem in Frage stehenden Gebilde eine Rechtsfähigkeit zuerkennt. Mit der Vorschrift des § 2 a I Nr. 3 b ArbGG ist somit bereits ein wichtiger Schritt im Hinblick auf die Zuerkennung einer Rechtsfähigkeit des EBR getan worden.
In diesem Zusammenhang ist noch einmal auf die viel zitierte Entscheidung der Gerichte im Falle der Schließung eines Renault-Werkes in Vilvoorde in Belgien einzugehen.[54] Sowohl das Tribunal du Grand Instance Nanterre als auch der Cour d'appel de Versailles untersagten der Unternehmensleitung die Schließung des Werkes, weil sie zuvor nicht den bei Renault gebildeten EBR angehört hatte. Der EBR wurde – soweit ersichtlich – in dieser Entscheidung das erste Mal als parteifähig angesehen.[55]

### (3) Ausgangslage nach dem BetrVG

Um Aussagen darüber treffen zu können, ob der EBR rechtsfähig ist, empfiehlt es sich, noch einmal einen Blick auf die Rechtsstellung des Betriebsrats nach dem BetrVG zu werfen. Es liegt nahe, aus der Rechtslage bei der (rein) nationalen Arbeitnehmervertretung Schlussfolgerungen für das Arbeitnehmervertretungsgremium auf europäischer Ebene zu ziehen.
An anderer Stelle wurde bereits auf das Problem der Rechtsfähigkeit des Betriebsrats eingegangen.[56] Es wurde festgestellt, dass das Gesetz (BetrVG) dem Betriebsrat selbst Rechte und Pflichten zuweist. Wenn aber das Gesetz einer

---

[53] Grundnorm ist § 50 I ZPO.

[54] Hierzu *Lorenz/Zumfelde*, RdA 1998, S. 168 ff.; *Dietzler*, AuA 2000, S. 22, 23; *Lecher/Nagel/Platzer*, Konstituierung EBR, S. 48 ff.; *Blanke*, KJ 1999, S. 497, 518 ff.

[55] Dies wurde in den Urteilsgründen freilich nicht weiter problematisiert, *Lorenz/Zumfelde*, RdA 1998, S. 168 ff.

[56] Siehe oben, § 8 III. 3., im Zusammenhang mit der Frage, wer Abschlusspartner einer Betriebsvereinbarung nach nationalem Recht ist.

Personenmehrheit insbesondere auch Pflichten zuerkennt, so folgt daraus prinzipiell zugleich seine Rechtsfähigkeit.
Wendet man nunmehr den Blick auf den EBR zu, so ergibt sich Folgendes:
Die Sichtweise, die im nationalen Recht mit dem Wortlaut von § 77 I BetrVG argumentiert, kann nicht auf den EBR übertragen werden. Denn ihm ist kraft Gesetzes nicht ausdrücklich das Recht eingeräumt worden, Verträge mit der zentralen Leitung abzuschließen. Dieser Ansatz ist mithin hier nicht weiterführend.
Aber auch auf die Belegschaft selbst als Träger der Informationsrechte und Partner einer Vereinbarung kann nicht abgestellt werden.[57] Denn erstens ist diese Sichtweise schon im Ansatz nicht überzeugend. Es erscheint höchst widersprüchlich, die Belegschaft als nichtrechtsfähige Gemeinschaft zu charakterisieren, andererseits die Beteiligungsrechte und die Stellung als Abschlusspartner einer Vereinbarung nicht dem Betriebsrat (bzw. dem EBR) zuzugestehen. Zweitens erscheint es als unmöglich, die Arbeitnehmer des multinationalen Konzerns als „europäische Belegschaft", die Trägerin von Rechten und Pflichten sein soll, anzusehen. Das EBRG ist nicht in der Lage, die Arbeitnehmer aus mehreren Betrieben in Deutschland und sogar aus anderen Ländern zu einem teilrechtsfähigen oder auch nur im Tatsächlichen zusammengeschlossenen Verband zu verfassen. Insoweit bestehen zu große räumliche Unterschiede und auch Interessengegensätze, als dass man aus der bloßen Zugehörigkeit zu einem multinationalen Konzern so weitreichende rechtliche Konsequenzen herleiten könnte.
Es bleibt damit die Frage, ob der EBR selbst entsprechend der h.M. für den Betriebsrat als Träger der Beteiligungsrechte und folglich auch als (teil)rechtsfähig angesehen werden kann. Dann müssten dem EBR Rechte und Pflichten zugeordnet werden. In § 18 Nr. 3 EBRG ist „von Aufgaben" des EBR die Rede; § 31 I EBRG spricht davon, dass der EBR zuständig sei in Angelegenheiten der §§ 32, 33 EBRG.[58] Gemäß § 30 EBRG kann der EBR die Kosten seiner Tätigkeit von der zentralen Leitung ersetzt verlangen.[59] Dem EBR wird durch das EBRG also eine Vielzahl von Rechten zugewiesen.
Dem EBR werden aber auch Pflichten auferlegt. In § 38 EBRG ist z.B. die Pflicht zur vertrauensvollen Zusammenarbeit niedergelegt.[60] Schließlich sprechen auch die speziellen Strafvorschriften des § 42 EBRG für eine Rechtsfähigkeit.[61]

---

57 So aber *Bachner*, Die Rechtsstellung des EBR, S. 234.

58 Die Methode, aus vereinzelten Vorschriften auf die Teilrechtsfähigkeit eines rechtlichen Gebildes zu schließen, ist nicht neu und hat sich namentlich nun bei der GbR durchgesetzt. Freilich lassen sich die für die Teilrechtsfähigkeit der GbR bemühten Argumente nicht auf den EBR übertragen. Siehe zum Ganzen auch bereits unter § 8 III. 3.

59 Die Vorschrift ist insoweit § 40 BetrVG nachgebildet.

60 Vergl. *Kreutz*, Betriebsautonomie, S. 31.

61 *Ellenbeck*, S. 72.

Die Zwischenbilanz lautet also, dass der EBR als rechtsfähig angesehen werden kann. Diese Rechtsfähigkeit ist selbstverständlich aber durch den Zweck des Gesetzes begrenzt, d.h. es besteht keine Rechtsfähigkeit im unbeschränkten Sinne wie bei einer Privatperson, sondern sie besteht nur, soweit der Zweck des EBRG reicht.[62] Entscheidend sind letztlich die Grenzen der durch Auslegung zu ermittelnden Betriebsautonomie auf „europäischer" Ebene.[63] Dies gilt unabhängig davon, ob es sich um einen EBR nach §§ 17, 21 ff. oder 41 EBRG handelt. Denn in all diesen Fällen ist der EBR Träger von Rechten und Pflichten.
Damit steht fest, dass der EBR grundsätzlich eine Rechtsfähigkeit besitzt. Diese mag man auch als Teilrechtsfähigkeit bezeichnen, weil er nur Vereinbarungen im Rahmen der ihm zugestandenen Beteiligungsrechte treffen darf.
Wie oben ausgeführt, ist die Rechtsfähigkeit jedoch keine ausreichende Bedingung, um eine Vereinbarungsbefugnis zu bejahen. Es bedarf daher weiterer Überlegungen zu der Handlungsfähigkeit des EBR.

**bb) Handlungsfähigkeit nur bei ausdrücklicher gesetzlicher Grundlage?**

**(1) Ausgangsbasis nach den nationalen Rechtsordnungen**

Die Frage nach einer expliziten Rechtsgrundlage für eine betriebliche Vereinbarung stellte sich vor allem im österreichischen Recht bei den sog. „freien Betriebsvereinbarungen".[64] Dort begründete namentlich *Strasser* die wohl noch heute vorwiegende Meinung, dass es einer speziellen Ermächtigung oder Rechtsgrundlage bedürfe.[65] Diese Sichtweise muss aber die besonderen Verhältnisse in Österreich berücksichtigen. *Strasser* geht entgegen der hier vertretenen Ansicht davon aus, dass die Belegschaft selbst Trägerin der Mitwirkungsrechte sei. Vor diesem Hintergrund liegt es nahe, die Handlungsmöglichkeiten eines solch trägen Rechtsgebildes eng auszulegen. Noch schwerer wiegt der Einwand, dass das österreichische ArbVG eine spezielle Aufzählung von Angelegenheiten, die Gegenstand einer Betriebsvereinbarung seien können, enthält.[66] Es liegt daher der Gegenschluss nahe, dass überall dort, wo das Gesetz keine Betriebsvereinbarung vorsieht, eine solche verboten ist. Diese Sichtweise ist auf die deutsche Rechtsordnung aber nicht zu übertragen, insbesondere steht dem § 88 BetrVG entgegen.

---

[62] So für das BetrVG *Schneider/Wedde*, in D/K/K, Einl. Rz 123; *F/K/H/E* § 77 Rz 199 ff.; speziell zum EBR ebenso *Däubler*, in D/K/K, EBRG § 18 Rz 14a.

[63] Vergl. auch oben, § 3 II. 1. e) aa) für die Betriebsvereinbarung nach dem BetrVG.

[64] Vergl. oben, § 3 II. 2. d).

[65] *Strasser*, Betriebsvereinbarung, S. 104 ff.; 121 ff.; *ders.*, RdA 1989, S. 258, 260 ff.; zum Problem ausführlich auch *Tomandl*, in FS Strasser, S. 583, 584 ff.

[66] Vergl. oben, § 3 II. 2.

Auch auf das EBRG ist der Ansatz *Strassers* nicht übertragbar. Denn hier ist es nicht etwa so, dass der Gesetzgeber für einen Teil der Mitwirkungsthemen eine Vereinbarungsbefugnis vorgesehen hat, für einen anderen Teil aber nicht. Geht man zudem davon aus, dass der EBR selbst Träger der Mitwirkungsrechte ist, so liegt es auch nicht nahe, seine Handlungsgmöglichkeiten restriktiv deuten zu müssen.
Sofern *Strasser* meint, die Ermächtigung zum Abschluss einer Betriebsvereinbarung könne wie ein echtes Mitbestimmungsrecht gedeutet werden, was unstreitig explizit gesetzlich angeordnet sein muss,[67] so kann dem aus zwei Gründen nicht gefolgt werden. Erstens trennt diese Meinung nicht zwischen Rechts- und Handlungsfähigkeit. Und zweitens zeigt die Vorschrift des § 88 BetrVG, dass die Rechtsordnung Raum lassen kann für Vereinbarungen, ohne dass ein echtes Mitbestimmungsrecht vorliegt.

**(2) § 27 S. 3 und 4 EBRG analog**

Aufschluss über die Vereinbarungsbefugnis könnte ferner die Diskussion um die Regelungsabrede im Rahmen des BetrVG geben. Dass der Betriebsrat schuldrechtlich wirkende Vereinbarungen abschließen kann, ist heute allgemein anerkannt. Als Begründung hierfür wird oftmals jedoch nicht, wie man unvoreingenommen meinen könnte, die im Grundsatz akzeptierte Vereinbarungsautonomie des Betriebsrats angeführt. Vielmehr wird aus einer Vielzahl von Vorschriften, die eine Einigung zwischen Betriebsrat und Arbeitgeber vorsehen, der Grundsatz hergeleitet, dass eine nur schuldrechtlich wirkende Einigung generell zulässig sein soll.[68] Gelegentlich werden auch praktische Erwägungen ins Feld geführt in dem Sinne, dass es unsinnig sei, den Betriebspartnern für bestimmte Gegenstände die zeit- und formaufwendigere Betriebsvereinbarung aufzudrängen, wenn sie sich bloß schnell und formlos einigen wollen.[69]
Bei Betrachtung des EBRG fällt nun auf, dass das Gesetz eine Vereinbarung zwischen EBR und der zentralen Leitung nur an einer einzigen Stelle vorsieht, nämlich bei der Verständigung über die Anzahl der Sitzungen, § 27 I S. 3 und 4 EBRG. Aus dieser vereinzelten Vorschrift eine allgemeine Vereinbarungsbefugnis abzuleiten, liegt nicht unbedingt auf der Hand. Man wird jedoch annehmen dürfen,

[67] *Strasser*, Betriebsvereinbarung, S. 108; dieser Ansatz läuft darauf hinaus, die Frage nach der Kompetenz (im Bereich der Mitwirkungsthemen und! der Handlungsmöglichkeit) in den Vordergrund zu stellen; vergl. auch *Richardi*, in Richardi, BetrVG, Einl. Rz 91.

[68] *Heinze*, NZA 1994, S. 580; *Adomeit*, BB 1967, S. 1003, 1004; *Hueck/Nipperdey*, Arbeitsrecht II, Bd. 2, S. 1301; anders *Konzen*, ZfA 1985, S. 469, 488, der offensichtlich auf die Autonomie der Betriebspartner abstellt. Hintergrund dieser Zurückhaltung dürfte die noch immer weit verbreitete Meinung sein, die annimmt, dass dem Betriebsrat keinerlei Rechtsfähigkeit zukomme.

das es sich nicht um eine bewusst abschließende Regelung handelt. Der Gesetzgeber legte vielmehr mit großer Wahrscheinlichkeit ganz selbstverständlich zugrunde, dass der EBR nicht nur hinsichtlich der Organisation seiner eigenen Angelegenheiten (§ 28 EBRG) eine Handlungsmöglichkeit besitzen sollte, sondern auch hinsichtlich solcher Angelegenheiten, die sein Verhältnis zur Arbeitgeberseite ausmachen. Letztlich geht es um die Sicherstellung effektiver Selbstverwaltung des EBR. Sofern der EBR nur „in eigenen Angelegenheiten" handelt, besteht ein praktisches Bedürfnis nach rechtlicher Gestaltung mittels Vertragsschlusses; andererseits sind entgegenstehende Wertungen, zumindest insoweit, nicht ersichtlich.[70] Der Abschluss von Vereinbarungen, die keinen Bezug zu Rechten und Pflichten der Arbeitnehmer haben, ist folglich zulässig. Insoweit wird man sagen können, dass sich aus § 27 I S. 3 und 4 EBRG ein allgemeiner Rechtsgedanke ableiten lässt.[71]

Daher ist es möglich, dass der EBR und die Konzernspitze Verträge abschließen z.B. über die nähere Ausgestaltung der Anhörung (wie diese verfahrensmäßig genau erfolgen muss, welche Bedenkzeit dem EBR zugestanden werden muss etc.)[72], über die Hinzuziehung von Sachverständigen (z.B. ob ein dauernder Berater eingesetzt wird), über den turnusmäßigen Wechsel von Sitzungsorten oder über die Einrichtung einer Schiedsstelle[73] usw.[74]

Ein bereits in der Praxis auftauchendes Problem stellt sich in der Frage, welche Kommunikationsmittel dem EBR zur Verfügung gestellt werden müssen. Gerade mit Blick auf die Koordinationsaufgabe des EBR und der großen räumlichen Distanzen ist leistungsfähige EDV und ein Internetzugang unabdingbar.[75] Über das Zuverfügungstellen von Arbeitsmitteln müssen selbstverständlich aber auch bindende Vereinbarungen möglich sein.

---

69 *Nikisch*, DB 1964, S. 622.

70 Diese Fallgruppe der Regelungsabrede ist auch ganz überwiegend anerkannt, *Schipprowski*, S. 12; *Hueck/Nipperdey*, Arbeitsrecht II, Bd. 2, S. 1302f.; *Adomeit*, BB 1967, S. 1003, 1005; *Schneider*, in D/K/K, BetrVG, Einl. Rz 123; vergl. auch *Strasser*, Betriebsvereinbarung, S. 94. In der älteren Literatur werden z.T. Bedenken gegen eine Regelungsabrede vorgetragen mit dem Argument es müsse auf das prämär vorgesehen Regelungsinstrument der (förmlichen) Betriebsvereinbarung zurückgegriffen werden, hierzu *Nikisch*, DB 1964, S. 622, 623 ff. Sofern aber nur organisatorische Fragen zwischen EBR und der zentralen Leitung im Raume stehen, kommt eine Betriebsvereinbarung mit Drittwirkung von vornherein nicht in Betracht.

71 *Däubler*, in D/K/K, EBRG § 18 Rz 14; *Klebe/Kunz*, in FS Däubler, S. 823, 835; vergl. auch *Blanke*, EBRG § 18 Rz 12f.

72 So auch *Weiss*, ArbuR 1995, S. 438, 441.

73 Siehe hierzu *Lecher/Platzer*, WSI-Mitteilungen 1996, S. 503, 511; *Zügel*, S. 236.

74 *Blanke*, EBRG, § 18 Rz 12; *Däubler*, in D/K/K, EBRG § 18 Rz 14; *ders.*, in FS Schaub, S. 95, 111.

75 *Nagel*, WSI-Mitteilungen 1996, S. 494, 496; *Namuth*, Mitbestimmung (4) 2000, S. 18.

Damit ist aber noch nicht gesagt, dass der EBR auch eine Vereinbarungsbefugnis besitzt, die sich auf die Themen der Mitwirkungsrechte bezieht. Dies zu begründen bedarf eines größeren Aufwandes, weil hier Rechtspositionen Dritter, nämlich der Arbeitnehmer, berührt werden.

**(3) Handlungsfähigkeit nur bei Ermächtigung in der „§ 17-Vereinbarung?“**

Sofern es bejahende Stellungnahmen in der Literatur zu der Frage gibt, ob der EBR die Fähigkeit besitzt, mit der zentralen Leitung eine Vereinbarung abzuschließen, wird überwiegend verlangt, dass die Vereinbarung gemäß § 17 EBRG zwischen der zentralen Leitung und dem besonderen Verhandlungsgremium dem EBR ausdrücklich das Recht zu einem Vertragsschluss einräumen muss.[76] Rechtlich ist gegen eine solche Regelung in der § 17 EBRG–Vereinbarung nichts einzuwenden. Es steht dem besonderen Verhandlungsgremium und der zentralen Leitung frei, nicht bereits alles bis ins Detail zu regeln, sondern etwa nur Rahmenbedingungen zu schaffen, die später durch den EBR und die zentrale Leitung im Einzelfall durch Verträge ausgestaltet werden können.[77]
Dieser Ansicht kann im Ergebnis jedoch nicht gefolgt werden. Sie geht von der unzutreffenden Prämisse aus, dass dem EBR nicht von sich heraus eine Vereinbarungsbefugnis zukommt.
Im Einzelnen ist dieser Ansicht vorzuwerfen, dass sie nicht zwischen Rechts- und Handlungsfähigkeit differenziert. Im Rahmen der ihm in der § 17 EBRG-Vereinbarung eingeräumten Beteiligungsrechte ist der EBR, wie oben gezeigt,[78] teilrechtsfähig.
Der eigentliche Hintergrund dieser Meinung dürfte darin zu sehen sein, dass sie noch immer die Belegschaft als Träger der Mitwirkungsrechte ansieht und dem EBR deshalb mangels ausdrücklicher gesetzlicher Abschlussbefugnis[79] keine Vereinbarungsmöglichkeit einräumen will.
Schließlich führt sie auch nicht zu sachlich angemessenen Ergebnissen. Denn die Frage der Vereinbarungsbefugnis stellt sich im Zweifel spontan bei einem konkreten Konflikt zwischen EBR und zentraler Leitung. Nur wenn die Abschlusspartner der § 17–Vereinbarung die Notwendigkeit oder Nützlichkeit eines Vertragsschlusses antizipiert hätten, käme überhaupt die Möglichkeit der Geltung des Satzes „Pacta sunt servanda“ zum Tragen. Wenn die Vereinbarung schon vor Jahren abgeschlossen ist, wo Verhandlungen zwischen EBR und der

---

[76] MünchArbR/*Joost* § 366 Rz 114; *Blanke*, EBRG, § 18 Rz 12; *Däubler*, in D/K/K, EBRG § 18 Rz 14; *Klebe/Kunz*, in FS Däubler, S. 823, 835.
[77] *Däubler*, in FS Schaub, S. 95, 111; MünchArbR/*Joost* § 366 Rz 114.
[78] Unter II 1. c) aa).
[79] Nach dem Vorbild von § 77 I BetrVG.

zentralen Leitung noch kein Thema waren, so wäre der EBR nunmehr zur Handlungsunfähigkeit verdammt.
Aus diesen Gründen bedarf es keiner ausdrücklichen Ermächtigung in der Vereinbarung zur Errichtung eines EBR für die Annahme einer Vereinbarungsbefugnis.[80]

### cc) Autonomie des EBR

Richtiger Ansatzpunkt für die Beantwortung der Frage, ob der EBR auch Vereinbarungen über Themen der Mitwirkungsrechte abschließen kann, ist das Ausmessen des dem EBR zustehenden autonomen Gestaltungsspielraums. Sofern ein solcher anzuerkennen ist, kann somit zugleich auch die Frage bejaht werden, ob der EBR Vereinbarungen mit Wirkung gegenüber Dritten schließen kann.

#### (1) Der EBR und das Subsidiaritätsprinzip

Vereinbarungen zwischen der zentralen Leitung und dem EBR könnten aufgrund des Subsidiaritätsprinzips ein besonderer Schutz zukommen. Ließe sich dieses Prinzip auch insoweit anwenden, müsste man einen seitens der Staatsgewalt besonders geschützten Raum autonomer Gestaltungsbefugnis der europäischen Betriebspartner bejahen. Das Subsidiaritätsprinzip wäre demnach als Argument für eine weite Vereinbarungsbefugnis zu werten, die auch Angelegenheiten, welche die Arbeitnehmerschaft betreffen, mitumfassen könnte.
Der in Art. 5 II EGV niedergelegte Gedanke regelt das Subsidiaritätsprinzip im engeren Sinne.[81] Es ist als Kompetenzausübungsschranke[82] ausgestaltet, welche den Mitgliedstaaten eine vorrangige Zuständigkeit einräumt. Die EU darf nur dann tätig werden, wenn die avisierten Ziele nicht ausreichend durch die Mitgliedstaaten erfüllt werden können und daher das Ziel besser durch eine Gemeinschaftsmaßnahme realisiert werden kann.[83] Das Subsidiaritätsprinzip dient der Rückkopplung an die Macht der einzelnen Nationalstaaten. Ferner soll durch dieses Prinzip gewährleistet werden, dass Entscheidungen möglichst bürgernah getroffen werden.[84]
Das Subsidiaritätsprinzip stellt jedoch kein spezifisch europäisches Unikum dar, sondern ist als Prinzip in vielen Teilen der Rechtsordnung bereits vorhanden. Es regelt in den Art. 72 II GG das Verhältnis zwischen Bund und Ländern, in Art. 28 I

---

80 So wohl auch *Beckedahl*, S. 219.
81 *Langguth*, in Lenz, EGV, Art 5 Rz 9.
82 *Streinz*, S. 46; *Zuleeg*, in Groeben/Thiesing/Ehlermann, EUV, EGV, Art. 3 b, Rz 18.
83 *Langguth*, in Lenz, EGV, Art 5 Rz 12 ff.; *Calliess*, in Calliess/Ruffert, EUV, EGV, Art 5 Rz 35 ff.; *Kowanz*, S. 143 f.
84 *Langguth*, in Lenz, EGV, Art. 5 Rz 23.

S. 2 GG das Verhältnis der Staatsgewalt gegenüber der Selbstverwaltung der Gemeinden.[85]

In der Literatur ist man der Frage nachgegangen, ob der Anwendungsbereich des Subsidiaritätsprinzips nicht weiter auszudehnen sei. Insbesondere *Kempen* ist dafür eingetreten, den Sozialpartnern eine primäre Zuständigkeit vor der Regelungsmacht der EU einzuräumen.[86] Mit der Einführung der Art. 138 IV, 139 EGV wurde das Subsidiaritätsprinzip nunmehr auch im EG-Vertrag bei den Sozialvorschriften verankert. Insbesondere Art. 138 IV EGV bringt zum Ausdruck, dass eine gesetzliche Regelung seitens der EU ausgeschlossen ist, wenn sich die Sozialpartner auf eine autonome Regelung einigen wollen.

Heute ist anerkannt, dass das Subsidiaritätsprinzip auch „horizontal", also im Verhältnis zwischen der EU und den Sozialpartnern, gilt.[87] Nicht zuletzt lässt sich auf rein nationaler Ebene das Verhältnis von staatlicher Rechtsetzungsgewalt und Tarifautonomie als Anwendungsfall des Subsidiaritätsprinzips begreifen.[88] Bei einer übergreifenden Betrachtungsweise könnte man demnach formulieren, dass die übergeordnete Instanz stets nur eine Regelung treffen soll, wenn die untere Instanz versagt.[89]

Die sich für unseren Zusammenhang daraus stellende Frage lautet dahingehend, ob auch die europäischen Betriebspartner als „Sozialpartner" angesehen werden können, zu dessen Gunsten das Subsidiaritätsprinzip greift. Bereits oben wurde dargelegt, dass die europäischen Betriebspartner jedenfalls nicht den Status eines Teilnehmers am förmlichen sozialen Dialog gemäß Art. 138 f EGV besitzen.[90] Dies hindert indes nicht, das Subsidiaritätsprinzip auch auf europäische Betriebspartner auszudehnen, soweit dem Sinn und Zweck jenes Grundsatzes nicht entgegenstehen; denn zumindest sind die europäischen Betriebspartner als Teilnehmer des informellen sozialen Dialogs anzusehen.

Das Subsidiaritätsprinzip findet sich im Erwägungsgrund Nr. 16 zu der Richtlinie 94/45/EG.[91] Nach praktisch einhelliger Meinung in der Literatur beruhen die durch

---

85 *Kempen*, KritV 1994, S. 13, 21.

86 *Kempen*, KritV 1994, S. 13, 34 ff.; *Karthaus*, ArbuR 1997, S. 221, 222; *Zwanziger*, ArbuR 1995, S. 430, 437; *Deinert*, S. 238; *Konzen*, EuZW 1995, S. 39, 44; *Heinze*, ZfA 1997, S. 505, 515.

87 Hierzu *Arnold*, NZA 2002, S. 1261, 1264; *Coen*, in Lenz, EGV, Art 138 Rz 6; *Schwarze*, in EAS B 8100 Rz 30 ff.; *Deinert*, S. 242 ff.; *Nagel*, WSI-Mitteilungen 1999, S. 109, 114; *Krause*, JhrbZRW 1997, S. 91, 118 f.

88 *Karthaus*, ArbuR 1997, S. 221, 222; *Kempen*, KritV 1994, S. 13, 18 f.; *Biedenkopf*, S. 178 ff.; *Hablitzel*, NZA 2000, S. 467, *Hueck-Nipperdey*, Arbeitsrecht II, Bd. 1, S. 28; *Lambrich*, S. 252.

89 Siehe auch unter § 6 III. 6. im Zusammenhang mit dem internationalen Tarifvertrag.

90 Siehe oben unter II. 1. b) aa).

91 Dort freilich in seiner vertikalen Dimension verstanden, also bezogen auf das Verhältnis EU zu den Mitgliedsstaaten.

die Richtlinie 94/45/EG geschaffenen Freiräume zur autonomen Gestaltung einer Arbeitnehmervertretung auf europäischer Ebene auf dem Subsidiaritätsprinzip.[92] Dabei wird jedoch nicht hinreichend deutlich, ob die tatsächliche Ausgestaltung der Richtlinie als Ausdruck des Subsidiaritätsgedanken begriffen wird oder ob man der Meinung ist, das Prinzip der Subsidiarität gebiete allgemein eine Rücksichtnahme auf die kollektivvertragliche Gestaltung der Arbeitsbeziehungen.[93] Für ein Verständnis im letztgenannten Sinne sprechen die Vorschriften der Art. 13 der Richtlinie und § 41 EBRG. Sie stellen sicher, dass einer Vertragslösung über Beteiligungsrechte auf Konzernebene Vorrang gegenüber den subsidiären Vorschriften der Richtlinie bzw. des EBRG eingeräumt wird.[94] Damit ist festgestellt, dass der Subsidiaritätsgedanke prinzipiell sehr weit verstanden wird; entscheidend ist jedoch der Nachweis, das seine Anwendung auch nach Sinn und Zweck geboten ist.

Das Subsidiaritätsprinzip setzt in seiner primären Funktion als Kompetenzabgrenzungsprinzip voraus, dass für einen bestimmten Bereich sich überschneidende Zuständigkeiten vorhanden sind.[95] So liegt der Fall allerdings nicht, wenn der EBR mit der zentralen Leitung Vereinbarungen abschließt. Für Sachverhalte, die allein einen multinationalen Konzern betreffen, fehlt der EU die Rechtsetzungskompetenz. Art. 137 III EGV bezieht sich auf die Mitbestimmung allgemein, nicht aber auf einzelne Mitbestimmungssachverhalte. Wenn es z.B. um die Einführung neuer Arbeitstechniken oder ein Beschäftigungssicherungsprogramm geht, kann notwendig nur das Gremium des betroffenen Unternehmens handeln. Somit bestehen keine sich überlappenden Zuständigkeitsbereiche der EU und der europäischen Betriebspartner. Die Anwendung des Subsidiaritätsgrundsatzes zur Begründung einer eigenständigen Autonomie der europäischen Betriebspartner ist folglich abzulehnen.[96]

### (2) Europarechtliche Autonomie?

In Erwägungsgrund Nr. 15 der Richtlinie 94/45/EG ist davon die Rede, dass die Sozialpartner[97] getreu dem „Grundsatz der Autonomie" die näheren Umstände der

---

92 *Goos*, NZA 1994, S. 776, 780; *Heinze* AG 1995, S. 385, 393; *Rademacher*, S. 168 f.; *Weiss*, ZIAS 1995, S. 633, 634; *Klinkhammer/Weslau*, AG 1994, S. 488, 495; *Zügel*, S. 204 ff.; *Wirmer*, DB 1994, S. 2134, 2136.

93 *Krause*, JhrbZRW 1997, S. 91, 118.

94 *Heinze* spricht in diesem Zusammenhang von einer „Unter-Subsidiarität", AG 1995, S. 385, 395; in diesem Sinne auch *Goos*, EuroAS 1999, S. 98, 104; *Müller*, EBRG § 41 Rz 1.

95 Vergl. *Languth*, in Lenz, EGV, Art. 5 Rz 19; *Kempen*, KritV 1994, S. 13, 17.

96 Das hindert freilich nicht, Vereinbarungen gemäß §§ 17 und 41 EBRG auf das Subsidiaritätsprinzip zurückzuführen.

97 Gemeint sind in diesem Kontext freilich zuvorderst das besondere Verhandlungsgremium und die zentrale Leitung, nicht aber der EBR selbst.

Errichtung eines EBR festlegen. Die Richtlinie setzt also voraus, dass Arbeitnehmer- und Arbeitgeberseite eine gewisse Eigenverantwortlichkeit und ein Gestaltungsspielraum bei der Ausarbeitung der zwischen ihnen geltenden Regeln zukommen sollen. Dabei bleibt allerdings offen, wie diese „Autonomie der Sozialpartner" näher einzuordnen ist. Die Wortwahl „Sozialpartner" erinnert unweigerlich an die Koalitionsfreiheit und die Tarifautonomie. Wie gezeigt handelt es sich bei dem besonderen Verhandlungsgremium aber nicht um einen tauglichen Tarifpartner, sondern um ein Gremium mit betriebsverfassungsrechtlicher Legitimation.[98] Wenn dem besonderen Verhandlungsgremium keine „Tarifautonomie" zustehen kann, gilt das gleiche für den EBR. In diesem Sinne kann der Begriff „Autonomie" mithin nicht verstanden werden.[99]
Bleibt schließlich noch, die Autonomie als eine spezielle im Europarecht wurzelnde Freiheit aufzufassen.[100] Dagegen spricht jedoch, dass die Vereinbarung selbst keine Rechtsgrundlage im europäischen Recht findet.[101] Die Konturen einer „europäischen Autonomie" sind derzeit auch noch nicht einmal im Ansatz erfassbar. Dieser Weg ist folglich hier nicht weiterführend.

### (3) Privatautonomie und EBR

Die bisherigen Überlegungen haben gezeigt, dass der Gedanke einer Ermächtigung im Gesetz nur für die Vereinbarungsbefugnis in „eigenen Angelegenheiten" fruchtbar gemacht werden konnte. Andererseits konnten keine grundsätzlichen Bedenken gegen eine Vereinbarungsbefugnis des EBR angemeldet werden. Es liegt nahe, die insoweit anzutreffende Gestaltungsfreiheit als Privatautonomie anzusehen. Dies bedarf aber weiterer Klärung.
Die rechtliche Anerkennung von Vertragsschlüssen beruht auf dem Grundprinzip der Privatautonomie.[102] Nach dem durch Art. 1 und Art. 2 I GG geschützten Recht auf Selbstbestimmung soll es dem Einzelnen überlassen bleiben, seine Angelegenheiten durch Vertrag eigenverantwortlich zu ordnen. Für den einzelnen Bürger bedarf es deshalb keiner weiteren Legitimation, um die Möglichkeit eines Vertragsschlusses zu begründen. Ob dies auch für den EBR gilt, ist nachstehend zu prüfen.
An dieser Stelle empfiehlt es sich erneut, einen Blick auf die Situation auf nationaler Ebene zu werfen. Die Sozialpartner auf Betriebs- oder Konzernebene sind prinzipiell befugt, die Arbeitsbedingungen durch Verträge zu gestalten. Den

---

[98] Vergl. oben, § 13 II. 1.
[99] Ebenso *Krause*, JhrbZRW 1997, S. 91, 120f.
[100] So tendenziell *Krause*, JhrbZRW 1997, S. 91, 121 f.
[101] Vergl. auch oben, II. 1. b) aa).
[102] Dazu oben, § 10 I 5. b) bb).

Betriebspartnern wird ein umfangreicher Gestaltungsspielraum zuerkannt, den man zutreffender Weise als Betriebsautonomie kennzeichnen kann.[103]

Im Verhältnis zu der Belegschaft wird auf nationaler Ebene allerdings vielfach darauf hingewiesen, die Betriebsvereinbarung sei eine „Zwangsordnung", der sich der einzelne Arbeitnehmer nicht frei unterwerfe.[104]

Mit Blick auf den EBR muss man sagen, dass sich die Arbeitnehmer des multinationalen Konzerns vergleichbar der Lage auf rein nationaler Ebene nicht freiwillig der Regelungsmacht des EBR unterwerfen. Es besteht auf europäischer Ebene insoweit allerdings eine geänderte Ausgangslage, als eine normativ wirkende Vereinbarung, die in Rechtspositionen der Arbeitnehmer unmittelbar eingreift, nicht vorgesehen ist.[105] Der oft angeprangerte Mechanismus „Zwangsbeitritt" unter die Regelungsmacht der Betriebspartner in Verbindung mit deren normativen Gestaltungsmöglichkeiten ist auf europäischer Ebene nicht anzutreffen. Die Bedrohung aus Sicht der Arbeitnehmer lautet allenfalls „Zwangsbeitritt" und mittelbar sie betreffende Regelungsmacht der Betriebspartner. Diese mittelbare Regelungsmacht der europäischen Betriebspartner bedarf an dieser Stelle weiterer Präzisierung: Das geltende Recht kennt keine Verträge zu Lasten Dritter.[106] Im Hinblick darauf ist bei einer normativen Wirkungsweise wie in § 77 IV S. 1 BetrVG eine ausdrückliche gesetzliche Anordnung erforderlich. Die Privatautonomie vermag nur unter der Voraussetzung Rechtsgrundlage für Verträge mit Wirkung auf nicht am Vertragsschluss Beteiligte sein, dass letztgenannte aus dem Vertrag begünstigt werden.

Dass auf nationaler Ebene der Betriebsrat rein schuldrechtliche Verträge mit einer begünstigenden Drittwirkung abschließen kann, ist heute anerkannt.[107] Dies gilt auch für fakultative Absprachen, bei denen ein Mitbestimmungsrecht nicht besteht.[108] Die noch zu klärende Frage lautet, ob diese schuldrechtlichen Vereinbarungen als ein Akt der Privatautonomie angesehen werden können.

In einen größeren Kontext gesetzt geht es bei dem Problem der Vereinbarungsbefugnis des EBR um Fälle von betrieblichen Einigungen, die nicht aufgrund Gesetzes (ausdrücklich) vorgesehen sind. Solche „wilden" oder „atypischen" Vereinbarungen sind keine Seltenheit, weder in Deutschland,[109] noch

---

[103] Siehe dazu § 3 II. 1. e) und § 8 III. 4.

[104] Siehe ausführlich oben, § 8 III. 4. b) ee).

[105] Zu der bloß schuldrechtlichen Wirkung einer Vereinbarung zwischen EBR und der Arbeitgeberseite siehe oben, II. 1. b) bb).

[106] Vergl. nur Palandt/*Heinrichs*, Einf. vor § 328 Rz 10.

[107] Hierzu §§ 3 II. 1. e) bb) und 10 I. 5. b) bb).

[108] Der Regelungsabrede kommt dann allerdings keine mitbestimmungsrechtliche Legitimation zu, vergl. *Birk*, ZfA 1986, S. 73, 80.

[109] Siehe oben § 3 II. 1 e) bb).

im Ausland.[110] Die Behandlung von atypischen Vereinbarungen in den einzelnen Ländern hat gezeigt, dass ihnen grundsätzlich bindende Wirkung zukommt.[111] Dies spricht dafür, von einer prinzipiellen Akzeptanz des nationalen Rechts in Bezug auf autonome Vereinbarungen auf betrieblicher Ebene auszugehen. Wenn atypische Vereinbarungen im nationalem Recht grds. anerkannt werden, so muss gleiches auf einer länderübergreifenden „europäischen" Ebene gelten.
An dieser Stelle kann weiterführend ferner auf die Ausführungen weiter oben im Zusammenhang mit einer Konzernvereinbarung zugunsten konzernangehöriger, ausländischer Arbeitnehmer verwiesen werden. Das BetrVG erkennt privatautonome Vereinbarungen des Betriebsrats an, sofern sich aus dem Gesetz keine entgegenstehenden Wertungen entnehmen lassen.[112] Dieser Prüfungsschritt ist entsprechend auf nicht gesetzlich vorgesehene Vereinbarungen mit dem EBR zu übertragen. Es gilt also herauszufinden, ob sich aus der Richtlinie oder dem EBRG Wertungen ableiten lassen, die gegen eine Wirksamkeit von Vereinbarungen zwischen dem EBR und der zentralen Leitung sprechen. Es bleibt an dieser Stelle festzuhalten, dass dem EBR im Grundsatz das Recht zu privatautonomer Vertragsfreiheit zugestanden werden muss.[113]

#### dd) Beschränkungen der Autonomie des EBR

#### (1) Auslegung der Richtlinie 94/45/EG

Eine Beschränkung der Privatautonomie des EBR könnte sich aus dem Sinn und Zweck des EBRG selbst ergeben. Das EBRG stellt das Transformationsgesetz der Richtlinie 94/45/EG dar. Die Richtlinie bezweckte die Einrichtung eines Anhörungs- und Unterrichtungsverfahrens.[114] Wie bereits erwähnt, ist nirgends die Rede von echten Mitbestimmungsrechten, die eine Einigung der europäischen Betriebspartner voraussetzen. Es stellt sich somit die Frage, ob der europäische Gesetzgeber eine Regelung ins Leben rufen wollte, die allein Anhörungs- und Unterrichtungsrechte des EBR duldet, nicht aber Vertragsschlüsse dieses Gremiums. Dies ist eine Frage der Auslegung der Richtlinie und auf nationaler Ebene des EBRG.

---

[110] So vor allem in Österreich, Frankreich und Spanien, siehe dazu bei den einzelnen Länderberichten in § 3 II. jeweils unter e).

[111] Siehe oben, § 3 II. 5.

[112] § 10 I. 5. b) bb); vom BAG wurde z.B. die freiwillige Errichtung von Sprecherausschüssen auf privatautonomer Grundlage gebilligt.

[113] *Krause*, JhrbZRW 1997, S. 91, 120 ff. kommt zwar zu dem zutreffenden Ergebnis, dass es hier nicht um eine Autonomie der Tarifpartner gehen kann. Er übersieht dann aber, dass der Autonomiegedanke auch auf der betrieblichen Ebene verwachsen ist bzw. sich als Ausprägung der „normalen" Privatautonomie darstellen kann.

Historisch betrachtet muss gesehen werden, dass die Richtlinie auf dem von der Europäischen Kommission angestrebten sozialen Dialog beruht.[115] Unter dem Stichwort „sozialer Dialog" ist ein auf Dauer angelegter Prozess zum Meinungsaustausch und zur Kooperation zwischen den sozialen Gegenspielern zu verstehen.[116] Stärkste Form der Kooperation ist der Vertragsschluss, er bildet sozusagen das Ergebnis eines gelungenen Gedankenaustauschs.[117] Rechtsverbindliche Vereinbarungen wurden für die Tarifpartner auf europäischer Ebene ausdrücklich auch angestrebt. Dies wird z.B. deutlich im Art. 139 I EGV, der ebenfalls auf den sozialen Dialog zurückzuführen ist. Auch die Richtlinie selbst sollte urspünglich einer vertraglichen Lösung zwischen den europäischen Tarifpartnern weichen.[118] Ist der soziale Dialog also im Grundsatz auf den Abschluss von Verträgen angelegt, so ist nicht einzusehen, warum dies für die Partner auf europäischer betrieblicher Ebene nicht gelten soll.[119]

Die Entstehungsgeschichte der Richtlinie lehrt aber noch ein zweites. Die in der Richtlinie niedergelegten Prinzipien können nach Jahren zähen Ringens als eine Kompromißformel dessen, was politisch im Jahre 1994 „möglich war", angesehen werden.[120] Es ist jedoch nicht davon auszugehen, dass mit dem in der Richtlinie vorgesehenen Standard die Entwicklung der Arbeitnehmerrechte auf transnationaler Ebene abgeschlossen ist. Vielmehr kann man in der jetzt bestehenden Form der Arbeitnehmermitwirkung eine Basis auch für experimentelle Formen der Zusammenarbeit sehen, die, bei Bewährung in der Praxis, auch zu

---

114 Siehe nur die Erwägungsgründe Nr. 12 und 14 der Richtlinie; *Klinkhammer/Weslau*, AG 1994, S. 488, 489 f.; *Gaul*, NJW 1995, S. 228, 230.

115 Vergl. *Mozet*, ZEuP 1995, S. 552, 556; *Lörcher*, ArbuR 1996, S. 297, sowie oben zur Entwicklungsgeschichte des EBRG, § 2 I. 1.

116 Zu den verschiedenen Stufen des sozialen Dialogs *Birk*, EuZW 1997, S. 453, 454; *Bödding*, S. 37 ff.

117 *Birk*, EuZW 1997, S. 453, 454; *Schwarze*, in EAS B 8100 Rz 12, 15; vergl. auch *Höland*, ZIAS 1995, S. 425, 432.

118 Vergl. *Heinze*, AG 1995, S. 185, 386.

119 Es wird nicht verkannt, dass die europäischen Partner auf betrieblicher Ebene oben von dem Sozialpartnerbegriff der Art. 138, 139 EGV unterschieden wurden. Dies stellt aber keinen Widerspruch zu der hier vertretenen Auffassung dar. Im Hinblick auf den formellen sozialen Dialog waren letztendlich historische und praktische Erwägungen entscheidend, die gegen eine Einbeziehung der betrieblichen Sozialpartner in den bei den Art. 138 f. EGV verwendeten Sozialpartnerbegriff sprachen. Hinsichtlich der Frage der Vereinbarungsbefugnis ist es aber so, dass kein vernünftiger Grund ersichtlich ist, weshalb die Kommission und die Nationalstaaten den Sozialpartnerbegriff restriktiv verstanden haben wissen wollten. Insoweit erscheint es als durchaus zulässig, den Sozialpartnerbegriff je nach seinem Kontext verschieden weit zu verstehen, so auch *Krause*, JhrbZRW 1997, S. 91, 121.

120 Vergl. oben, § 2 I. 3.

weitreichenderen Formen der Arbeitnehmermitwirkung führen können.[121] Deshalb wäre es als kontraproduktiv anzusehen, wenn man dem EBR generell die Möglichkeit versagen wollte, Verträge abzuschließen.
Untermauern lässt sich das Argument des vorläufigen, experimentellen Charakters der Regelung mit einem Blick auf die Entstehungsgeschichte des Tarifvertrags in Deutschland.[122] Hier war es durchaus nicht so, dass der Tarifvertrag erst mit der Verabschiedung eines ersten kodifizierten Tarifvertragsgesetzes existent wurde. Vielmehr war die Entwicklung genau umgekehrt. Gewerkschaften und Arbeitgeber schlossen Vereinbarungen ab, mit denen sie die Arbeitsbedingungen der Arbeitnehmer regeln wollten. Es herrschte ein Bedürfnis für einen solchen Vertragstypus und die Praxis wollte sich nicht darauf beschränken zu warten, dass der Gesetzgeber den Tarifvertrag auf eine juristisch korrekte Grundlage stellte. In gewisser Weise „überholte" die Praxis den Gesetzgeber. Frappierend ist, dass ähnliche Bestrebungen extra legem auf betrieblicher Ebene in den Nachbarländern ebenfalls weit verbreitet sind.[123] Daher wird man sagen müssen, dass experimentellem Handeln der Sozialpartner nicht von vornherein ein Riegel vorgeschoben werden darf.[124] Dieses Handeln im juristisch nicht einwandfrei geklärtem Raum ist rechtlich insoweit stets von Bedeutung, als es zur Grundlage eines späteren Gesetzesentwurfs gemacht werden kann. Dies zeigt deutlich etwa die Entwicklung der ersten freien Vereinbarungen über einen EBR bis hin zur Verabschiedung der Richtlinie 94/45/EG.[125] Gerade auch in Bezug auf den Abschluss von Vereinbarungen zwischen dem EBR und der zentralen Leitung schickt sich die Praxis an, möglicherweise eine spätere Kodifizierung des Gesetzgebers vorwegzunehmen.[126]
Ein weiterer Anhaltspunkt für die Vereinbarungsbefugnis des EBR lässt sich auch aus dem Wortlaut der Richtlinie entnehmen. Die Richtlinie statuiert in Art. 9 und das EBRG in § 38 EBRG den Grundsatz der vertrauensvollen Zusammenarbeit. Das Ziel einer vertrauensvollen Kooperation[127] kann es nur sein, im Wege gemeinsamer Beratung die gegensätzlichen Interessen auszugleichen, um am Ende

---

[121] In diesem Sinne *Weiss*, ZIAS 1995, S. 633, 636; *Höland*, Mitbestimmung, S. 161, 163 f; *Lecher/Platzer*, WSI-Mitteilungen 1996, S. 503, 512; *Jäger*, WSI-Mitteilungen 1996, S. 483, 486; *Bachner/Nielebock*, ArbuR 1997, S. 129, 137; *Heinze*, AG 1995, S. 385, 395 für Vereinbarungen gemäß Art. 13 der Richtlinie.

[122] Hierzu Wiedemann/*Oetker*, TVG, Geschichte Rz 1 ff.; MünchArbR/*Löwisch* § 245 Rz 1 ff.; dieses Argument wird z.T. auch bei der Untersuchung der Zulässigkeit europäischer Tarifverträge bemüht, so *Körtgen*, S. 69.

[123] Vergl. § 3 III. 3. h).

[124] Dies wäre mit der Grundhaltung des sozialen Dialogs wohl kaum zu vereinbaren.

[125] Vergl. *Bobke*, EuZW 1993, S. 16 f.; *Goos*, EuroAS 1999, S. 97, 104.

[126] Zu einzelnen Beispielen siehe oben, § 2 II.

[127] Freilich kann Art. 38 EBRG nicht selbst als Anspruchsgrundlage angesehen werden, *Oetker*, in EAS B 8100 Rz 218.

Übereinstimmung über die zu treffende Maßnahme zu erzielen.[128] Gerade im Vertragsschluss gipfelt der Vertrauensbeweis der Gegenseite. Eine andere Sicht müsste sich auch den Vorwurf einer praxisfremden Einstellung gefallen lassen. Wenn die Betriebspartner über eine Standortverlagerung beraten und hinsichtlich deren näherer Umstände eine Übereinstimmung erzielen, so wäre es kontraproduktiv, wollte man eine verbindliche Vereinbarung an der Frage des Vorhandenseins einer Kompetenz scheitern lassen.[129]
Auch ein Umkehrschluss kann nicht angestellt werden. In dem EBRG sind dem EBR zwar nur Unterrichtungs- und Anhörungsrechte eingeräumt. Daraus könnte man den Schluss ziehen, dass eine Beteiligung des EBR, die darüber hinaus geht, nicht mehr von seiner ihm gesetzlich eingeräumten Zuständigkeit gedeckt ist.[130] Den Gegensatz zu Mitwirkungsrechten bilden aber die Fälle echter Mitbestimmung, also erzwingbare Vereinbarungen. Nicht aber kann aus dem Fehlen der ausdrücklichen Erwähnung einer Vereinbarungskompetenz geschlossen werde, dass freiwillige Vereinbarungen unzulässig sein sollen.
Im Ergebnis würde eine andere Sichtweise schließlich auf eine Bevormundung der Beteiligten hinauslaufen, für die keine sachliche Rechtfertigung besteht. Die Arbeitgeberseite bedarf keines Schutzes, falls sie freiwillig einen Vertrag abschließt, für die Arbeitnehmerseite bedeutet die Möglichkeit, Verträge mit sie begünstigender Drittwirkung abzuschließen, keinen Nachteil.
Zusammenfassend ist zu sagen, dass sich aus der Richtlinie und dem EBRG keine sachlichen Argumente herleiten lassen, dass Vereinbarungen zwischen den europäischen Sozialpartnern unerwünscht seien. Im Gegenteil spricht vieles dafür, dass der Gesetzgeber Raum ließ für Kontakte, die über die vorgesehenen Möglichkeiten der Unterrichtung und Anhörung hinausgehen.

#### (2) Bedenken im Hinblick auf das Verhältnis zu den nationalen betrieblichen Interessenvertretungen

Ist bisher festgestellt worden, dass den Sozialpartnern auf europäischer Ebene im Grundsatz das Recht zur privatautonomer Gestaltung zusteht und dass sich aus der Richtlinie selbst bzw. dem EBRG keine Anhaltspunkte gegen eine Vereinbarungsbefugnis ergeben, so gilt es nunmehr zu untersuchen, ob vom EBR geschlossene Verträge mit dem geltenden Recht der nationalen

[128] So *Hueck/Nipperdey*, Arbeitsrecht II, Bd. 2, S. 1302, *Bachner*, Die Rechtsstellung des EBR, S. 237 f.

[129] Die gleiche Konstellation, also einerseits Beratungsrecht ohne andererseits der Möglichkeit eines Vertragsschlusses, führte in Frankreich dazu, dass vermehrt betriebliche Vereinbarungen extra legem abgeschlossen wurden, siehe oben, § 3 II. 4. d).

[130] So *Oetker*, EAS B 8300 Rz 127, wohl auch *Hanau*, in Hanau/Steinmeyer/Wank (Hrsg.), Handbuch, S. 896.

Arbeitnehmervertretungsgremien kollidieren.[131] Im Ergebnis wurde mit dem EBR ein weiteres, eigenständiges betriebliches Mitbestimmungsorgan auf „europäischer“ Ebene neben dem Betriebsrat und dem Sprecherausschuss geschaffen.[132] Es stellt sich daher die Frage, wie sich Vereinbarungen mit dem EBR zu Betriebsvereinbarungen i.S.v. § 77 BetrVG verhalten.

Eine Abgrenzung zwischen dem Zuständigkeitsbereich des EBR und den nationalen betrieblichen Arbeitnehmervertretungen könnte man nach dem Vorbild der Abgrenzung der Aufgabenbereiche zwischen Betriebsrat und Gesamtbetriebsrat bzw. Gesamtbetriebsrat und Konzernbetriebsrat vornehmen.[133] Dann wäre der EBR zuständig für alle Angelegenheiten, die den multinationalen Konzern als solchen beträfen.[134] Da der EBR aber nicht so weitreichende Handlungsmöglichkeiten besitzt wie z.B. der deutsche und österreichische Betriebsrat, wäre eine solche Abgrenzung problematisch.[135] Ferner lässt sich nicht immer genau trennen, wann eine grenzübergreifende Angelegenheit vorliegt und wann nicht.[136]

Vor allem aber sollten nach der Konzeption der Richtlinie die Rechte der nationalen Arbeitnehmervertretungen unberührt bleiben.[137] Z.B. bei Standortschließungen, die Teil einer konzernweiten Umstrukturierung sind, behalten die nationalen Arbeitnehmer ihre Mitwirkungsrechte. Wenn also der EBR in der Frage etwa, wie angesichts anstehender Betriebsschließungen in Belgien und Deutschland zu verfahren sei, mit der zentralen Leitung eine Vereinbarung trifft, so bleiben hierdurch die Rechte des Betriebsrates in dem deutschen Betrieb nach §§ 111 ff. BetrVG unangetastet.[138] Beide Zuständigkeitsbereiche überschneiden sich folglich.

---

[131] Vergl. *Weiss*, NZA 2003, S. 177, 180.

[132] *Bachner/Nielebock*, ArbuR 1997, S. 129, 137; *Krause*, JhrbZRW 1997, S. 91, 115; *Blanke*, EBRG, Einl. Rz 30; *Lerche*, S. 261; *Veit*, JhrbZRW 1992, S. 211, 224; *Gaul*, NJW 1995, S. 228, 229; *Wunsch-Semmler*, S. 103; *Bachner*, Die Rechtsstellung des EBR, S. 164. Nach der Gegenansicht sei der EBR als ein „Wirtschaftsausschuss auf Unternehmens- oder Unternehmensgruppenebene“ anzusehen bzw. der Institution des deutschen Wirtschaftsausschuss gemäß §§ 106 ff. BetrVG „am ehesten vergleichbar“, so *Hromadka*, DB 1995, S. 1125, 1128, *Rademacher*, S. 82; *Beckedahl*, S. 170ff.; *Keller*, WSI-Mitteilungen 1996, S. 470, 472; dieser Streit ist im vorliegenden Fall jedoch nicht weiterführend, weil er nur terminologischer Natur ist.

[133] So de lege ferenda *Wunsch-Semmler*, S. 123 f. Auch der Entwurf eines Statuts für europäische Aktiengesellschaften von 1970 sah vor, dass der EBR Betriebsvereinbarungen abschließen konnte. Diese sollten gemäß Art. 127 II des Entwurfs den nationalen Betriebsvereinbarungen vorgehen, *Birk*, ZfA 1974, S. 47, 64.

[134] *Bachner*, Die Rechtsstellung des EBR, S. 243.

[135] *Wunsch-Semmler*, S. 124.

[136] *Weiss*, ArbuR 1995, S. 438, 442; a.A. offenbar *Schiek*, RdA 2001, S. 218, 235.

[137] Dies stellt Art. 12 II der Richtlinie EG/94/45 explizit klar; *Rademacher*, S. 126; *Oetker*, in EAS 8300 Rz 144; *Klinkhammer/Weslau*, AG 1994, S. 488, 493; *Blanke*, EBRG, § 31 Rz 19.

[138] Gleiches gilt selbstverständlich für die belgischen Arbeitnehmervertreter.

Eine Lösung dieses Zuständigkeitskonfliktes zeichnet sich durch die europäischen Betriebspartner selbst ab. Nach einer Untersuchung der Kommission und der Europäischen Stiftung zur Verbesserung der Lebens- und Arbeitsbedingungen werden in freiwilligen Vereinbarungen zur Errichtung von EBR Angelegenheiten, die in die Kompetenz der betrieblichen nationalen Betriebspartner fallen, teilweise ausdrücklich ausgenommen.[139] Gelöst ist dadurch die Problematik freilich aber noch nicht. Denn mit der Trennung von Zuständigkeitsbereichen ist im Grunde nur nachvollzogen, dass der EBR für Sachverhalte zuständig sein soll, die einen europäischen Bezug aufweisen, die nationalen Gremien hingegen nur für (rein) nationale Sachverhalte eine Kompetenz besitzen. Inhaltliche Überschneidungen können dennoch auftreten, etwa bei der Frage der Einführung neuer Technologien oder beim Arbeitnehmerdatenschutz.

Aufgrund des sich im Prinzip überschneidenden Aufgabenbereichs wird z.T. die Möglichkeit eines Vertragsschlusses zwischen EBR und der zentralen Leitung ganz abgelehnt.[140]

Gegen diese Meinung spricht zunächst, dass sie die Auflösung des Kompetenzkonflikts einseitig zu Lasten des Gremiums auf europäischer Ebene lösen will. Der Schutz der nationalen betriebsverfassungsrechtlichen Ordnung ist zwar ein anerkennungswürdiges Gut, demgegenüber muss aber auch gesehen werden, dass der EBR die Belange der Arbeitnehmerschaft auf europäischer Ebene effektiv nur unter Zuerkennung einer eigenen Vereinbarungsbefugnis wahrnehmen kann. Wie zu zeigen sein wird, lassen sich beide Aspekte in einen vernünftigen Ausgleich zueinander bringen.

Auszugehen ist von dem in der Richtlinie verankerten Grundsatz, dass die nationalen Arbeitnehmerrechte unberührt bleiben sollen.

Die aufgrund dieser Ausgangslage gegebene „Aufgabenteilung“ zwischen EBR und den nationalen Arbeitnehmervertretungen hat jedoch nicht zwangsläufig zur Folge, dass sich EBR und zentrale Leitung nicht verbindlich einigen können. Denn angesichts dieser Vorgaben steht lediglich fest, dass die Beteiligung des EBR nicht bereits die Beteiligung des nationalen Arbeitnehmergremiums mit beinhaltet, eine Einigung mit dem EBR wirkt also nicht für und gegen die nationalen Arbeitnehmervertretungen im Rechtssinne.[141]

---

[139] In 42 % der untersuchten 386 Vereinbarungen finden sich solche Ausschlussklauseln, *Europ. Stiftung/Europ. Komm.* (Hrsg.), Verhandlungen, S. 28.

[140] *Müller*, EBRG, § 31 Rz 3: Eine dennoch getroffene „Vereinbarung“ sei lediglich als Naturalobligation zu werten, welche die zentrale Leitung rechtlich nicht binde; zum Problem auch *Weiss*, ZIAS 1995, S. 633, 637; *Däubler*, Tarifvertragsrecht, Rz 1753; *Goos*, EuroAS 1999, S. 97, 101.

[141] Die mit dem EBR getroffene Vereinbarung hat nur eine schuldrechtliche, nicht aber eine normative Wirkung, siehe weiter oben, II. 1. b) bb). Ein Vertrag zu Lasten Dritter wäre unzulässig.

Es stellt sich dann aber die weiterführende Frage, welchen Sinn eine solche Einigung haben könnte, denn konsequenterweise müsste die Arbeitgeberseite dann doppelt verhandeln, einmal mit dem EBR und später mit den nationalen Vertretungen, was zunächst ein Indiz dafür ist, dass eine vertragliche Einigung mit dem EBR aus ihrer Interessenlage keinen Sinn machen könnte.
In diesem Zusammenhang ist jedoch zu berücksichtigen, dass einer Vereinbarung mit dem EBR Signal- und Vorbildwirkung für die Entscheidung der einzelnen Arbeitnehmervertretungen haben kann.[142] Ist eine Entscheidung auf europäischer Ebene gefallen, welche die Interessen der europäischen Belegschaft insgesamt berücksichtigt, so wird es die nationale Arbeitnehmervertretung nicht leicht haben, etwas anderes zu vertreten, ohne sich dem Vorwurf auszusetzen, sie handle aus betriebsegoistischen Motiven. Sicherlich kann man nicht erwarten, dass sich die nationalen betrieblichen Interessenvertretungen zukünftig der Entscheidung des EBR ohne weiteres beugen werden.[143] Ihre Aufgabe besteht gerade darin, die Interessen ihrer Belegschaft bestmöglich zu schützen. Je mehr sich jedoch der EBR etabliert und sich im Konzern einen eigenen Aktionsradius erarbeitet, und je mehr eine Vernetzung im Informationsfluss[144] zwischen dem EBR und den nationalen Gremien hergestellt wird, desto eher wird eine Entscheidung für die Arbeitnehmer im Konzern auf europäischer Ebene akzeptiert werden.[145]
Gegensätze treten auch dann erst gar nicht auf, sofern das Amt des EBR-Mitglieds in Personalunion mit einem Amt eines Konzernbetriebsratsmitglieds ausgeübt wird.[146] Ermächtigen die nationalen Vertretungsgremien den EBR gar zu dem Abschluss einer Vereinbarung,[147] so wird die Notwendigkeit einer doppelte Verhandlung bzw. Anhörung ganz beseitigt.[148]

---

[142] *Lecher/Nagel/Platzer*, Konstituierung EBR, S. 127; *Lecher*, WSI-Mitteilungen 1998, S. 258, 262; vergl auch *Deinert*, S. 185 zum europäischen Tarifvertrag.

[143] „Trotz aller Übereinstimmung verteidigt am Ende doch jeder, was er im eigenen Land erreicht hat", lautet die resignative Äußerung einer italienischen Arbeitnehmervertreterin, vergl. *Namuth*, Mitbestimmung (19) 2000, S. 18, 20.

[144] Vergl. *Weiss*, ArbuR 1995, S. 438, 442, der meint, es gelte, ein „Kooperationsverfahren zwischem nationalen und internationalen Gremium" zu entwickeln.

[145] In § 35 I EBRG ist vorgesehen, dass der EBR den örtlichen Arbeitnehmervertretern über die Unterrichtung und Anhörung berichten soll. Der Gesetzgeber sieht bereits eine Form des Informationsausstausches zwischen EBR und nationaler Vertretung vor. Doch ist die Zusammenarbeit noch weit über den gesetzlichen Rahmen ausweitbar, z.B. indem ein Informationsaustausch bereits vor der „offiziellen" Anhörung des EBR erfolgt.

[146] Diese Konstellation stellt durchaus keine Seltenheit dar, *Lecher*, WSI-Mitteilungen 1998, S. 258, 260.

[147] Dies ist rechtlich zulässig, siehe oben in § 10 III. 1. zur mehrgliedrigen Betriebsvereinbarung.

[148] In dem Beispiel der Visteon-Vereinbarung hatten alle betrieblichen Arbeitnehmervertreter den EBR zu Verhandlungen mit der Konzernleitung beauftragt, siehe oben § 2 II. 3. c).

Auf Arbeitgeberseite besteht die Möglichkeit im Vertragskonzern, mittels des Weisungsrechts die Verwirklichung der getroffenen Vereinbarung durchzusetzen. Auch hier gibt es einen faktischen Hebel zur Umsetzung der Vereinbarung. Im Hinblick auf diese „mittelbaren" Wirkungen kann es demnach durchaus sinnvoll sein, zu einer vertraglichen Einigung zu gelangen.
Diesem System der Kooperation unter Anerkennung einer Signalfunktion der Entscheidung des EBR mag man entgegenhalten, dass auf diesem Wege die Rechte der nationalen Arbeitnehmervertretungen schleichend ausgehöhlt werden. Hierbei muss man aber klar sehen, dass eine Konkurrenz des EBR nur in – vergleichsweise wenigen – Aufgabenfeldern überhaupt in Betracht kommt. Denn das „Gros" der täglichen Betriebsratsarbeit berührt nicht Sachverhalte mit einem europäischen Bezug, so dass eine Zuständigkeit des EBR schon gar nicht gegeben ist. Klar ist aber auch, dass je mehr der EBR „entscheidet", je weniger das nationale Gremium einen echten Verhandlungsspielraum haben wird.[149] Konsequent weitergedacht bedeutet diese Kritik allerdings, dass jede nationale Arbeitnehmervertretung starr darauf fixiert bleiben müsste, ihre nationalen Besitzstände zu wahren. Eine solche Strategie widerspricht den tatsächlichen wirtschaftlichen Gegebenheiten. Langfristig gesehen müssen auch die nationalen Arbeitnehmervertreter ihre Entscheidungen unter Berücksichtigung globaler Entscheidungsdirektiven treffen. Letztlich wird es darauf ankommen, inwieweit die nationalen Arbeitnehmervertretungen anfangen, wie die zentrale Leitung und der EBR „europäisch zu denken". Auch hierzu gibt es schon Ansätze. Bei der *Allianz Holding AG* waren die örtlichen Arbeitnehmervertreter durchaus gewillt, „schmerzhafte Umstrukturierungen", die zu einer Standortverlagerung zugunsten des Nachbarlandes führten, unter Berücksichtigung der Situation des Gesamtunternehmens mitzutragen.[150]

### (3) Bedenken im Hinblick auf das Verhältnis zu Tarifverträgen

Schließlich ist bei einer Anerkennung einer verbindlichen Einigungsmöglichkeit zwischen EBR und Konzernleitung die Frage zu beantworten, wie sich eine solche Vereinbarung auf bestehende Tarifverträge auswirkt. Gerade die Gefahr der Aushöhlung der Funktion der Gewerkschaften war ein Motiv seitens der Gewerkschaften, der Einführung der Richtlinie 94/45/EG auch kritisch gegenüber zu stehen. Absprachen zwischen dem EBR und der Konzernleitung könnten - so die Befürchtung - die klassische Rolle des Tarifvertrages in Frage stellen.[151] Der EBR

---

[149] *Beckedahl*, S. 220 f.
[150] *Hebauf*, Mitbestimung 2000 (12), S. 45, 47.
[151] *Baumann/Laux/Schnepf*, WSI-Mitteilungen 1997, S. 134, 142.

solle nicht die Rolle eines Ersatzpartners für Tarifverträge übernehmen und damit zu einer Schwächung der Gewerkschaften beitragen.[152]

### (a) Abgrenzung zu einem europäischen Tarifvertrag

Als Sozialpartner auf europäischer Verbandsebene stehen der EGB und der CEEP zur Verfügung.[153] Schließen diese Verbände eine Vereinbarung ab, so fragt sich, ob ihr ein Vorrang vor einer Vereinbarung zwischen EBR und der zentralen Leitung zukommt.

Da in den nationalen Rechtsordnungen eine Regelung hinsichtlich des Verhältnisses eines europäischen Tarifvertrages zu einer „europäischen Betriebsvereinbarung“ fehlt, müsste auf eine Analogie oder allgemeine Grundsätze zurückgegriffen werden.

Unter § 6 III. wurden bereits einige Abgrenzungskriterien zwischen dem Tarifvertrag und einer betrieblichen Regelung vorgestellt. Eine Abgrenzung ließ sich weder anhand der Gegenstände der Vereinbarung noch anhand der unterschiedlichen Zwecke der Rechtsinstitute oder anhand des Subsidiaritätsprinzips eindeutig treffen. Als taugliches Kriterium wurde im Wege der Rechtsvergleichung allerdings festgestellt, dass es in allen untersuchten europäischen Ländern einen Mechanismus gibt, der dem Tarifvertrag gegenüber einer Vereinbarung mit einer rein betrieblichen Interessenvertretung auf nationaler Ebene den Vorrang einräumt.[154] Man kann demnach annehmen, dass der Tarifvorbehalt als ein allgemeines Prinzip in der Gemeinschaft angesehen werden kann.

Für Deutschland ist zu überlegen, ob der Tarifvorbehalt rechtstechnisch über eine analoge Anwendung des § 77 III BetrVG verwirklicht werden kann. Dies bietet sich deshalb an, weil der EBR eine dem Betriebsrat ähnliche Arbeitnehmervertretung darstellt. Zu fragen wäre dann, ob § 77 III BetrVG dem Tarifvertrag auch dann einen Vorrang einräumen will, falls es sich um Verträge handelt, die zwar nach deutschem Recht einzuordnen sind, jedoch einen europäischen oder internationalen Gegenstand regeln.

Nun könnte man der Meinung sein, dass auch im europäischen Vergleich der Tarifvorbehalt greifen müsste; das Schutzbedürfnis der Gewerkschaften ist im Grundsatz auf internationaler Ebene nicht geringer einzuschätzen als auf der nationalen Ebene. Jedoch darf nicht vergessen werden, dass Abkommen der europäischen Tarifpartner (noch) eine Rarität darstellen, die Gewerkschaften tun

---

[152] *Lecher/Platzer/Rüb/Weiner*, EBR, S. 71; vergl. auch *Nagel*, WSI-Mitteilungen 1996, S. 470, 482; *Jaeger*, WSI-Mitteilungen 1996, S. 483, 488.

[153] Zu europäischen Tarifverträgen siehe oben, § 6 I.

[154] Siehe dazu in § 3 II. jeweils unter e) bei den einzelnen Länderberichten sowie § 6 III. 7.

sich schwer, auf internationaler Ebene eine einheitliche Politik zu formulieren.[155] Ein funktionsfähiges „duales System“, wie etwa in Deutschland, Österreich und den Niederlanden, ist auf internationaler Ebene (noch) nicht vorhanden.[156] Deshalb sind die europäischen Gewerkschaftsverbände ungleich weniger schutzwürdig als die nationalen.

Hinzu kommt, dass es allein um die Frage des Verhältnisses zweier schuldrechtlich wirkender Vereinbarungen geht. Die normative Geltungsweise eines europäischen Tarifvertrags wurde bislang nicht überzeugend begründet.[157] Gerade aber die Konkurrenz in der gesetzesgleichen Wirkung wird als entscheidender Anküpfungspunkt für die Notwendigkeit einer strikten Kompetenzabgrenzung zwischen Tarifvertrag und betrieblicher Regelung angesehen.[158] Gegen ein Nebeneinander von Vereinbarungen, die entweder nur zwischen den Abschlusspartnern selbst oder aber zugunsten von Arbeitnehmern wirken, ist nichts einzuwenden.

Ferner ist in tatsächlicher Hinsicht nicht zu erwarten, dass der EBR nunmehr Abschlüsse in Bereichen anstrebt, die traditioneller Weise den Gewerkschaften vorbehalten sind. Als betriebliches Gremium mit vornehmlich Informationsrechten geschaffen, würde sich der EBR aus seiner eigentlichen Funktion herausbewegen, wenn er nunmehr etwa ein einheitliches Lohnniveau anstreben und ähnliche Tarifvertragsthemen besetzen wollte.[159] Nach der bereits erwähnten Untersuchung der Kommission und der Europäischen Stiftung zur Verbesserung der Lebens- und Arbeitsbedingungen werden in Art. 13–Vereinbarungen Lohn- und Gehaltsfragen teilweise ausdrücklich ausgenommen.[160] Realistisch erscheint daher die Einschätzung, dass sich der EBR auf Fragen der Standortsicherung, der fairen Verteilung von Investitionen sowie auf sog. weiche Themen wie der Gleichstellung der Geschlechter und die Berufsbildung konzentriert.[161]

Schließlich liegt es weitgehend in der Hand der betrieblichen und überbetrieblichen Sozialpartner selbst, eine sachgemäße Kompetenzabgrenzung zu realisieren. In der Praxis arbeiten der EBR und die nationalen Gewerkschaften nicht neben- oder gegeneinander. Vielmehr ist es in vielen Fällen so, dass sich der EBR aus reinen

---

[155] Siehe oben, § 6 III. 8.

[156] Vergl. *Nagel*, WSI-Mitteilungen 1996, S. 470, 477.

[157] Siehe oben, § 6 I.

[158] Aus neuerer Zeit BAG v. 20.4.1999, NZA 1999, S. 887, 890.

[159] Auch sind durchaus Bedenken angebracht, ob der EBR das nötige Verhandlungsgewicht bei Entgeltfragen etc. mitbringt. Es bietet sich an, diesen Bereich den unabhängigeren Verbänden zu überlassen, *Nagel*, WSI-Mitteilungen 1996, S. 470, 482.

[160] In 19 % der untersuchten 386 Vereinbarungen finden sich solche Ausschlussklauseln, *Europ. Stiftung/Europ. Komm.* (Hrsg.), Verhandlungen, S. 28.

[161] Vergl. *Klebe/Roth*, AiB 2000, S. 749, 757; siehe im übrigen die einzelnen Beispiele unter § 2 II.

betrieblichen Interessenvertretern und Gewerkschaftsfunktionären zusammensetzt. Die Gewerkschaften waren an der Gründung des EBR oftmals maßgeblich mitbeteiligt.[162] Zudem bieten Gewerkschaften für die Arbeit der EBR wichtige Impulse. Möglich ist, dass sie technisches oder rechtliches Know-how zur Verfügung stellen,[163] oder dass sie in schwierigen Beratungen mit der zentralen Leitung dem EBR den Rücken stärken. Zukünftig wird es darum gehen, dass sich die EBR und die Gewerkschaften zu einer effizienten kooperativen Zusammenarbeit zusammenfinden. Für beide Seiten wäre es sicherlich nicht wünschenswert, wenn sie die von dem EBR ausgehenden Möglichkeiten einer europäischen Arbeitnehmervertretung, die mit der Arbeitgeberseite Abkommen schließt, ungenutzt lassen würden. Insoweit sollte gegenwärtig weniger auf eine scharfe juristische Abgrenzung denn auf das Ergreifen sich bietender Chancen Wert gelegt werden.[164] Dieser Einsicht scheinen sich mehr und mehr die Gewerkschaften anschließen zu wollen. In der einschlägigen Literatur ist ein Trend hin zu einer neuen beratenden Rolle der Gewerkschaften zu sehen, die den EBR in seinem Handeln gegenüber der zentralen Leitung unterstützen, ihn jedoch auch als Chance und Ausgangspunkt für eine eigene internationale Tarifpolitik ansehen.[165]
Zusammenfassend lässt sich sagen, dass de lege lata eine scharfe juristische Abgrenzung nach dem Vorbild von § 77 III BetrVG hier nicht vorgenommen werden kann. Dies ist einerseits nicht erforderlich, weil ein Vorrang der Verbände vor der betrieblichen Arbeitnehmervertretung nicht angenommen zu werden braucht, wenn es wie hier um die Konkurrenz zweier Regelungsformen mit lediglich schuldrechtlicher Wirkung geht.

Andererseits ist eine strikte Trennung angesichts der erst im Wachsen bestehenden Strukturen derzeit auch nicht unbedingt wünschenswert. Es bleibt in erster Linie der Praxis überlassen, den rechtlichen Rahmen und die tatsächlichen Verhandlungsspielräume auszuloten. Es ist zu erwarten, dass sich die Zusammenarbeit zwischen betrieblicher und überbetrieblicher Arbeitnehmerinteressenvertretung stark an den vorhandenen nationalen Strukturen ausrichten wird.[166] Spielräume für unterschiedliche Formen der Kooperation zu lassen dürfte

---

[162] *Lecher/Rüb/Weiner*, Mitbestimmung (12) 2000, S. 28, 31; diese tatsächliche Einbeziehung der Gewerkschaften zerstreute bereits einige Bedenken, *Baumann/Laux/Schnepf*, WSI-Mitteilungen 1997, S. 134, 142; *Hoffmann*, in Deppe (Hrsg.), EBR, S. 126 f.

[163] *Blanke*, KJ 1999, S. 497, 522.

[164] In diesem Sinne auch *Klebe/Roth*, AiB 2000, S. 749, 757.

[165] *Lecher/Platzer/Rüb/Weiner*, Europäisierung, S. 206; *Lecher*, WSI-Mitteilungen 1998, S. 258, 263; *Lecher/Platzer*, WSI-Mitteilungen 1996, S. 503, 512.

[166] Ist ein multinationaler Konzern z.B. stark an Länder angekoppelt, die eine lange Tradition eines dualen Systems haben, so werden sich die EBR-Mitglieder im Zweifel selbständiger verhalten und nicht auf die Hilfe externer Gewerkschaften zurückgreifen; vergl. auch *Nagel*, WSI-Mitteilungen 1996, S. 470, 477.

im Geiste der Richtlinie sein. Um langfristig Divergenzen weitgehend zu vermeiden, empfiehlt sich in jedem Fall aber eine möglichst abgestimmte Arbeitnehmerinteressenpolitik auf europäischer Ebene.[167]

### (b) Abgrenzung zu sonstigen Tarifverträgen

Es gibt Tarifverträge, die mit normativer Wirkung Rechtsverhältnisse im Ausland gestalten können.[168] Auch insoweit stellt sich die Abgrenzungsfrage zu einer Vereinbarung mit dem EBR.
Einem Tarifvertrag mit normativer Wirkung kommt bereits aus sich heraus eine Vorrangstellung zu. Er wirkt unmittelbar zu Gunsten und zu Lasten der Arbeitnehmer. Tritt eine nur schuldrechtlich wirkende Vereinbarung zwischen dem EBR und der zentralen Leitung hinzu, so vermag diese allenfalls mittelbar zusätzliche Rechte zu begründen. Insoweit gilt das oben Gesagte entsprechend, d.h. beide Verträge wären nebeneinander zulässig.[169]
Gleiches gilt hinsichtlich rein nationaler Tarifverträge. Insoweit ergeben sich keine Besonderheiten.[170]

### (4) Keine belastende Drittwirkung

Eine weitere Grenze der Autonomie des EBR ist in dem Grundsatz zu erblicken, dass niemand einem am Vertragsschluss unbeteiligten Dritten Pflichten auferlegen kann.[171] Auch diese Grenze, die sich aus Grundsätzen des allgemeinen Privatrechts ergibt, gilt es zu beachten. Der EBR kann grundsätzlich nicht zu Lasten der nationalen Arbeitnehmervertretungen agieren; deren Mitwirkungsrechte bleiben vielmehr unberührt.[172] Zentrale Leitung und EBR können also prinzipiell nur Regelungen treffen, die die Arbeitnehmer begünstigen oder jedenfalls nicht in deren Rechtspositionen eingreifen. Schwierigkeiten können aber bei der Beurteilung entstehen, wann noch von einer die Arbeitnehmer begünstigenden Wirkung auszugehen ist und wann nicht.

---

[167] Die Schwierigkeiten würden freilich zunehmen, wenn in Zukunft mehr europäische Tarifverträge und Vereinbarungen mit dem EBR abgeschlossen werden.

[168] *Hergenröder*, in AR-Blattei SD 1550.15 Rz 85 ff.; siehe dazu auch oben unter § 6 II.

[169] Insoweit ist es gar nicht erforderlich, einen generellen Vorrang des Tarifvertrages anzunehmen, vergl. hierzu oben, § 6 III. 8.

[170] In der *Allianz Holding AG* verweigerte die zentrale Leitung den Abschluss einer Vereinbarung mit dem EBR über soziale Mindeststandards mit dem Argument, sie dürfe den Vertrag nicht schließen, weil dies gegen den Vorrang des nationalen Tarifvertrags verstieße; *Hebauf*, Mitbestimmung (12) 2000, S. 45, 47. Dem kann nicht gefolgt werden. Ein schuldrechtlich wirkendes Grundsatzabkommen ist sehr wohl rechtlich zulässig.

[171] Hierzu schon oben, II. 1. c) cc).

[172] Siehe oben, II. 1. c) cc).

Plant die Konzernleitung z.B., Standorte in Deutschland, Belgien und den Niederlanden zu schließen und vereinbart sie schließlich mit dem EBR, dass ein Standort in Belgien geschlossen werden soll, dafür aber die Standorte in Deutschland und den Niederlanden erhalten bleiben sollen, so liegt insgesamt betrachtet eine nicht ungünstige Regelung aus Sicht der Arbeitnehmer vor. Die belgische Arbeitnehmervertretung wäre allerdings nicht gehindert, ihrerseits gegen die Schließung des Standortes mit den ihr zur Verfügung stehenden Mitteln vorzugehen.

Sofern bei einer Umstrukturierung Besitzstandsklauseln und Abfindungsansprüche vereinbart werden, so muss differenziert werden: Einerseits ist die Maßnahme „Umstrukturierung" für die Arbeitnehmer belastend; sie ist aber als unternehmerische Entscheidung hinzunehmen. Sofern die sozialen Folgen der unternehmerischen Entscheidung abgefedert werden, liegt eine für die Arbeitnehmer begünstigende Drittwirkung vor.

Werden in der Vereinbarung Abfindungsansprüche geregelt, die der jeweilige Arbeitgeber auf nationaler Ebene zahlen muss, so liegt darin eine belastende Drittwirkung. Abhilfe könnte jedoch wieder über das Rechtsinstitut der Vertretungsmacht geschaffen werden. Sind die Arbeitgeber am Vertragsschluss durch einen Vertreter beteiligt, so müssen sie sich auch belastende Rechtsfolgen zurechnen lassen.

Gerade das Beispiel der Vereinbarung über Abfindungsansprüche zeigt, dass eine Regelung oftmals die eine Seite begünstigt und die andere Seite belastet. Nicht weiterführend, weil praktisch kaum zu bewerkstelligen, ist eine Günstigkeitsbeurteilung aufgrund einer wertenden Gesamtbetrachtung.[173] Soweit eine belastende Drittwirkung anzunehmen ist, ist der Anspruch nicht durchsetzbar. Es ist dann eine Frage der Auslegung, ob der restliche Teil der Vereinbarung bestehen bleiben soll. Eine pauschale Lösung verbietet sich hier, vielmehr ist auf die Umstände des Einzelfalls abzustellen.

### d) Zusammenfassung

Der EBR ist als ein prinzipiell rechtsfähiges Gebilde anzusehen, weil ihm durch das EBRG Rechte und Pflichten auferlegt werden. Im Rahmen seiner Beteiligungsrechte kommt ihm eine Teilrechtsfähigkeit zu. Er ist auch als handlungsfähig in dem Sinne anzusehen, dass er Vereinbarungen schließen kann. Zur Begründung reicht es nicht aus, sich auf § 27 I S. 3 und 4 EBRG zu berufen, weil dort nur der Fall geregelt ist, dass der EBR Vereinbarungen „in eigenen Angelegenheiten" abschließen kann. Für die Frage, ob er auch Vereinbarungen abschließen kann, welche die Belegschaft im multinationalen Unternehmen

---

[173] So *Bachner*, Die Rechtsstellung des EBR, S. 241.

betreffen, ist entscheidend, inwieweit ihm eine Betriebsautonomie „auf europäischer Ebene“ zugestanden werden kann. Die grundsätzlich jedem Privaten zukommende Privatautonomie kann nur dadurch beschränkt werden, dass Sinn und Zweck der Richtlinie 94/45/EG oder das EBRG entgegenstehen. Solche entgegenstehenden Wertungen sind jedoch nicht auszumachen. Da eine Vereinbarung zwischen dem EBR und der zentralen Leitung nur schuldrechtliche Wirkung entfaltet, ergeben sich keine unlösbaren Konkurrenzprobleme mit einem europäischen, internationalen oder nationalen Tarifvertrag. Im Ergebnis kommt es darauf an, dass der EBR seine Tätigkeit einerseits mit den nationalen betrieblichen Arbeitnehmervertretungen und andererseits mit den nationalen und europäischen Gewerkschaftsstrukuren koordiniert. Als Ergebnis ist folglich festzuhalten, dass der EBR mit der zentralen Leitung verbindliche Verträge abschließen kann und zwar auch über Themen, auf die sich die Anhörungs- und Unterrichtungsrechte beziehen.[174]

Bei dem eben skizzierten Gestaltungsspielraum bestehen keine Bedenken, dem EBR bei einer Vereinbarung, die er mit der zentralen Leitung schließen will, auch eine Rechtswahl zuzugestehen. Dies mag etwa dann sinnvoll sein, wenn die Vereinbarung nur die besondere Situation der Belegschaft in einem Land betreffen soll. In einem solchen Fall ist es sinnvoll, die Vereinbarung dem Recht des Staates zu unterstellen, in dem sie sich auswirken soll. Insoweit gelten die Ausführungen zu einer Rechtswahl bei der betrieblichen Vereinbarung auf nationaler Ebene und bei der § 17-Vereinbarung entsprechend.[175]

## 2. Zusammensetzung des EBR

Die Richtlinie 94/45/EG sieht in ihren subsidiären Vorschriften im Anhang Nr. 1 b) nach dem Trennungsprinzip[176] vor, dass sich der EBR allein aus Arbeitnehmervertretern zusammensetzt. Dies entspricht der Tradition in Deutschland, Österreich und den Niederlanden. Sämtliche Transformationsgesetze mit Ausnahme von Frankreich sind diesem Trennungsprinzip gefolgt.[177] Jedoch bildete sich in der Praxis eine Tendenz heraus, dass – entgegen dem gesetzlichen Leitbild – der EBR als ein gemischt besetztes Gremium, also unter Einschluss eines

[174] So im Grundsatz auch MünchArbR/*Joost* § 366 Rz 114; *Blanke*, EBRG, § 18 Rz 12; *Däubler*, in D/K/K, EBRG § 18 Rz 14; *Klebe/Kunz*, in FS Däubler, S. 823, 835; *Schiek*, RdA 2001, S. 218, 232 ff.; a.A. *Müller*, EBRG, § 32 Rz 3; *Hanau*, FS Vieregge, S. 319, 334; offengelassen von *Bachner/Nielebock*, ArbuR 1997, S. 129, 137.

[175] Siehe hierzu § 8 III. und § 13 I. 2.

[176] Hierzu oben, § 3 III. 3. b).

[177] *Birk*, in FS Sandrock, S. 65, 75; *Blanke*, KJ 1999, S. 497, 521.

Vertreters der zentralen Leitung, konstituiert wurde (Einheitsprinzip).[178] Die Gründe hierfür dürften in erster Linie in den verschiedenen nationalen Traditionen zu sehen sein. In Ländern wie Frankreich und Großbritannien,[179] in denen seit jeher der Arbeitgeber einen Sitz in den betrieblichen Arbeitnehmergremien inne hat, bietet es sich an, dieses Modell auch auf die europäische Ebene zu übertragen. Jedoch findet sich das Einheitsmodell beim EBR auch in Deutschland,[180] wo dieses Argument nicht zu greifen vermag. Möglicherweise kann die Motivation der Konstituierung des EBR nach dem „französischen Vorbild" darin gesehen werden, dass die Parteien den Charakter des EBR als bloßes Informations- und Anhörungsgremium, etwa im Gegensatz zu dem Betriebsrat auf nationaler Ebene, der auch echte Mitbestimmungsrechte besitzt, herausstellen wollten. Es stellt sich dann die Frage, ob dies der Annahme einer Vereinbarungsbefugnis im Wege steht. Diesbezüglich kann nun weitgehend auf die Ausführungen zu der Besetzung bei dem französischen comité d'entreprise verwiesen werden.[181] Solange die Arbeitgeberseite das Arbeitnehmergremium nicht tatsächlich dominieren kann, bestehen keine grundsätzlichen Bedenken gegen eine Vereinbarungsbefugnis bei einer solch gemischten Besetzung. Aus der Besetzung im Sinne des Einheitsprinzips ist also nicht zwingend herzuleiten, dass Vereinbarungen mit dem EBR nicht möglich sind. Ob die zentrale Leitung, die auf eine solche Besetzung möglicherweise im Vorfeld hingewirkt hat, gewillt ist, sich auf Vereinbarungen einzulassen, ist eine andere Frage.

### 3. Durch Gesetz zugeordnete Mitbestimmungsrechte

Sofern der EBR kraft Gesetzes zustande kommt, ergeben sich die Mitbestimmungsrechte und damit der Umfang einer Vereinbarungsbefugnis aus dem Gesetz selbst, § 21 ff. EBRG. Sofern der EBR kraft Vereinbarung nach § 17 EBRG ins Leben gerufen wird, beruht der Umfang der Betriebsautonomie nicht auf einem Gesetz. Dies wurde allerdings als ein erhebliches Kriterium angesehen, um aus einer länderübergreifenden Perspektive von einer betrieblichen Vereinbarung sprechen zu können.[182] Allerdings reicht es auf der nationalen Ebene aus, dass sich die Mitbestimmungsrechte aus einem Tarifvertrag ergeben (siehe die Beispiele

---

[178] *Europ. Stiftung/Europ. Kommission*, Verhandlungen, S. 19 ff. Insgesamt gesehen dominieren die gemischt besetzten Gremien mit 69 zu 31 %. In Südeuropa finden sich EBR nach dem Einheitsprinzip in immerhin 71 % der Vereinbarungen. Dazu auch *Blanke*, KJ 1999, S. 497, 521; *Kolvenbach*, NZA 2000, S. 518, 520 für das Beispiel Belgien.

[179] Hier gibt es, bis auf wenige Ausnahmen, nur EBR unter Einschluss des Arbeitgebers.

[180] *Goos*, EuroAS 1999, S. 98, 101. In Deutschland werden „nur" in 58 % der Vereinbarungen reine Arbeitnehmervertretungen konstituiert.

[181] Siehe ausführlich oben, § 3 II. 4. d) und § 3 III 3. b).

[182] Siehe dazu § 3 III. 3. d).

Großbritannien und Dänemark). Nichts anderes kann gelten, wenn die Mitbestimmungsrechte auf einer Vereinbarung nach § 17 EBRG beruhen. Die Grundlage der Mitbestimmung (Kollektivvertrag) stünde folglich der Annahme einer Qualifikation eines Abkommens zwischen EBR und zentraler Leitung als betrieblicher Vereinbarung nicht im Wege.

### 4. Auf Dauer angelegtes Arbeitnehmergremium

Der EBR ist im Gegensatz zu dem besonderen Verhandlungsgremium wie der Gesamt – oder Konzernbetriebsrat als eine Dauereinrichtung anzusehen.[183] Nach § 18 I Nr. 6 EBRG soll die Vereinbarung nach § 17 EBRG eine Regelung über die Geltungsdauer der Vereinbarung enthalten. Hierbei macht das Gesetz keine näheren Vorgaben. Der Gesetzgeber geht aber jedenfalls hinsichtlich des EBR kraft Gesetzes von einer dauerhaften Tätigkeit aus, was sich z.B. darin niederschlägt, dass in § 36 I EBRG die Dauer der Mitgliedschaft im EBR auf 4 Jahre festgesetzt ist. In der Gesamtschau des Gesetzes und unter Berücksichtigung von Sinn und Zweck des Gremiums ergibt sich, dass der EBR ein auf Dauer angelegter Gegenspieler zu der zentralen Leitung des multinationalen Unternehmens sein soll. Auch dieses Kriterium ist daher beim EBR erfüllt.

### 5. Demokratische Legitimation

Bei der Betrachtung von Vereinbarungen mit einer betrieblichen Arbeitnehmervertretung im Ausland wurde als wesentlich erkannt, dass die Vertretung demokratisch legitimiert sein muss.[184] Die Frage der demokratischen Anbindung an den Willen der Belegschaft bereitet beim EBR allerdings Schwierigkeiten.[185] Die entsandten deutschen Mitglieder werden zwar nach § 23 EBRG entweder vom Betriebsrat, Gesamtbetriebs- oder Konzernbetriebsrat bestellt. Sie sind folglich zumindest indirekt demokratisch legitimiert. Sofern aber etwa ein Arbeitnehmervertreter aus einem Land hinzukommt, für welches ein nicht selbst demokratisch legitimierter Arbeitnehmervertreter, also in der Regel ein Gewerkschaftsvertreter, die personelle Entscheidung über die Entsendung in den EBR getroffen hat, ist eine auf Wahlen zurückgehende Legitimationsbasis nicht mehr vorhanden.[186]

Zur besseren Einordnung des Problems bietet sich an, erneut auf die Rechtslage beim Betriebsrat zurückzukommen. Die Frage, welche Rolle demokratischen

---

[183] *Ruoff*, BB 1997, S. 2478, 2482.

[184] Siehe hierzu § 3 III. 3. f) sowie § 6 III. 5.

[185] In diese Richtung gehend *Lerche*, S. 231; *Däubler* betont, die „Legitimationsbasis“ sei je nach Land eine andere, in FS Schaub, S. 95, 101; vergl. auch *Barrow*, S. 239.

[186] Vergl. *Dietzler*, AuA 2000, S. 22, 25.

Wahlen bei betrieblichen Repräsentationsformen zukommt, wurde auf nationaler Ebene relevant, als es um das Problem der Erstreckung einer verschlechternden Betriebsvereinbarung auf Pensionäre ging. Das BAG kam zu dem Ergebnis, dass eine verschlechternde Betriebsvereinbarung nicht die Besitzstände der bereits ausgeschiedenen Arbeitnehmer erfassen könne. Dem Betriebsrat fehle das Recht, die ausgeschiedenen Arbeitnehmer zu vertreten, denn diese nähmen nicht mehr an Wahlen teil. Die Kernaussage der Entscheidung ist so zu verstehen, dass der Betriebsrat nur dann eine Regelungsbefugnis hinsichtlich der Belegschaft (oder Teilen von dieser) besitze, wenn er auch durch demokratische Wahlen legitimiert sei.[187] Fraglich ist, ob das Postulat demokratischer Legitimation für alle Fälle betrieblicher Repräsentationsformen und ohne Einschränkungen aufgestellt werden kann.

Zunächst ist darauf hinzuweisen, dass in der Betriebsverfassung auch bei rein inländischen Sachverhalten das Prinzip der demokratischen Legitimation Ausnahmen erfährt. Der Betriebsrat ist zweifelsohne befugt, Arbeitnehmer unter achtzehn Jahren zu vertreten, obgleich diese gemäß § 7 BetrVG von den Betriebsratswahlen ausgeschlossen sind.[188] Ferner gelten Betriebsvereinbarungen auch für neu hinzukommende Arbeitnehmer, obwohl diese nicht an den Wahlen beteiligt waren.[189]

Der eigentliche Grund für die Geltung einer Betriebsvereinbarung nach § 77 BetrVG für und wider die Arbeitnehmer besteht in der gesetzlichen Anordnung.[190] Aufgrund der Norm des § 77 BetrVG ist der Betriebsrat befugt, Rechte und Pflichten hinsichtlich der Belegschaft zu begründen. Das Prinzip der demokratischen Legitimation ist dadurch gewahrt, dass ein möglicher Nachteil durch die gewählte Vertretung vorausgesehen und in ihren Willen aufgenommen wurde.[191] Die Wahl begründet also nicht die Regelungsbefugnis des Betriebsrats, sondern zieht eine zusätzliche, binnendemokratische Legitimation nach sich.[192]

Im vorliegenden Fall ist diese Argumentation allerdings nicht weiterführend, weil sich weder in der Richtlinie noch im EBRG eine Rechtsgrundlage für den Abschluss einer Vereinbarung findet. Hieraus folgern zu wollen, dass

---

187 BAG v. 25.10.1988, E 60, 78, 83 f.; a.A. *F/K/H/E* § 77 Rz 39 m.w.N.

188 *Waltermann*, S. 207; kritisch zu diesem Einwand *Biedenkopf*, S. 298.

189 *F/K/H/E* § 77 Rz 35; *Schaub*, ArbR-Handbuch § 231 II 7.

190 *Waltermann*, S. 203 ff.; *Heinze*, NZA 1994, S. 580, 581; GK-BetrVG/*Kreutz* § 77 Rz 192; *Lambrich*, S. 216; wohl auch *Walker*, ZfA 1996, S. 353, 357; ähnlich auch *Kreutz*, Betriebsautonomie, S. 26f.; *Biedenkopf*, S. 16, FN 77.

191 Vergl. *Kreutz*, Betriebsautonomie, S. 89 f.

192 *Waltermann*, S. 205 ff.; *Kreutz*, Betriebsautonomie, S. 73; vergl. auch *Biberacher*, S. 75.

Vereinbarungen zwischen dem EBR und der zentralen Leitung mangels Legitimationsgrundlage unzulässig seien, wäre allerdings voreilig.[193]
Ein weiteres ist zu bedenken: Dem parlamentarischen Gesetzgeber ist ein gewisser Spielraum einzuräumen, wie er einen Akt von Kollektivgewalt ausgestaltet. Hierbei sind nun die besonderen Umstände des EBRG zu berücksichtigen. Es geht darum, eine betriebsverfassungsrechtliches, „europäisches" Arbeitnehmergremium zu schaffen, welches Mitwirkungsrechte in Bezug auf Arbeitnehmer in mehreren Ländern ausüben soll. Der Realisierung eines solchen Projekts sind natürlicher Weise faktische Grenzen gesetzt.[194] Angenommen, ein Konzern besitzt in mehreren Ländern sehr viele kleine Betriebe, so wäre es praktisch kaum durchführbar, wenn man eine ununterbrochene demokratische Legitimationskette des jeweiligen Landesvertreters im EBR verlangen wollte. Deshalb ist es nicht zu beanstanden, dass anstelle des Prinzips demokratischer Legitimation das Prinzip der Repräsentation in den Vordergrund gerückt wird. Die Richtlinie und auch das EBRG stellen lediglich das Erfordernis auf, dass die Arbeitnehmer jeden Landes im besonderen Verhandlungsgremium repräsentiert werden, ohne eine ununterbrochene Legitimationskette zu verlangen. Nach § 22 EBRG gelten für die Zusammensetzung des EBR die Grundsätze der Repräsentation und der Proportionalität.[195]
Wollte man überdies verlangen, dass jeder Arbeitnehmer eines Landes an der Wahl seines Repräsentanten beteiligt sein müsste, so stellte dies Länder mit nur einer gewerkschaftlichen Vertretung vor kaum lösbare Probleme. Im Prinzip müsste mangels demokratischer Strukturen im Betrieb eine umfangreiche Urwahl durchgeführt werden. Mit Blick auf die Intention des europäischen Gesetzgebers, die nationalen Unterschiede unangetastet zu lassen,[196] erscheint es als ein richtiger Kompromiss, allein ein Repräsentativerfordernis aufzustellen.[197]
Ferner sei bemerkt, dass die Entsendung vieler Arbeitnehmer aus den EU-Ländern tatsächlich demokratisch legitimiert sein dürfte. Die Transformationsgesetze in Österreich, Luxemburg, den Niederlanden und Deutschland sehen vor, dass

---

[193] Das Problem der demokratischen Legitimation wird überwiegend gar nicht aufgeworfen. Einig ist man sich allerdings darüber, dass eine Vereinbarung nach § 17 EBRG für alle Arbeitnehmer der Unternehmensgruppe innerhalb der EU „gilt", vergl. *Blanke,* KJ 1999, S. 497, 517.

[194] Zum Demokratiedefizit allgemein und zur Frage der „Machbarkeit" auf europäischer Ebene vergl. *Wunsch-Semmler*, S. 49 f.

[195] *Veit*, JhrbZRW 1992, S. 211, 223f.; *Lerche*, S. 234 ff.

[196] Der Vorzug demokratisch legitimierter Betriebsräte würde zudem eine Diskriminierung rein gewerkschaftlicher Interessenvertretungen darstellen.

[197] Vergl. auch *Weiss*, der im Zusammenhang mit dem EBR betont, dass Jugendliche unter achtzehn Jahren unter streng demokratischem Blickwinkel an den Wahlen der zu entsendenden Arbeitnehmern beteiligt werden müssten, in ArbuR 1995, S. 438, 443. Auch dies wäre freilich nur mit einem unverhältnismäßigen Aufwand zu bewerkstelligen.

Betriebsräte oder ähnliche betriebliche Gremien die zu entsendenden Landesvertreter bestellen.[198] In Belgien, Dänemark, Frankreich, Griechenland, Italien, Schweden und Spanien haben die Gewerkschaften hingegen einen mehr oder weniger starken Einfluss auf die Auswahl der Vertreter. In Großbritannien, einem Land mit einer ausgeprägten gewerkschaftlichen Tradition, entschied sich der Gesetzgeber hingegen für die Einrichtung eines komplizierten Verfahrens einer Direktwahl durch die Arbeitnehmer.[199] Letzteres ist freilich in besonderem Maße bemerkenswert, werden doch die Gewerkschaften in ihrer Vormachtstellung als Hauptarbeitnehmervertreter dadurch nicht unerheblich beeinträchtigt. Das Transformationsgesetz sieht vor, dass ein gewähltes betriebliches Arbeitnehmergremium (consultative committee) zur Benennung der zu entsendenden Arbeitnehmer berufen ist. Besteht ein solches Gremium nicht, werden die europäischen Arbeitnehmervertreter mittels einer allgemeinen Wahl durch die Arbeitnehmer direkt ermittelt.[200] Aus diesem Mechanismus darf man entnehmen, dass dem britischen Gesetzgeber besonders an einer demokratischen Anbindung der englischen Arbeitnehmervertreter an den Willen der Belegschaft gelegen war.

Ein letztes Argument ist schließlich von besonderem Gewicht. Die Vorstellung, der einzelne Arbeitnehmer unterfalle mit seiner Betriebszugehörigkeit einem „Zwangsverband",[201] wird erst dann richtig einleuchtend, wenn man sich vor Augen hält, dass der Betriebsrat sowohl normativ wirkende Betriebsvereinbarungen abschließen kann, die in Rechte des Arbeitnehmers eingreifen oder Pflichten begründen können, als auch solche Vereinbarungen treffen kann, welche die Rechtsstellung des einzelnen verbessern. Genau genommen besteht ein Schutzbedürfnis des Arbeitnehmers und damit der Ruf nach demokratischer Legitimation nur dann, wenn es sich um benachteiligende Regelungen handelt, denen er ausgesetzt wird. Werden ihm ausschließlich Rechte eingeräumt, so mag dies auch auf einem eher undemokratischen Wege geschehen. Umgekehrt formuliert kann man sagen, dass durch die fehlende demokratische Legitimation in Bezug auf die Belegschaft nur eine Verbesserung der Rechtspositionen möglich ist.[202] Die – zumindest nicht lückenlose – demokratische Legitimationsbasis steht mit der oben vorgenommenen Einschränkung der Annahme einer prinzipiellen Vereinbarungsbefugnis nicht im Wege.

---

198 *Birk*, in FS Sandrock, S. 65, 74.

199 *Birk*, in FS Sandrock, S. 65, 74; *Kolvenbach*, NZA 2000, S. 518, 525.

200 *Kilian*, RdA 2001, S. 166, 169.

201 Vergl. oben, § 8 III. 4. b) ee).

202 Dieses Ergebnis ergab sich weiter oben aus dem Argument des Verbots eines Vertrags zu Lasten Dritter.

### 6. Von Gewerkschaft unterscheidbares Arbeitnehmergremium

Auf das Problem der heterogenen Zusammensetzung des EBR wurde bereits oben im Zusammenhang mit einer § 17-Vereinbarung eingegangen.[203] Zunächst muss man sich klar machen, dass für eine Qualifikation einer mit dem EBR getroffenen Vereinbarung stets das Recht des Landes maßgeblich ist, in dem die zentrale Leitung ihren Sitz hat.[204] Ist beispielsweise deutsches Recht bei der Errichtung des EBR maßgeblich, so gilt dies auch für eventuell abgeschlossene Vereinbarungen mit dem EBR. Von der Funktion her betrachtet ist der EBR dem Betriebsrat vergleichbar, so dass aus inländischer Sicht keine größeren Schwierigkeiten bestehen, den EBR als ein neben dem Unternehmens- und Konzernbetriebsrat auf „europäischer" Ebene angesiedeltes betriebliches Arbeitnehmervertretungsorgan zu begreifen. Die personelle Zusammensetzung des EBR tritt hinter diese funktionale Einordnung in den Hintergrund.

Etwas anderes mag jedoch in anderen Ländern gelten. Spielt dort eine betriebliche Interessenvertretung keine oder nur eine untergeordnete Rolle und setzt sich der EBR infolgedessen ausschließlich aus Gewerkschaftsvertretern zusammen, so kann eine Qualifikation als betriebliches, gewerkschaftsunabhängiges Gremium schwer erfolgen. Jedoch ist zu beachten, dass gemäß der vergleichenden Umschau auf nationaler Ebene in allen untersuchten Ländern ein mehr oder minder ausgeprägter Dualismus festzustellen ist.[205] Besonders eindrucksvoll zeigt sich dies am Beispiel Großbritannien. Obwohl dieses Land von einer stark gewerkschaftlich beeinflussten Tradition geprägt ist, schuf der Gesetzgeber im Hinblick auf den EBR eine Art dualistische Interessenvertretung, indem er den gewählten „consultative committees" das Vorrecht bei der Entsendung der Mitglieder des EBR einräumte.[206] Im Hinblick auf diese Entwicklung erscheint die Prognose nicht verfehlt, dass auch Länder ohne dualistische Tradition bei dem EBR umdenken müssen und eventuell in Anlehnung an Länder wie den Niederlanden und Deutschland zu einer Einordnung des EBR in der Weise gelangen, dass etwas „Neues" geschaffen wurde.[207]

---

203 Vergl. oben unter § 13 II. 1.

204 Siehe oben unter I. 1.

205 Siehe oben, § 3 III. 3. g).

206 Vergl. oben, II. 5.

207 Ein Prozess der generellen Auseinandersetzung mit anderen Beteiligungsmodellen und des Infragestellens des eigenen Systems wurde durch die Richtlinie in den Ländern, die eine reine betriebliche Arbeitnehmervertretung bislang nicht kannten, bereits in Gang gesetzt, *Weiss*, NZA 2003, S. 177, 184.

### III. Der EBR als Abschlusspartner einer betrieblichen Vereinbarung

Nach diesen Überlegungen können die mit dem EBR getroffenen Vereinbarungen als betriebliche Vereinbarungen eingeordnet werden.[208] Soweit passend, kann zur Lösung juristischer Probleme auf diejenigen Regelungen zurückgegriffen werden, die für Vereinbarungen mit dem Betriebsrat gelten. Da den Vereinbarungen zwischen EBR und der zentralen Leitung lediglich schuldrechtliche Wirkung zukommt, wäre in erster Linie eine Vergleichbarkeit mit einer Regelungsabrede zu bejahen. Sofern sich dies anbietet, sind aber auch die Grundsätze für Betriebsvereinbarungen mit heranzuziehen.

Wegen der Tragweite einer Vereinbarung zwischen dem EBR und der zentralen Leitung ist zu verlangen, dass diese schriftlich niedergelegt und von beiden Seiten unterzeichnet wird, § 77 II S. 1 und 2 BetrVG analog. Ein Austausch gleichlautender Urkunden gemäß § 126 II S. 2 BGB ist somit nicht ausreichend.

§ 77 II S. 1 BetrVG wird als eine Vorschrift angesehen, die nur Klarstellungs- und keine Schutzfunktion besitzt.[209] Es geht nicht darum, einen Einzelnen etwa vor Übereilung zu schützen. Aus diesem Grunde ist z.B. ein im Verhältnis zum normalen Zivilrecht erweiterter Gebrauch von Anlagen zulässig.[210]

Eine Bekanntgabe der Vereinbarung in allen von der Vereinbarung betroffenen Betrieben ist nicht zu verlangen; dafür spricht zum einen der Wortlaut des § 18 I S. 1 EBRG, zum anderen wird dieses Erfordernis auch nicht für rein inländische Betriebsvereinbarungen aufgestellt.[211]

Wie bei „herkömmlichen" Betriebsvereinbarungen ist § 139 BGB nicht anwendbar, im Zweifel ist also nicht von einer Nichtigkeitsfolge auszugehen. Vielmehr ist Nichtigkeit nur dann anzunehmen, wenn der nichtige Teil mit dem übrigen Teil in einem untrennbaren Zusammenhang steht und die Vereinbarung ohne den nichtigen Teil einen völlig anderen Inhalt gewinnt.[212] Dies gilt auch dann, wenn wie hier die Vereinbarung nur schuldrechtlich wirkt. Denn sofern eine allgemeine Regel für den

---

[208] Von „Betriebsvereinbarungen" spricht *Hanau*, in FS Vieregge, S. 319, 334; ebenso *Birk*, ZfA 1974, S. 47, 64 für den alten Entwurf eines Statuts für eine SE; *Blanke* spricht von „Kollektivverträgen eigener Art, die vom Typus her dem Modell der im Betriebsverfassungsgesetz geregelten Betriebsvereinbarungen entsprechen," KJ 1999, S. 497, 520; *Bachner/Nielenbock* sprechen vorsichtiger von „europäischen Konzernvereinbarungen", in ArbuR 1997, S. 129, 137; *Bachner*, Die Rechtsstellung des EBR, S. 253, geht stillschweigend von der Einordnung als Betriebsvereinbarung aus, indem er § 77 III BetrVG prüft.

[209] BAG v. 3.06.1997, AP Nr. 69 zu § 77 BetrVG.

[210] ErfK/*Hanau/Kania*, BetrVG § 77 Rz 24.

[211] § 77 III S. 3 BetrVG wird als bloße Ordnungsvorschrift gedeutet, GK-BetrVG/*Kreutz* § 77 Rz 42; a.A. *Zöllner/Loritz*, S. 535.

[212] BAG v. 15.05.1964, E 16, 31, 39; *Schaub*, ArbR-Handbuch § 231 II 2. b).

Betrieb bzw. das Unternehmen aufgestellt werden soll, besteht ein Bedürfnis dafür, wegen des mittelbaren Drittbezugs die Nichtigkeitsfolge restriktiv zu handhaben. Werden den Arbeitnehmern Rechte eingeräumt, so ist analog 77 IV S. 2 BetrVG ein Verzicht nur mit Zustimmung des EBR möglich.
Haben sich die Vertragsschließenden keine Gedanken über eine ordentliche Kündigung gemacht, so ist es sachgerecht, auf die 3-Monats-Frist des § 77 V BetrVG abzustellen. Diese Vorschrift gilt auch für die bloß schuldrechtlich wirkende Regelungsabrede.[213] Eine Teilkündigung ist für unzulässig zu erachten.
Eine Nachwirkung analog § 77 VI BetrVG ist jedoch prinzipiell nicht zuzulassen. Eine solche ist nur gerechtfertigt, wenn es um eine Vereinbarung geht, die auf einem echten Mitbestimmungsrecht beruht. Allerdings ist es durchaus denkbar, dass in der § 17-Vereinbarung dem EBR auch echte Mitbestimmungsrechte zugebilligt werden. In diesem Fall begegnet eine entsprechende Anwendung von § 77 VI BetrVG keinen Bedenken.
Ebenfalls nicht passend wären die Grundsätze, die die Rechtsprechung zu der gerichtlichen Kontrolle von Betriebsvereinbarungen entwickelt hat. Eine Billigkeitskontrolle durch die Gerichte ist abzulehnen, weil die Vereinbarung nur freiwillig zustande kommen kann Die Arbeitnehmerseite steht hier nicht unter einem vergleichbaren Druck wie bei der echten Mitbestimmung steht, wo unter Umständen die Einigungsstelle entscheidet. Ferner ist eine Billigkeitskontrolle nur dann angezeigt, wenn die Arbeitnehmer einer kollektiven unmittelbaren Regelungsgewalt ausgesetzt sind.[214] Hier wirkt die Vereinbarung aber nur schuldrechtlich und begründet allenfalls Rechte der Arbeitnehmer, so dass eine Übermachtkontrolle nicht erforderlich ist.
Bei einem Wegfall der Geschäftsgrundlage wäre entgegen herkömmlicher Zivilrechtsdogmatik nicht der Richter befugt, eine Anpassung vorzunehmen, sondern dies bliebe den Vertragspartnern vorbehalten.[215] Die Anrufung einer Einigungsstelle, so der Weg bei § 77 BetrVG, kommt nur in Betracht, falls eine solche in der Vereinbarung gemäß § 17 EBRG vorgesehen ist. Bei Weigerung eines Vertragspartners kommt allerdings eine außerordentliche Kündigung in Betracht.

## IV. Zusammenfassung

Der EBR ist ein auf Dauer angelegtes, betriebliches Arbeitnehmervertretungsorgan auf „europäischer" Ebene. Ihm werden durch eine Vereinbarung nach § 17 EBRG oder durch Gesetz (EBRG) Beteiligungsrechte zugewiesen. Ihm Rahmen dieser

---

[213] GK-BetrVG/*Kreutz* § 77 Rz 19; ErfK/*Hanau/Kania*, BetrVG § 77 Rz 130; *Heinze*, NZA 1994, S. 580, 584.
[214] *Schipprowski*, S. 271 ff..
[215] BAG v. 10.08.94, NZA 1995, S. 314, 318; *Schaub*, Arb-Handbuch § 231 II 11. d).

Beteiligungsrechte besteht eine Teilrechtsfähigkeit. Der EBR kann Vereinbarungen mit der zentralen Leitung treffen, da er handlungsfähig ist. Die Freiheit zum Abschluss von Verträgen beruht letztlich auf der Privatautonomie. Einer Vereinbarungsbefugnis stehen weder aus Sinn und Zweck der Richtlinie noch aus dem Verhältnis zu den nationalen betrieblichen Arbeitnehmergremien und zu den internationalen und nationalen Tarifverträgen Bedenken gegenüber. Anstelle der demokratischen Legitimation tritt das Repäsentationsprinzip. Aufgrund des Grundsatzes des Verbotes eines Vertrages zu Lasten Dritter und aufgrund der nur eingeschränkt vorzufindenden demokratischen Legitimation des EBR kann eine Vereinbarung mit der zentralen Leitung jedoch nicht normativ wirken und auch keine Regelungen zu Lasten der Belegschaft enthalten. Schließt der EBR Verträge ab, so sind diese am ehesten einer Regelungsabrede im Sinne des BetrVG vergleichbar. Zur Lösung von juristischen Problemen, die im Zusammenhang mit Vereinbarungen zwischen dem EBR und der zentralen Leitung auftreten, ist auf die für die Regelungsabrede geltenden und, sofern die normative Wirkung nicht entgegensteht, auf die für die Betriebsvereinbarung geltenden Grundsätze zurückzugreifen.

# *5. Teil: Schlussbetrachtung*

## § 15 Zusammenfassung und Ausblick

### I. Zusammenfassung

#### 1. Resümee 1. Teil

Im ersten Teil der Arbeit wurden die faktischen Rahmenbedingungen von internationalen betrieblichen Vereinbarungen untersucht. In § 2 wurde zunächst dargetan, dass es in jüngster Zeit zu Abkommen in multinationalen Unternehmen gekommen ist. Der EBR wurde zunehmend von der Arbeitgeberseite nicht nur als Träger von Beteiligungsrechten, sondern als Partner von Vereinbarungen akzeptiert.

Es wurde ferner der Frage nachgegangen, ob es im europäischen Ausland überhaupt der inländischen Betriebsvereinbarung und Regelungsabrede vergleichbare Einigungsformen auf betrieblicher Ebene gibt (§ 3). Dabei wurde festgestellt, dass es einerseits große Unterschiede in den gewachsenen Traditionen gibt und dass andererseits ein Trend hin zum Abschluss von Vereinbarungen auf betrieblicher Ebene zu verzeichnen ist. Um die verschiedenen Systeme einer Arbeitnehmerrepräsentation miteinander vergleichen zu können, wurde es als erforderlich erachtet, eine Gewichtung der verschiedenen Merkmale vorzunehmen, die eine betriebliche Arbeitnehmervertretung kennzeichnen. Als nicht konstitutive Kriterien haben sich das Verbot eines Arbeitskampfes, die Beachtung des Trennungsprinzips sowie das Vorhandensein einer Normativwirkung erwiesen. Als nicht verzichtbare Merkmale wurden erachtet, dass Abschlusspartner auf Arbeitnehmerseite ein auf Dauer angelegtes betriebliches Gremium sein muss, welches durch die Gesamtbelegschaft demokratisch gewählt wurde und welches seine Beteiligungsrechte aus einem Gesetz ableitet. Ferner muss es von einer im Betrieb vorhandenen Gewerkschaftsvertretung unterscheidbar sein. Schließlich muss es befugt sein, Vereinbarungen abzuschließen, wobei es ausreichend ist, dass die jeweilige Rechtsordnung Abkommen mit der Arbeitgeberseite zwar nicht ausdrücklich vorsieht, jedenfalls aber toleriert. Nach diesem Maßstab finden sich in allen untersuchten Ländern betriebliche Vereinbarungen.

In § 4 wurde dargelegt, dass es in einem multinationalen Unternehmen einen Bedarf geben kann, eine länderübergreifende Regelung zu treffen. Eine solche kommt in Betracht, wenn es der Unternehmensleitung um die Vereinheitlichung von Arbeitsbedingungen geht. Ferner kann eine grenzüberschreitende Vereinbarung zum Schutze der Arbeitnehmer in einem internationalen Konzern (z.B. beim Datenschutz) oder zur Sicherung und Erweiterung von Mitbestimmungsstrukturen sinnvoll sein.

## 2. Resümee 2. Teil

Im 2. Teil wurden die rechtlichen Rahmenbedingungen einer internationalen betrieblichen Vereinbarung ins Auge gefasst. Die Grundsätze des Kollisionsrechts, wie sie derzeit für das kollektive Arbeitsrecht gelten, wurden in § 5 vorgestellt. Es wurde als Ergebnis festgehalten, dass im Grundsatz „von dem Lebenssachverhalt" und nicht „von dem Gesetz her" auszugehen ist. Die Annahme eines Sonderanknüpfungstatbestandes (Eingriffsrecht, Art. 34 EGBGB) ist nur dann zulässig, wenn der vorrangige Zweck einer Vorschrift nicht in dem Ausgleich widerstreitender Interessen Privater, sondern in einem staatspolitischen Interesse zu sehen ist und die Vorschrift mithin in erster Linie dem Staatswohl dient. Eine allseitige Anknüpfung und eine Rechtswahl sind auch im kollektiven Arbeitsrecht verbreitet (z.B. beim Tarifvertrag).

§ 6 beschäftigt sich mit dem internationalen Tarifvertrag. Zunächst war festzustellen, dass Tarifverträge mit Auslandsberührungen bereits des öfteren vorkommen. Der Auslandsbezug kann sich dabei daraus ergeben, dass der räumliche Geltungsbereich des Tarifvertrages auf das Ausland erstreckt wird. Möglich ist aber auch, dass beim Vertragsschluss Partner aus verschiedenen Ländern beteiligt sind oder die Sozialpartner eine Rechtswahl vornehmen. Ein „europäischer Tarifvertrag" mit normativer Wirkung ist nicht anzuerkennen. Schließen die Betriebspartner zukünftig verstärkt Vereinbarungen mit einem internationalen Bezug ab, so stellt sich die Frage, wie sich eine solche Vereinbarung zu einem internationalen Tarifvertrag verhält. Theoretisch ist eine Abgrenzung anhand der unterschiedlichen Legitimationsbasis möglich (Wahl bei der betrieblichen Vereinbarung, Verbandsmitgliedschaft beim Tarifvertrag). Praktisch kann aufgrund einer rechtsvergleichenden Betrachtungsweise ein allgemeiner Vorrang des Tarifvertrages angenommen werden. Die Abgrenzungsfrage stellt sich in weitaus schwächerer Form, wenn man davon ausgeht, dass der betrieblichen Vereinbarung lediglich eine schuldrechtliche Wirkung beizumessen ist.

## 3. Resümee 3. Teil

Einheitliche Regelungen im Unternehmen können am effizientesten mittels einer normativ wirkenden Betriebsvereinbarung erreicht werden. Eine transnational wirkende Betriebsvereinbarung stößt jedoch schnell an die Grenzen der einzelnen Rechtsordnungen. In § 7 wurde erörtert, dass abgesehen von den besonders gelagerten Fällen der „Ausstrahlung", also in der Regel bei der Entsendung von Mitarbeitern innerhalb eines multinationalen Unternehmens, die h.M. an dem Territorialitätsprinzip festhält. Eine Betriebsvereinbarung vermag daher nicht über

die Nationalgrenzen hinweg Wirkung zu entfalten. Es wurde weiter dargelegt, dass die seitens der überwiegenden Ansicht gegebene Begründung für die Anwendung des Territorialitätsprinzips nicht zu überzeugen vermag, weil das BetrVG vorwiegend dem Ausgleich privater Interessen dient.
In § 8 wurde der Frage nachgegangen, ob den Betriebspartnern eine Rechtswahl zu gestatten ist. Mittels einer Rechtswahl könnte ihnen eine angemessene Reaktion auf die oftmals grenzübergreifende Unternehmensführung in der Weise gestattet werden, dass ein mehrseitiger Vertragsschluss (eventuell unter Beteiligung von bevollmächtigten Vertretern auf beiden Seiten) oder eine gleichförmige Umsetzung einer Grundsatzvereinbarung in mehreren Ländern ermöglicht wird. Da Vereinbarungen mit dem Betriebsrat privatrechtlichen Charakter haben und den Betriebspartnern eine großzügig auszulegende Betriebsautonomie zuzubilligen ist, innerhalb derer sie selbstverwaltend ihre Angelegenheiten regeln können, konnten keine durchgreifenden Bedenken gegen eine Rechtswahl angemeldet werden. Im Grundsatz ist eine betriebliche Vereinbarung objektiv anzuknüpfen, wobei als Anknüpfungspunkt der Sitz der betrieblichen Arbeitnehmervertretung dient. In Ausnahmefällen ist den Betriebspartnern aber auch eine subjektive Anknüpfung gestattet. Dabei darf allerdings kein ungünstigeres Recht gewählt werden.
In § 9 wurde das Statut der betrieblichen Vereinbarung von seinem Inhalt her abgegrenzt. Zu ihm zählen alle Fragen des Zustandekommens, des Inhalts, der Wirkung sowie der Beendigung der Vereinbarung.
§ 10 beschäftigt sich mit der Geltung einer inländischen betrieblichen Vereinbarung im Ausland. Abgesehen von den Fällen der „Ausstrahlung" erkennt die überwiegende Meinung eine Geltung im Ausland nicht an. Dies erscheint angesichts des global angelegten Agitationsmusters der Unternehmen als unbefriedigend, doch lassen sich weder durch eine moderne und schutzzweckorientierte Auslegung des Gesetzes noch durch eine Berücksichtigung des Europarechts (Dienstleistungsfreiheit) erweiterte Befugnisse der Betriebsparteien herleiten. Nach der hier vertretenen Auffassung ist auch ein mehrseitiger Vertragsschluss unter Zulassung einer Rechtswahl denkbar. Die unsichere Anerkennung einer solchen Vereinbarung mit normativer Wirkung im Ausland und die engen rechtlichen Grenzen (Günstigkeitsvergleich) lassen ein solches Procedere jedoch nicht als den idealen Weg erscheinen. Sie erweist sich jedenfalls dann aber als taugliches Instrument, wenn die Betriebspartner ihrer Vereinbarung von Anfang an lediglich schuldrechtliche Wirkung beilegen und zudem ein weitgehend äquivalentes Betriebsverfassungssystem in den übrigen Ländern angetroffen wird. Für die Praxis empfiehlt es sich gegenwärtig, durch die Einrichtung informeller Kontakte einen intensiven Austausch von Informationen im Vorfeld einer Vereinbarung zu erreichen, der dazu führt, dass in eine Vereinbarung nicht nur die Belange eines Landes, sondern auch die Auswirkungen

einer Entscheidung auf Standorte in anderen Ländern miteinfließen. Wird eine solche Vereinbarung auf nationaler Ebene mit der Konzern- oder Unternehmensleitung vereinbart, kann eine Wirksamkeit des Vereinbarungsinhalts in den Nachbarländern durch den Abschluss paralleler Vereinbarungen erreicht werden. Auf diese Weise werden Konflikte des IPR weitestmöglich vermieden und die Rechtssicherheit bleibt gewahrt.

## 4. Resümee 4. Teil

Mit dem EBR schuf der Gesetzgeber nun eine weitere Ebene der betrieblichen Arbeitnehmervertretung neben der Betriebs-, Unternehmens- und Konzernebene. Die rechtliche Einordnung von Vereinbarungen in diesem Zusammenhang ist bisher noch nicht überzeugend gelungen. Die Vereinbarung zur Errichtung eines EBR gemäß § 17 EBRG ist einer betrieblichen Vereinbarung im Sinne der hier verwendeten Begrifflichkeiten nicht zuzurechnen, da an ihrem Abschluss kein auf Dauer angelegtes Arbeitnehmergremium beteiligt ist. Die Vereinbarung wirkt darüber hinaus nur schuldrechtlich (§ 13).

Angesichts der Entwicklung, dass die Unternehmensleitung in multinationalen Unternehmen den EBR entgegen der ursprünglichen Intention der Verfasser des EBRG z.T. als Verhandlungspartner anerkennt, stellt sich die Frage, ob diese Vereinbarungen überhaupt einen rechtlichen Status haben. Die Untersuchung ergab, dass es sich um rechtlich verbindliche, schuldrechtlich wirkende Vereinbarungen handelt. Der Charakter einer rechtlich unverbindlichen „Erklärung“ ist nur in denjenigen Fällen anzunehmen, in denen die Vertragspartner im Vertragstext deutlich machen, dass sie sich nicht binden wollen.

Die Vereinbarung unterliegt dem nationalen Recht und nicht dem europäischen Recht, weshalb sich die Notwendigkeit einer kollisionsrechtlichen Einordnung ergibt. Grundsätzlich ist an den Sitz der zentralen Leitung anzuknüpfen, doch haben die europäischen Betriebspartner auch die Möglichkeit einer Rechtswahl. Die Vereinbarung besitzt mangels eindeutiger Rechtsgrundlage keine normative Wirkung und ist am ehesten einer Regelungsabrede vergleichbar. Die für sie geltenden Grundsätze sind entsprechend heranzuziehen.

Wollen die Betriebspartner auf europäischer Ebene eine normative Wirkung der Vereinbarung erzeugen, muss diese durch die Instrumente des nationalen Rechts noch „umgesetzt“ werden. Aus dem Vertrag selbst folgt die Pflicht der Parteien, auf eine solche Umsetzung hinzuwirken, insbesondere muss die Konzernspitze auf die Tochterunternehmen im Sinne des Vertrages einwirken; das gleiche gilt für die Mitglieder des EBR.

Auch bei mit dem EBR geschlossenen Vereinbarungen kann das Rechtsinstitut der Stellvertretung fruchtbar gemacht werden. Dabei würde es ausreichen, dass ein übergeordnetes betriebliches Gremium wie etwa der Konzernbetriebsrat

Mitgliedern des EBR mit einem Verhandlungsmandat ausstattet, um eine Vereinbarung über eine bestimmte Angelegenheit zu erreichen. Dieser Weg hat den Vorteil, dass die Arbeitgeberseite nach Vertragsschluss nicht noch einmal mit den nationalen Arbeitnehmervertretungen über dieselbe Angelegenheit verhandeln muss. Dies ist aber notwendig, sofern es den Vertragsschließenden nicht gelingt, im Sinne der Vereinbarung auf die nationalen Betriebspartner einzuwirken, denn die Rechte der nationalen Betriebspartner können durch ein Abkommen „auf europäischer Ebene" nicht geschmälert werden.

Sofern es gelingt, auf Arbeitnehmerseite mittels des EBR einen umfassenden Dialog zwischen den verschiedenen nationalen Arbeitnehmervertretungen einzurichten und auf diesem Wege Verhandlungspositionen bereits im Vorfeld von Verträgen zu erörtern, scheint der zuletzt aufgezeigte Weg einer grenzüberschreitenden Vereinbarung derzeit am vorzugswürdigsten: Der Vertragsschluss kommt unter Koordinierung des EBR mit diesem als Abschlusspartner auf Arbeitnehmerseite zustande. Dabei handeln die Mitglieder des EBR mit einer von den nationalen Arbeitnehmervertretern erteilten Abschlussvollmacht. Im Anschluss daran wird der Vertrag – ohne eine weitere Form der Mitwirkung, sozusagen nur noch formell – durch nationale Kollektivverträge umgesetzt. Aus deutscher Sicht bietet sich insbesondere eine Konzern- oder Gesamtbetriebsvereinbarung an.

Die Gewerkschaften leisten der Arbeit des EBR wertvolle Hilfe mittels der Vermittlung von Know-how und des Machteinflusses auf nationaler Ebene. Selbst treten sie zumindest auf „europäischer Ebene" noch nicht nachhaltig als Abschlusspartner auf. Die Möglichkeiten, welche die Art. 138, 139 EGV bieten, werden derzeit noch selten ausgenutzt. Ein echter Dualismus, wie auf nationaler Ebene z.B. in Österreich, Spanien, Deutschland und den Niederlanden, ist nicht festzustellen. Deshalb ist eine scharfe juristische Trennung nach dem Vorbild des § 77 III BetrVG zumindest derzeit nicht erwägenswert.

## II. Ausblick

Multinationale Unternehmen sind die Grundpfeiler unseres modernen Wirtschaftslebens. Die Tatsache, dass die Leitung solcher Unternehmen bereit ist, mit einer Arbeitnehmervertretung einen Vertrag „auf europäischer Ebene" einzugehen, ist das Ergebnis einer noch recht jungen Entwicklung, die durch die Richtlinie 94/45/EG ins Leben gerufen wurde. Der Satz „the negotiation of joint texts by EWCs is a very restricted, if growing, phenomenon"[1] fasst die Entwicklung zutreffend zusammen: Einerseits sind Abschlüsse, die für das gesamte multinationale Unternehmen gelten sollen, in der Praxis noch sehr rar. Andererseits

---

1 *European Foundation* (Hrsg.), Bargaining, S. 51.

ist gerade in den letzten Jahren eine beachtliche Dynamik zu verzeichnen, die vermuten lässt, dass es auch in Zukunft zu ähnlichen Vereinbarungen kommen wird. Vor allem darf die Bedeutung solcher Vereinbarungen nicht unterschätzt werden. Auch wenn sich einige Abkommen in einem gemeinsamen Standpunkt zur zukünftigen Unternehmenspolitik erschöpfen und somit nicht direkt Rechte der Arbeitnehmerschaft betreffen, so ist diese Art von Verhandlungen doch als Keimzelle zukünftiger Kollektivverträge auf dem Niveau der EU anzusehen. Ihre Bedeutung für den Weg der Arbeitsbeziehungen der Zukunft kann daher an sich nicht hoch genug eingeschätzt werden.

Die bisherigen Abschlüsse entstanden in einem Raum des freiwilligen Dialogs und der Zurückhaltung des Gesetzgebers. Man darf wohl sagen, dass sich der Abschluss von internationalen Verträgen innerhalb eines multinationalen Unternehmens stets auch als ein Akt experimentellen Handelns darstellt. Es bleibt abzuwarten, wie der Gesetzgeber auf die jüngste Tendenz der Verhandlungspraxis reagiert.

Eine Möglichkeit zu einer gesetzlichen Regelung besteht sicherlich bei der geplanten Revision der Richtlinie 94/45/EG. Insoweit böte es sich an, dass eine klarstellende Regelung aufgenommen wird, dass der EBR auch Partner von Verträgen sein kann.

Ein zweiter Ansatzpunkt ist in der Richtlinie über die Angleichung der Rahmenbedingungen der betrieblichen Mitwirkungsrechte zu sehen. Hier wäre z.B. vorstellbar, dass der europäische Gesetzgeber eine Bestimmung aufnimmt, die es erlaubt, in bestimmten Angelegenheiten eine grenzüberschreitende Betriebsvereinbarung abschließen zu können. Ob ein solcher Schritt rechtspolitisch als wünschenswert erscheint, mag aber angezweifelt werden. Die Praxis europäischer Verhandlungen ist erst am Anfang. Die Zurückhaltung des Gesetzgebers hat sich bisher ausgezahlt. Eine echte Mitbestimmung, und insbesondere eine Kombination mit einer Normativwirkung von etwaigen Verhandlungsergebnissen, würde die sich erst im Wachsen befindlichen Arbeitsbeziehungen mutmaßlich eher stören als fördern. Die Praxis mag sich ihren Weg auf europäischer Ebene in freier Selbstverwaltung suchen. Taugliche Mittel stehen, wie diese Arbeit gezeigt hat, mit den herkömmlichen Instrumenten der Stellvertretung und des Kollisionsrechts jedenfalls zur Verfügung.

Armin Lange

# Die Betriebsvereinbarung nach Wegfall des Betriebsrats

Frankfurt am Main, Berlin, Bern, Bruxelles, New York, Oxford, Wien, 2003.
207 S.
Europäische Hochschulschriften: Reihe 2, Rechtswissenschaft. Bd. 3640
ISBN 3-631-39195-1 · br. € 39.00*

Die Betriebsvereinbarung kommt in der Regel nach § 77 Abs. 2 BetrVG als Vertrag zwischen Arbeitgeber und Betriebsrat zustande. Sie bestimmt kraft ihrer normativen Geltung gemäß § 77 Abs. 4 S. 1 BetrVG den Inhalt der Arbeitsverhältnisse im Betrieb. Daher ist die Frage, welche Rechtsfolgen der Wegfall des Betriebsrats bezüglich der Betriebsvereinbarung hat, von weitreichender Relevanz, gleichwohl ist sie gesetzlich nicht geregelt. Die bisher vertretenen Meinungen bieten eine Lösung jeweils nur für einzelne Fallgruppen des Betriebsratswegfalls an. Demgegenüber schlägt diese Arbeit anhand der verschiedenen Ursachen für den Wegfall des Betriebsrats und der Möglichkeit seiner Neuwahl nach Fallgruppen unterschieden eine Gesamtlösung vor.

*Aus dem Inhalt*: Notwendigkeit eines Lossagungsrechts des Arbeitgebers · Geltungsvoraussetzungen und Wirkungsweise der Betriebsvereinbarung · Entscheidungsleitende Wertungsgesichtspunkte für das Lossagungsrecht des Arbeitgebers · Ausgestaltung des Beendigungsrechts im einzelnen, unterschieden nach erzwingbaren und freiwilligen bzw. teilmitbestimmten Betriebsvereinbarungen

FSC
www.fsc.org
MIX
Papier | Fördert gute Waldnutzung
FSC® C083411

Kolibri 360 GmbH
Ferdinand-Jühlke-Straße 7
99095 Erfurt, Deutschland
produktsicherheit@kolibri360.de

Druck:
CPI Druckdienstleistungen GmbH
im Auftrag der
Kolibri 360 GmbH
Ferdinand-Jühlke-Str. 7
99095 Erfurt